高等师范院校历史学基础教育教学与研究丛书

总主编·陈文海

中外文化发展历程

ZHONGWAI WENHUA FAZHAN LICHENG

谢 放·主编

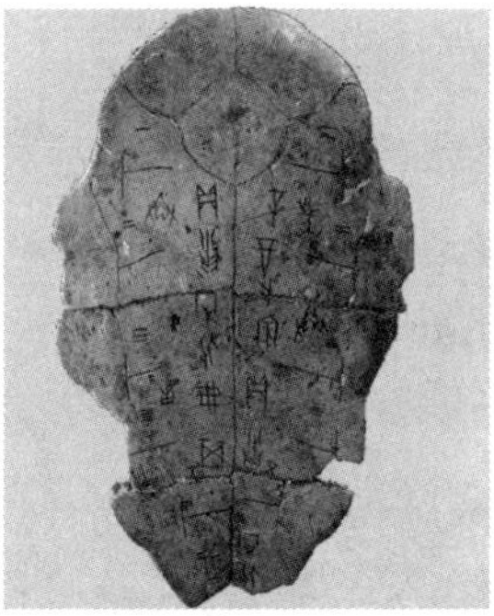

長春出版社

全国百佳图书出版单位

图书在版编目(CIP)数据

中外文化发展历程/谢放主编. — 长春：长春出版社，2013.1
(高等师范院校历史学基础教育教学与研究丛书)
ISBN 978-7-5445-2685-2

Ⅰ.①中… Ⅱ.①谢… Ⅲ.①文化史-对比研究-中国、国外
Ⅳ.①K203

中国版本图书馆 CIP 数据核字（2012）第 278841 号

中外文化发展历程

主　　编:谢　放
责任编辑:胡　新
封面设计:尹小光

出版发行:長春出版社　　总编室电话:0431-88563443
发行部电话:0431-88561180　　邮购零售电话:0431-88561177
地　　址:吉林省长春市建设街 1377 号
邮　　编:130061
网　　址:www.cccbs.net
制　　版:渲彩工作室
印　　刷:延边新华印刷有限公司
经　　销:新华书店

开　　本:787 毫米×1092 毫米　1/16
字　　数:285 千字
印　　张:20.25
版　　次:2013 年 1 月第 1 版
印　　次:2013 年 1 月第 1 次印刷
定　　价:40.00 元

总序　教育之桥的断裂与重建

陈文海

关于教育的内涵及本质属性，不同的社会阶层在不同的历史时期往往会给出截然不同的解释。但是，从基本层面来说，教育具有相对独立的阶段性、弦歌不辍的传承性和不断前行的创新性，这一点似乎并没有多少的争议。而且，不论从哪个层面来看，教育都是一个由诸多环节所共同组建而成的复杂系统，环环之间必须拥有能够使之有机相连的坚韧的纽带，就如桥梁之于大河两岸的行人一样。从实用角度而言，我们在这里奉献给读者的这套“高等师范院校历史学基础教育教学与研究丛书”在某种程度上说也就是一条纽带、一座桥梁。桥的这头是高等教育，桥的那头则是基础教育。从受众的主体构成来说，桥梁的这一侧是高等教育接受者，另一侧则是基础教育从事者。

之所以要如此投入地修建这么一座桥梁，实在不是什么无事生非之举，而是一个不得以而为之的应激举措，其根本原因就在于：原先架在高等教育与基础教育之间的那座老桥已经断裂。就历史学科而言，在 2004 年开始启动的高中历史课程改革之前，或者说，从新中国成立之初一直到 2004 年，高中历史课程体系与高等学校历史学科通史教学体系是一脉相承的，甚至说，高中历史课程就是大学通史课程的浓缩版或精简版。在这种格局下，师范院校历史专业的毕业生在走上高中历史教学的工作岗位之后，一般来说都可很快适应自己的角色。因此，在此时期的学科架构上，高等教育与基础教育之间的联系是非常紧密的。

然而，随着高中历史课程改革的开启和推进，高等教育和基础教育之间原先存在的那种水到渠成式的关联已经不复存在。在新的高中历史课程体系中，出于对“公民教育”理念的追求，原先那种注重学科体系的通史式的课程结构已经完全被政治、经济、文化等专题史必修课程所取代，除此之外，还增加了一系列专题史选修课程，其中，有些选修课程（如世界文化遗产）甚至已经超越了师范院校历史学科原有的课程架构。与之形成鲜明对照的是，在高中历史课程改革已是涛声震天之时，高等师范院校的那池春水却依旧是吹而不皱、悄无声息，传统的课程结构依旧是坚如磐石，而且，这一传统结构对于高中新课改的声讯似乎具有天然的屏蔽功能。其结果就是，师范院校的学生在校学习期间继续因循传统模式，而走上工作岗位之后却要进行脱胎换骨，两者之间出现明显的脱节。可以说，在新课改面前，师范院校的“师范”二字在一定程度上已经名存实亡。

对于基础教育领域里的新课改，虽然说至今仍是争讼不断，但是，新课改所提倡的素质教育、公民教育、全面发展、人文关怀等等诸如此类的基本理念应该说还是颇为中肯的。然而，如果从规划及实施路径来说，这种新课改却存在着明显的前不着村、后不着店之类的毛病，它严重忽视了相关人力资源的前期养成与储备问题。新课改的对象虽然是基础教育，但这种改革在本质上却应该是一个联动性的变革，单靠几位课程标准设计者对课程理念和课程结构的宣讲，单靠寥寥几天的短训班，或者，单靠中学老师们的独自摸索，这一改革都将难以取得预设的效果。

实际上，对于这类颇具颠覆性的新课改，本来应该有一个更为严谨、更为周密的自上而下的前期准备过程。在这一准备过程中，师范院校理应担当起应有的核心角色，即，首先应在师范院校中进行相应的课程改革并对学生展开系统的新课程教育和新理念培育，在培养出一两届具有相应学业基础的毕业生之后，再在基础教育领域逐步推进课程改革。可惜，这个基础教育改革工程并没有遵循这一路径，因此，随之出现的各种问题也就迟迟难以得到真正的化解。也正是基于这一背景，我们才决意编写这么一套“高等师范院校历史学基础教育教学与研究丛书”，其目的在于重新构筑高等教育与基础教育之间的桥梁，以弥补新课改过程中的核心缺失。

虽然这套丛书与基础教育密切相连，但是，它绝不是另外一套高中历史教科书，更不是现有高中历史教科书的扩张版，换言之，这套丛书的读者对象从原则上讲并不是中学生，尽管并不排除某些学有余力或对历史具有特别兴趣的中学生阅读之。在设计写作思路之初，我们就已明确，这套丛书将追寻学术前沿，站在高等学校应有的学术高度，对新课改之后的高中历史教材中涉及的问题进行全面且系统的梳理、阐述和分析。

除了与高中历史课程直接对应的几本专题著作之外，在这套丛书中，我们还从进一步提升的角度，特别设置了两本对师范院校历史专业学生以及中学历史教师具有特殊意义的作品。一是对中学历史教材进行总体研究和把握的《中学历史教材研究》，二是为应对教育国际化趋势以及为强化相关读者史学基础而编写的《历史学专业英语新编》。这两本书虽然不是和中学历史教材一一对应，但它们对从事或即将从事中学历史教育工作的读者却具有重要的参考价值。

丛书面向的读者群主要是尚在师范院校就读的历史专业的学生以及已经走上工作岗位的中学历史教师。另外，近年来，教师行业也开始向综合性大学的毕业生开放，因此，对于有志于从事教师教育行业的综合性大学历史专业的学生来说，这套丛书会更加具有其特殊的价值。除了上述特定的群体之外，对历史有兴趣且具备一定文化背景的其他各行各业人士在闲暇之时翻翻这套丛书，应当也会有所收益。

这套丛书的撰写工作得到了广东省“本科教学质量工程”历史学特色专业建设项目（2010 年）、广东省“高师院校历史教育人才培养创新实验区”建设项目（2012 年）、广东省高等教育教学改革项目“高师历史师范类课程改革”（2012 年）、教育部“新世纪优秀人才支持计划”（项目批准号：NCET－11－0919）和“广东省高等学校珠江学者岗位计划资助项目（2012 年）”的大力支持，在此表示衷心的感谢。

目　录

导 言

人类，且只有人类，能够创造一个自己想要的环境——这一人化的环境被称为文化，因为只有人类能够从现实生活中观察到或抽象出概念和事件。只有人类能笑；只有人类才知道自己会死去；只有人类才思索宇宙及其起源，才考虑自己在宇宙中的位置和自身今后的命运。

——斯塔夫里阿诺斯：《全球通史》

史学的研究对象是历史。广义的历史泛指宇宙间一切事物发生和发展的过程，分为自然史和社会史两大部分。人们通常所认识的历史，是个相对狭义的概念，特指人类社会的发展历程。文化史是史学的一个特殊部门，是史学和文化学相结合而形成的一门学科。

文化史把人类文化的发生发展作为一个整体的研究对象，并在人类文化发展历程的研究中，尤为关注人类创造文化时主体意识的演变过程，从而将以往侧重于人类社会的政治、经济领域的史学研究视角予以拓展。文化史的诞生，是欧洲启蒙运动对史学发展的一个巨大贡献。自启蒙运动始，史学从传统的政治史、军事史，扩展到文化史、经济史、工商业史、科技史等各个领域，文化史由此作为专门史的一个分支展现在人们的面前。

一 世界文化发展的基本脉络

人（包括了个体和群体的人）是文化的主体，自然则是文化的客体。文化的创造和发展，是人与自然对立统一运动的璀璨结晶。人类文化是一个不断运动、演化着的发展过程，只有通过关注动态的史学研究，才能有效把握文化发展的脉络。对人类文化发展脉络的勾勒，离不开对其起源的认识、类型分布的描述、结构的分析以及对其发展趋势的阐释和发展过程的阶段性划分。

（一）对人类文化起源的认识

总体而言，人类文化诞生于“人猿相揖别”之时。当人在自然界中开始以自觉意识从事生活和生产劳动之时起，文化就开始出现了。自然界水、火、风、岩石、树木等事物，本不具备文化的意蕴，一旦它们开始为人类所应用或改造，就被注入了人的价值观念，由此被纳入了文化范畴。人类在自身发展过程中，不仅利用了自然物，也借助自然物去创造新的物质财富，同时形成了人与人之间进行交流与协作的手势、表情、动作、语言、文字、技术等非物质财富，进而创造了诸如文学、艺术、道德、宗教、科学、哲学以及制度等一系列社会性的意识产品。可以这样认为，文化现象是与人类共同诞生的，并且是伴随着人类社会的进步而不断丰富发展的。

对于人类及其文化起源地的判断，学术界长期存在着非洲起源说、亚洲起源说、欧洲起源说以及多点起源说的争议。虽然借助了各项现代科学技术和方法进行了长期认真的研讨，目前学术界对此仍未完全取得一致的意见。尽管尚不清楚人类文化产生的确切年代和地点，但现有的研究表明，人类文化自产生至今大致已有两三百万年的历史了。

历史研究表明，越是远离当今的史料证据链条越不完整。故而至今为止，人类文化起源的具体上限远未明晰，研究者主要凭借以下三点作出一个相对趋同的判断：一是以打制石器作为文化出现的一个基本标志；二是根据已发掘的灵长类化石并比照现代人类作体征分析，从而推测人类及其文化的起点；三是根据古人类文化堆积层及其周边环境，进行人类文化起源地的考察与评估。

（二）对文化不同类型的认识

德国哲学家斯宾格勒（1880－1936）在《西方的没落》（1918）一书中认为，世界历史上曾经存在过8种自成体系的文化，即埃及文化、巴比伦文化、印度文化、中国文化、古典（希腊、罗马）文化、玛雅文化、西亚与北非的伊斯兰文化和西欧文化，每个文化都是具有自身生、长、盛、衰诸阶段的有机体。

英国历史学家阿诺德·汤因比(1889—1975)承袭了斯宾格勒的观点,对东西方各种以自我为中心的文化"错觉"进行了批评。他在代表作《历史研究》(1934—1961)中指出,在人类文明发展的近6 000年的历程中,曾经出现过26种文明(以后他又补充至37种),每种文明都有其起源、生长、衰落、解体和灭亡的五个阶段,其中一些文明彼此之间还具有亲子关系,但大部分文明今已灭绝,只有西方基督教文明、东西欧与俄罗斯东正教文明、印度文明、北非以及中近东伊斯兰文明、中国文明以及远东的朝鲜与日本文明等5种留存至今。他们提出的文化或文明类型虽不尽相同,但都认为世界上曾经出现了不同的文化体系,表明了文化发展的多元性。

文化是一个需要在特定空间发展的历史范畴,从其发展的横截面来看,世界上生活在不同环境中的民族,逐渐形成了各具风格的生产、生活方式,培育出了多种不同类型的区域文化。不同民族的文化,具有不同特点的"根",展示了文化区域的差异性。

然而,人类文化发展的历程并不完全依照有机体的生衰规律而行。有些在历史上存在过、兴旺过的文化,在现代社会中已经消逝,成为了载入史册的死文化;有些文化形态虽然曾经消逝于一时,但在近现代社会生活中又重新被发掘出来,尽管已经发生了位移或是改变了外在的形式,但还保留了原有的特性,因而成为"复兴"的文化;也有的文化跨越了漫长的历史时期一直延续至今,故而被称之为传统文化。在人类文化的发展长河中,既有对社会整体价值体系产生过重大影响的主导文化,也有在不否认主导价值体系基础上以特有形态作补充的亚文化。人们是在文化类型区分和区域文化研究的基础上,借助于对文化史的动态性来考察,进而勾勒出世界文化发展的基本脉络。

(三)对文化整体结构的认识

19世纪70年代,恩格斯指出了当时的自然科学和哲学所存在的局限性,即"一个只知道自然界,另一个又只知道思想。"他认为:"人的思维的最本质和最切近的基础,正是人所引起的自然界的变化,而不单独是自然界本身;人的智力是按照人如何学会改变自然界而发展的。"[①]与此同时,学术界

① (德)恩格斯:《自然辩证法》,《马克思恩格斯选集》第三卷,人民出版社1972年版,第551页。

在对文化的研究中，逐步形成了“自然与人”是文化主客体的认识，开始将人类文化划分为技术体系和价值体系两极。不少人由此得出这样一个观点：文化的基本结构是由物质文化和精神文化两大部分构成的。

目前，国内学者大都从形态学和系统论的视角出发，将广义文化的结构划分为更为细致的各个层面。有人认为，文化从外缘到内核依次为物态文化、制度文化、行为文化到心态文化；其中，处于核心的心态文化，还可分为社会心理和社会意识形态两个层次；社会心理是尚未经过理论加工和艺术升华的流行的大众心态，较直接地受到处于文化体外缘的物态、制度文化的影响与制约，并与行为文化交融互摄，互为表里；社会意识形态还可以分为基层意识形态和高层意识形态，它是经过人们加工的社会意识，表现为一定作品的物化形态，曲折并深刻地反映着社会存在。也有人将文化作出一个较为简约的结构划分，即将其分为物质文化、精神文化、行为文化和制度文化四个基本层面；此外，将精神文化作为整体文化内容的核心部分。[①] 对文化结构的解剖及其各层面相互作用机制的分析，将有助于文化史对人类文化作出整体的动态描述。

（四）对文化史分期的认识

人们对世界文化发展历程的考察，通过划分不同的时期来阐述其阶段性特征，这是文化史的一个基本任务。史学虽是一门古老的学科，但正如上文所述，世界各民族的史学都有一个将研究领域逐步扩展的过程，文化史获得独立的时间并不久远。

此前，欧洲和中国的古代史学主要限于军事史、政治史。古代欧洲希罗多德（约前 484—前 425）的《历史》、修昔底斯（约前 460—前 395）的《伯罗奔尼撒战史》和恺撒（前 101—前 44）的《高卢战记》，都是欧洲古代军事史的代表作。相比而言，中国古代史学可谓发达，而且富于人文色彩，更为注重文化现象的记述。但诚如梁启超所言：中国旧史“乃二十四姓家谱而已，”[②]是一部以王朝更替为分期的历史。欧洲中世纪甚至出现了充满神学色彩的教

① 裔昭印主编：《世界文化史》，华东师范大学出版社 2000 年版，第 2—3 页。
② 梁启超：《新史学》，《梁启超选集》，上海人民出版社 1984 年版，第 278 页。

会史体系，形成了所谓四大帝国①的分期法。基督教神学家圣·奥古斯丁（354—430）曾断言，人类历史必经婴儿、少年、青年、壮年、半老和老年等“六个年龄段”，人世间的命运都由上帝“神意”所操控。

文艺复兴时期，欧洲人文主义崛起，神学意识逐渐被史学所摈弃。法国史学家让·波丹（1530—1596）在《易于理解历史的方法》一书中，把史学划分为人类史、自然史和神明史（宗教史）三大类，并以地理环境和气候条件来考察人类史的进程。他概括了人类史的三个阶段，并开始指出各时期的区域文化特征：其一，古代东方民族（埃及和美索不达米亚）占优势阶段，特征是笃信宗教、富有智慧；其二，地中海周边民族处于领先地位阶段，特征是城邦国家、殖民扩张、法律制度；其三，北欧各民族兴起并处于主导地位阶段，特征是战争和科学技术。

自启蒙运动起，文化史成为独立的历史学科，学者们开始以文化主体者——人类意识的进步程度来划分不同的文化时段。意大利历史哲学家杨巴蒂斯塔·维柯（1668—1774）在其代表作《关于民族共同性的新科学原理》（1725）中指出，人类经历了“神的时代”、“英雄的时代”和“人的时代”。法国重农学派的领袖阿恩·洛贝尔·杜尔阁（1727—1781）在索尔邦大学授课的《世界史论集》讲义中认为，人类交替经历了和平与动乱、幸福与灾难的同时，将向着日益完善的境地演进，历史可划分为神学时代、形而上学时代和科学时代三段。德国哲学家赫尔德（1744—1803）在《人类历史哲学要义》（1784—1791）中认为，自然史和社会史是相互关联的，他把每个民族的发展都分为童年期“诗的时代”、青壮年期“散文的时代”和成熟期“哲学的时代”。此后，美国人种学家L·摩尔根（1818—1881）在《古代社会》一书中，把人类的历史划分为蒙昧、野蛮和文明三个时期。

20世纪的新进化论学者，继承和发展了摩尔根的理论。美国人类学、文化学家怀特（1900—1975）指出，私有制的出现是文明区别于蒙昧的基本标志，他以能量学说的观点考察文化的进化历程，构成具有代表性的“普遍进化论”。美国人类学家斯图尔德（1902—1972）在其《生态人类学》（1955）一书中主张文化的“多线进化”，以“文化生态”的差异解释了世界各民族的差别。

---

① 据《圣经·旧约·但以理书》载，但以理梦见四大兽从地中海爬上岸，预示世界将有四大帝国相继更替。

我国学者对文化史的专门研究，起步于“五四”前后。随着中西文化论战的展开，揭开了具有现代学科意义的文化史研究序幕，一批西方文化史著作和日本学者的中国文化史著作被译介进国内。其中，影响较大的是由冯雄翻译的美国学者林恩·桑戴克的《世界文化史》。当时，该书被纳入大学丛书行列。桑戴克的《世界文化史》将世界文化进程划分为史前、古代、中世纪、过渡期、现代等五个阶段。我国当代的文化史学者们对这一分期予以继承并作了进一步的调整。例如，冯天瑜等人写的《中华文化史》(1990)和裔昭印主编的《世界文化史》(2000年)，都大致将文化分期归结为远古、古典、中世纪、近代和现代等五个阶段。斯宾格勒曾经力主将各民族文化作横向比较，反对将世界文化作古代、中世纪、近代的纵向排列。近年，我国也有学者将横向比较融入世界文化史专著中。例如，陈佛松撰写的《世界文化史》(2002)，就从东西方比较的视角出发，将世界文化分为古代、中世纪、近代、现代等四个阶段。

(五)对文化发展趋势的认识

人类对于文化发展趋势的认识有个不断深化的过程。早期，古希腊曾出现具有神话色彩的黄金时代、白银时代、青铜时代和黑铁时代的文化分期，描述了一个人类社会不断堕落的悲观趋势。此后，随着人们对历史认识的不断深入，陆续出现了循环往复、单线递进、螺旋前进、多元演进和加速发展等各种不同的看法。

目前，学术界对人类文化发展的趋势形成了以下几点基本共识。第一，从纵向来看，人类文化从其源头起，延续至今形成了一个漫长的动态历程，总体呈现的是由低级向高级发展的上升趋势。第二，随着科学技术的进步和生产力的发展，人类文化的发展步伐在不断地加速。第三，人类文化的发展不是直线性的，而是呈现出波动、回旋、递进、跨越、扩散等多种态势。第四，人类文化从其形成之时起，就不是单一形态的，而是呈现为多元形态，不同地区、不同民族先后创造了不同类型的文化，各种文化在人类社会发展的长河中，相互之间交错地呈现了冲突、交融、派生等多种表现。第五，文化是人类与自然对立统一运动下的产物，文化的延续与发展一直警示着人类最终必须达成这样一个境界：即人类应能珍视自然，有效地处理好人与自然息息相通、互惠互利的关系。

二 本课程设置的缘起

随着世界基础教育改革大潮的兴起，我国自2000年起开始了新一轮的基础教育课程改革。在这一课程改革的进程中，我国普通高中课程以三个必修模块和六个选修模块构成了新的历史课程体系。其中，“历史(Ⅲ)着重反映人类社会思想文化和科学技术领域的发展进程及其重要内容，共有8个专题。”[①]设置这一必修模块的立意是，“将思想文化史的内容与政治、经济史的内容并列。”[②]

以往的中学历史课程是按照通史体系构建的，具有鲜明的纵向历史时序性特征，而新的高中历史课程结构则是按照专门史体系构建的。其中，三门历史必修课分别从横断面上展开政治史、经济史和思想文化史的基本内容。由此，历史教师需要在教学实践中处理好专门史的内容与历史时序的关系。毋庸讳言，习惯以通史体系开展教学的教师，对专门史的教学难免产生不同程度的不适感。为帮助广大高中历史教师和历史师范生把握好思想文化史的课程结构，我们特编制了《中外文化发展历程》这一课程教材。

历史学是一门具有广域性和综合性的学问，即使是专门史涵盖面也十分广阔。尤其是文化史，从广义的角度而言是无所不包的，但要将所有人类文化发展的历史现象都囊括进一门文化史课程中则是不现实的做法。为此，面向基础教育的文化史不可能面面俱到。现有的高中历史(Ⅲ)8个专题的设置，以“中国传统文化主流思想的演变”、“古代中国的科学技术与文化”、“近代中国的思想解放潮流”、“20世纪以来中国重大思想理论成果”和“现代中国的科学技术与文化”等5个专题，集中呈现了中国思想文化与科学技术发展的进程；以“西方人文精神的起源及其发展”、“近代以来世界科学技术的历史足迹”和“19世纪以来的世界文学艺术”等3个专题，专门展示了世界思想文化与科学技术发展的进程。这是一种精选学习内容的课程设

① 中华人民共和国教育部制订：《普通高中历史课程标准(实验)》，人民教育出版社2003年版，第13页。

② 历史课程标准研制组：《普通高中历史课程标准(实验)解读》，江苏教育出版社2004年版，第102页。

计思路。但不少历史教师在教学实践中感到，仅凭这些专题，难以引导学生对中外文化发展历程形成一个相对系统的认识。由此，我们在编写本书时，为更全面地反映世界文化史的概貌，并在针对现有高中历史（Ⅲ）课程教学内容的基础上，特意选取部分世界文化史的典型作了相应的补充和论述，力求为读者呈现一个更具全貌的世界文化史体系。

此外，历史学是一门在不断发展中的学问。因此，本书在编写时，并不是对现有高中历史课程和教科书进行简单的复制和扩充，而是尽可能地反映世界文化史研究的新成果或不同的学术观点，同时将我们在文化史领域研究的一些新见解融汇其中，力求向各位读者呈现一部具有研究前瞻性的文化史著述。

本课程秉承着这样一个总体的思路，即以全球视野来看待人类文化的发展，从总体上阐述了人类文化是如何由远古相对分散、孤立的多元状态，逐步向近现代的世界性"融通"状态转变的过程。我们赞同以广义文化概念统领文化史，以精神文化的发展演进为核心内容，进而对各文化层面的相互影响和作用机制进行剖析。诚如上述，本课程是为基础教育课程改革服务的，现行高中历史课程涉及的思想文化史内容，本书理所当然必须将之涵盖进来，但这绝不意味着我们要把本书编写成另一部内容较详的高中历史课本。因此，本书不是一部单纯叙述人类文化发展历程的著述，而是一部具有史实阐述、理论研究引导和教学参考价值的学用型读本。

三　本课程的逻辑结构

本课程教材在整体上分作三个基本层面：一是典型史实阐述，主要阐明了人类文化发展的基本史实与发展线索；二是深入研究指引，重点针对文化史研究的一些专题作相应的介绍和剖析；三是教学参考与延伸，即在展示文化史学习要点的基础上，为高中思想文化史的教学提供了主要参考文献和专有名词中西文对照表。典型史实阐述和深入研究指引，分布在本书第一至六章的各节之中；教学参考与延伸则在本书的导言、结语和附录予以体现。

我们认为，本课程应反映一部全人类的文化变迁史，因此使用的是广义的文化概念。广义的文化看似包罗万象、纷繁复杂，但基本结构却不应失其有序性。本书典型史实阐述的各个部分，在以精神文化为核心内容的同时，也兼顾了物质文化、制度文化和行为文化的内容。其中一些典型史实，是对现行高中历史课程的补充。比如，人类文化的起源、世界各大宗教在人类社会发展中的影响、典型的世界古代文学艺术等，都是文化史研究的重要部分。但这些内容，在高中历史教科书中是没有的。再如，科技革命和教育改革对人类社会进步产生了巨大的促进作用。为此，我们为这两部分内容设立了专门的章节。本书特意增补的有关内容，使人类文化自起源至当代的纵向发展历程更为清晰，也希望能为中学历史教学提供较为宽广多元的学术视野。

因文化史覆盖面极广，在有限的篇幅中，不可能涉及中外文化发展历程中的所有文化类型，故本书在编写时遴选了世界文化史的若干典型，在整体上按历史时序以专题形式相继展开。对于文化史的分期，我们基本依照史前、古代、近代和现代四段铺排。此外，我们考虑到中国学生有必要更深入地了解本国文化，而且中国文化的形成与长期延续也是人类文化发展中的特例。为此，本书在文化史的内容编排上，既关注了历史发展的纵向时序和阶段性划分，也突出了中外文化史实的横向铺排，以利于在学习中进行文化史实的比较分析。

历史包括了"史实"和"史学"两个方面。历史是客观存在的事实，其本相具有唯一性。但记载历史、研究历史的学问，却往往随着人类的主观意识而变化、发展且不断完善，具有其主观阐述的多样性。对于文化史的学习，我们不应仅满足于认识了某些史实，还应着力于视界的拓展和思维能力的提升。本书在各章节专设了深入研究指引，以使读者对文化史研究的热点或重要问题有所了解，以便在文化史领域开展一些深入的专题研讨，并在研究中不断开阔视野，进而掌握多种学习途径与方法，为形成终身学习能力打下良好的基础。

以往的历史教学偏重于"怎么教"，很少说明"为什么这样教"的问题，对于"怎么学"的关注更是有限。本书的教学参考与延伸，就是针对以往历史教学这些薄弱环节设置的。我们在本书的导言部分，专门围绕《中外文化发展历程》的基本脉络、课程的缘起、课程的逻辑结构、课程的学习目标与方法以及课程的学习资源等，提出了本课程"怎么学"的基本看法。我们的定位是，历史师范生和广大高中历史教师在经过本课程的学习后，既能把握中外文化发展历程较为完整的知识体系，也能有效提升高中历史（Ⅲ）的教学质量。

四 本课程的学习目标与方法

历史教师的学养，是教师在史学专业知识和教学行为能力层面上的学科性素质和一般性素质的总和。本课程以“服务基础教育”为根本的出发点，本书的编写是为高中历史教师和历史师范生的学养提升服务的。对于本课程的学习，既要树立明确的学习目标，也要对学习方法形成清晰的认识。

（一）学习的目标

要对一门课程开展有效的学习，首先必须思考三个问题：第一，我们要到哪里去？第二，我们怎样到达那里？第三，如何确信我们已经到达那里？学习目标的确立，有助于我们把握学习的方向，制订适合于自身学养提升的学习计划，正确评估自己的学习成效。诚然，学习目标应由学习者自己设立，本书在此仅为读者制订个人的学习目标提供几个参考维度。

1. 夯实文化史知识的基础

要获得更好的学习效果，单凭书本知识是不够的。在广义文化概念统领下的文化史知识体系，其内容近乎包罗万象。同时，人类文化的发展具有明显的时序性，而文化的不同类型又与一定的地域形成密切关联。对时空、因果、变迁等要素的认识，是学习文化史知识的基础。在本课程的学习中，把握好文化史的广域性以及时空关联性的特征，将有助于对文化史形成一个较为系统的知识结构。

历史学是对人类过去的发展进程作考察和解释的学科，历史知识是人们对以往历史事物、历史现象和发展规律的理解和认知。人类文化发展中所形成的各种历史现象十分繁杂，因此对于文化史的学习，不能仅仅满足于掌握本书所阐释的史实，还需要对复杂的历史现象进行深入的思考和分析。只有经过思维的加工和梳理，才能达成对文化史知识的深入理解；只有经过理解并内化的文化史知识，才能有效运用于教学实践和专题研究之中。

2. 增强文化史研究的能力

历史本相是以往的客观存在,面对已经消逝的过去,人们需要借助大量可靠的史料,并运用自己的聪明才智方能对其作出一定的结论。但不论是哪一种文化史结论,其解释的合理性都是相对而言的。史学是一门需要不断发展的学问,已有的历史理解和相关结论仍可进行不断的再探讨。史学的深入研究,不仅发生在史学家的书案上,也会出现在历史教学的实践中。引导学生开展历史探究,这在当今各国的历史教学中已不再是一件新鲜事。学生的探究虽然与史学家的研究不是处于同一层次,但讲究思维的缜密性和史料的真实性,并运用有效证据来阐述自己观点的要求则是相同的。

当代的中学历史教师,不应再把自己看成是单纯的教书匠。以往将教师定格于"传道、授业、解惑"的说法,已不能完全适应时代发展的需求。对文化史开展专题研究,也是中学历史教师应有的专业发展取向。只有经历过专题研究的教师,才能深刻体会"知与行"的关系,认识"求真求实"的史学真谛,把握"论从史出"、"史论结合"的方法;只有形成一定研究能力的教师,才能有效引导学生开展自主、合作、探究的历史学习。

3. 整体把握政治、经济、文化三大领域的内在关系

在以往通史体的中学历史教科书中,文化史内容极为薄弱,大都将一定历史时段的科技文化集中在某一单元进行教学。这种课程结构的长处在于,可使学生在对某一时段历史形成一定认识的基础上,把握好科技文化发展与该时代整体背景的关联性。但其缺陷也是十分明显的,就是难以将文化史的整体状貌呈现出来,并使其成为了政治史的配角。显然,这是受了单纯政治史倾向的影响。

以经济统领文化的见解也不得当。马克思和恩格斯曾经批判经济学中见物不见人的倾向,他们认为人的劳动创造了"第二自然",也就是文化。马克思在晚年尤其关注文化人类学的研究,留下了篇幅浩繁的笔记和手稿。[①]我们从人类历史的发展可以看到,人类在思想文化领域的活动和政治、经济领域的活动一样,都是人类生产、生活的核心内容,都反映了人类不断走向文明的前进历程。人类在思想文化领域的创造性活动,并非完全处于政治、

① (德)马克思、(德)恩格斯著,中共中央马克思恩格斯列宁斯大林著作编译局编译:《马克思恩格斯全集》第45卷,人民出版社2003年版。

经济的从属地位。科学技术和教育对人类社会发展的巨大推进作用，就充分说明了这点。

人类在政治、经济、文化三大领域的活动，实际上存在着一个彼此相互促动的关系。为了有效地开展文化史的教学，历史教师应对人类三大领域活动有一个整体的把握，不断提高自身对于文化史的学习与研究能力。

(二)学习的方法

人类以往的文化活动大都具有一定的时代和地域特征，不同时空范围内文化的相互影响和文化的整体延续，并不像政治、经济活动那样明显。比如，政治可以看到清晰的王朝、政权更替，经济则可以通过一定的史实和具体数据反映其基本走向，而人类的文化活动却呈现出一派纷繁交错的状貌。面对人类文化发展的复杂历程，需要借助综合性的视角、跨学科的理论方法来开展学习和研究。

1. 综合性的考察视角

关于考察视角大致包括这样几个方面：第一，以全球的视角把握人类文化的整体状貌；第二，以系统与动态的视角认知文化运作的机制；第三，以比较的视角理解文化的区域性特征；第四，以宏观与微观相结合的视角领悟各种文化现象及其相互的关联性。

显然，面对人类文化发展过程中呈现的异彩缤纷的多元化状态，要洞察其真髓以及把握住整体的发展脉络，离不开对人类得以繁衍的自然环境和社会条件的综合性、动态性考察，也离不开对各民族、各地区不同时代具体文化现象的比较分析，还离不开对各种文化类型相互联系、影响的深入研究。

2. 跨学科的理论方法

文化史是一门跨学科的学问。对于文化史的专门研究，不仅应关注人创造物质财富并改造外部世界的“外化过程”，也应关注人在生产、生活实践中不断塑造自我的“内化过程”。与此同时，文化史还需要研究人类内、外化两个过程的相互拉动与渗透过程，探求各种因素在人类文化整体进步中的交互作用。由此，就研究方法而论，诸如人类学、文化学、历史学、社会学、哲学等各个学科的理论方法都将为其所用。在某些局部研究领域，还需要借鉴各种人文社会科学的具体研究方法，比如文明模式理论、地缘政治理论、文明交流理论、长时段和宏观历史理论等，以便对整个人类文化的变迁过程作出总体和细微的考察，并努力探求人类文化变迁的本质与原因。

五　本课程的学习资源

课程资源，也称之为教学资源或学习资源，是我国在跨世纪的课程改革中倡导的一个重要概念。狭义的课程资源概念，仅指形成课程与教学的直接因素来源。广义的课程资源概念，则指有利于实现课程和教学目标的各种因素和条件。本课程涉及的人类文化是五彩缤纷的，故使用广义的课程资源概念更切合实际。本书最后的附录部分，有"主要参考文献及网站""专有名词中西文对照表"等，都可用作学习资源。对于本课程的学习资源，我们主张从以下三个方面来把握。

（一）文献资源

其一，本书作为课程教材，是一个最为基础的学习资源。读者可以通过对本书的研读，对人类文化发展历程形成一个基本的认识。其二，文化史具有丰富的文献资料。中国历代就有大量的诸子、艺文、典章、经籍、学案等典籍，其中辑录了相当丰富的文化素材；五四运动后，西方的文化史书籍和中国学者的文化史著述也在我国不断涌现。在西方，尤其是伏尔泰之后的两个世纪间，也涌现了大批文化史著作和思想家的著述。其三，近年文化和文化史研究的成果更是不断涌现。为了方便大家开展学习和研究，本书附录了"主要参考文献"。以上这些文献材料，都是我们学习文化史和开展专题研究的重要资源。

（二）地方资源

以往在历史学习中，有一个乡土史料的概念。文化史的地方资源概念，在内涵与外延上与乡土史料概念并不完全相同。文化史的地方资源不仅单指地方史迹，它广泛地存在于各地的历史遗址、博物馆、展览馆、科技馆和城镇乡里之中。既有实物性的材料，也有口述性的材料。因地方史内容极少出现在中学历史中，故地方资源大都为中学历史教学所忽略。其实，在文化史的学习和研究中，地方资源是极为重要的部分。它分布广博，在各地几乎随处可见,应予以充分的开发和利用。甚至包括国外文化史的地方性素材,有条件的读者大可借助休闲旅游之机就地观察并搜集。

(三)网络资源

在当代,“秀才不出门便知天下事”的可能性,已开始从书本转向网络,网络资源成为一个受到普遍关注的广域性资源。由于人类文化涉及面广,学习者不可能对世界各种文化现象进行实地考察,通过网络获取资源就成为文化史学习的一个特色。近年,不少中学历史教师建立了专门的学习网站,也有一些优秀高中历史教师和历史教研员开辟了个人博客,不少历史教师都具有自己的微博。通过诸如此类的网络资源,学习者可以获得各式各类的信息资源。不过,和其他各种资源一样,对于这些信息资源,也需要以批判的精神予以吸收。

第一章　人类文化的起源与发展

文化是一个世界性的话题，与人类的社会生产生活密切相关，它是人类在进行社会生产生活时的一种本能体现，也是人类物质和精神财富不断增加时的积淀。中外学者在文化起源和发展的问题上，研究方法和结论自成一派：俞思念在《文化与宽容》中提出："文化是在相当长的时间里留存下来的物质和精神成果，是经过积淀而相对固化在社会生活中的精神现象"[①]；英国学者爱德华·泰勒认为文化应该"包括全部的知识、信仰、艺术、道德、法律、风俗以及作为社会成员的人所掌握和接受的任何其他才能和习惯的复合体"[②]。可见，文化的载体是物质和人类活动，其功能主要是表达、消费、记忆、交流和建构社会生活等。目前学界普遍认为：文化是一个不断积淀的过程，探寻其源头及发展过程是了解文化内涵的关键所在。

第一节　"文化"的概念

文化的起源与人类的社会生产过程密切相关，也是人类社会生活丰富的积淀和体现。时代的更相交替，社会生产技术的改进，以及人类对于物质生活和精神生活的追求，使文化的内涵相当丰富。当代关于"文化"的概念所作的定义汗牛充栋，出现这种现象的原因是学者们大多"术业有专攻"，由

---

① 俞思念：《文化与宽容》，社会科学文献出版社 2009 年版，第 1 页。

② （英）爱德华·泰勒著，连树声译：《原始文化——关于神话、哲学、宗教、艺术和风俗的研究》，上海文艺出版社 1992 年版，第 1 页。

于其从事研究的学科领域的特殊性，其对“文化”的定义都具有了其本学科的特色和内容。如今研究文化史的资料甚多，为了让大众了解文化的基本内涵，学界形成了一种普遍的“理论”，认为文化分“广义”和“狭义”，本节即是在此基础上对“文化”的概念进行综述和探讨。

一　对“文化”的诸多解读

在西方，一般认为“文化”一词来源于拉丁文 cultura，本意是耕种，后被引申为栽培、培养、修养等含义。所以，从文化的层面来解释 cultura 一词，大概是指古时候人们从事农耕及对植物的培育。近代以来，人们在生产生活中对“cultura”进行引申使用，人的知识、智慧和信息被总称为文化。在中国，“文”为象形字，多指纹理、花纹，以甲骨文为典型，后被引申为自然社会的规律和道德行为准则；“化”是一个会意字，从二人，有变化之意，后引申为“教化、造化”。“文”与“化”的合用最早出现在春秋以前，后经时代的更替以及文学意识的加强，“文化”的概念逐渐形成。古代典籍中对“文化”的定义大致为：“文”包括文字、文章，又涵盖了礼乐制度、法律条文等方面的内容；“化”是“教化”、“教行”的意思。从统治者的角度来看，“文化”以法律制度和礼仪制度来教育百姓，端正社会风气。

综上所述，从“文化”一词的中、西两个来源可以看出，其原始意义基本类似。今天人们将文化的原始意义加以综合和延伸，大致将文化理解为一切物质产品和非物质产品的总和，普遍用于各种社会学科，尤其是历史学、人类学和哲学领域。

随着政治、经济的发展，文化在其发展和演变的过程中，形成了广义和狭义之概念。从广义上来说，文化是指人们在社会生活活动过程中所创造和积淀下来的财富总和，又细分为物质财富和精神财富；从狭义上来说，主要是指精神文化。作为一个广泛的概念，人们对文化的定义虽尊同其本源，但也呈现出“百花开放”之现象，且难以归一。这与文化的民族多样性、地域特殊性、社会变化性不无关系，因为在某个特定的社会形态下形成的与之相适应的文化形式都是独具一色，而每一种文化的发展和演变，也都是因社会物质生产的发展变化而丰富多彩。可以说，人类以及人类社会生产过程的连续性，赋予了文化不一样的生命力和发展基础。

因文化的发展延续性，人们对于文化的解读也在不断演变。纵观古今，人们对于文化的解读,很大程度上基于自身所熟悉的事物或者擅长研究的领域,不管是哪一个学科,不管是哪一行业,还是哪一个国度或者民族,其言行之中都在彰显自身的“文化意识”。总的来说,人们对于文化的解读大多居于以下几个层面:

一是文化内涵的多样性,促使人们广泛使用其概念,似乎已经成为时代的一种时尚和潮流,又或者是与时俱进的一种表现。有学者指出:“1952 年,美国文化学家罗伯和克鲁克洪在《文化:概念和定义的批评考察》中,列举到的文化定义为 161 种。而现在根据日本学者的统计,则是 260 种”[①]。文化的定义何以丰富至此?英国著名文化评论家雷蒙特·威廉斯在《文化与社会》一书中指出,18 世纪后期到 19 世纪前期,词汇的样式变迁以及词义的扩大,表现的是更为广阔的思想变迁和生活意义,从而使得“文化”的含义也有日益丰富之势。此外,对文化进行研究的流派也数不胜数,有早期的古典进化论学派,又分领域的传播论学派、历史特殊论学派、法国社会学学派、功能主义学派、文化与人格学派、新进化论学派、结构主义学派、象征人类学和解释人类学等,每一流派的学者都致力于对文化进行定义,却未能得出一个较为科学的文化共识,这也就直接导致了文化内涵的多元化。

二是文化“二元论”,即包括了物质文化和非物质文化。所谓物质文化,就是人类在社会生产过程中为了满足生存生活的需要而创造出来的产品,这类文化主要包括衣食住行等各个方面。而精神文化是建立在物质文化基础之上的文化分支,主要指人们内心产生的一种特有的集合了知识、信念、艺术、道德和习俗,以及作为社会成员的人所习得的其他任何能力和习惯的“综合体”[②]。物质文化和精神文化的关系就可以简单概括为:后者是前者的意识形态的体现,前者是后者得以升华的基础。

三是经济和社会是孕育文化的土壤。自古以来,万物滋生万念,所以一个时期的文化特点与当时的经济和社会发展息息相关。如汉赋、唐诗、宋词以及其他各种文学、艺术、书法、服饰文化的发展、辉煌,都离不开特定时期的经济和社会因素。当经济和社会发展到一定的程度时,文化开始为人们

---

① 魏天祥:《文化概念的辨识、演变与分解》,《理论前沿》1994 年第 23 期。

② E. Tylor, *Primitive Culture*, New York: Harper Torchbooksm, 1958. 转引自萧俊明:《文化的语境与渊源——文化概念解读之一》,《国外社会科学》1999 年第 3 期。

所追求，文化的勃兴便成为自然而然的结果。但是，在文化的发展过程中，文化也常常被统治者所利用，成为统治人民的无形工具，中国古代的礼乐制度就是其中的典型。周公之所以定下这一套严密的等级制度，就是要维护周王室的天威，震慑臣民潜在的逆反之心。春秋末年，孔子不断强调恢复周代的礼乐制度，用意在于诸侯争霸导致"礼崩乐坏"，社会缺乏等级制度的约束，人们难以各安天命，故而倡导恢复周礼，让荒乱的社会重上正轨。在西方，雅典的民主思想、罗马帝国的万民法的出台仍然是为了达到长治久安的目的。

二 "文化"的内涵与外延

文化的概念至今仍无法统一，但其外延涉及所有的学科和领域。从本质上来说，文化就是一个不断社会化的过程，由此可以定论文化的内涵即"社会化的过程及其结果"①。自古以来，关于文化的概念及其内涵的定义，众说纷纭，以下是有代表性的几种论述。

第一种，《辞海》对"文化"一词注了3条。一是广义的文化指人类社会历史实践过程中所创造的物质财富和精神财富的总和；狭义的文化指社会的意识形态，以及与此相适应的制度和组织机构。二是指一切知识，囊括语文、数学、历史等学科知识，也就是现代人所认为的"学文化"，通过学习获得一般知识，通过学习丰富文化的只是内涵。三是中国古代封建王朝所施的文治与教化的总称，这在春秋战国时期的典籍中多有记载，一般为有识之士就国家治理问题所进行的论断。

第二种，《现代汉语词典》(修订版)中把文化解释为：其一，文化是人类社会历史发展过程中所创造的物质财富和精神财富的总和，物质财富指的是事关人类生存的衣食住行等方面，精神财富主要是指人们在获得一定的物质财富之后，在文学、艺术、教育、科学等精神层面的追求。其二，文化可以理解为考古学用语，是包括遗迹、遗物在内的涉及历史文化存在的证据。其三，文化还可以是运用文字的能力及一般知识，亦是现代人普遍意义上的文化的概念。

第三种，由英国著名学者A·布洛克和O·斯塔列布拉斯共同主编的

---

① 刘跃进：《文化就是社会化——广义"文化"概念的逻辑批判》，《北方论丛》1999年第3期。

《枫丹娜现代思潮辞典》(*The Fontana Dictionary of Modern Thought*),在考察了历史上对文化下定义的基本情况后,对文化下的定义是:"一个共同体的'社会遗产':由一个民族(有时是故意的,有时是通过未能预见的相互联系及其结果)在他们特殊生活条件下不断发展的活动中创造并且(虽然经过各种程度不同的变化)从一代传向一代的物质手工艺品(工具、武器、房屋、劳动、崇拜、政府、娱乐场所、艺术品等等),集体的思想和精神制品(各种象征、思想、信念、审美观念、价值标准等等的体系),以及各种不同的行为方式(各种揣度、群体、仪式、组织方式等等)的总体。"①

第四种,20世纪以来,文化人类学家在诠释文化时,都强调文化是一个"整体"、一个"复合体"。E.泰勒对文化的定义是:"包括知识、信仰、艺术、道德、法律、风俗,以及社会成员所获得的能力、习惯等在内的复合体"②。R.林顿在《文化人类学入门》(1936)中指出,文化是后天习得的行为和行为后果的综合体,是一种完整的"型"。B.马林诺斯基在《科学的文化》(1944)中也认为,文化是完整的全体,其中包括具体物(使用的器皿和生活消费品)和无形的思想(信仰、习惯、制度等)。

最后,需要提到的是中国近现代以来的学者对文化的定义。梁启超在《什么是文化》中指出:"文化者,人类心能所开释出来之有价值的共业也。"③孙本文认为:"凡是由人类调适于环境而产生的事物,就叫文化。"④

上述中外学者关于文化内涵的阐述中,有三个要点最值得重视:第一,文化是人类社会的产物;第二,文化是具有结构的有机整体;第三,文化表现了一个民族的特性。

文化的内涵固然复杂,它的外延相对来说要容易理解和把握。目前学界关于文化外延的研究也比较多,集中在分门别类的研究上,主要是指文化与政治、经济之间的渗透和包含关系。三者之间相互影响和促进的关系,为

① (英)A.布洛克、(英)O.斯塔列布拉斯主编:《枫丹娜现代思潮辞典》,社会科学文献出版社1988年版,第142页。

② (英)爱德华·泰勒著,连树声译:《原始文化——关于神话、哲学、宗教、艺术和风俗的研究》,第1页。

③ 载《学灯》1922年12月9日,转引自张岱年、方克立主编:《中国文化概论》,北京师范大学出版社1994年版,第4页。

④ 孙本文著:《社会的文化基础》,世界书局1929年版,第3页。

研究文化的外延奠定了重要的基础。目前，学界把文化的外延概括为以下几种文化现象：一是作为社会物质生产水平推动社会生产进步的自然科学技术，二是直接反映和导致经济制度变化的经济思想和经济理论，三是反映某个特定社会政治活动的政治法律思想和理论，四是表现在反映的是人类自古以来通过生产劳动和实践产物的语言文字，五是作为文化的重要组成部分之一的道德伦理观念。此外，文化的外延还表现在教育思想、新闻出版业、公共文化设施、宗教现象、民间文学、哲学、社会学和文学艺术等方面，这里需要对教育思想、公共文化设施、新闻出版业以及民间文化四个主要传播文化、延伸文化寓意的渠道作探讨。首先，教育思想是文化的一个重要领域，教育本身的目的在于传播和解释文化，人类在创造文化的过程中需要用教育来传承已有的文化知识，也需要教育来创造新的文化氛围和气息，因此说教育活动是一种特殊的文化活动（知识、技能的传授与学习、品德的陶冶与修养、身体的锻炼等），并不为过。其次，公共文化设施及其活动是文化外延的重要表现，它是由政府或社团设立的包括图书馆、博物馆、文化宫在内的面向社会大众的文化设施及其活动，能很好地带动整个社会文化的蓬勃发展。第三，新闻出版事业在科学技术日益发展的今天，已经是人们用以表述文化和传播文化的重要渠道，它是一个具有综合性的文化因素，一般以报导各种当前发生的重要事件为主，也包括其他社会新闻事件，在传播文化的同时创造新的文化意象。最后，民间文化是目前社会倡导要进行保护和传承的重要文化领域，也是一个具有综合性的文化领域，它是一种自发地流行于民间的通俗文化，因为出于民间百姓之言行而被大众所接受，具有强大的潜移默化作用和影响力。

三 “文化”的结构

文化结构问题也是研究文化的重要话题之一，根据文化的起源、发展和变化，学界出现了不同的结构说。近现代以来，对于文化结构问题，中外众多学者也进行了相关研究和论述，大体上有以下几种代表性观点：

二分说。根据文化性质区分，文化结构分为物质文化（或生产文化）和精神文化两个层次，两者之间的关系是相互影响和促进的，精神文化的丰富离不开物质文化的基础和保障，而物质文化的富裕需要通过精神文化来表现和丰富。

三分说。所谓三分说，也就是在两分说的基础上细分出一个制度文化，制度源于治理国家、规范社会言行的需要中，一般体现为人们的社会观念，因此也叫观念文化。

四分说。文化的结构除了以上三种概括以外，还出现了四分化，即分为物质文化、制度文化、风俗习惯、思想与价值四个层次，而制度文化、风俗习惯以及思想价值三个方面是从精神文化层面延伸出来的概念，细化了文化的结构内涵。

最后还有六分说、七分说等，都是在物质文化以及精神文化两个维度延伸出去的结构概念，是研究者根据研究的需要而进行细化的结果。以上几种说法中，学术界所普遍认同的是三分说和四分说，两种划分都能精确简明地表现文化的结构。

此外，也有学者将文化结构理解为金字塔结构，即在物质文化、制度文化、精神文化的基础上增加了一个最高层次——“理想文化”，认为这四个层次相当于金字塔的塔基、塔身、塔顶和塔尖四个部分。其中，基础在于体现人与自然关系的物质文化，支撑点在于制度文化，高度繁荣主要表现在精神文化的丰富和多样性，而最高追求为理想文化的塑造和实践过程。四个部分缺一不可，相辅相成。首先，只有在一定的物质基础之上，文化才能长足稳定地发展和过渡，才能满足人们对于精神文化的需求，使精神文化能够发展的同时还能促进经济的再发展。其次，制度文化的健全和完善，是文化向规范化发展的保障，也是生产和传播先进文化必备的原则。再次，精神文化的创造者理应立足于创作各类精神文化产品，营造良好的文化消费氛围，为发展文化、提高国家文化实力、满足人们的文化消费需要服务。最后，努力构建理想文化，使人类最终实现统一的认识尺度。

第二节　人类文化的多源兴起

文化作为人类利用和改造自然的创造之物，从人类诞生之初，便已存在。人类文化的起源，从不同的学科领域或社会认知角度，虽然历来有不同的说法，但其共同点都离不开人类本身所具有的创造力以及人类所赖于生存的自然环境。

一 原始人类的物质文化

文化发展至今,经历了一个由量变到质变的过程,其基础在于原始人类所留下的物质文明和精神文明。原始文化的积淀是一个漫长的过程,人在这一过程中充当着创造者和总结者的角色,物质文化的累积和日益厚重是与人类劳动者密不可分的。原始社会文化产生于人与自然的斗争生存环境中,用以进行劳动的工具相对落后,在遇到自然危机时依靠集体力量进行抗争,这就使得人们的生活生存特点在于"共同扶持",因此获得的劳动产品也采取共同分配的措施,实行平均分配原则。作为人类历史发展过程中必不可少的阶段,原始社会给后世留下的物质文化也逐渐见诸于世人,并深深地影响着人们对于过去历史文化的思考和探讨。

原始人类的物质文化也有地域之分,不同的部落,其原始形态也不同。部分部落地区以狩猎和采集经济为主,一些沿海部落地区则以渔业为主,还有一部分部落是以简单的自然农业为主等等。作为一个原始时期,由于用于劳动和生产的工具十分简略粗糙,在这种环境下出现的物质文化自然也较为粗糙,但它在人类发展史上具有举足轻重的地位。不可否认,社会进程大多是居于当时的物质基础之上,物质是一个社会发展进步的标志,也是寻求文化发展和传播的工具。每一个民族都有其文化遗产,在琳琅满目的文化遗产之中,物质文化都具有独特的魅力。具体而言,原始社会所创造的物质文化主要分为以下几类。

第一类,以木、石、兽骨为原材料的生产工具。目前考古发现的原始文化遗址,都有相关发现。以旧石器时代为例,这一时期出现了打制石器,以满足劳动和获取食物的需要。旧石器时代的文化广泛分布于世界的各个地区,根据地域差异性、时代更替性而出现发展的不平衡性,各地区的文化面貌存在着较大差异。但就人类生产文明的角度来看,其共同特点在于这一时期的人们只能依靠大自然的赐予,使用简单的木石工具获取生活资料。旧石器时代中期的丁村人,他们所使用的打制石器出现了不同类型,经考古发现:遗址中出土了各式各样的打制石器,有刮削器、石球、三棱大尖状器和砍砸器等,形状具有一定的规整性。到了中石器时代,即从旧石器时代到新石器时代的过渡阶段,细石器开始大量使用,而且出现了广泛使用弓箭的现象,物质文化得到进一步发展。而到了新石器时代,人类进化到一个较高的阶段，产生了农业和畜牧业，磨光石器开始流行，后来甚至使用天然金属，学会制作纯铜器等。天然金属的出现和制作纯铜技术的发展，是人类农业发展史上的一大进步。然而因纯铜的质地不如石器坚硬，在劳动中人们依然更倾向于使用石器，所以这一时期有了“金石并用”之称。时间的车轮转至公元前 3000 至公元前 2000 年左右，人类进入了青铜时代。经过一千多年的发展，人类由青铜时代进入到铁器时代，这一时期所创造的物质文化较之以前已经有了很大程度上的丰富，铁器农具的出现可以说是人类农业发展史的一个质变，也是物质文化提升到另一台阶的标志。

第二类，以树枝、动物皮毛、麻、蚕丝为原材料的服饰。服饰作为原始人类创造的物质文化之一，是人类在生活中特有的劳动成果。服饰文化的意义不仅在于它是看得见的物质文明，更重要的是它同时还是精神文明的内涵所在，包括样式、尺寸在内的关于服饰的一切设计都源于人类大脑的思考以及审美意识的酝酿。服饰的起源，最初是为了保暖和遮体，随着审美意识的出现，人们开始注重样式的变化、色彩的变化以及其他观念的融合变化等，并将这些变化恰当地变现在衣着上，为后世留下了宝贵的文化珍藏。可以说，服饰的演变很好地说明了人类社会历经了从蒙昧、野蛮到文明的过程，它所承载的不仅仅是图式上的美，更重要的是服饰变化背后的文化气息的加强。而用以制作服饰的材料也不断变化，最初在纺织技术尚未发明之前的猿人时期，人们只能也只会使用兽皮和树叶保护身体，彼时动物的毛皮是人们服装的主要材料。从在距今 25 000 年周口店山顶洞中发掘出的骨针足以证明这一时期正是中国服饰的起源期，人类已开始用骨针缝制兽皮的衣服，用兽牙、骨管、石珠等做成串饰。进而又出现了石制和陶制的纺轮，说明了除兽皮人类还学会用植物纤维进行纺织，使衣服的原料来源扩大。到了原始社会末期，人类已经学会了养蚕缫丝，传统的服饰被山麻布所取代，人类进入一个更高的发展阶段。这说明人类祖先在与猿猴揖别之后，披着兽皮与树叶，在风雨中经过漫长的岁月之后，终于跨进了文明时代的门槛。

第三类，从取之于自然界到劳动创造食物的饮食发展。原始人类最初完全靠狩猎所得以及自然天成的果实果腹，直到学会了摩擦生火，才有了“熟食”的概念。此后，随着人类智力的发展，不少地方出现了早期的养猪、驯狗、种植蔬菜等现象，表明人类学会了主动创造物质，而不是仅仅依靠大自然的赐予，这无疑是人类的一大进步。到了河姆渡文化、半坡文化时期，水稻和小麦的种植成为了人类的重要生产活动，同时也成了物质文明发展史上的重要标志。

最后，要提到的是人类早期的手工业文明以及科技成就。以古埃及为例，因为农业生产的需要，人们学会了掌握尼罗河水泛滥的确切日期，根据天象来确定季节也成了十分重要的工作，天文学知识因此而不断积累和丰富。公元前2787年，古埃及人创立了人类历史上最早的太阳历，把一年分为三季共12个月，每月30天，加上年终5天节日全年共365天。今天的历法大多以埃及立法为基础。此外，原始社会的物质文化还体现在手工技术的进步所带来的奢侈品，如陶、瓷、项链、香料等，这些都是衡量人类社会进步不可忽视的重要物质文明。

二　史前艺术与文字起源

文字来自生活，艺术源于生活。在文字尚未出现的原始社会，以画图为主的艺术成为生活存在和发展的印记。因此，史前艺术是指没有文字记载的史前时代出现的艺术，这些作品大多创作于石器时代和新石器时代。史前时期的艺术和文字的诞生，是构成原始文化的重要部分。在原始社会时期，人类创造了象形文字，产生了原始宗教和图腾崇拜，艺术也在这一时期产生了。大体来说，史前艺术主要包括雕塑、绘画、彩陶、音乐、舞蹈、诗歌和神话。需要注意的是，这一时期，由于人类的智力尚处于较为原始的状态，有关艺术的创造都是比较粗糙和线条化的，其中文字便是典型的代表。

（一）史前艺术

史前艺术的发现和探讨可以为研究原始文化提供重要的论据。也许原始人类在使用画图方式记载生活时并没有审美的意识存在，但不能否认画图记事的过程中渗透着人们对于生活的思考。这其实就是艺术本身的内涵所在，一条线条、一个图形、一幅由线条、图案组合起来的图形都有其特殊的含义，用以记述当事人的生活态度和追求。那么，关于史前艺术的探讨，首先要了解以下三个方面的内容：

1. 题材来源及发现过程

史前艺术经历了一个由蒙昧无知到逐渐开化的过程，这一过程的缔造者——人自身以及与人息息相关的动植物，构成了史前艺术发展的原材料。其中，动物是原始人类生活的最基本的元素，因为它是原始人类的食物来源，是人类生存和繁衍生息所离不开的。史前艺术的诞生与人有着密切的关系，众所周知，女性是人类生命得以延续的母体，是生育和繁衍的象征。在原始的裸体女性雕塑中，一般来说，乳房、臀部和耻骨都被极度夸张，原因就是为了凸显女性的特征，《莱斯标克的维纳斯》塑造的女性就是典型。综上所述，史前艺术来源于人类本身以及与之相关的动物，它不是某个个体艺术，而是集体艺术。作为原始社会的产物，它不可避免地成为原始时代集体生活的象征和阐释。因此，几乎所有的史前艺术的题材和主题都是相通的，生存与繁衍是作为史前艺术的两大基本主题，这是人类发展至今的共同意识。

关于史前艺术的发现，1879 年，学者在西班牙发现了阿尔塔米拉洞穴，拉开了史前艺术的序幕，这一重大发现也成了史前艺术的代表。接着，人们相继在法国的多尔多涅地区以及南部地区、西班牙的北部地区发现了许多史前艺术洞穴，如 1940 年发现的拉斯科洞穴，成为当时被发现的史前艺术的典型代表，也引来了发现和研究史前艺术的高峰。人类历史本身是一个发现与被发现的过程，聪明的人类相继在非洲、亚洲、大洋洲又相继发现了许多史前艺术的遗迹——岩画及壁画，至此，可以明确了每一个民族都有自己的史前艺术。可见，史前艺术遍布全球各地，只是出现时间。表现形式以及美学特征因为民族本身而不同而已。

2. 史前艺术的分类

从现有考古资料看来，史前艺术的艺术样式主要集中在雕塑、绘画、彩陶、音乐、舞蹈、诗歌和神话等方面。其中，雕塑、绘画和彩陶属于造型艺术类，是造型艺术发展中的早期样式，为后来这种艺术的发展奠定了基础。从地区分布来看，雕塑和壁画集中在欧洲、非洲和美洲，而彩陶则集中于东方的黄河流域和两河流域一带。史前人类的生活离不开物象崇拜，所以以上种种艺术大多是出于无数目的而创作的，主要是用于祭祀或者庆典。以我国黄河流域的彩陶为例，尽管在当时用以装饰，但凑够陶罐上的图案看来，也是出于无数目的而绘制的。

音乐、舞蹈和诗歌在原始时期是紧密结合，不分彼此的。据考证，关于舞蹈的记载，最早出现在记述巫术的文献中，甲骨文中“巫”与“舞”谐音，原属同一个字，这也就说明舞蹈和巫术仪式之间有着密切的关系。从原始壁画、雕塑和彩陶等艺术作品来分析，不难得出原始歌舞与巫术之间的关系。

而1973年，青海孙家寨出土的彩陶盆上的舞蹈图案向世人展示了原始社会巫术和舞蹈结合的场面：五人一组，手拉手，面向一致……这便是现今人们所熟知的拉手娃娃和五道娃娃，它们都是出现在黄土高原地区的生动的原始艺术形象，主要呈现在剪纸艺术和民间绘画中，其用途仍然是为了辟邪禳灾，继承了原始社会巫术仪式中的功能。除去中国以外，世界其他各国也有同样的歌舞，且大多数与祈祷、祭祀或者图腾崇拜有关。由此可见，史前艺术的诞生与人类早期的图腾崇拜、祖先崇拜等分不开。

神话属于史前艺术的一种，也是民族史诗的代表，它起源并存在于每一个民族之中。从文献资料可发现，每个民族都有自己的创世神话，像汉族的盘古开天辟地、犹太人的耶和华创造人世万物等等，这些神话反映的大都是有关民族起源、世界创生、人和自然的冲突与妥协。可以说，神话是原始时代的人们对世界和自身的认识。因为在原始社会，人们对自然充满着畏惧与神秘，神话的出现是他们对无法解释的事情所作出的解释，同时也是他们勤劳朴素思想的寄托方式。所以，历史学家认为史前艺术产生于文字出现之前的历史混沌之中，直观的艺术形象展现了人类祖先的生活和情感。在某些层面上，史前艺术还向我们展示了原始人类的心态发展史。

3. 史前艺术的美学特征

原始艺术是一种实用艺术，而不是纯粹以艺术为目的，它的审美意识需要从相关的艺术作品的审美特征和艺术品中透视的艺术家的审美意识来考察。

原始人的概念里还没有出现“艺术”、“审美意识”这些词，当时人们进行创作完全是为了生活所需，也就是居于实用的目的去画图记事，他们的审美意识和这些艺术品的审美价值，是后人依据自己的审美标准来赋予的。从对原始作品的研究资料来看，原始艺术家们在创作时相当虔诚，而没有现代社会的功利意识，他们把自己的创作看成是整个部落每一个成员命运的神圣工作。这些创作的审美价值是存在的，只是被祖先崇拜和图腾崇拜所掩藏了。从早期一些原始艺术作品可以看出，当时的艺术家的审美意识主要糅合到作品中，具体表现为作品本身具有的对称性和正面性。到了新石器晚期，原始人类创作的艺术出现了符号化、抽象化的趋势，那些创作艺术的人们已经不满足于简单地模仿客观事物，而是致力于概括事物的主要特征，进而提炼出具有象征意义的艺术符号。以中国原始艺术为例，原始人类最初的艺术创作经过了从写实到抽象化、符号化的美学发展过程。

概而言之，史前艺术是人类早期摸索进行创造的结晶，为今人了解史前人类的生活和信仰提供了有益的借鉴，尽管它是在人类生产力水准相对低下的社会状态里创造出来的。需要注意的是，在某些方面，史前艺术的美学价值甚至高于现代艺术的水平，因为它提供了人类幼年的记忆，在艺术殿堂上是无法被取代的。

（二）文字的起源

文字的初始样式主要是实物记事和图画记事。实物记事指的是结绳、结珠和讯木等，《周易·系辞下》记载："上古结绳而治，后世圣人易之以书契"，说的就是文字的起源及其发展演变。而图画记事，相对于结绳记事更进了一步，能通过一些粗糙的线条表现事物的轮廓特征，以记述某个活动或某些重要的事件。

作为人类文明的一个重要的象征，文字的发明在人类历史上的作用毋庸置疑，它改变了人类，让人与人之间可以更有效地交流。文字的起源要追溯到人类鸿蒙初醒的时期，在当时的环境之下，人们还没有音、字、词的概念，只能试图用图像和符号描绘自己所处的环境，如古代西亚、埃及、中国和印度等国家，其文字的起源大致一样。语言和文字出现，是人类与动物、文明与野蛮区别的主要标志。

早期的文字发展离不开经济上的活动，如商业交易过程中的文字交流是文字发展的重要过程。在商业贸易中，双方之间的交易数目已经不是一个人能够完整记下来的了，这时候便出现了使用土块记录交易数目的方法。两河流域的居民无疑是有智慧的，他们所使用的这种泥土记事法后来成为弥足珍贵的象形文字，主要是在潮湿的泥板上刻画动物的形态。随着时间的往前推，原始人类还发明了许多越来越标准的图画，这些图画不仅具备了一定意义上的形似性，更重要的是这些被创作出来的图案已经具备了抽象概念，为文字的具体化奠定了重要的基础。如这时的人们已经发现一味画图案会浪费很多的时间和精力，如改成用线条构造的程式来表示要画的图案会更容易和省时。西亚地区的人约在公元前 2500 年开始用木棍或者芦苇秆在泥板上刻画一些简单的符号，这些符号就是后人称为"楔形文字"的文字。据说在创作这些文字时，要特别注意木棍等尖端在泥板上留下的痕迹，一般趋向较粗的特点，而且要特别注意形状的描绘。据记载，目前发现的楔形文字主要有三种程式:水平楔形、垂直楔形和斜楔形,这种程式下的文字一直被后来的西亚人民所使用,连埃及人、赫梯人、叙利亚人和古波斯人也都使用楔形文字。

古文字之中,埃及的象形文字独居一色。1799 年 8 月,法国远征军的一个士兵在尼罗河下游三角洲西部、一个叫做罗塞塔的地方,发现了一块黑色太阳石石碑,即后来的罗塞塔石碑。石碑上面刻着三种文字符号,是学者用以破解古文字的重要钥匙之一。在石碑上面的三种文字中,主要是希腊文字母、象形文字以及埃及人所使用的文字符号。这块石碑被发现后就被拓印下来交给文字专家进行研究和破译,其中瑞典外交官阿克布拉德精通多国语言,他在破译石碑文字的过程中发现:这三种文字符号实质上是出自同一篇文献,即托勒密王五世在公元前 196 年 3 月 27 日颁布的对神庙捐赠诏书。但是,最终成功破译埃及象形文字的是年青的法国学者、语言天才商博良(Champollion,1790—1832),这个年轻学者对罗塞塔石碑的故事并不陌生,由于对这块石碑兴趣甚浓,他甚至将自己的一生都投入到对石碑文字的破解中,尤其是对石碑上埃及象形文字的研究,为揭开埃及文明神秘的面纱做出了重大贡献。在埃及人那里,一神论主宰着一切,包括文字在内。埃及人认为文字是智慧之神赐予的,就连语言也是神教会他们的。实质上,象形文字并非是神灵的杰作,而是埃及人在进行社会生产和生活时,借绘画的手段来记事、交易的结果。这是一种最古老的文字形式,最早可以追溯到约公元前 6 世纪中期。象形文字一般是雕刻在石碑上的一些符号,有表现男人职业的,有表现女人职业的,有表现建筑物的,有表现寺庙和陵墓的等等。在目前所发现的象形文字中,最为典型的是在埃及出土的早期象形文字铭文,即帕勒摩石碑,据统计,石碑上使用的文字符号约 700 个。但是由于象形文字的局限性,它无法满足目前复杂的人类社会的交往需要,并逐渐被其他文字取代。

我国现行的文字字体仍然是象形文字,也是目前世界上使用频率较高的一种文字。它和西亚的楔形文字、埃及的象形文字一样,是原始人类用实物来表达思想的记录。目前在西安半坡遗址出土的文物中,有大量人类文明存在的印记。如在半坡遗址中发现了刻有图案和符号的陶器,经过研究,这些图画已经具有了一定意义上的抽象含义,为追溯文字的产生提供重要的论据。古文字研究者经过对比研究发现,早期文字相对比较粗糙,但也有构字法。以商朝的甲骨文为例，古文字已经具备了象形、指事、会意、形声、转注和假借六种造字法。

总之，文字对人类的最大贡献就是一个保存原始社会相关历史的痕迹，透过这些图画文字，可以探究古代人的思考方式、交流方式、信仰方式以及日常生活方式等等。甚至通过这些可见的文字符号，我们还可以知道历史的兴衰更替，对于我们今天以及未来的发展都是有非常大的作用的。

三 自然崇拜和原始宗教

自然崇拜出现于新石器时期，具体是指把自然物和自然力视做具有生命、意志和伟大能力的对象而加以崇拜，属于最原始的宗教形式。在自然崇拜盛行的史前时期，人们虽然尚未形成明确的超自然体的观念，但已开始具有将自然物和自然力超自然化的倾向。而原始宗教指的是原始社会发展到一定阶段产生的以反映人和自然矛盾为主要内容的初期状态的宗教。在学术界，原始宗教一般被理解为仅存于原始社会的宗教，其研究即根据对近存原始民族之宗教崇拜的考察分析，其基本特点包括对食物、繁殖、祖先、死亡、自然万物，以及社会群体的神秘观念和祈求敬拜，并由此发展出对超自然体之神灵的信仰及崇拜。

（一）自然崇拜

自然崇拜既是对“人格化的或神圣化的自然物和自然力的崇拜”，其崇拜对象自然也就包括了天、地、日、月、星、水、火、风、雨、雷、雪等天体万物及自然变迁现象。原始人类认为以上万物万象表现出自己所不能理解或掌控的生命、意志、情感、灵性和奇特能力，这些能力对人类的生存及命运产生了各种影响，因此对它们进行敬拜和祈祷，希望获其庇佑——消灾、降福。由此可见，自然崇拜与人这一生命个体有着密切关系，正是因为人类对自然力和自然物的害怕心理，人类原始部落群体中才出现了自然崇拜对象及活动形式，崇拜的对象一般是对本部落及其生存地区危害最大的自然物和自然力。这种崇拜背后实质上是反映人们祈求平安、富足的追求。人类在发展过程中伴随着生产力的提高，认知能力的提高也与之相关联，原始自然崇拜的崇拜对象被神灵化，进而演变为抽象的自然神崇拜，自此便有了天神、万物之神、一年四季之神、河流之神等千姿百态的关于神灵的观念，还有便是与之相关的各种各样的祭拜活动以及祭拜仪式，这种宗教的特点在于它的原生态性和延续性。故有学者将自然崇拜定论为对自然神的崇拜，其崇拜对象也概括为日月星辰、超自然力和不可战胜的自然物三个方面，本质都是原始人类依赖自然得以生存的一种表现。

那么，这种原始的自然崇拜是如何发生和演变的呢？一是在原始社会，自然现象的变化，尤其是那些能够直接影响人类生存的自然变化，都被看成具有人性的、能够控制自身意志的实体。二是人类社会早期，由于定居生活尚未稳固，为生存所迫，人们不得不随着自然环境的变化而迁徙，在迁徙的过程中便产生了对自然力和超自然力的崇拜。

基于以上原因，人们在进行祈福、祷告时，便有了一定的仪式。一般说来，最初的宗教表现，反映自然现象和季节更换以及与自身生活有密切关系的庆祝活动。原始人类崇拜对象是自然力，这些自然力通常表现为与人类的日常生活有着密切的利害关系的自然现象；在人们的心中，这些自然现象都具备了他们无法预知的神的力量，为此，自然物便成了自然崇拜的主要对象。中国古代居民居住分散，部落众多，所崇拜的自然物也不少，这与人们居住的生活环境有很大的关系。如沿海居民一般崇拜海神；而居住于河流两岸的居民一般崇拜的是河神等。

原始人思维中灵魂无处不在、无时不有的观念，也明确地反映在中国古代的祭祀制度上。《礼记·祭法》："燔柴于泰坛，祭天地。瘗埋于泰折，祭地也。埋少牢泰昭，祭时也。相近于坎坛，祭寒暑也。王宫，祭日也。夜明，祭月也。幽宗，祭星也。雩宗，祭水旱也。四坎坛，祭四方也。山林、川谷、丘陵，能出云，为风雨，见怪物，皆曰神。有天下者祭百神。"费尔巴哈在《宗教的本质》一书中，曾说过下面一段话：对于自然的依赖感，再加上那种把自然看成一个任意作为的、有人格的实体的想法，就是献祭这一自然宗教的基本行为的基础。

原始人类所赖以生存的自然界，因为人类本身的认知能力有限，对大自然的很多现象无法解释和控制，造成了人类心理上的恐惧和感官上的不适，这种恐惧和不适的存在成为人类意识里的超自然的力量，也就自然而然地出现了自然崇拜①。在早期人类的眼里，无法解释的自然现象和强大的自然

① （德）费尔巴哈著，王太庆译：《宗教的本质》，人民出版社 1999 年版，第 2 页。

物都是具有灵性的，不能随意亵渎，因为这些具有灵性的物体和现象往往主宰着人类生存的命运。对于这种不能认识和解释的灵性力量，人们开始习惯于膜拜它们，久而久之便出现了这种对自然力的崇拜，直接表现为对自然物本身的崇拜。

原始人类通常把自然力拟人化，赋予自然力以形体，如风神、雨神、雷神等都有实体人物的存在等。实际上，自然崇拜是原始人的一种自发宗教，而这种宗教又没有固定的形式，因为当时人类只凭着极不发达的思维观念和微妙的实践经验，去观察周围神秘的世界，所以对于凡是不可理解的自然现象，人们都会将其作为自己崇拜的对象，产生这种现象的原因是由于原始生产力的低下，大自然一方面给赖以生存的人类提供一切物质资料和条件，另一方面又会给人类带来巨大的灾难，自然崇拜就是这一矛盾冲突的产物。

（二）原始宗教

关于原始宗教的概念，萌生于早期的自然崇拜。据考古发现，欧洲尼安德特人遗骸周围常散布有红色碎石片及工具，遗骸位置亦常是头东脚西，人们认为这是受一定宗教观念支配所作的安排。不容置疑的是人们一直认为宗教是超越一切时空和条件而独立存在的，是从人类大脑活动过程中衍生出来的信仰概念，是一切有神论者的共同信念和教义。这种与科学相对立的观念即为宗教的特征之一。恩格斯在《反杜林论》中说："一切宗教都不过是支配着人们日常生活的外部力量在人们头脑中的幻想的反映，在这种反映中，人间的力量采取了超人间的力量的形式。在历史的初期，首先是自然力量获得了这样的反映，而在进一步的发展中，在不同的民族那里又经历了极为不同和极为复杂的人格化。"

学者们认为，原始宗教属于历史范畴，同样具有产生、发展和消亡过程的命运。根据目前的考古发现，原始宗教最早可追溯到石器时代。原始宗教没有唯一性，它所信仰的神是万物，一向有"多神崇拜"的习惯，并被称为"多神教"，这与阶级社会所形成的一神教不同。实质上，人类先于宗教出现，宗教是社会发展到一定阶段后出现的产物，一般认为宗教产生于氏族公社时期，即相当于旧石器中晚期。这时，公社内部形成了一个个以血缘关系为纽带的集体，人类的体能与思考问题的能力有了较大的进步，并且这一时期人类语言能力也有了很大的提高，于是在集体内部便开始萌生了某些禁忌和规范。当人类以集体的力量和粗糙的工具在自然界获取生活所需时，也对其中影响捕猎的自然现象有了更深的认识，尤其是超乎人类能力范畴的某些自然物或自然现象。当时人们无法理解的超于人类的对象，也没有办法去控制或避免由这些对象引发的危机，只能默默忍受着自然界的沉重压迫。在这种恐惧与无助的环境下生存，人们开始神化这些强大的对象，原始宗教滋生的土壤便是这样形成的。

由于自然条件和社会环境不同，人类原始宗教的发生发展过程及其表现形式也不尽相同。人类社会发展的整体规律是由蒙昧时代发展到野蛮时代，再由野蛮时代发展到文明时代这样一个过程，这个过程中所出现的宗教现象也因为社会形态的不同而不同，但本质上其实都是对超自然力量的畏惧，把生活的理想寄托于宗教神灵的庇佑。若从科学的角度进行分析，人类原始宗教一般划分为母系氏族社会阶段、父系氏族公社阶段以及村舍部落阶段三个方面。首先是母系氏族公社时期。这个时期内的时间跨度为旧石器时代中期至中石器时代，距今约 20 万年至 1 万年，历史上称为“蒙昧时代”；然后是父系氏族公社时期，时间跨度大约是起于新石器时代早期，结束于新石器时代晚期前段，距今约 10000 年至 4600 年（即“野蛮时代”）；最后是村社部落联盟时期，是从距今约 4600 年的新石器时代晚期后段开始，并一直延续至今。

原始宗教源于自然崇拜，从其表现形态可得到论据。从文献资料的记载来看，原始宗教的表现形态多为植物崇拜、动物崇拜、天体崇拜等自然崇拜。另外，除了自然崇拜，原始宗教的表现形态还包括了生殖崇拜、图腾崇拜和祖先崇拜等与原始氏族社会存在结构密切相关的崇拜。这些崇拜随着社会的观念的更新发展也出现了演变，主要是表现在具体的祭拜活动以及仪式观念上。目前，研究和追溯原始宗教的存在和发展过程离不开考古发现。换句话说，原始宗教的存在和发展一般是通过发掘石器时代以来各种原始文化遗址来发现和研究的，这些遗址上发现的各种宗教现象是研究史前宗教的最有力的证据。世界上的四大文明古国的宗教发现都是经过实地考察并被证实存在的，如亚非洲等地土著部族的宗教、美洲爱斯基摩人和印第安人的土著宗教等。关于考察原始宗教的活动，一般认为始于近代西方各国掀起的海外殖民扩张运动，但在其殖民过程中许多近存原始民族亦被全部或大部分消灭，今仅有少量土著部族得以残存。此外，在中国少数民族地区，原始宗教的保留更为完整，这些宗教群体的生存已经成为人们进一步研究原始人类宗教活动的重要对象，为还原原始宗教的真正形态提供了重要论据。

原始宗教的作用一直是宗教研究中的重要话题之一，在这个问题上所进行的辩论也越来越多。有学者认为，原始宗教赋予当时人勇敢地抵抗自然危害的勇气和力量；也有学者认为，原始宗教是反科学的唯心主义，对人类有害无益。这两种分歧也就成了宗教功能研究的焦点，至今无统一的说法。若按马克思主义的观点，宗教是人民的鸦片，原始宗教也是如此。原始宗教固然是一种极为复杂的文化现象，但我们不可忽视它本身具有的积极作用。至少在历史发展过程中，它承载着的是人类思维由具体到抽象发展的过程，它在举行活动时形成的一整套仪式成为后代礼仪发展的参照，还有就是原始宗教里面所涵盖的精神追求等，这些都是原始宗教发挥出来的积极作用。概而言之，原始的宗教信仰对于社会的发展有着诸多客观意义。

第一，历史上原始宗教曾是社会的上层建筑，支撑着上层建筑的政治统治。实质上，不管哪个时期，宗教活动与上层建筑的社会活动和政治活动都是相辅相成的，政治活动的仪式最初也是源自原始宗教仪式，通过这种仪式可以将治下的臣民仅仅团结在一起，维持社会的发展和稳定。可见，原始宗教的力量不仅在于震慑民众，使之安分守己地生活和工作，更重要的还在于它可以成为民族精神维系的力量保障，当人们遭遇自然灾害或者其他威胁时，能够团结在一起共同面对和抵抗一切危机或威胁。

第二，原始宗教中对自然物或图腾的崇拜行为是促进民族团结的重要保障。在人类历史发展的过程中，在国家出现以前是以部落为单位活动，部落之间的团结稳定是以崇拜行为密切相关的。再有，历史上个少数民族的形成及其繁荣也与原始宗教的积极作用离不开，因为原始宗教准则里有约束人们行为的制度和伦理规则，不仅增强了人们的认同感，也为民族带来了团结和繁荣。

第三，原始宗教中有“巫术”一源，是当时人类赖以治病的被神化的仪式。尽管巫术在今天已不多见，但它在原始时代曾为蒙昧的人们提供了强大的心理安慰，作为治病的活动之一，巫术是一种积极的原始积累，其中包括大量的旧时代的医药知识遗迹，一些经社会实践总结出来的经验之谈。这些为民族医学等实用科学和技能的形成与发展奠定了一定的基础。

第四，原始宗教对各国家、各地区、各民族的文学艺术的形成和发展产生了积极的影响。它是传统观念中对动植物、日月星辰、山川河流神化的结果，这些被人类神化的意象在具有了灵性后，或鬼或神，被认为是主宰人类命运之手。如此一来，人们开始认为只有尊重这些灵性之物，在自然界进行捕食活动时，注重取之有度，取之有时，才能避免遭受来自神灵的谴责和迫害。如果有人妄自取获或者随意以刀斧加之，只会给自己带来厄运，甚至是生命威胁。也许这些观念在科学不断进步的今天，被认为是封建迷信，但换个立场来说，它的存在是对自然环境进行的最有力的保护。原始宗教的出现和发展对文字学、文学艺术的发展具有很大的推动力。从目前考古发现的几个重要原始文化遗址来看，墓葬规模、随葬物品等都是反映当时社会文化观念的物证，同时也是体现当时人们对于美的东西的选取标准和创造标准。

第五，原始宗教在各民族的历史发展进程中作用巨大，不仅促进了氏族部落内部的进步和发展，还帮助各个氏族部落内部产生凝聚力，成为各民族凝聚力的重要源泉。这对于保护少数民族传统文化资源，抵制外来宗教文化对当地各民族传统宗教文化的吞噬，有着不可替代的作用。因此，在人类遭受由生态环境破坏带来的众多灾难的今天，我们更应该珍视和发掘传统宗教的现代价值。

四　深入探究指引

关于人类文化的多源兴起的讨论一直在继续着，主要是因为文化这一概念本身的复杂性是不言自明的。但人作为高级动物的一个特征就是有能力去探究和实践驾驭束缚自身发展的外在因素。因此，对于文化起源及其表现形式的探究一直没有停止。

（一）古文字里的历史

汉字发展过程中，以独特的文化形态和深厚的文化内涵吸引着和影响着一代又一代人。可以说，每个古文字里都蕴含着一个真实的故事、一段丰繁的时代景象，要解读中国历史的真相，必须先认识和熟悉每一个古汉字背后的寓意，简单来说就是对古汉字的字形和字义进行解读。

1. 古文字与社会形态

中国古代社会形态由母系社会向父系社会的过渡，大约是在甲骨文时期已经完成。在甲骨文中，“姓”字从女从生，说明作为家族符号的姓源于母系社会。在以母系社会为中心的社会里，人们只知有母，不知有父。《论文·女部》云：“姓，人所生也。古之神圣人，母感天而生子，故称天子……从女、生，生亦声。”在彝铭中“生”为“姓”之初文，两字实为一字。《左传·隐公八年》亦云：“天子建国，因生以赐姓”。远古时代赐姓为母，诸如姬、姜、姚、妃、嬴等姓，都是当时母系氏族以母为本位的写照。据现有的金文资料，西周时的姓不到三十个，但是大多从女。

立姓从母，世系从母系计，是人类社会各民族的古风古制。《汉书·西南夷传》记载：“夜郎者，初有女子浣于通水，有三节大竹流入足间。闻其中有号声，剖竹视之，得一男儿，归而养之。及长，有才武，自立为夜郎侯，从竹为姓。”人类学家摩尔根在《古代社会》一书中也指出：“女子把她的族籍和她的氏族授予其子女，不管他们的父亲是谁。”他认为远古时代世系一般均以女性为本位，一直由女系流传下去。

然而母系社会形态在甲骨文中的反映毕竟已只是一种遗迹，甲骨文更多地展示了当时的父权社会形态。在甲骨文中“父”字像手执一把石斧，说明男子从事着砍伐、狩猎、守护等重体力劳动。随着农业的发展，男子在体力上的优势不断显示出来，社会地位也不断提高，甲骨文中的“男”字从力从田。许慎《说文解字》认为：“力、筋也。象人筋之形。治功日力，能御大灾。”“力”由人体的肌肉筋膛而象征力量。许慎对“筋”的解释也是“筋，肉之力也，从力，从肉，从竹。竹，物之多筋者。”力是生物体劲健的象征，而现代文字学又从甲骨文、金文的“男”字形确认其源自“力”字。“来”字是从事翻土松田，开荒种地的家具。“力” 与“来”在音韵上也相通。这样我们就有可能推测“男”字构形是在中国社会男子成为农业生产的主力的时候，在这正是父权制逐步确立的主要条件。

2. 古文字与社会制度

古汉字的构形十分形象地反映了上古时期的社会制度。从分封制度来看，甲骨文“封”字像封土植树之形。《说文解字》曰：“封，爵诸侯之土也。”古代的封地以边界植树为标志，象征一种不可逾越的领属关系。甲骨文“邦”字也象征田上植树之形。在领地封界上植树为界，是分封制度的形象刻画。分封是土地领属关系的一种转移，甲骨文“易”字作水从盆中倒出之形，“易”有“益”义。由溢出又延伸为给予，给“易”加上土旁就有了疆界的意义。疆界的“给予”语源意义也折射着上古的分封制度。

从与分封制相联系的土地私有制来看，“社”字的构形也蕴含着丰富的信息。据《说文解字》的解释，“社”字从示，土声，在古汉字中，声旁往往提示语源的信息。“社”字土声，亦即“社”字古音与“土”字同。在古籍语言中，“社”往往与“土”音字相谐。如：“用命赏于祖，不用令戮于社。予则孥戮汝”。(《尚书・甘誓》)“社”的本义正是一种土地神，引申为祭土地神的行为和场所。然而祭祀土地神不是一种个人的行为，而是一种社会制度。它象征着土地的战友。据《礼记・祭法》云：“王为群姓立社曰大社；王自为立社曰王社。诸侯为百姓立社曰国社；诸侯自为立社曰侯社。大夫以下成群立社曰置社”。可见“立社”是一种政治行为；祭社神是象征土地所有权的一种仪式。社的本质是用神权的威信来维护奴隶主和地主的土地所有制的一种社会制度。

从奴隶制来看，甲骨文的字形勾勒出鲜明的阶级压迫。如“众”字呈现在日光下耕作的奴隶形象。这些奴隶从事农耕、征伐、戍卫之事，并且经常逃亡。所以卜辞中每每出现“丧众”，“丧众人”的记载。“臣”字呈竖立的“目”形。它是奴隶俯身垂首的象征。“仆”字呈手捧粪箕倒垃圾之形，它代表从事家务劳动的奴隶。“奚”字呈手抓奴隶发辫形，可能是来自以编发辫为特征的民族的奴隶。从手表示是捕获的。除了奴隶的名称外，其他一些古汉字的结构也折射出奴隶制度的残忍。如“役”字甲骨文构形像手执棍殴打奴隶的背部。“执”字构形像执囚或浮奴而铐其双手。“努”字从力从奴，说明是奴隶所付出的劳动力。而所谓“贤”字，古文作“臣又”，从又从臣，臣由身字变形，呈人身臣服之态。加又旁则是以手牵引屈服的人，此之谓“贤”。

从与奴隶制度相联系的刑罚制度来看，甲骨文字形勾勒出种种残忍的刑罚方式。如“月纤”字像锯去人脚之形；“荆”字像割去人奔之形。“伐”像以戈杀头之形，“辛”是一种凿类工具，常作凌迟之刑；如“辟”，也作舫首之刑，如“妾”、“划”像以刀割阳具之刑；“戮”像以斧砍人仲之形；“炙”像火烧奴隶祭天之刑，“斩”在金文中像车裂、腰折之刑所用的工具。

3.古文字与社会生产方式

古汉字的结构积淀着华夏民族远古时代经历的种种生产方式。在旧石器时代，主要的生产方式是狩猎。甲骨文中保留着大量飞禽走兽的字形。诸如虎、兔、熊、犀牛、鼠、鹿、象、鸟、乌、花(大眼鸟)、燕、凤等，其构形都惟妙惟肖，栩栩如生。不少汉字还反映出先人对猎物的细致观察，捕猎飞禽走兽的方式也刻画在汉字字形中。例如“率”字据《说文》的解释是“捕鸟毕也。象丝网，上下其竿柄也。”甲骨文中的“毕”字像捕鸟兽之网的字，有长柄。后来金文中加“田”表示是田猎时所用之网，成了“毕”字。甲骨文中的“网”字网形下有鸟形，是一种捕鸟网。金文中的“禽”字则是上有罩形，下有网形，合成天罗地网，意为捕鸟兽。甲骨文中的“双”字呈手拿一鸟形，也捕获义，“渔”字呈手持网捕鱼之形，“为”字呈手牵大象之形。“狩”字在甲骨文中像用“单”猎取野兽之形，“单”是顶系石链之流星索的形象，后加“犬”表狩猎用的狗，组合起来表示狩猎行为，“兽”与“狩”是古今字，在古籍语言中相通。

渔猎生产方式还在其他内容的汉字的构形中透露出消息。例如甲骨文“裘”字像一张兽皮做的裘衣，“皮”字则呈手剥兽皮形，说明渔猎生产方式对人的生活方式的影响，又如金文“战”字从“单”从“戈”与“兽(狩)”字的形符“单”相似，说明上古时代田猎阵势与战争阵势相关，很可能战争列阵是以田猎的方式演练的。再如“舞”字，古文的形体是从羽从亡(亡亦声)，说明古代的舞蹈以羽毛为装饰，而羽饰正是与狩猎生产方式相联系的。从我国出土的最古老的舞蹈纹陶盆来看，舞蹈者的头上都有斜着下垂的发辫或饰物，身后则拖着一个小尾巴。这就是原始舞蹈模仿百兽的形象。随着乐曲的变化，先是扮演飞禽走兽的舞队踏着节奏舞蹈，后来又是扮演凤凰的舞队成双成对出场舞蹈。乐官指挥扮演百兽的舞队都跳起舞来，并要观舞的众官也一起跳。毫无疑问，“舞”字古文的构形正是这种原始狩猎文化的真实写照。

4. 汉字与社会生活方式

汉字的构形为我们描绘了一幅中原人类的生息图，从汉字的演变中，我们也可以窥探古人的社会生活方式。

从吃的方面来看，古汉字的“炙”像把肉放在火上烤。“焦”像把鸟放在火上烤。“厌”字从犬从肉从甘，说明古人以食狗为美味，以此而饱食、满足。“镬”字甲骨文和金文都像鸟类放在锅中煮，“灶”字则像置锅于灶上，添薪助炊。“鼎”字像两耳深腹之足或四足的炊具。“扁”字像圆口三个空心足的炊具。“尊”字像双手捧侈口的酒器，“爵”字像有流、柱、和足的酒器。

从穿的方面看，最原始的衣服显然来自兽皮。甲骨文的“皮”字呈乎执铲剥兽皮状。“裘”字像有毛部分在外的皮衣。甲骨文的“衣”字绘出了上古时期衣服的图样：方领直襟，左右复掩，“巾”字像佩巾之形。“黹”字像衣服边缘刺绣的花纹。“免”(冕)字像人头上戴冠冕,“冒”(帽)像帽形,上有羊角形的帽饰。《说文解字》曰:“小儿及蛮夷头衣也。”可知这是古时蛮夷所戴的帽形。今一些地方小孩的帽上仍有绣各种兽类的头作为装饰的,帽上伸出的兽耳据说可以避邪。这也是上古遗风。

从住的方面来看,甲骨文“宅”字像有四壁与屋顶的房屋。“广”字像整体建筑中的依附建筑。古文“度”字从广从口从又,意为以手度量岩穴口的宽度。古文“庶”字从广从口从火,意为在岩穴内举火。“舍”字像掘地为坎,止覆屋顶,中间有立柱的住所。“宫”字像有套间的房屋。“穴”字像彼盖之下有孔洞形。“京”字像高大的屋宇。甲骨文中“门”字像上有门框,下有两扇门形。金文“闭”字像门上插栓。

(二)中国古文字里的文化特征表现

古文字的存在成就了一部部厚重的文化史册。中国文化源远流长,其博大精深之处往往处于文字之间,古汉字学研究的形成和发展至今依然是学界最为关注的历史问题之一。对于蕴藏于古文字里的历史,上一节已经作了详细的论述,现在需要解决的另一个问题是探讨一下古文字里的文化特征的表现。

1.古文字实质上是中国文化表现的符号

一个古文字的背后有其特定的故事和意味,在中国传统的典籍记载中,文字与文化在早期具有其同一性。古文字的发展历经数千年,研究发现,古文字实质上是中国文化表现的符号。汉字的起源与图画系统,文字的发展离不开这些独具特色的图画系统,如甲骨文中的每一个字,不少是象形字,即依照物象创造出来的具有特定意义的文字,这在语言学的范畴内称为“符号”。所以,文字实质上是某个物象的符号,或者是象征和代表某个活动的载体。

从文化的角度来看,每一个古文字背后有其特定的故事,表现的是当时人的心理活动和社会生活,更深层次来分析,文字背后实质上体现的是一种文化心态,每一个符号的存在都不是多余的,故其形体千变万化,多种多样。所以,汉字作为一种文化符号,一是通过视觉符号直接表现出来;一是通过分析文字的字形和字义,发现其特定的社会文化心理的表现,包括政治、经济、道德、艺术以及宗教等,感受当时人的行为思想、思维模式以及价值取向等深层次的文化心理。

2. 古文字具有传播中国文化的功能

古文字作为承载文化的工具，其主要功能之一就是把中国文化传承下来并发扬光大。作为文化的载体，古文字因其丰富的文化积淀而成为文化信息的源头和通道，在不断扩散和传播的过程中，同时又积淀了不同时代和地域的文化气息，因此出现了同形异字、同形异义或同字异音的情况。

以"古汉字学"研究为例，每一个古文字的发现和研究，都是填充时代文化空缺的重要部分。以考古学为例，目前出土的关于文字记载的文物都是一段历史，一种厚重的文化。通过研究和探讨之后，由学者通过各种信息传播渠道来普及相关历史知识。在大众认识这一种文字之后，文化的意念就深深植根于大家的脑海里，不断被深化，不断被诠释，为打造新文化奠定了扎实的基础。

除此之外，古文字里的中国文化功能还表现在认识过去、预测未来等方面，因其相关研究甚多，故不作赘述。

第三节　文化的发展及其研究

自从地球上有了人类，文化便被孕育和发展了。近年以来，关于文化的发展问题，成为一个热门话题，与之相关的研究也日益成为各个学科所重视的领域。从原始社会的物质文化，到如今日益丰富的文化视野，这个过程既是一个发展的过程，也是一个创造和研究文化的过程。

一　文化发展的基本特征

关于文化的基本特征，就其共性而言，中西方文化都具有传承性、二元性等特征，但由于两者的社会文化背景不一，所以其基本文化特征也有不同之处。

（一）中国传统文化的基本特征

由于中国传统文化诞生和成长于内陆河流域，其自然环境相对封闭，使得中国传统文化被冠以"大陆文化"之称。几千年来，传统文化的传承和延续，塑造了一代代华夏儿女的世界观和文化心理。随着时间的推移，民族文化观念逐渐发展成为支撑人们的精神支柱。再者,中国自古乃农耕型社会,以农耕为主的生活方式强化着人们内心崇尚安居乐业的观念和态度。由于自给自足型生活方式的存在和发展,也给中国传统文化打上了特殊的烙印。最后,中国土生土长的宗教类型所提倡的关于道德和人生态度的条规,以及中国人内心潜藏的乡土情意,都在一定程度上影响着文化特征的演变和统一。为此,从中国的地理环境、生活方式、宗教信仰以及乡土情怀等方面来考察其文化特征,主要表现在以下几个方面:

第一,统一性。中国文化作为一个大陆文化的典型代表,在其发展过程中,逐渐形成了一个以华夏文化为中心、各民族文化相融的统一体,其中的同化作用正好彰显了文化的统一性,这一个特征的形成或者说它以后所发挥的作用都是不可忽视的。因为在几千年的历史中,不管政治、经济上的差异何在,而文化的统一性始终作为主线不曾瓦解。甚至是在面对民族危机之时,我国传统文化依然能不改本色,维护了其统一性,这是其他国家或者民族文化中所不具备的特色。

其二,延续性。中国历史虽然不断改朝换代,政治和经济也不时发生巨变,但文化却始终没有被中断过。其中,以儒学为主线的思想主流,一直贯穿于传统文化中,并在世界文化丛林中据有其牢固的传统本色和地位。作为过去的文化,儒学是一个基点,也是一个起点,后来的文化发展无不围绕着这一个基点进行延伸和创新。那么,不能不承认延续性是中国传统文化的特征之一。

其三,中庸性。中国人讲求中庸之道,其精髓来源于传统的哲学理论和道家学说。中国古代就已经形成了较为完整的哲学宇宙观:阴阳、五行、天道、太极、气理等,这些都是关于"相互关系"的论述,强调的是社会相互关系之间的"稳定"、"平衡"和"中庸",所以时至今日,人们所接受的教育之中,依然很强调待人接物要"中庸",即大方得体、态度平和。

其四,乡土性。这一特征与中国文化诞生于小农经济之上密切相关,作为一个典型的农业型社会,人们的衣食住行离不开土地经济,不管是封建社会时期的小农经济,还是今天的家庭承包责任制,都抹杀不了人们对于乡土的依恋,对于乡土的那份厚重的情谊。正是因为中国文化具有这样一个特征,五十六个民族的文化共荣才找到了支撑点,各民族之间才能相互交流和理解,共同进退、相互扶持。

其五,非宗教性。这是中国传统文化最为显著的一个特征。相比于外国文化,中国传统文化诞生的土壤不是宗教,而是生产。这种劳作型社会背景的文化特质是一种民族独有的品格,多与一定时期的劳动人民的耕作和生产密切相关,在这个过程中,人与人之间的碰触、人与自然界之间的矛盾使得人们开始探索和总结生产经验,并由此而衍生文化的概念。所以,这种非宗教的特征,主要是由其浓厚的人文精神所决定,并非虚拟的宗教信仰概念。

（二）西方文化的基本特征

与东方文化相比较,西方文化属于海洋文化,这自然与其地理位置相关,其后来的发展也受到了地理、气候等自然条件的约束,主要是因为欧洲大陆多山,土地相对贫瘠,自然资源相对缺乏等等,使得文化发展建立于掠夺资源、对外征伐以及商业竞争上。从其起源来看,西方文化的发展源于古希腊罗马的奴隶制文化,这两个民族同属于海上民族,好战、外向是其特征等,经过以后各民族的继承和发展,最终赋予了西方文化不一样的色彩:

其一,海洋性。西方文化诞生和成长于海洋,由于海洋气候变化巨大、环境相对要恶劣,使得古代西方人养成了冒险和对外扩张的性格特征。此外,为了对抗自然环境以及取得战争胜利的渴望,西方人有着过人的智慧和体能,同时也对这种智慧与能力并重的人具有无上的崇拜之心。因此,西方文化因其自然环境和地理位置,海洋性成为其第一个基本特征。

其二,宗教性。翻阅史卷,古代书籍的字里行间皆透露着宗教的气息。以古希腊为代表,其神话人尽皆知。希腊人在生产生活方面,都设定了一个专门的神,并将其人格化,祭祀和供奉的形式也不同于中国文化,由此彰显个体生命能力以及由此而衍生出来的精神文化。

其三,注重理性。一般认为西方文化除了宗教外,还有两个重要支柱——科学和法律,这两者都不难发现理性精神对西方文化的深刻影响。表现为承认客观自然世界的可认知性,普遍遵从形式逻辑的推论和证明法则。在科学及学术活动中对概念、范畴的建立和理论抽象的偏好,对真理的执著追求和虔诚信念,以及在日常行为方式的工具合理性原则。[①]

① 徐行言主编:《中西文化比较》,北京大学出版社2004年版,第78页。

其四，崇尚个体。西方文化把肯定个人作为个体存在的价值，看做人类社会结合的基础。古希腊哲学家亚里士多德指出，一个人的最高的善在于自我实现。古代雅典民主制孕育的崇尚个人、创新、探索、纵欲、享乐精神所代表的个人本位论一直在西方文化的发展中占据着主导地位。文艺复兴时期，西方人对个体价值和人格尊严的要求从教权的阴影下重新解放出来。18 世纪的启蒙运动更是普遍提倡人生而自由和平等的"天赋人权"观念。

二　文化发展与政治、经济的关系

文化生活具有不同于政治生活、经济生活的特殊性，主要表现在文化有自身的传承性和相对独立性。在人类历史的发展过程中，尤其是进入阶级社会之后，文化与政治、经济的关系变得更为密切，其总体特征主要表现为：文化的发展取决于统治阶层价值取向以及政权意识，同时又依赖于经济的发展状况。总的来说，文化与政治、经济的关系主要表现在以下几个方面：

一是经济生活和政治生活决定了文化的发展。其中，经济的发展程度是文化高度发展的基础，只有相对发达的经济基础之上，文化才有发展的空间，才有繁荣的资本。古语所谓"仓廪实而知礼节，衣食足而知荣辱"，就是强调了社会经济的发展决定着文化发展水平。当经济发展到一定的程度，人们对于文化的需求便会与日俱增，促使文化事业的发展。反过来，文化事业的发展，也会带动服务性经济的发展，因此可以说文化在一定程度上也是经济繁荣的一个促进因素，两者具有互动的关系。当然，文化与经济的发展既有同步性的一面，也有不同步的一面。

二是文化发展是政治和经济的反映，即反作用于政治和经济。政治是经济的集中表现。一定的文化由一定的经济、政治所决定。文化的反作用是双面性的，可能是促进，也可能是阻碍。不同性质的文化对社会发展的作用不同，先进、健康的文化会促进社会的发展；落后、腐朽的文化会阻碍社会的发展。如秦始皇焚书坑儒之举，无疑是阻碍了社会文化的进一步发展，最终也成了秦朝被灭亡的原因之一。反之，唐朝兼容并收的文化政策，是唐朝文化得以享誉中外的重要原因。两相对比之下，不难发现文化反作用的魅力。

三是在时代发展的进程中，文化与政治、经济是相互交融的。首先文化与经济的相互交融体现在文化推动了经济的发展，具体体现在发展教育事业、提高科学技术水平、培养高素质人才和提高劳动者素质等方面。教育是科教兴国的核心,经济是科教兴国的决定性因素,而政权的稳定是经济与文化发展最大的保障力量。需要指出的是在经济发展中,科学技术的作用越来越重要,文化产业迅速崛起,文化消费更加丰富,文化生产力在现代经济的总体格局中的作用越来越突出。其次,文化与政治的相互交融,对于个人来讲,民主和法制建设的发展,需要公民更高的文化素养;在国际关系中,文化渗透、文化入侵,反对文化霸权主义已经成为国际政治斗争的重要形式。因此,三者在国家或民族的盛衰之中,都是不能忽视的,而应注意协调其发展的。

三 文化研究的若干视角

文化的概念包罗万象,文化研究是一个可持续过程,其研究视角会随着时代的不同而不同。换而言之,不同时期的人们对于文化的解释或者研究范畴是不同的,不管是东方文化,还是西方文化,其研究视角都会与一定时期的政治需要、经济导向、教育机制相关联,使文化研究向着不同的方向延伸和发展。大体看来,文化研究的视角多为以下几个方面:

其一,国别文化。每一个国家或者民族,往往由于其自身的生产生活方式不一,导致由此而产生的文化表现形式不一样。不管节日的规定,还是庆祝节日的方式,都因国家而异。这与各国历史的发展离不开,也与各国的地域条件及民族情怀有关。

其二,地域文化。首先,地域文化指的是不同区域的文化。一些学者将地域文化划分为广义和狭义,认为狭义的地域文化专指不同区域范围内物质财富和精神财富的总和;而广义的地域文化特指不同区域物质财富和精神财富的总和。时间上是指从古至今一切文化遗产。地域文化中的“地域”,是文化形成的地理背景,范围可大可小,可以是单要素的,也可以是多要素的。地域文化的形成是一个持续性的长期过程,它会随着时代的更替以及新事物的使用而发生变化,但在某个特定的阶段,它又具有相对的稳定性,如中国的四合院文化、阿拉伯文化、欧洲文化等。其次,地域文化亦可归类为“民族文化”或者“民俗文化”。因为不管是“民族文化”,还是“民俗文化”,都与地域相关。仅就中国而言,由于境内存在着五十六个民族,且每个民族的风俗或者说风情都是不一样的,自然其文化也不一样。而西方地区,古代的希腊罗马文化最为古老和辉煌,但两者之间的差异却非常大。且不说罗马文化曾受到古希腊哲学的影响，后来在帝国的历史文化构造中，罗马统治者却始终没有放弃本族文化的精髓，坚持以拉丁语作为帝国通行的语言。再如地中海沿岸地区，因为民族渊源不同，其文化色彩也难以归一。单就文化渊源相近的英国和美国而言，两国文化本是同根生，但是在经历地域色彩的熏陶和生态环境的演变之后，美国文化逐渐脱离了原有的大英文化，而且创造出许多大英文化所未曾包含的文化因素，如牛仔文化、摇滚乐文化等等。总的来说，不同地域，其文化差异大致表现在饮食文化、民间信仰、民间建筑等方面。一方水土孕育一方文化，一方文化熏陶着一方社会政治和经济。在人类历史上，不同社会结构和发展水平的地域自然地理环境、民俗风情习惯、政治经济情况，孕育了不同特质、各具特色的地域文化，诸如中国的齐鲁文化、三秦文化、湖湘文化、燕赵文化、中州文化、三晋文化、岭南文化、蜀文化、巴文化、徽文化、赣文化、闽文化等。

其三，通俗文化。郑振铎曾在1938年出版的《中国俗文学史》中说："俗文学就是通俗的文学，就是民间的文学，也就是大众的文学。换一句话，所谓俗文学就是不登大雅之堂，不为学士大夫所重视，而流行于民间的，成为大众所嗜好、所喜悦的东西。"[①]据现行《汉语大词典》的解释："通俗，浅显易懂，适合一般人水平和需要的。"因此，所谓"通俗文化"的一个本质特征就是接受的对象是广大的。针对"通俗"二字的解释，即有"通"者"达"也，就是文化作品和接受者之间，应该是交流大于障碍；"俗"者，大众也，而"大众"则是永恒的绝对多数。通俗文化的存在，刚好弥补了高雅文化的不足，给人们提供一个更为广阔的文化交流平台，能够摆上这个平台的文化可以是大众共赏的，没有阶层之分。而且，通俗文化的内容基本上与人们的生活有关，即使是白丁，也能通过听、说等途径获得精神上的舒畅，以表达自身内心的情感。

其四，大众文化。大众文化这一概念最早出现在美国哲学家奥尔特加《民众的反抗》一书中，其主要指的是一地区、一社团、一个国家中新近涌现的，被大众所信奉、接受的文化。大众文化的本质在于它是一种以最广大人民群众的生存生活需要为出发点和归宿点的人文形态。从它诞生、发展的整个过程可以发现，这种文化的价值意义完全在于它能全面阐释和体现人

---

① 郑振铎：《中国俗文学史》，中国社会科学出版社2009年版。

文的本质,同时还是人文精神的深度表现,蕴涵着一种人文目标和昭示着人文价值理性。目前社会上所言的大众文化,其实是一个特定范畴,是居于当代都市背景下的文化概念,它工业、商业的发展有着密切的关系,一般通过新闻媒体、网络媒体等手段进行传播和引导。在当今这个以消费观念为主的时代,大众文化不可避免地也被消费观念所主导,并且由大众的消费思想和意识统一和规划其发展方向,体现出当代消费文化的生态现象。大众文化的出现是现代工业发展和市场消费观念转型的产物,由于其出现的领域一般为大众共同参与的当代社会文化公共空间或公共场合,所以它能够得到更多人的认可,成为渗透力极强的文化现象之一。如果说到与高级文化的区别,大众文化的特点在于它不具备阶层性,是一种雅俗共赏的文化;再者,大众文化也不同于乡土文化和群众文化,没有后者所具有的自发性特点。在科学技术不断发展的今天,传播大众文化的渠道也日渐广阔,如网络、电视、报纸、杂志等都是传播和发扬大众文化的重要渠道。这也是导致大众文化的发展方向多样化的重要因素,人们可以在各学科各领域感受到大众文化的魅力,与之共发展。

其五,宗教文化。宗教是反映人类信仰的文化现象之一,在人类文明的发展过程中与文化的起源和发展息息相关,宗教文化渗透的范围相当广阔。据目前学界对宗教的研究领域,包括了哲学与社会学、伦理道德与法律、教育与教育思想,风俗习惯、建筑艺术、文学艺术等方面。因此可说,宗教乃人类社会发展进程中的特殊的文化现象,它是传统文化的重要组成部分之一,时刻影响着人们的思想意识、行为习惯、生活规律等方面。作为一种以信仰为核心的文化,宗教又是整个社会文化的组成部分。几个世纪以来,宗教作为一种文化现象丰富着各地区传统文化的内涵,对社会的精神文化生活也产生了巨大的影响。就目前可考据的宗教典籍,书目浩如烟海,历经时间的淘汰后,传承下来的典籍已经是凝聚着一代又一代信徒心血的力作,使得后人有机会去感受其中深厚的宗教文化传统。以道教经典之作《道藏》为例,它的内容十分丰富,所涉及的社会现象可以以包罗万象来概括,上至天文下至地理,有道教经术、科仪方术;有医药养生、天文史地、诸子百家;同时还是研修道教的经书宝典和探讨传统文化的珍贵资料,对于研究中国古代哲学、历史、文艺思想以及医药、化学、天文、地理等具有重要的文献价值。又如佛教经典丛书《大藏经》,作为最先被翻译过来的印度佛教著作,其文化价值也是不可磨灭的，再加上我国古代佛教学者的阐释和著述，形成了经、律、论三藏，成为研究我国古代哲学、伦理、逻辑、文学、艺术、历史的宝藏。再如伊斯兰教经典《古兰经》以及基督教经典《圣经》，这些都是世界文化和知识宝库中的财富。目前宗教文化研究依然是学界的一大热点，其视角主要有宗教政治、宗教哲学、宗教伦理以及宗教建筑，等等。

四 深入探究指引

文化作为人们生活中不可或缺的一个重要部分，对社会的稳定、持续、和谐发展同样具有举足轻重的地位。因此，关于文化的发展与研究，是一个可持续发展过程，需要一代又一代学者、学子不断地努力和奋斗。通过对文化内涵的认知、对文化延伸意义的探究以及对文化发展的讨论，如何深入探究文化下一阶段的发展成为另一个重要热点问题。

（一）对未来世界文化转型的展望

随着科学技术的日新月异，人类社会正在向信息化社会过渡，世界经济逐渐步向一体化的趋势之下，各个国家、各个民族之间的经济文化交流规模日益扩大，东西文化的交流与碰撞成为大众所关心和热议的问题。那么，未来的世界文化何去何从呢？东方文化与西方文化应该如何相处，才能减少冲突，实现长足发展呢？解决了这两个问题，世界文化未来的发展之路才能更为明确。

事实上，不管是东方文化还是西方文化，它们都不可能完全被对方所同化和取代，只是在相处接触和交流的过程中，部分优秀成分被对方所吸收和融化而已。因此，“取其精华去其糟粕”即通过吸收各种文化的优点来提升和丰富本土文化的内涵，已经成为各国文化政策的主要目的之一。目前各种文化之间的交流，由于各国政治、经济地位的悬殊，难免会出现不平等的交流现象，究其原因，皆因西方发达国家的政治影响力和经济实力较强，从而在一定程度上呈现出相对的优势。这种优势文化的扩张力，使得发展中国家难以抵抗，往往选择了被动接受。因此，未来的文化发展中，发展中国家必须明确这一问题的危害性所在，理性坚决地捍卫本土文化的独特性和自主性。

再者，一直以来，文化交流皆是在经济交流与政治互动的基础之上进行的，文化政策自主性、正确性和包容性将成为未来世界文化转型或组合成功的重要因素。因此，必须持有以下态度：

第一，既不盲目排外，也不一味崇洋。这是建立起正常的文化交流的重要心态。因为盲目的排除会导致故步自封，直接后果就是无法紧跟世界文化发展的潮流，难以吸收外来文化的精华和营养。而一味崇洋，则会导致民族文化自主性的丧失。具体来说，就是丢失本民族原有的优秀文化传统，致使文化发展滞后或杂乱无章。

第二，兼容并收，理性选择。文化的发展空间日益扩大的同时，要求理性选择外来文化。如今世界经济联系密切，自然少不了文化的碰触。这是未来世界文化发展的一个不可避免的现象，因此在面对文化交流问题时，理应在坚持“兼容并收”基本原则的基础上，坚持有效的选择。换言之，就是要选择外来文化中适于本土文化生长和发展的部分。

第三，坚持本土文化的自主性，适应世界文化的新转型和组合趋势。无论是本土文化，还是外来文化，都应该走“转型”和“创新”之路，这是适应未来文化发展的基本路线，也是从文化层面最大程度适应世界一体化进程的需要。

（二）关于“人文化”的文化问题

文化作为人类生存生活过程中的一种本能，在物质财富和精神财富的不断积淀下，自然而然地出现了“人文化”概念。首先，文化诞生于人类初期形成的人文环境之下；其次，文化在发展过程中，其相关意识范畴、价值观念又在一定程度上反映出“人文化”的特征。因此，研究文化的“人文化”问题，就是要探究文化中折射出来的人这一个体的亲和力，是人与文化的一致性。这主要是因为：

第一，文化对人的影响，来自特定的文化环境以及各种形式的文化活动。而政府有关部门整顿文化市场，目的就是规范文化秩序，更好地为广大市民提供良好的文化环境。

第二，文化影响着大众的日常交往行为和交往方式，对人们平时的实践活动、认识活动和思维方式的形成和发展具有深远的影响。创造一个良好的文化环境，有利于人们树立正确的世界观、人生观和价值观，对人的综合素质和终身发展产生深远持久的影响。相反，一个不好的文化环境则容易把人们引入歧途，给社会带来动荡和不和谐。因此，要整顿文化市场是实现“人文化”的重要一环。

第三，文化的特点还在于它对于人类具有潜移默化的影响力，而且这一影响的过程是具有持久性和稳定性的。人作为一个个体，需要参与到集体的活动中去，这就要求要在一定的文化氛围中生活，包括家庭的、学校的、社区的、企业的等。而文化氛围是一个概念，它是人们从文化概念里延伸出来的一个词，它是看不见、摸不着的，但又无时无刻不影响大众的思想和言行。推动文化的“人文化”发展，可为人的全面发展创设一个良好的文化环境，有利于人的长期发展。

（三）乡土文化的保护问题

文化自诞生起，就与劳动人民分不开，也与每一个社会组织单元分不开。它的存在是民间文化的印证，在古代是区别于上层建筑文化的印证。在经济日益发展的今天，乡土文化作为文化的基本单元，正处于被忽视和被破坏的境地，因此，保护和传播乡土文化成为新世纪的文化要求，理应成为未来关注文化发展的主线之一。

第一，乡土文化具有强大的生命力，若能在乡土文化中注入新时代的因素，便可助其发扬光大，为保护民族优秀传统文化做出一份贡献。因为这些被遗忘的乡土文化中，凝聚着广大劳动人民的心血，沉淀着岁月的精华。作为联系群众的精神之路，传播和发扬乡土文化，可以丰富广大民众的文化生活，为建设和谐社会及经济交流和发展提供一个更为广阔的空间。

第二，乡土文化自远古发展和流传至今，承载着人们世代的价值观和伦理道德，这种植根于普通民众的文化，具有最初的、最原始的艺术生命形式。作为新时代的文化工作者，首先要做的便是准确把握乡土文化发展的规律和特点，立足于实际，注重乡土文化的地域色彩，使现代的文化气息与乡土文化的气息更好地融合在一起，实现文化转型和创新趋势。

第三，乡土文化所提供的资源，往往是推动当地经济发展、丰富当地文化生活的重要因素。一般而言，乡土文化的具体表现就是民俗文化和村落文化。就前者而言，其意义在于维护群体和社会的和谐。如传统的祭祀活动折射出“孝为人先”的文化渊源，哪怕是在思想开放的今日，以“孝”为核心的家庭关系仍然在社会各阶层活动中起着凝聚和传承作用。中国民俗中的祭祀风气由来已久，它们集中发映出几千年的传统伦理观念和道德观念。从黄帝时代开始，先民们就非常注重“敬天祭祖”，以示不忘祖先、缅怀先人之意。故祭祀神灵和先人的活动，不单纯是一种仪式，其背后具有彰显宗族身份和遵行“孝为天下先”的敬老之风的功能。

第二章 古代思想文化的传承与演进

文化是具有历史感的术语，在传播和发展的过程中分为上、下两个层次。上层文化主要靠文字典籍，如西方宗教思想和学说的传播；而底层文化则以口头传承为主，如诗歌、寓言故事等等。文化史学家的任务就是要追溯历史上的文化现象。总体而言，文化史学家可以通过一定的历史背景追溯文化生长、发育的土壤，也可以通过各种习以为常的传统来探究文化的根源。

第一节 西方人文思想的起源与发展

人文思想倡导的是至今风行欧美的个人主义，这样的意识形态对西方社会影响至深。人文主义强调以人为主，以人为本，尊重人性的思想观念。它首先是一种思想、一种观念，同时也是一种制度和法律。这样一种精神和社会层面的建构并非始于文艺复兴时期，早在古希腊先哲思考世界本原的问题之时就已经被阐释出来，近代以来才开始在欧洲风行。

一 希腊先哲的觉醒

大约在公元前 7 至前 5 世纪，古希腊产生了朴素的唯物主义思想。当时，人们尝试去解释奇特的自然现象，如风、雨、雷、电，思考的过程中产生了自然哲学。自然哲学是对自然的探讨和解释，它的产生与希腊的客观自然条件、民主政治和经济的发展密不可分。希腊半岛土地贫瘠，不适宜大规模农业生产，为了解决日益增长的人口压力，希腊人只能力争向海外发展，他们在爱琴海、黑海和地中海沿岸和岛屿建立众多的殖民地。公元前 6 世纪波斯人入侵希腊造成了民族迁徙和融合，战争促进了东西文化的交流。埃及、巴比伦等东方文化开始传入希腊，其中的精髓包括医学、历法、度量衡、算术和天文等先进技术和知识也进入了希腊人的视野，希腊人看世界的眼光更开阔了，这有助于新思想的诞生。

希腊哲学的主题是何为万物的本原，宇宙万物是如何从本原演化而来的。希腊人最初的哲学研究对象是自然，研究自然的哲学叫做“自然哲学”。希腊人看待自然时，有别于原始的宗教迷信行为，而是以理性的方式看待自然，他们试图以客观的方式了解和解释自然，这就形成了希腊哲学的早期形态，这就是“自然哲学”(或者“宇宙论”和“宇宙生成论”)，宇宙万物的本原和生成演变过程乃其研究的主要对象。自然哲学构成了希腊哲学的主要组成部分，例如在亚里士多德的遗著中有百分之八十是自然哲学方面的著作。

古希腊的自然哲学流派众多，包括伊奥尼亚派、毕达戈拉斯派、爱利亚派、元素派。伊奥尼亚地区是联系中东与希腊的必经之地，东西文化在这里交融。公元前 6 世纪就出现了新思潮的涌动，一批“哲学家”[①]开始思索世界的本源问题。首次尝试解决“什么是世界本原”的问题的哲学家是米利都的泰利斯(Thales)，他认为水是万物的本原，虽然这一论断已经被科学发现所否定，但他的思辨过程带有浓重的朴素唯物哲学的意味。此外，还有哲学家提出了无定说、气本原说、火本原说、逻各斯学说和生成辩证法等理论以解释世界的本原。

早期自然哲学家关于本原的思考循着两大线索展开论述：一和多以及变和不变。伊奥尼亚派认为本原是变化的；毕达哥拉斯派认为数是不变的多；爱利亚派认为本原即“是者”，“是者”是不变的一；元素派则认为本原是变化的多。这四个派别的哲学家在对这两条线索的思辨过程中，已经穷尽了一切可能性，这也预示着希腊哲学的下一步发展需要问题的转变和思想框架的转变。

---

① 第一位使用“哲学”这个名词的是古希腊哲学家毕达哥拉斯，这个词由两部分组成：“菲罗”意为“爱”，“索菲亚”意为“智”，两部分合起来意为“爱智慧的人”，“哲学”则是使人聪慧之学。这些原始意义已经在翻译的过程中丧失了。

伯罗奔尼撒战争是重创希腊的事件。战后雅典的经济和政治形势有所变化，希腊人伦理道德也出现了蜕变。公民对正义与利益、善与恶等认识出现了颠覆性的转变，正义者遭难，而非正义者得道。这在哲学领域引起了波澜，从智者时代和苏格拉底时代开始，哲学家开始把目光转向人，从宇宙论和本体论的理性问题转向了“人”的问题。由此，新的哲学思想开始在希腊地区传播。一般而言，传统的自然哲学不讲究实际效用，哲学家只在自己的小圈子闭门造车研究与人们日常生活脱节的话题，所以这些哲学思想存在着一定的狭隘性。到了公元前5世纪，希腊人被卷入社会的大动荡中，哲学家逐渐开始思考实践性的问题。这种趋势导致了在以雅典为中心的地区涌现出西方哲学史和思想史上第一个人本主义思潮。这一思潮由智者运动、苏格拉底和小苏格拉底学派以及柏拉图及其学园组成。智者并不是纯粹为“传道、授业、解惑”而传授智慧的学者，而是为适应民主政治和社会生活这两方面要求出现的职业教师，为获取酬劳而工作。柏拉图鄙视这些以知识换取酬劳的哲学家将之斥为“批发或零售精神食粮的商人”。但是，不可否认的是，智者为古希腊哲学作出了贡献。在思索的过程中，智者内部也出现了分化，产生了支持自然说和约定说两派学者的对立，这种对立建立在怀疑主义和相对主义的基础之上。值得一提的是，怀疑主义在希腊哲学发展到晚期的时候对希腊哲学产生了很大的破坏力。此后的大哲学家如苏格拉底、柏拉图和亚里士多德为摆脱这两种主义进行了不懈的斗争。

生活在公元前469—前399年的苏格拉底也跟智者一样，作为职业教师传教授业，但他与智者有一个本质的区别：从不收取学费。他的特点是：用辩证法论证唯心主义学说。其思想由三个部分组成：一是“自知自己无知”；二是“美德就是知识”；三是精神接生术。但这种唯心主义缺乏系统和完整的理论基础，他的学生柏拉图在此基础上进行了发挥和完善。

生于雅典贵族家庭的柏拉图，年轻时曾参加过伯罗奔尼撒战争，雅典民主制的衰败震撼了他，他将雅典在战争中的失败归咎于民主政体，这也与他的老师苏格拉底的思想有关。柏拉图的哲学思考旨在建立一种能囊括万物的哲学，该哲学必须包括自然和宇宙的学说在内。柏拉图试图掌握有关个人和大自然永恒不变的真理，他的自然哲学是他的政治见解和神学见解的综合。他把宇宙设想为有两种直角三角形，一种是正方形的一半，另一种是等边三角形的一半。由这两个三角形产生了四种正多面体，因而形成四种元素的微粒。柏拉图传世的作品《理想国》展示了一幅理想的乌托邦的画面，这是他理想中的民主政体的直接反映。

苏格拉底生前弟子众多，他死后这些弟子逐渐分成了三个学派（这些学派被统称为小苏格拉底派）：犬儒学派（又名昔尼克学派 Cynic school）、快乐学派（又名昔勒尼学派 Cyrenaic school）、麦加拉学派（Megaric school）。小苏格拉底学派主要关注伦理或道德的哲学。可惜的是，他们的著作大多散佚，后人只能在柏拉图、亚里士多德等哲学家的著作中了解到他们的存在。这三个学派中犬儒学派最有影响力，它的崛起反映了伯罗奔尼撒战争之后，下层民众对社会现状不满。他们的思想跟中国的道教思想有雷同之处，因为他们要求回到"自然"状态中去，回到原始生活中去，甚至把动物的生活当做人类的楷模，带着极端个人主义和虚无主义、怀疑主义的倾向①。昔勒尼学派则主张寻求快乐，这一哲学思想来自苏格拉底的"美德就是知识"的命题。麦加拉学派继承并发挥了智者派、苏格拉底派的争辩术，擅长辩论。

亚里士多德也是欧洲哲学史上最重要的哲学家之一，他认为世界由各种和谐一致的事物组成，他还对天文、物理、数学、生物等领域感兴趣并作出了贡献，他主要的作品包括《形而上学》、《伦理学》、《政治学》和《分析前篇和后篇》，这些作品为后世的哲学和科学奠定了基础。亚里士多德是柏拉图的学生，在朴素唯心主义大行其道的时候，他抛弃了他的老师一直坚持的唯心主义哲学观转向了朴素唯物主义的方向。

二 人性的复苏

14 世纪到 16 世纪末，欧洲涌现出新的经济形态——封建经济瓦解、资本主义萌芽。经济形态的巨变也为社会注入了新的血液，哲学家开始思考新的哲学命题。这个百废待兴的时代，虽然有教会对社会文化和自然科学的桎梏，但一些近代科学却出现了不同程度的发展，比如后来发展为近代天文学的占星术，后来成为近代化学的炼金术以及逐渐向近代医药学过渡的民间医药学。15 世纪东罗马帝国首都君士坦丁堡陷落以后，一些懂得希腊文的学者带着古希腊的著作逃到西方，为西方的科学和哲学的发展注入了新鲜活力。

---

① 全增嘏主编：《西方哲学史》，上海人民出版社 2006 年版，第 164 页。

天主教会作为巩固封建统治的重要势力成为文化领域首先受到打击的对象。人文主义学者成为打击天主教会最主要的力量。人文主义是与当时教会人士所研究的经院哲学、神学和以神学为依据的别的学问相对立的一种世俗的学问。[①]人文主义首先强调的是"人"和"人性"。人性可以分为自然属性和社会属性,中世纪以来人的社会属性一直被不断地强调,因此人文主义者开始强调人的自然属性。他们认为宗教在一定程度上压抑了人性的充分发展,但人的自然属性是不容压制的,他们提倡个性解放、个人幸福,反对宗教的禁欲主义。为了达到这个目的,他们苦心钻研古代典籍,希望从中寻找证据复兴古希腊罗马的世俗思想与文化。在这股热潮的推动下,15世纪的意大利就出现了大规模的私人藏书和民间图书馆,教皇尼古拉五世下令兴建了梵蒂冈图书馆,古代文化典籍得以存世。古希腊的哲学经典中被引用最多的是伊壁鸠鲁的伦理学,古希腊的原子论,柏拉图和新柏拉图主义的学说,亚里士多德的哲学观点,以及古希腊的怀疑主义。

意大利的学者是文艺复兴运动中当之无愧的领导者。这一时期的人文主义学者中最负盛名的要数阿里盖里·但丁(Alighièri Dante,1265—1321)他被誉为"新时期的第一位诗人,旧时期的最后一位诗人"。他的作品中最著名的是《神曲》,是但丁于流放期间历时十四年完成的长篇诗作,原名为《喜剧》。《神曲》中但丁注意结合古希腊、罗马的哲学家如柏拉图、亚里士多德、荷马、维吉尔等人的哲学思想,借此肯定理性和知识的重要性,客观上对中世纪教会的腐败混乱和对文化的压制进行了批判。需要说明的是,但丁身为基督徒不可能全盘否定基督教及其教义,而仅仅对教会腐败行为不作为的教皇进行了无情的抨击。

另一位较有影响力的人文主义诗人是与但丁同一国籍的彼得拉克(Francesco Petrarch,1304—1374)。他的成就主要体现在诗歌之上,主要著作有抒情诗集《歌集》、叙事诗《阿非利加》以及拉丁文著作《秘密》。与同时代的对神的爱和对彼岸世界的向往不同的是,他的作品体现了对爱情的歌颂与对荣誉的追求,在《秘密》一书中,他歌颂了肉体的爱而非精神的爱,这在当时算是一个创举。

另一位意大利人文主义者是《十日谈》的作者薄伽丘(Giovanni Boccac-

① 全增嘏主编:《西方哲学史》,第355页。

cio,1313—1375)。在这本著作中薄伽丘以强烈的艺术渲染力刻画了数百个来自不同阶层且个性鲜明的人物形象,向后人展示了14世纪意大利复杂的社会状况和人文景观。《十日谈》巧妙地运用框形结构把100个故事串联起来,成为一部流芳百世的作品。我们一般将但丁、彼得拉克和薄伽丘合称为文艺复兴的"文学三杰"。

荷兰和法国这两个资本主义发展迅速的国家也出现了人文主义者。擅长拉丁文写作的来自鹿特丹的伊拉斯谟(Desiderius Erasmus,1466—1536)以讽刺和幽默手法批判教会。他初期与马丁·路德交好,但在宗教改革后,就与路德在宗教问题上产生了分歧,不断著书反对路德的宗教观点。在伊拉斯谟众多的著作中,以《愚人颂》最著名也最容易读懂。这本书是他在去英国拜访莫逆之交托马斯·莫尔[1]爵士的短短7天时间内完成的。在《愚人颂》里,伊拉斯谟借愚人之口讽刺了当时风行的制度、人们的思想、风俗等,还对社会上得势的群体如国王、教皇、律师、神学家进行了批判。他批判被愚蠢的欲望驱使的人,认为人们应该顺应于其自然本性而生活,才能找到幸福。

跟《愚人颂》一样,法国的《巨人传》曾一度引起了强烈的社会反响,1532年出版即被教会列为禁书。作者拉伯雷(François Rabelais,1495—1553)早年在神学院接受教育,并在修道院中研读古希腊文学和哲学著作。他最令人称道的作品是用本民族语言写成的《巨人传》。这部长篇巨著的人物形象、故事情节和语言风格都迥异于当时的文学作品,反封建、反教会的思想跃然纸上,体现了新兴资产阶级拥有的"巨人"般的力量。可以说,这部作品不仅从客观上批判宗教,展现当时政治和社会生活,而且运用了具有高深哲理的表现手法,在当时震撼整个基督教世界。

另外一位法国人文主义学者是蒙田(Montaigne,1533—1592)。他生活于法国文艺复兴后期,主要作品有《蒙田随笔全集》。在16世纪的作家中,很少有人像蒙田具有现代的启蒙思想和现代人的笔触。在法国启蒙运动兴起之前,他已经开始着手研究各民族文化,他的冷静和客观,让他成为各民族文化尤其是西方文化的集大成者,为启蒙思想的全面铺开奠定了基础。在《蒙田随笔全集》107章中,以《为雷蒙·塞蓬德辩护》一篇最著名,该文既带有浓厚的哲学意味,又运用大量的描写,使读者在感受其文学趣味之余,

① 《乌托邦》的作者,空想社会主义的首创者。

体会作品所蕴含的哲学道理。蒙田在他的作品中对各民族的日常生活、传统习俗侃侃而谈，并运用大量的古希腊罗马作家的名言作为论证，阐述哲学思想，读者在享受其文笔的同时又体会了人生哲理，因此其作品有"生活哲学"之美称，这在法国文学史上开创了随笔式散文的先河，有崇高的地位。

总的来说，人文主义的核心就是人性论。人性论是人文主义一切思想意识的基础。人文主义者致力于打破教会对文化的垄断，提高人的地位的努力取得了成效。文艺复兴首先把人从基督教神学的桎梏下解放出来，为社会发展营造了为现世而奋斗的思想氛围；文艺复兴运动并没有催生伟大的哲学家和思想家，但人文主义者通过一个个故事、一幅幅作品逐渐摧毁了僵化的经院哲学体系，为近代自然科学的飞跃打下了基础。文艺复兴时期的艺术品和文学著作都具有很高的造诣，成为西方艺术史和文学史举足轻重组成部分。

三　理性与自由的启蒙

17、18 世纪，文艺复兴运动已经告一段落，西欧资本主义已颇具规模，资产阶级在社会上的优势地位已经越发明显。新的气象萦绕着欧洲社会，新的研究领域也不断被开创。此时的自然科学突飞猛进，以法国最为突出，出现了一批专门从事科学活动的科学家，如动力学专家莫伯都依（Maupertuis，1693—1759）、光学专家菲尔玛（Fermat，1601—1665）、博物学家布丰（Buffon，1707—1788）和林奈（Linnaeus，1707—1778）。

此后，声势浩大的思想运动也逐渐展开。18 世纪启蒙运动在欧洲社会掀起了轩然大波，最初产生在英国，而后发展到法国、德国与俄国，此外，荷兰、比利时等国也有波及。其中法国的启蒙运动声势最大，涉及面最广，战斗性最强，影响最深远，让西欧其他国家侧目。因此，启蒙运动的主要成就来自法国，法国的启蒙思想家的精神代表了启蒙运动的精神核心。黑格尔曾高度评价法国哲学。"法国哲学比较生动，比较活泼，比较富于机智，简直就是聪明机智本身。"[①]与文艺复兴相比，启蒙运动思想家取得了前者难以超越的成就。首先，启蒙运动本身的含义就是"光亮"，这次运动为世界带来智

① （德）黑格尔著，贺麟、王太庆译：《哲学史讲演录》第四卷，商务印书馆 1978 年版，第 215 页。

慧的光亮，宗教不再是辅助手段进行文学和艺术创作，充满人性和理性的创作独立于宗教之外，逐步建立哲学、道德、美学体系。其次，启蒙运动反对蒙昧主义，提倡新的资产阶级推崇的思想和文化，启蒙思想家留下的作品不仅仅具有文学价值，还为社会营造了新的思维模式。最后，启蒙思想家开始思考专制君主制的弊端，扛起理性大旗，提倡信仰自由，通过提出哲学理论、政治纲领和社会改造方案来避免专制暴政带来的危险，这些论述已经开始为资产阶级政权做思想上的准备了。

法国启蒙运动中涌现了一大批优秀的思想家、哲学家和文学家。孟德斯鸠(Montesquieu，1689－1755)的《论法的精神》开宗明义地抨击了神学和封建专制，对旧制度的震撼最为强烈，成为此后资产阶级大革命的政治纲领。他著作不多，仅有《波斯人信札》、《罗马盛衰原因论》和《论法的精神》。后者一经出版就大受欢迎，不断重版，两年中印行了22版。《论法的精神》第一次开宗明义地提出分权说和制衡理论，这些学说为资产阶级执政提供了十分有益的借鉴。在这部作品中，他首先从宏观的角度探讨自然法理论、法和法律定义，法律与政体关系，以及政体分类、各种政体的性质和原则等问题。之后开始阐述政治自由和三权分立学说，以支持其君主立宪制的政治主张。他还论述了法律对于工商业、贸易、宗教等领域的重要性，主张在法律的原则之下兴办工商业，发展贸易。虽然孟德斯鸠的言论和观点的先进性是毋容置疑的，但其时代局限性仍然存在。比如他的作品中就透露着明显的自然神论，虽然他自己并没有清晰的概念。[①]他认为柏拉图的话"凡是否认神明的存在；或是相信神明的存在，但主张神明不干预人间的事物了；或者认为可以很容易用祭祀去安抚神明，都是对神明的侮辱。这三种意见都是有害的。"[②]不可否认的是，《论法的精神》是孟德斯鸠最重要的、影响最大的著作，也是一部综合性的政治学著作。

另一位法国启蒙运动的领军人物是伏尔泰(Voltaire，1694－1778)。法国著名传记作家安德烈·莫洛亚对他的评价很高："如果十七世纪是路易十四的世纪，那么十八世纪就是伏尔泰的世纪，确确实实没有他人能够更好地

---

① 葛力：《十八世纪法国哲学》，社会科学文献出版社1991年版，第111页。

② (法)孟德斯鸠著，张雁深译：《论法的精神》(下册)，商务印书馆1963年版，第164页。

体现那个充满生机、璀璨光辉的时代"[①]。伏尔泰在政治上的名声丝毫不逊色于他在哲学上的卓越成就，他以捍卫公民自由，特别是信仰自由和司法公正而声名鹊起。因主张政治民主、强调自由平等，伏尔泰两次被捕入狱。在当时紧绷的政治氛围中，他力排众议公开支持社会改革，并以激烈讽刺的文笔批判基督教会和法国的教育制度。伏尔泰生活的时代，近代科学已经启动，对客观世界的探索取得了革命性的进展。许多学者的世界观深受牛顿和洛克的影响，伏尔泰是其中最早以通俗的法语传播牛顿思想的学者。他说"我们都是牛顿的学生；我感谢他独自发现和证实宇宙的真实体系。"[②]在伏尔泰眼里，上帝是造物主，上帝创造了宇宙、制定了宇宙的规律，并给宇宙第一推动力，物质世界和人类社会都由上帝创造或改造出来。然而，伏尔泰的"上帝"与天主教所崇拜的偶像迥异，可以说是其机械唯心主义的一个部分。他如孟德斯鸠一般以自然神论的形式肯定了自然界及其规律的客观性。他继承和发展了洛克的经验主义原则，强调一切观念都来自感觉经验，他说"我们的最初的观念乃是我们的感觉。"[③]此外，针对当时盛行的笛卡尔的"二元论"和"天赋观念"，以及莱布尼茨的"单子论"，他都不屑一顾并对之进行了批判。对待天主教会，伏尔泰可以说是最残酷的批判者。他认为天主教是在"最下流的无赖编造出来的最卑鄙的谎言"的基础之上建立起来的，他对贪婪的宗教人士怒斥道："你们曾经利用过无知、迷信、疯狂的时代，来剥夺我们的地产，把我们践踏在你们的脚下，用苦命人的脂膏把自己养得肥头胖耳。现在你们发抖吧，理性的日子来到了！"[④]圣经中的奇迹，夏娃是亚当的肋骨所生以及诺亚方舟等传说在他看来都是经不起推敲的胡言乱语。但他并不是无神论者，他的机械唯心主义需要一个无所不能的"神"，因此他要求保留宗教"即使没有上帝，也要造出一个上帝来"。

启蒙运动的最著名的代表人物还有卢梭（Jean Jacques Rousseau，1712—1778），他的主要作品包括《论人类不平等的起源和基础》、《社会契约

---

① （法）A·莫洛亚：《伏尔泰永葆青春的思想》，1937年英文版，第1页。引自葛力：《十八世纪法国哲学》，第177页。

② （法）伏尔泰著，高达观译：《哲学通信》，上海人民出版社2003年版，第225页。

③ 北京大学哲学系外哲史教研室编译：《十八世纪法国哲学》，商务印书馆1963年版，第74页。

④ 同上，第88页。

论》、《爱弥尔》、《忏悔录》等。描述人和社会关系的《社会契约论》也许是卢梭最重要的著作，其中开头写道“人是生而自由的，但却无往不在枷锁之中”。这本书于1762年出版，当时无人问津，但后来成为了反映西方传统政治思想的最有影响力的著作之一，奠定了西方民主政治的基础，在欧洲各国掀起了废除君主专制的思想和政治运动。《社会契约论》对今天西方民主政体提供了典范——美国的立法经典《独立宣言》和法国大革命的结晶《人权宣言》就是以《社会契约论》为模板拟定的。

四 主权在民的期盼

启蒙运动中，主权在民思想体现得最为明显的是伏尔泰的自由平等观、孟德斯鸠三权分立设想、卢梭的社会契约论、康德的思想自由观。伏尔泰信奉自然权利说，认为“一切享有各种天然能力的人，显然都是平等的”[①]，要求人人享有“自然权利”。他主张人人在“自然权利”面前平等，但又认为财产私有制引起的不平等在所难免。为了避免无政府状态，伏尔泰提出了一种因自然而生的“法律”，“这样的一些约定的法律、人为的习惯、风尚是变迁的，本质的东西永远不变。”[②]而自由就是服从“自然的女儿”——法律。他的论证依据各国的民俗和历史中体现的自然法和人道主义原则不断深入。他开宗明义地反对暴君，同时极力推崇英国的君主立宪制，如果“开明君主”能听从哲学家的意见治理国家就最好了。

孟德斯鸠说：“一切有权力的人都容易滥用权力，这是万古不易的一条经验。有权力的人们使用权力一直到遇有界限的地方才停止。”[③]在《论法的精神》一书中，他竭力构思一种能防止权力滥用的政治制度，通过洛克的分权学说和英国的政治制度的观察和分析，最终提出“三权分立”说。在他看来，立法权、行政权和司法权必须相互分开，相互掣肘，否则民主自由仅仅是一纸空谈。行政权应该操在一个君主手中，因为政府的这一部分几乎永远需要随机应变，由一个人比由多数人掌握更好；反之涉及立法权的事则常常是多数人比单独一个人处理得更好。如果没有君主，行政权委托给立法团

① 北京大学哲学系外哲史教研室编译：《十八世纪法国哲学》，第88页。
② 同上，第98页。
③ (法)孟德斯鸠著，张雁深译：《论法的精神》(上册)，商务印书馆1961年版，第154页。

体中推出的若干人掌管，那就不复有自由可言，因为两种权力集于一体，同样的一些人有时一身二任，而且永远有可能一身二任。[①]只有国家的三种权力相互独立又相互牵制，才可以避免滥用权力的暴政，人们的自由也因此有了保障。

卢梭是最早攻击私人财产制度的近代思想家之一，他认为私有制是人类社会邪恶的本源，财产的多寡导致了人与人之间的妒忌与恶念，人的自然权利——天赋的自由和平等随之消失，不平等现象也随之出现。在《论人类不平等的起源和基础》中，根据卢梭的观察，政府应该作为统治者与被统治者之间的一种契约。人们愿意放弃个人自由并被他人所统治的唯一原因，是他们看到个人的权利、快乐和财产在一个有正规政府的社会比在一个无政府的、人人只顾自己的社会能够得到更好的保护。不过，社会中最富有和最有权力的人会极力营造假象，使不平等成为人类社会一个永恒的特点，这也是单纯的契约的缺憾。政府作为中间环节应该关注每一个人的利益而不仅仅着眼于统治阶层的权利。否则，这个政府，无论其形式如何，都无法与人民订立正规意义的契约。此外，完美无瑕的契约形式应该是人与人之间的，而非人与政府之间的关系。与洛克一样，卢梭认为政府的权力来自被统治者的认可。为了达到由人民的意志来领导社会的宏伟目标，代议制政府是完美的政治制度典范，公共意志也在这个时候贯彻到社会建设中间去了。他阐明政府必须分成三个部分：主权者代表公共意志，这个意志必须有益于全社会；由主权者授权的行政官员来实现这一意志；最后，必须有形成这一意志的公民群体。《社会契约论》强调了主权在民的思想，是现代民主制度的基石，18 世纪兴起的废除绝对主义君主制运动就得力于这一鸿篇巨制。美国的《独立宣言》和法国的《人权宣言》及两国的宪法都深受《社会契约论》的影响。

哲学家康德对自由理念的阐述，完善了启蒙运动时代的哲学体系。如果说道德居于康德政治哲学体系的核心的话，那么“自由”这一概念则构成了康德纯粹理性乃至思辨理性体系整个建筑的中心。康德指出，“自由是现实的这个命题证明了它们的可能性；因为这个理念通过道德法则将自己展

① 北京大学哲学系外哲史教研室编译：《十八世纪法国哲学》，第 44 页。

示出来。"[①]康德的道德哲学理论体系中，与自由相比，所有其他在思辨理性里只是作为理念而存在的概念，而且，他们现在都依附自由这一概念，与它在一起并且通过它而得到长久和客观的实在性。因此，康德更多地从道德的角度定义自由。在他的逻辑体系中，合乎道德的意志就是自由意志，当人们依据自由意志为自己立下的实践法则来行动时，他就是自由的。因此，自由就是自由意志服从自己，也即自由意志的自律。这种自由意志的自律向外延伸，逐渐实现向政治制度的扩张，从而为后者规定了基本的自由规范，构成了"对外的合法的自由"。康德主要从法律的角度解释这一"对外的合法的自由"。[②]

启蒙思想家思想主张异同点

相同点	不同点
崇尚理性、反对专制主义、教权主义和封建特权	伏尔泰倡导君主立宪、法律面前人人平等
追求政治民主、权力平等和个人自由、天赋人权、自由平等	孟德斯鸠提出三权分立学说
主张法治	卢梭阐述人民主权和社会契约论学说
努力构建一个民主科学自由平等的时代	康德对启蒙运动进行了经典的总结

五　深入探究指引

（一）希腊哲学对希腊民主制度的启发

希腊哲学中的怀疑主义在不同的历史时期展现出了不同的历史形态。但无一例外，不同历史形态的怀疑主义都从不同的角度揭示和理解人的自由、价值和尊严以及社会的正义，对民主观念的形成和发展以及对民主实践都产生了极为深远的影响。[③] 古希腊历史一直受到怀疑主义的影响，传统的观念也不断地遭到人们的怀疑和挑战。大多数古希腊思想家具备怀疑主义的精神。

---

① （德）康德，韩水法译：《实践理性批判》，商务印书馆 1960 年版，第 132 页。

② 同上，第 31 页。

③ 杨楹、张超：《论古希腊怀疑主义者对民主的正面影响》，《福建论坛》2004 年第 3 期。

怀疑主义对古希腊,尤其是对雅典民主的影响反映在怀疑主义者的言论和著作中。从泰勒斯以来,希腊哲学已经历了近二百年的发展。早期的自然哲学家针对世界的本原进行了无穷无尽地争论,但他们都无一例外地肯定,世界是有规律的,逻各斯是宇宙的内在本原。因此,“早期希腊思想的自然倾向是毫无怨言也毫无疑问地接受国家的秩序及其施行的法规”[①]。

逻各斯虽然使人们的思维与实践活动脱离了盲目性,但抹杀了人类生存和活动的能动性和主动性。智者学派致力于将“逻各斯”置于人的主观能动性控制之下,以彰显主体内部的可能性和能动性。

智者学派最著名的代表人物普鲁塔戈拉(约前 490—前 421)说:“人是万物的尺度,是存在者存在的尺度,也是不存在者不存在的尺度。”[②]也就是说,人可以凭自己的逻各斯去认识和衡量宇宙万物。普鲁塔戈拉最关心的就是要把逻各斯从外部世界转移到人的心中,把逻各斯从天上拉回到人间。人的主体性开始觉醒。首先,他确立了个体的至上地位。他强调理性的个体都具有美德和治国的能力,因此他们都有资格参加城邦的政治生活,人人都有政治和社会事务的参与权,这也为民主政治的合理性提供了理论依据;其次,国家、法律和道德只能以人为尺度去衡量,当人们认为它合理它才能继续存在,否则将会被人们推翻。这在一定程度上为新的国家、法律和道德创造了条件。再次,这种个体的理性可以通过论辩的途径,在服众的过程中转化为他人或社会的理性。

智者学派大都强调辩论以达到理性的整合。高尔吉亚(前 483—前 375)是以富有煽动性的演说和纯熟的修辞运用而闻名的智者,也极力拥护雅典的民主制度。他在《论自然或不存在》中,提出三个哲学命题:“第一,无物存在:第二,如果有物存在,它们也无法为人所把握;第三,即使它可以为人所把握,也不可能把它说出来告诉别人。”[③]高尔吉亚的怀疑主义体现在,他的理论立足于逻各斯本身,强调了逻各斯作为最高的存在,可以自由地、不受任何束缚地否定。高尔吉亚的哲学的核心就是他唯一依赖和信任的逻

---

① (英)厄奈斯特·巴克著,卢华萍译:《希腊政治理论——柏拉图及其前人》,吉林人民出版社 2003 年版,第 77 页。

② 北京大学哲学系编:《西方哲学原著选读》(上卷),商务印书馆 1984 年版,第 54 页。

③ 苗力田:《古希腊哲学》,中国人民大学出版社 1989 年版,第 192 页。

各斯。高尔吉亚在世时经历了民主的极盛期和民主的衰亡期。高尔吉亚开始怀疑人为约定的法律和民主制，认为它们禁锢了人的本性。

总之，晚期智者的怀疑精神使他们对逻各斯进行了深刻的反思，在这个过程中个人从国家和法律的束缚中挣脱出来，人性开始处于优于法律的地位，因为人性作为自然权利，与生俱来，法律不应该限定它。

智者学派指出人的逻各斯是万物的尺度后，又提出了另外一个与之相辅相成的概念——努斯。这一概念始于苏格拉底的哲学观。苏格拉底对人的逻各斯进一步反思，认为逻各斯应该被一个更为强大更为"善"的存在——努斯掌握，才能摆脱自相矛盾的命运，以逻各斯为核心的哲学理论才能被挽救。逻各斯和努斯的结合，构成了西方哲学中的完整的理性概念，它既蕴含了逻辑的规范性，又体现了对现实的合乎人性的超越。苏格拉底依靠努斯的"善"的本质和逻各斯的规范性引出了更高级的知识——善，这一理论具有重振希腊城邦兴盛的现实意义。

公元前 322 年，以雅典为代表的希腊民主制度屈服于马其顿，但是怀疑主义的思潮继续影响着希腊哲学。希腊历史上第一个具有完整的哲学框架的怀疑主义由皮浪(约前 360—前 270)创立。皮浪将普鲁塔戈拉的怀疑主义发展到极致，在他看来，没有哪种知识能够完全正确、客观地解释世界，因此应该对一切知识抱有怀疑的态度。"假如理性是一个几乎是在众目睽睽之下把现象夺走的骗子，那么我们应该对它持怀疑态度"①。

古希腊罗马晚期兴起的怀疑主义运用认识的相对性抵制逻各斯，试图消解人们追随城邦的执著与虔诚，个人不应该受任何外在的力量左右，个人主义在人的自我认识的过程中达到了张扬，这些理论为人作为一个实体冲破神为主宰的文艺复兴奠定了思想基础。同时，怀疑主义的上升是人类智慧不断积累的重要因素，也成为人类突破冰冷的神学和法律框架的动力，人类在民主政治的进程中也越走越远。

(二)法国旧制度末期的反启蒙运动②

旧制度末期，启蒙运动迅速发展，但一场以反启蒙运动为核心的文化运

---

① (古希腊)塞克斯都·恩披里可，杨适等译：《悬疑与宁静》，三联书店上海分店 1993 年版，第 6 页。

② 本文主要参考张智的《略论法国旧制度末期的反启蒙运动》，《世界历史》2008 年第 9 期。

动也一直存在。这场运动涉及面深广，教会人士、政府官员、王室成员、文人等群体参与其中。在与启蒙运动针锋相对的过程中形成了自己的话语体系。

这场运动主要是在20世纪对启蒙运动及法国大革命反思和回溯式的解释中才逐步发展起来的。[①]一般认为，对“启蒙运动的基本信条”，“对自然法和永恒真理的真实性”，对“普遍而不变的原则”的攻击和反对，统称为“反启蒙运动”。[②]我国史学界长期以来过于关注启蒙运动的缘起、发展和影响等方方面面，对所谓“悖逆历史潮流”的“反启蒙运动”关注甚少，以致这场声势浩大的运动被埋没在历史烟云中。

18世纪中期，启蒙思想家的著作一经出版马上遇到了保守力量的抨击。1749年，拉·罗什神父（Abbé Jacque Fontaine de La Roche）就在冉森派报纸《教士新闻》上著文批评孟德斯鸠的《论法的精神》，认为该书取消了君主制的神圣基础。1750年，他的立场和观点更得到巴黎大学神学院支持。对此，孟德斯鸠不得不做出迅速回应。他在1750年出版了《捍卫〈论法的精神〉》及《解释〈论法的精神〉》以捍卫自己的著作。拉·罗什神父则再次在当年4月以《对捍卫〈论法的精神〉的回应》展开新的批评。伏尔泰在启蒙运动中的地位，决定他从来就不缺乏来自教会和世俗的批评。在众多批评者中，弗雷龙（Elie Catherine Fréron）和帕利索（Charles Palissot de Montenoy）则是其中非常著名的两位。1754年，弗雷龙创办《文学年刊》。这份反“哲学家”刊物一直发行到1790年，许多最著名的反启蒙者都曾为其撰稿。除了驳斥伏尔泰、百科全书派外，弗雷龙还乐于支持落魄的年轻文人，在他的身边，逐步聚集起一群反启蒙人士。于是，围绕着弗雷龙及《文学年刊》，形成了最重要的反启蒙文人团体。帕利索因1760年在法兰西剧院上演的3幕讽刺戏剧《哲学家们》，名声大噪。而1764年伏尔泰匿名出版的《哲学词典》，更引发不少同样以词典形式出现的反驳。[③]此后出版的爱尔维修的《论

---

① 关于“反启蒙运动”这一概念的历史，部分讨论可见格拉姆·热拉尔：《反启蒙运动：从18世纪到今天》（Graeme Garrard, *Counter— Enlightenments: From the Eighteenth Century to the Present*），伦敦，2005年，第2—4页。

② （英）以赛亚·伯林著，冯克利译：《反启蒙运动》，《反潮流：观念史论文集》，译林出版社2002年版，第4页。

③ 张智：《略论法国旧制度末期的反启蒙运动》，《世界历史》2008年第9期。

精神》和卢梭的《爱弥尔》等具有启蒙思想的书刊也未能逃脱被批评的命运。有的作者甚至受到当局的压迫不得不离乡背井。

这场运动出现的原因有二：首先，旧制度的法国本来就是一个绝对君主制下的等级社会，天主教在社会中的主导地位是不容否认的。启蒙思想家反对教会权威、君主专制和特权等级制度，这些都从根本上触犯了社会上层建筑的利益。教权和王权虽然一直以来处于剑拔弩张的状态，但在启蒙思想的狂潮之下不得不联合采取行动，抵制其影响。其次，启蒙“哲学家”作品的传播，让平等观念深入民心，过去的等级界限和隔阂被打破，而他们自身也在思想界取得了支配性的地位。这样的状况引发了其他文人的不满，他们因而开始站到“反启蒙”的阵营。就这样，世俗人士、教会人士或结成小集团，或单枪匹马与启蒙思想家抗衡。

大革命后，反启蒙运动继续发展，他们继续利用报刊书籍，扩大社会影响，并抵制启蒙思想。譬如复辟王朝时期启蒙著作的大量再版，也引发了大量反启蒙作品的出现。教会还派出大量信徒，在各种聚会或仪式上公开批评启蒙运动和大革命。反启蒙运动对于19世纪法国政治和思想产生了深远影响。拿破仑就利用了反启蒙言论中对于权威和宗教的强调来加强自己的统治，随着现代议会制度在19世纪的发展，反启蒙运动与政治上的右翼，尤其是极右翼紧密结合起来。许多反启蒙者成为极端保王党最重要的成员。

由此可见，“反启蒙运动”与“启蒙运动”一起构成了近代法国思想界的主要潮流，顾此失彼，可能导致对历史的误解。

第二节　中国传统思想的源与流

中华民族在几千年文明发展的历程中，创造了灿烂辉煌的传统文化，为世界文化的发展做出了卓越的贡献。在多种因素的共同作用下，儒家思想成为中国传统思想文化的主体部分，对中国文化的影响十分深刻。儒家思想在历史演变的过程中，在内力与外力的共同影响下，在不同的历史时期表现出不同的时代特色。春秋末期由孔子确立的儒家思想，在春秋战国时期的百家争鸣中脱颖而出后，一直绵延不断地发展着，经历过汉代的“独尊儒术”，到宋明时期程朱理学体系的建立，再到明清时期一些进步思想家对传统儒学的批判与继承，儒家思想逐渐充实完备，走向成熟。此外，道家思想和佛教文化也是中国文化的重要构成部分，儒家思想对道家思想和佛教文化若干文化内涵的吸收，也是非常值得注意的。

一　春秋战国时期的诸子百家

商周时期，官府垄断了文化教育，形成所谓“学在官府”的局面。春秋战国时期，随着社会的大变革，贵族垄断文化教育的局面被打破，“学在民间”的局面形成，从而促进了文化的传播和学术的发展，形成了不同的学派；各学派著书立说，广收门徒，总称之为“诸子百家”，出现了“百家争鸣”的局面，成为古代中国文化发展的一个高峰。其中又以儒家、墨家、道家、法家的影响力比较大。

（一）孔子、孟子和荀子等思想家以及儒家思想的形成与发展

孔子（前551—前479）名丘，字仲尼，鲁国人，是我国古代杰出的教育家和思想家，儒家学派的创始人。他开创了中国古代私人讲学之风，提出“有教无类”的教育思想，主张“诲人不倦”，因材施教。孔子整理了《诗》、《书》、《礼》、《易》、《乐》、《春秋》等文化典籍，成为儒家尊奉的经典，被称为“六经”[①]。他逝世后，弟子将其言论编为《论语》一书。

孔子的思想主要由超越层面的天命观、社会层面“礼”的思想和心性层面“仁”的思想三个既相互联系，但又有所区别的部分构成，也是原始儒学的基本内容。[②]其“天命观”与周人的天命观有着某种联系，承认有某种超越的、能决定人世命运的客观力量存在。认为“天命”虽然不能被人的力量所驾驭改变，但却可以被人理性地认识和体悟，所以自称“五十而知天命”（《论语·为政》）。对鬼神也采取保留态度，所谓“不语怪力乱神”（《论语·述而》）、“敬鬼神而远之”（《论语·雍也》）。他不否认天命鬼神的作用，但更重人事，“未能事人，焉能事鬼”、“未知生，焉知死”（《论语·先进》），这种思想具有一定的进步倾向。

孔子提出“仁”与“礼”的学说，主张建立一个礼乐文明的社会。他主张以“周礼”为准则，君臣父子各安其位，不越位，不僭礼。“非礼勿视，非礼勿

---

① 《乐经》后来亡佚了，余者成为“五经”。

② 崔大华：《儒学引论》，人民出版社2001年版，第23—39页。

听，非礼勿言，非礼勿动”(《论语·尧曰》)。在孔子看来，“礼”涵盖范围相当广泛，既指国家的政治伦理制度，也包括社会成员的行为规范。

“仁”是孔子伦理思想的核心，他认为要实现礼治，必须通过个人修养，形成“仁”的德行。他曾从不同角度对“仁”进行解说，如：子张问仁于孔子。孔子曰：“能行五者於天下，为仁矣。”请问之。曰：“恭，宽，信，敏，惠。恭则不侮，宽则得众，信则人任焉，敏则有功，惠则足以使人。”(《论语·阳货》)樊迟问仁。子曰：“居处恭，执事敬，与人忠。”“刚、毅、木、讷，近仁。”(《论语·子路》)可见，孔子是把“仁”作为理想的道德标准，把春秋时期已形成的众多的道德规范都归之于“仁”。“仁”是当时众多道德规范、道德概念的升华。

孔子强调“仁者爱人”，认为“爱人”是产生一切道德行为的精神源泉。所谓“爱人”，实际上包含着“爱亲”和“爱众”两方面的内容。“仁”是一种有亲疏远近和贵贱等级的有差别的爱。“爱亲”是建立在血缘关系上的父母兄弟之爱，是一种“孝悌”“亲亲”的道德感情和道德行为；“爱众”是把“亲亲”的血缘伦理推向社会，在“亲亲”、“事父兄”的基础上衍生出“尊尊”、“事君”的道德感情和道德行为。对于统治者而言，统治者要以德治民，爱惜民力，“节用而爱人，使民以时”(《论语·学而》)，反对苛政和任意刑杀。可见，孔子讲“仁”，有利用血缘关系调和社会矛盾、稳定社会秩序的意思。

孔子还强调“仁”和“礼”的结合，“仁”最终要落实到“礼”上，受“礼”的约束。孔子说：“克己复礼为仁”(《论语·颜渊》)。“克己复礼”的意思是要克制自己，一切非礼的视、听、言、动都必须摒弃，从而使自己的行为符合周礼的规范，这样才算是达到了“仁”的标准。这样一来，孔子就把伦理范畴的“仁”和社会政治范畴的“礼”密切联系在一起。

儒家学派产生以后，影响很大，与墨子创立的墨家学派并称为显学。战国时期，儒家学派又出现了两位重要的代表人物——孟子和荀子。

孟子，名轲，邹(今山东邹城市)人。孟子生活的时代距孔子之时已有一百多年。他继承和发展了孔子“仁”的学说，主张实行“仁政”；提出“民贵君轻”的民本思想；主张“性本善”。孟子政治主张的核心是仁政思想。孟子从孔子的“仁”学思想出发，把它扩充发展成包括思想、政治、经济、文化等各个方面的施政纲领，他说：“仁者无敌”；“君行仁政，斯民亲其上，死其长矣”(《孟子·梁惠王下》)。并认为要推行“仁政”，就要在经济方面使“民有恒产”，即“民之为道也，有恒产者有恒心，无恒产者无恒心”（《孟子·滕文公上》）。孟子还进一步提出了“民贵君轻”的民本思想。他说：“民为贵，社稷次之，君为轻。”（《孟子·尽心下》）在孟子“民贵君轻”的民本思想中，孟子虽然充分肯定了民众的作用，但是他要求国君实行仁政、重视民众的出发点仍然是维护君权。

孟子仁政思想的哲学基础是“性善说”。他认为人的道德行为的根源就在于人性本善，“人性之善也，犹水之就下也。人无有不善，水无有不下。”（《孟子·告子上》）他认为人都有“良知”、“良能”，这是人生下来就具有的“善性”，包括恻隐之心、羞恶之心、辞让之心和是非之心；这四种善性被孟子称为“四端”，“四端”发展起来就是仁、义、礼、智四种德行。“恻隐之心”是“四端”之首，“仁”则是“四德”之首。

先秦时期对孔子的儒学理论进行深化和发展的另一位重要人物是荀子。荀子名况，时人尊之为荀卿，战国末年赵国人。大约生活在孟子死后一百年左右的时代。荀子的言论保存在《荀子》一书中。同样是儒家学派的代表人物，荀子的思想却与孟子的思想有很大的不同。他主张“性恶论”，提出隆礼重法的治国理念，认为君主礼义教化、法治刑罚兼用，以遏制人的性恶的无限制发展。认为“礼”的功能是节制人的欲望本性，调节由人的欲望而引起的冲突纷争，保持社会秩序的稳定。同时主张“法”是另一种治理国家的重要手段，认为“由士以上则必以礼乐节之，众庶百姓则必以法数制之”。（《荀子·富国》）“礼”和“法”分别规范着“士人君子”和“众庶百姓”这两类社会成员的行为，治理国家必须“礼”“法”并重，“礼”是根本原则，“法”是具体措施。

荀子在《荀子·天论》篇中系统地论述了“人定胜天”，“制天命而用之”的“天命”思想。在他看来，“天命”是可以被人认识和利用的，被称为“常”或“道”。荀子说：“天行有常，不为尧存，不为桀亡。应之以治则吉，应之以乱则凶。强本而节用，则天不能贫。养备而动时，则天不能病。修道而不贰，则天不能祸”。荀子还主张国君要重民爱民，认为国君和百姓的关系就如同船和水的关系，引用《尚书》的话来说明其重民思想，“君者，舟也；庶人者，水也。水则载舟，水则覆舟”。

（二）诸子百家中的其他学派

在诸子百家的学术争鸣中，道家是作为儒家和墨家的对立面出现的。

道家学派的创始人是老子。战国中期庄子继承和发挥了老子的思想，成为道家学派的另一重要代表人物。因此道家思想又被称为“老庄之学”。

今传《老子》一书是战国时期的作品，该书不是出自于一时一人之手，是由老子的门人追记的老子遗说，体现了老子的思想，全书约五千字，分上下两篇，上篇又名“道经”，下篇又名“德经”，所以《老子》又有《道德经》之称①。

老子提出一个超越一切的虚无本体——“道”，“道”是产生宇宙万物的本源，所谓“道生一，一生二，二生三，三生万物。”（《老子》第四十二章）又说：“天下万物生于有，有生于无。”（《老子》第四十章）可见“无”是比“有”更根本的宇宙万物的本源，“无”即是“道”。老子同时还提出“道法自然”的思想，认为天道自然无为，进而提出“无为而治”的政治主张，薄赋税，轻刑罚，即所谓“我无为，而民自化；我好静，而民自正；我无事，而民自富；我无欲，而民自朴。”（《老子》第五十七章）老子主张回到“小国寡民”的理想社会，其描绘理想社会的图景是“小国寡民，使有什伯之器而不用，使民重死而不远徙。虽有舟舆，无所乘之，虽有甲兵，无所陈之，使民复结绳而用之。甘其食，美其服，安其居，乐其俗，邻国相望，鸡狗之声相闻，民至老死，不相往来。”（《老子》第八十章）

老子的朴素辩证法思想是其哲学思想的精华。他指出客观世界的事物都包含着矛盾对立的两方面，如祸与福、刚与柔、弱与强、多与少、上与下、先与后、实与虚、荣与辱、智与愚、巧与拙等。矛盾对立的两方面又是对立统一，相反相成的，所谓“有无相生，难易相成，长短相形，高下相倾，音声相和，前后相随”（《老子》第二章），事物无不向它的对立面转化，“祸，福之所倚；福，祸之所伏”（《老子》第五十八章）。

庄子，名周，宋国人，活动年代大约在公元前369年至公元前286年。庄子的思想保存在《庄子》一书中。现存《庄子》三十余篇，其中有一部分是他自己作的。庄子也是以“道”为世界万物的本源，但与老子所说的“道”有所不同。他认为人通过修养可以得“道”，得了“道”就可以与“道”同体，“道”即“我”，“我”即“道”。这样一来世界万物都成为“我”的主观产物，所谓“天地与我并生，而万物与我为一”（《庄子·齐物论》）。

① 1973年，长沙马王堆西汉墓出土了帛书《老子》的两个本子，都是《德经》在前，《道经》在后，与通行本不同。1993年10月，湖北荆门郭店一号墓出土的800余枚楚代竹简中有71枚是抄录《老子》的，字数约为今本《老子》三分之一左右，文字与今本也颇有出入。

庄子的齐物论思想也是非常有特色的。在庄子看来,"道"是无所不在,没有界限和差别的,万物也是没有界限和差别的,认为贵贱、大小、是非、有无、生死等都不是由客观事物本身的性质决定的,而是由认识者观察事物时的主观偏见决定的,只有做到齐物我、齐是非、齐大小、齐生死、齐贵贱,才能达到与天地万物为一的精神境界,从而获得精神上的自由而逍遥自得。

战国初期和儒家思想并称为"显学"的是墨家思想。墨家学派的创始人是墨子。墨子,名翟,鲁国人(一说宋国人),其活动年代大约在公元前468年至前376年。墨子和墨家学派的言论,汇集在《墨子》一书中。墨子针对当时的社会矛盾,提出了尚贤、尚同、节用、节葬、非乐、非命、尊天、事鬼、兼爱、非攻十大主张。

"尚贤"即以"众贤"的标准代替"亲亲"的标准来选拔官吏,要求国君不分等级任用贤能。"尚同"以"尚贤"为条件,目的是希望有一个由贤能者管理的、政令统一的中央政权。"节用"和"节葬"即反对繁文缛礼、厚葬久丧,主张节约开支,葬礼从简;墨子身体力行"量腹而食,度身而衣"(《墨子·鲁问》),生活非常俭朴。与其"节用"相联系的"非乐"则是反对沉湎于音乐的享乐风气。

"非命"就是反对命定论,反对听天由命、无所作为的怠惰思想。墨子认为执命定论者会把治乱、富贵贫贱、饱暖饥寒都归之于命,片面强调天命的力量,而忽视人的力量。墨子否定了天命,却主张尊天事鬼。他认为"天"是有意志而公正的,可以赏善罚恶,所有人应该"顺天意"行事。(《墨子·天志》)鬼神和"天"一样,"能赏贤而罚暴","兴天下之利,除天下之害"。(《墨子·明鬼》)墨子"尊天事鬼"而"非命",虽然在理论上有所矛盾,但是他将西周以来的"天命"去掉了"命",否定了命定论;把贵族所有的天、鬼神变为贵族、民众所共有,视为监督上自天子、下至万民的权威力量。

"兼爱"是墨子社会政治思想的总原则,他说:"兼相爱,交相利,此圣王之法,天下之治道也",认为"兼相爱则治,交相恶则乱"。所谓兼爱就是无差别的爱,"视人之国,若视其国;视人之家,若视其家;视人之身,若视其身"。(《墨子·兼爱》)这主要是针对儒家"仁"的学说提出来的,以反对儒家爱有差等的等级名分;"交相利"的主张则与儒家的重义轻利针锋相对。墨子认为当时各国和贵族之间的攻伐兼并战争都是不义的,因而提出了"非攻"的主张,反映了小生产者厌恶战争,反对破坏生产,希望安居乐业的愿望。当然,墨子不是无条件反对一切战争,他只是反对好战国家"攻伐无罪之国",

他认为有些顺天应人的征伐战争也是必不可少的。

墨子在认识论上提出“三表法”作为判断事物是非真假的标准，即根据前人的间接经验（“上本之于古者圣王之事”）、民众的直接经验（“下原察百姓耳目之实”）和事物的实际效果（“发以为刑政，观其中国家百姓人民之利”）来判断是非。墨子死后，墨家的后学继承和发展墨家学说，在自然科学领域里有所贡献。也有一些墨家后学专门探讨逻辑学，所以后期墨学也被称为“墨辩学派”。

战国时期还出现了倡导变法的“法家”，早期的代表人物有李悝、吴起、申不害、商鞅，后期代表人物则是韩非。韩非（约前 280—前 233）是韩国贵族，曾上书韩王主张变法图强。现存《韩非子》五十五篇，除少数篇章外，大多数是韩非的著作。

韩非法治思想有两个来源：一是源于荀子，不过抛弃了荀子的隆礼思想，发展了其重法思想。二是源于早期法家的代表人物商鞅、申不害和慎到，三者思想各有侧重，商鞅重“法”即君主制定的成文法规、申不害重“术”即君主驾驭臣民的权术、慎到重“势”即君主至高无上的权势；韩非则提出了一套法、术、势相结合的统治主张，使他成为法家学说集大成者，他主张集一切权力于君主，君主凭势，用术，通过法来统治人民。

韩非针对周末诸侯纷争的混乱局面，反对周朝封邦建国的分封制，主张建立高度集权、君主专制的政治体制，即实行“事在四方，要在中央”（《韩非子·扬权》）的集权政治，为结束诸侯割据，建立统一的中央集权国家提供了理论根据；同时主张实行思想一统的文化专制政策，“息文学而明法度”（《韩非子·八说》），“燔《诗》、《书》而明法令”（《韩非子·和氏》）。

韩非反对守旧，主张革新，认为“圣人不期修古，不法常可”，即不修行先王古道，不效法成规旧例，而是针对当时的社会情况，采取相应的统治措施。韩非主张人性本恶，认为人生来是自私自利的，所以必须“上设重刑者而奸尽止”（《韩非子·六反》），强调用严刑峻法来统治人民。

二　汉代独尊儒术的思想大一统

秦灭六国，统一海内，建立起大一统的专制政体后，先秦诸子“百家争鸣”的繁盛景象也随之结束了。秦代为了加强中央集权，对儒家思想采取的是“焚书坑儒”政策，儒家学派受到沉重打击。汉代除了汉初以“黄老之学”

作为政治主导思想外，汉武帝之后就开始实行独尊儒术的思想政策了。儒家思想的境遇和地位在秦代和汉代之所以有如此大的区别，除了与社会形势的变化和统治者的个人好恶等因素有关之外，还与儒学自身的变化有关。汉武帝时期，汉代儒家的代表人物董仲舒适应社会和统治者的需要，以儒家思想为核心，糅合了诸子百家中道家、法家和阴阳家等学说，对儒家思想进行系统改造，提出了大一统论、天人感应学说和独尊儒术思想，形成适应大一统时代需要的新儒学，为儒学获得独尊地位发挥了重要作用。

董仲舒在《贤良三对策》与《春秋繁露》中系统阐述了他的政治哲学思想。他在举贤良对策中说："《春秋》大一统者，天地之常经，古今之通谊也。今师异道，人异论，百家殊方，指意不同，是以上亡（无）以持一统；法制数变，下不知所守。臣愚以为诸不在六艺之科、孔子之术者，皆绝其道，勿使并进。"（《汉书·董仲舒传》）汉武帝采纳这一建议，而"罢黜百家，独尊儒术"。

董仲舒的大一统论是在总结历史经验教训的基础上提出的，他认为乱世源于君权旁落，周天子的威权衰落才会出现春秋战国的纷争；汉初中央政府无为而治，各诸侯国势大权重，才会导致吴楚七国之乱的出现。实现大一统才能免除战乱，使人民安居乐业。因此董仲舒说："《春秋》之法：以人随君，以君随天……故屈民而伸君，屈君而伸天，《春秋》之大义也"（《春秋繁露·玉杯》）"以人随君"，"屈民而伸君"，是对君主集权制度的肯定，民众和诸侯王都服从皇帝，才能实现大一统。但是如果君主的权力不受任何制约，君主就容易任意妄为。如何对君主进行制约呢？"以君随天"，"屈君而伸天"，以天神的权威来节制君权。这样就给拥有至高无上权力的君主加上"天"这个枷锁。

从周人的敬天保民思想开始，天命论在中国社会影响深远。董仲舒利用这一文化心理，来构建自己的理论体系。他认为"天者，万物之祖，万物非天不生"（《春秋繁露·顺命》），人是天创造出来的，所以天和人是同类，"以类合之，天人一也"（《春秋繁露·阴阳义》）。天人同类，同类又可相感，自然天人之间也会相互感应。君主做了好事，上天就会降下祥瑞，以示嘉奖；君主做得不好，上天就会降下灾祸，以示警告和惩罚。一旦有灾异现象出现，君主就要自省，予以纠正。

董仲舒的大一统论强调"屈民而伸君"，要求全国统一于皇帝，保证了国家的政治统一和领土完整，维护了新创造的中央集权制度，使中国形成民族复杂、人口众多的大国，并且使国家统一成为中华民族意识的重要内容。历代统治者都重视维护统一，为统一做出贡献的人就是民族英雄，名标青史，流芳百世；破坏统一，搞分裂的人就是卖国贼、民族败类，遗臭万年。天人感应说则强调“屈君而伸天”，通过限制皇帝个人的私欲，起到协调君民矛盾，调整统治者与被统治者关系，使社会矛盾尽量缓和的作用。徐复观先生在《两汉思想史》卷二《王充论考》中就谈到汉儒用天人感应学说控制皇帝已发生相当的效果。既然要“屈君而伸天”，那么天是什么呢？天是儒者按儒家思想来解释的。皇帝要敬天，自然要独尊儒术。

为了“屈民而伸君”，伸张君主的权威，董仲舒还提出“三纲”、“五常”之说来维护君主集权制度和宗法家庭伦理。所谓“三纲”就是君为臣纲，父为子纲，夫为妻纲。董仲舒说：“王道之三纲，可求于天。”“君臣、父子、夫妇之义，皆取诸阴阳之道。君为阳，臣为阴；父为阳，子为阴；夫为阳，妇为阴。”（《春秋繁露·基义》）“阳贵而阴贱，天之制也”（《春秋繁露·天辨在人》）。“三纲”思想规定着人们之间的伦常关系，要求下对上必须绝对服从。所谓“五常”就是仁、义、礼、智、信。“五常”是用来调整伦常关系的基本原则。董仲舒在《举贤良对策》中提出“仁、谊（义）、礼、知（智）、信五常之道，王者所当修饰也”（《汉书·董仲舒传》）。崇尚伦理道德，是儒家思想的基本精神和核心理念。董仲舒所开创的“三纲五常”伦理思想体系在后世影响非常深远。范文澜先生在《中国通史简编》中就指出汉武帝更喜欢儒家的是三纲五伦说，董仲舒的尊君思想是儒学得宠的原因之一。

“独尊儒术”适应了秦以后中国政治制度和社会生活的文化需求。从汉武帝接受了董仲舒的献策，实现罢黜百家、表彰六经的文化政策后，尽管汉代实际上的文化结构是“儒道互补”，汉代以后的文化格局是儒、释、道三家并存，儒家思想一直占据着主流文化地位。“独尊儒术”奠定了儒家思想在中国政治制度和社会生活中的文化主流地位。儒家思想在这一适应过程中也作了一些必要的理论调整，在先秦儒家思想的基础上吸收了道、法、阴阳、名、墨等学派的思想因素，从而发展了先秦儒学。①

随着儒学地位的上升，汉王朝也加强了对文化教育的重视程度。汉武帝在建元五年（前 136），“置五经博士”（《汉书·百官公卿表》），并且“兴太

---

① 参见周桂钿《我为什么研究董仲舒》，《中国文化》第三十二期；李存山：《董仲舒在中国思想文化史上的地位与影响》，《河北学刊》2010 年第 4 期。

学，置明师，以养天下之士”（《汉书·董仲舒传》）。太学的建立既是汉王朝对文化教育重视的表现，也标志着儒学教育的官方化和制度化。“自此以来，公卿、大夫、士吏彬彬多（儒家）文学之士矣”（《汉书·儒林传》），儒学成为“独尊”的官学，儒生也成为君主制下官僚队伍的主体。罢黜百家、“独尊儒术”文化政策的实行也带来了一些负面影响，某种程度上遏制了学术思想的自由发展。

三　宋明理学与书院教育

“宋明理学”是宋明以来占主导地位的学术体系。宋明理学的代表人物，北宋有周敦颐、张载、程颢、程颐及邵雍，被称为“北宋五子”；南宋主要有朱熹、陆九渊；明代最有影响的是王守仁。这一学术体系又可以分为两大派：一派以二程、朱熹为主要代表的“程朱理学”（由于二程和朱熹皆以“理”为最高范畴，所以后来习惯于用“程朱理学”来指称这一思想体系）；另一派是以陆九渊、王守仁为主要代表的“陆王心学”（此派以“心”为最高范畴，故被称为“陆王心学”）。由于“程朱理学”、“陆王心学”是宋明理学的主导思潮，所以一般将理学的代表人物概括为“程朱陆王”。

“北宋五子”初步确立了理学的理论主题与学术规模。就本体论而言，“北宋五子”认为，“理”是先于一切事物出现的，是宇宙一切事物出现和存在的最终根源，所谓“万事皆出于理”（《河南程氏遗书》卷二上）。就认识论而言，张载和二程都认为，人具有超越感性认识能力“闻见之知”的“德性之知”；除了依靠“德性之知”外，道德修养也是重要的途径。

理学推动了儒学的发展，首先，从理论层次回答了伦理道德的根源问题。此前的儒学认为伦理道德的根源是人自身或是“天”。二程则认为伦理道德规范本身就是“理”，就是本体，这样一来伦理道德就具了合理性和永恒性。其次，还回答了儒学的另外一个重要问题——圣人的精神境界。圣人是践履伦理道德的典范，是儒家的最高理想人格，圣人的精神境界是儒家最高的精神境界。孟子说：“圣人，人伦之至也。”（《孟子·离娄上》）。理学则为揭示圣人的精神境界提供了理论观念——“理”或“天理”。在理学家看来，能与“理”这一本体为一的精神境界就是圣人的境界，如程颐所说：“圣人与理为一”（《河南程氏遗书》卷二十三）。

宋明理学主要特点包括：以不同方式为发源于先秦的儒家思想提供了

宇宙论、本体论的论证；以儒家的圣人为理想人格，以实现圣人的精神境界为人生的终极目的；以儒家的仁义礼智信为根本道德原理，以不同方式论证儒家的道德原理具有内在的基础，以存天理、去人欲为道德实践的基本原则；为了实现人精神的全面发展而提出并实践各种具体的修养方法。[①] 理学确立之后，不断增益发展。南宋时期的朱熹(1130—1200)被认为是理学的集大成者。其思想体系中，理气论、理一分殊论、心性论和格物致知是四大主体。

理气论：朱熹认为一切事物都由理与气构成，气是构成一切事物的材料，理是事物的本质和规则。他说："天地之间，有理有气。理也者，形而上之道也，生物之本也。气也者，形而下之器也，生物之具也。"(《朱文公文集》卷五八《答黄道夫》)朱熹认为理和气不能分离，但理是第一性的，气则是第二性的。事物尚未产生的时候，事物的规律、法则已经存在。理作为事物的共同本质、共同规律，体现在一切此类事物之中；一切事物的法则，包括人类社会的各种原则都是永恒存在，而且不会改变的。据此，朱熹就把理绝对化了。

理一分殊论：朱熹认为一个人对亲属、外人乃至对天地万物具有不同的义务。一个人首先应该爱其父母，然后及人、及物。虽然仁爱的原则在实施上呈现出亲疏有别，但其间体现的道德原则是一致的。他说："所居之位不同，则其理之用不一。如为君须仁，为臣须敬，为子须孝，为父须慈。"(《朱子语类》卷十八)朱熹还认为，与物物具有相同的本体不同，事物的具体规律和性质各有差别，这也是一种"理一分殊"。每一类事物都有这一类事物的理，事物不同，普遍之理在事物上的具体表现也不同。

心性论：朱熹的心性论主要是对于"心"、"性"、"情"、"欲"的看法。他认为"未发是性，已发是心"，"心"包含有"性"和"情"两端；现实"人"所具有的"心"是不可能全然达到这种纯粹和绝对的状态，必须通过种种修养途径，才能逐渐去除"情"中的"人欲"，而趋近"理"。[②]

格物致知论："格物"和"致知"原是《大学》中提出的两个重要观念。朱熹认为格物(接触事物)是为了穷理(研究物理)，穷理必须落实到具体事物上并穷至其极。而"致知"则是"格物"的目的和结果，是人通过考究物理得

① 陈来：《宋明理学》，华东师范大学出版社2004年版，第11页。

② 葛兆光：《中国思想史》，复旦大学出版社2001年版，第234—241页。

到的知识扩充的结果。格物的目的是要达到对事物的“所以然”(主要指事物的普遍本质和规律)、“所当然”(主要指社会的伦理原则和规范)的了解。所以朱熹主张的格物穷理,其终极目的在于明善。

陆九渊(1139—1193)是南宋理学另一位最主要的学术代表,曾讲学于贵溪象山,自称象山居士。陆九渊与朱熹的分歧与争论即所谓的“朱陆之辩”,深刻地影响了此后理学的发展。1175 年 6 月,朱陆二人聚会于江西信州铅山鹅湖寺,讨论学术异同,这就是思想史上著名的“鹅湖之会”。

在认识理的方法上,朱熹主张泛观博览、格物致知;陆九渊则主张先立其大、发明本心。两人各执己见,激烈辩论,两人的弟子也随之分裂。朱熹强调“理”在心外,陆九渊认为心就是“理”,心就是宇宙万物之根本,不承认心外有“理”。陆九渊的思想主张主要包括:

本心:“本心”的观念是陆九渊思想体系中最重要的观念,“本心”又可称为“仁义之心”,是任何人都有的先验的道德意识,是每个人心的本来状态,存在于任何时代、任何人身上。人的一切不道德的行为都是因为“失其本心”,因而一切为学工夫都应围绕着保持本心,以免本心丧失。

心即是理:陆九渊常将本心简称为心,他说“人皆有是心,心皆具是理,心即理也”。(《陆九渊集》卷十一《与李宰》)认为本心之理与宇宙之理是同一的,皆为道德原则的根源。所以他说“宇宙便是吾心,吾心即是宇宙。”(《陆九渊集》卷三十六《年谱》引朱亨道书)

格物静坐:陆九渊认为“格”的意思就是穷究至极的意思,但他主张穷究的理并不是外在事物的规律而是指“格此心”。因为“心即是理”,所以通过修身正心,来“穷此理”、“尽此心”。因此,陆学十分重视以静坐“发明本心”,将静坐作为一种非常重要的体道明理方法。

陆九渊的学说在当时曾有较大影响,然而在他死后的一个时期里,其代表的“心学”相对于“理学”而言,影响力都是较小的。明代前期,程朱理学在官方意识形态领域取得了“独尊”地位。明代中期,在王守仁(1472—1529)的倡导之下,“心学”重新活跃起来。[①] 王守仁自号阳明子,世称阳明先生。他在继承陆九渊的思想和吸纳禅宗的心本论的基础上,提出独具特色的思想主张,主要包括:

---

① 陈来:《宋明理学》,第 146—162 页。

心外无理：王守仁进一步发挥了陆九渊“心本”思想，认为没有不依赖于“心”的客体的“理”存在，万事万物的“理”都是人心的赋予，都是人心之“理”的表现。因而提出：“心外无物、心外无事、心外无理、心外无义、心外无善。”（《阳明全书》卷四《与王纯甫》）

心外无物：王守仁所说的“物”主要不是指其是现实存在的东西，而是指意向之物，即呈现在意识中的东西。王守仁提出“心外无物”这一理论的目的要把“物”归结于意念，这样才能把“格物”解释为“格心”，让人们在心上做格物功夫。

格物与格心：王守仁认为格物首先要“格心”，“去其心之不正”，即要正外物必须先正己心。“格心”又可以分为动中“格”与静中“格”两种形式，而以静中格心最为重要。所谓“动中格心”，就是通过读书学习，为人处世，在“事”上磨炼，克服人欲于方萌之际，不致使心中的“天理”（良知）受到蒙蔽；所谓“静中格心”，就是要求人们“静坐息虑”，“反身而诚”，以防止人欲于“未萌之先”，使心中的天理（良知）始终保持“本体清净”的状态。而“格心”的目的则是为了“灭人欲，存天理”。

致良知：“致良知”是王阳明认识论的核心。他综合《大学》“格物致知”和孟子“良知”说而提出“致良知”。其所说的“良知”是指人的不依赖于环境、教育而自然具有的道德意识与道德情感。同时认为良知人人本有，但是却不能致其良知，应该从内外两方面加强为善去恶的道德实践，知行合一。晚年还提出“四句教法”：“无善无恶心之体，有善有恶意之动，知善知恶是良知，为善去恶是格物。”

知行合一：王守仁认为知与行二者虽然不是一回事，但是二者是互相联系、不能割裂的。所以他说“真知即所以为行，不行不足谓之知”（《阳明全书》卷二《与顾东桥书》）。同时还认为“知是行之始，行是知之成”，没有脱离行的独立的知，也没有脱离知的独立的行。所谓“知是行之始”，即意念、动机被视为整个行为过程的开始，在此意义上意念之动亦属行。按照这一观点，人有任何一点点违背纲常（“天理”）的念头都是不容许的，人们必须将其彻底克服而不容有任何的姑息和犹豫，这是王守仁“知行合一”说的社会意义。

王守仁心外无理、心外无物、格物与格心、致良知、知行合一等命题，构成了一个具有内在逻辑的理论体系，对后世影响深远。

由程朱理学和陆王心学为主要组成的宋明理学使儒学思想发展到一个新的阶段。它使儒家思想更加理论化和哲学化，使儒学服务统治的政治作用和修养身心的社会功能更加明显，但理学的发展也使儒学日益走向极端。随着宋明理学逐渐发展为儒学的主流，对中国社会产生了深远的影响。

宋明理学的兴起与书院教育的发展有密切联系。书院是中国古代一种特有的教育组织形式，是私学发展的结果。书院之名始于唐代。从唐中叶起，士人围绕着藏书、校书、修书、著书、刻书、读书、教书等文化活动创立书院这种新的文化教育组织形式，到晚清改书院为学堂为止，书院延续了一千多年，形成了一套具有中国特色的教育体制和教学方法，对中国文化史的发展做出了卓越贡献。[①] 书院教育的发展推动着宋明理学的兴起和发展，朱熹和王守仁都与书院有着不解之缘。

朱熹特别重视建立书院作为讲学场所，曾亲自创办了考亭书院等4所书院，重建了白鹿洞书院、岳麓书院等3所书院[②]。在兴建这些书院时，朱熹修建房屋，征集图书，延聘名师，招收生徒，订立教规，设立课程，登台讲学，付出大量心血。1179年，朱熹开始重建宋代四大书院之一——白鹿洞书院，制定院中师生共同遵守的学规，即《白鹿洞书院揭示》。学规的内容都是集合儒家经典中的语句而成，总结了孔孟以来的儒家礼教体系，用儒家伦理的标准去要求和规范书院师生的行为。朱熹认为"明理、修身"是书院教育的目标，为求取功名利禄而"为学"是极其不良的学风，"为学"的目的不应该是"钓声名、取利禄"。书院是理学家们宣传理学的重要基地，当他们的弟子接受理学后，多继承其衣钵、以传道讲学为己任，这些弟子会在新的地方创建书院，宣传和普及理学。

王守仁将书院定位于"匡翼夫学校之不逮"，认为书院存在的意义就在于补救官学的流弊，将书院视做自己进行学术研究和宣传自己学术思想的阵地。在书院讲学的过程中，不断完善和发展自己的学术主张与思想体系，

---

① 朱汉民：《书院精神与书院制度的统一——古代书院对中国现代大学建设的启示》，《大学教育科学》2011年第4期，第3—5页；邓洪波：《中国书院史》，东方出版中心2004年版；袁征：《北宋的教育与政治》，《宋辽金史论丛》第二辑，中华书局1991年版。

② 据方彦寿考证，朱熹创建书院4所，修复书院3所，读书的书院有6所，讲学的书院有20所，曾经讲学而后人创建的书院有21所，撰记题诗的书院有7所，题词题额的书院有6所。方彦寿：《朱熹书院与门人考》，华东师范大学出版社2000年版，第1—35页。

开创了中国历史上继南宋以后的第二个书院与学术互为表里、一体发展的局面。[①]

王守仁还致力于书院讲会制度建设，王门最早的讲会是其亲自主持的。嘉靖四年(1525)十月，阳明书院落成，讲会移至书院举行，此后坚持数十年不断。书院讲会的兴盛及其制度化开创了一种新的书院讲学形式，极大地促进了书院制度和学术文化的发展。[②]

四　明清之际儒学思想的演变

理学产生之后，通过不同方式、不同途径渗透到社会生活中去，塑造出一种非常强调伦理道德的生活方式。从南宋宁宗、理宗两朝开始，理学在学术思想上的统治地位就开始逐步确立。元明两朝，科举考试的标准教材是程朱理学训解的“四书”、“五经”，进一步巩固、加强了程朱理学的学术统治地位。理学本是具有丰富文化内涵的儒学理论体系，但当理学与国家政权相结合，成为必须遵循的国家意识形态时，其发展就变得停滞和僵化，明代后期理学开始衰落，明末清初衰落之势更加明显，主要体现在其学术基础的动摇和社会功能的弱化两个方面。

宋儒在解经传注时有鄙薄文字音韵的考证、以自己的体会所得为定解的学术倾向。明末清初的学者发现理学家对儒家经典援引和传注有很多疏漏、谬误之处。如顾炎武曾从音韵学的角度揭发出宋儒解经传注时“昧于古音而改经谬读”。这些发现激起了学者对理学的怀疑，动摇了理学的权威地位。

理学将“三纲”、“五常”的伦理道德观念强化，要求人们在生活的一切方面自觉贯彻这种经过强化的伦理道德观念。然而，在国家权力和学术权威的双重作用下，理学道德规范逐渐蜕变成僵化的道德教条，道德实践中理性的成分逐渐减少。

批判意识高涨的明末清初学者终于掀起了一个理学批判高潮。学者们因其学术背景、个人经历的差异而形成不同的批判思路：要么反儒，直接对

---

① 邓洪波：《王阳明的书院实践与书院观》，《湖南大学学报》2005年第6期。

② 肖永明：《阳明心学与明代书院讲会的兴盛及制度化》，《中国文化研究》2009年春之卷，第113—119页。

儒学表示轻蔑和反对；要么子儒，把儒学放在与诸子、与佛教思想和道教思想平等的学术地位上；要么原儒，直接援引原始儒家经典来审视理学的弊端，驳斥理学的理论观点。

明末清初"反儒"派的代表人物是李贽。李贽(1527－1602)，号卓吾，幼年家贫，随父读书。26 岁中举之后，做了 20 多年的地方官。万历八年(1580)，离任辞官，闭门读书，写出大批富有批判精神的著作，主要有《焚书》、《续焚书》、《藏书》、《续藏书》等。《焚书》和《续焚书》是李贽和当时的道学家的论战集。《焚书》将《论语》和《孟子》二书中的谬误逐一加以揭发。《藏书》是李贽对自战国至元朝灭亡间八百多年重要历史人物作重新评价的历史著作，《续藏书》则是对明代历史人物的评论著作。

李贽大胆地指出不可"以孔子之是非为是非"。(《藏书·世纪列传总目前论》)认为如果人们在孔子的权威面前，只知道沿袭古训，就会形成"咸以孔子之是非为是非，故未尝有是非耳"的文化专制局面(《焚书·何心隐论》)。主张"以吾心之是非为是非"，即按照自己的是非标准对历史人物进行评价。他在《焚书》中能通过对《六经》的评析，否定孔孟学说是"万世至论"，提出"经史一物"的主张，纠正了理学家迷信经书，轻视史书的思想倾向。

针对宋明理学家"去人欲，存天理"的道德说教，李贽提出"无私则无心"的观点，指出"虽圣人不能无势利之心"(《李氏文集》卷十八《明灯道古录》上)。认为"理"就在百姓日用之中，"穿衣吃饭，即是人伦物理"。(《焚书》卷一《答邓石阳书》)他反对禁欲主义的道德说教，认为人是能够主宰自身的，主张"条教禁约，皆不必用"。这种用"自治"的办法来满足"千万人之心"、"千万人之欲"的观点，客观上反映了明后期新兴市民阶层冲破礼教束缚，追求个性自决和个性解放的要求。

李贽还提出"绝假纯真"的"童心说"，来反对宋明理学礼教压制下在文学创作、道德、政治、艺术等领域形成的虚伪之风。反对以孔孟"义理"为内容的"载道"文学，而"童心"就是人们先天自生的"绝假纯真"。对于长期处在"男尊女卑"礼教压迫下的妇女，李贽给以深切同情，批评了"男子之见尽长，女子之见尽短"的说法，敢于向传统礼教挑战。在讲学传道时招收女弟子，践行其男女平等的思想。李贽对理学的揭露和批判，具有振聋发聩的启蒙作用，当时和后来的一些思想家对理学进行的批判，都在一定程度上受到李贽的影响。

把儒学放在与诸子、与佛教思想和道教思想平等的学术地位上的是“子儒派”，其主要代表人物是明末清初的思想家和政论家唐甄(1630—1704)，其主要著作是《潜书》。在思想学术领域，唐甄认为儒学和诸子学、儒学和释道具有平等的学术地位，它们各有其独立的理论体系和功能，“老养生，释明死，儒治世，三者各异，不可相通，合之者诬，校是非者愚”(《潜书·性功》)。在宋明理学在思想领域居于统治地位的时代，这一见解是非常具有批判性的。

唐甄尖锐批判了程朱理学末流只谈心性、不重事功的空疏陋习，认为“程朱讲学而未及为政”(《潜书·有为》)。主张“修身”与“治世”、“尽性”与“事功”、“内圣”与“外王”的内在统一。强调“修身”、“克己”的内圣工夫必须落实到“治天下”、“天下归仁”的事功方面才有其价值。

在社会政治领域，唐甄对君主专制制度和儒家纲常礼教进行了批判，谴责君主专制社会的黑暗和专制君主的残暴，指出“乱天下者惟君”(《潜书·鲜君》)。“自秦以来，凡为帝王者皆贼也”(《潜书·室语》)。正因为其思想具有反对君主专制的启蒙性质，所以其与王夫之、黄宗羲、顾炎武并称为“明末清初的四大启蒙思想家”。当然，他无情抨击的是“无道之君”及其暴政。对于“贤君”、“明君”及其仁政，则予以充分肯定。这说明唐甄“帝王皆贼”的命题不是出于对君主制度的否定，而是来自对君权的肯定和认同。

唐甄大胆提出了人人平等的主张。他说:“人之生也，无不同也”(《潜书·大命》)，故人人皆可以成为“圣人”。他还提倡男女平等。主张爱父母当无分男女爱之若一，爱子也当无分男女爱之若一。认为家庭伦理关系中夫妻之间的不平等实际上是“人伦”之不明。

针对当时重农轻商的观念，唐甄提出“贾不辱身”的看法。他把人性依次分为“有义无利”、“见利思义”和“见利忘义”三等，认为“上、下少而次者多”，“见利思义”在现实生活中是普遍存在的。(《潜书·制禄》)商人在谋利的同时也可以“见利思义”。唐甄的思想在一定程度上突破了传统观念的藩篱，与正在缓慢发展的资本主义精神相一致，因而具有一定的启蒙价值。

明末清初的理学批判思潮中，黄宗羲、顾炎武、王夫之是属于“原儒派”，他们总是直接援引原始儒家经典，或者根据自己对原始儒家经典的诠释，来审视理学的弊端，驳斥理学的观点。三人不但在对宋明理学进行批判的思想上有共同点，而且在反对君主专制制度，提倡经世致用的思想也颇有相同之处，被并称为明末清初三大思想家。

黄宗羲(1610—1695)，字太冲，号南雷，别号梨洲老人、梨洲山人等，学者习称其为梨洲先生。主要著作有《明夷待访录》、《明儒学案》等。黄宗羲在《明夷待访录》中对秦汉以来统治中国的君主专制制度进行了严厉的批判。首篇《原君》阐述了“君为民害”思想，他说：“为天下之大害者，君而已矣。”首先提出了他的“自私自利人性论”，他说：“有生之初，人各自私也，人各自利也”，利己是人的天性。君主专制制度之所以要被批判，就是由于君主“视天下为莫大之产业”，“以我之大私为天下之大公”。进而提出要把“以君为主，天下为客”的“家天下”，变更为“以天下为主，君为客”的“公天下”。

黄宗羲认为要想限制君主的权力，首先得明辨君臣之间的关系。他认为君臣之间不存在主仆的上下隶属关系，因此臣下对于君主不应该愚忠，如果君主的所作所为，不符合“为天下”、“为万民”的正义要求，为人臣者也决不能盲目服从。他说：“天下之治乱，不在一姓之兴亡，而在万民之忧乐。”(《明夷待访录·原臣》)。在限制君权的具体制度上，黄宗羲主张设置宰相以限制君权的过分膨胀，使通过“公其非是于学校”，使学校成为议政场所。他还批判了传统的“重农抑商”政策，提出了“工商皆本”的思想。

顾炎武(1613—1682)，江苏昆山人，字宁人，号亭林，是明末清初一位杰出的思想家和历史学家。主要著作有《天下郡国利病书》、《日知录》。在学术思想领域，顾炎武主张“经世致用”、提倡“实学”。他说：“君子之为学，以明道也，以救世也”(《日知录·自序》)提出了“天下兴亡，匹夫有责”的口号，开创了一种务实的治学风气，给清代学术以深刻影响。顾炎武赞同黄宗羲的“君害论”，将批判的锋芒指向君主专制，认为天下不治的根本原因是君主试图独揽一切权力，所以“人君之于天下，不能以独治也。独治之而刑繁矣，众治之而刑措矣”。(《日知录》卷六《爱百姓故刑罚中》)。为此，他明确提出分权的主张，“以天下之权，寄之天下之人”。主张把中央权力下放到地方，实行地方自治；同时也重视清议的监督作用。

王夫之(1619—1692)，湖南衡阳人，字而农，号姜斋，晚年隐居于石船山，自称船山病叟，人称船山先生。是明末清初杰出的思想家、哲学家。王夫之学识渊博，著作丰富，《读通鉴论》、《宋论》比较全面地反映了他的历史观和政治思想。王夫之把“天下为公”作为对现实政治进行评判的标准，认为秦汉以来的统治都是君主的“家天下”，但是，“天下非一姓之私也”（《读通鉴论》卷九）。天地本来是民众共有的，所以民众才是国家之本。君主的“第一天职”是关心民众，为臣民尽职，君主“尽君道以为民父母，是切身第一当修之天职”（《读四书大全说》），认为“人无易天地、易父母，而有可易之君”，君位是“可禅、可继、可革”的。君主只有遵循道统，先德后治，先公后私，以民为先，才是合格的君主。①

王夫之设计了一套天子、宰相、谏官“环相为治”的权力“制衡”机制，以限制君权。主张宰相对谏官有任免权，天子对宰相有任免权；宰相对天子负责，谏官对宰相负责，天子受谏官监督并接受其批评。不过，这一“环相为治”的构想，因为最终决定权仍在天子手中，所以不可能达到真正的权力制衡。②

在哲学思想方面王夫之也有自己独到的见解。他认为世界是以“气”为物质始基而构成的，“道”（规律）必须依存于“器”（客观事物），一旦“器”变，“道”也就必定变化。王夫之还认为天地万物“变化日新”，一旦“守其故物而不能日新”，就必趋腐败。因而赞成随历史的变化而进行社会变革。在知行关系上，王夫之提出知行统一的观点，认为“知”与“行”相互依赖、相资为用。“行”是“知”的基础，一切学问的最终目的是为了致用。

五　深入探究指引

（一）“百家争鸣”的评价问题

今人对“百家争鸣”评价很高，认为其是值得称道和提倡的。而古人对百家争鸣的评价，与我们今人对百家争鸣的评价有很大差异。孟子说儒家学说之外的诸家学说都是“圣王不作，诸侯放恣，处士横议”（《孟子·滕文公下》）。班固在《汉书·艺文志》中评价“诸子十家”，说它们“皆起于王道既微，诸侯力政，时君世主，好恶殊方，是以九家之术蜂出并作，各引一端，崇其所善，以此驰说，取合诸侯”。孟子和班固对“百家争鸣”的评价含有贬抑的

---

① 允春喜、官文佳：《论王夫之的“天下为公”思想》，《岱宗学刊》2011 年第 2 期；李润和：《论王夫之的尊君和重民思想》，《东岳论丛》2000 年第 6 期。

② 张永忠：《同代异梦——简论顾炎武、黄宗羲、王夫之的国家理论》，《船山学刊》2007 年第 1 期 。

意味。究其原因主要是因为诸子百家都希望天下能在自家思想的指导下实现大治，既然“时君世主，好恶殊方”，诸子百家也就“各引一端，崇其所善”，于是，“诸侯异政，百家异说”(《荀子·解蔽》)。“百家异说”，思想上的混乱助长了社会混乱。天下不但没有因此而渐渐有序，反而更加混乱。因此，人们对百家异说产生了质疑，并且产生了统一思想的诉求。汉代儒学独尊的局面确立以后，诸子学就被当做儒家思想的补充，学者“读子”是为“通经”。

近代以来，国人树立了新的价值观念，认为西方社会强调的自由、平等思想有利于开启民智、实现富强，而中国自秦以来实行的文化专制政策使言论的不自由，等级制度造成地位的不平等，这些都使得民智愚钝、国家贫弱。自由、平等的价值观念被确立之后，百家争鸣的价值也被重估。人们发现，百家争鸣时期的状况很有一些“自由”、“平等”的意味，有利于开启民智。于是，人们开始重新评价百家争鸣。梁启超就直接批评儒术独尊、表彰百家争鸣。1902 年，梁启超在《论中国学术思想变迁之大势》的“儒学统一时代”中贬抑儒学之一统，认为“儒学统一者，非中国学界之幸，而实中国学界之大不幸也”①。同时，他还表彰百家争鸣说：“孔北老南，对垒互峙，九流十家，继轨并作……非特中华学界之大观，抑亦世界学史之伟迹也。”②从梁启超开始，今人对百家争鸣的评价已经发生转向，开始大力表彰。胡适在《中国哲学史大纲》中，对孔孟着墨不多，对墨子、荀子、老子、庄子论述则较详，并给予较高评价，表现出他扬诸子而贬儒家的态度。冯友兰的《中国哲学史》则把“中国哲学”分为子学时代与经学时代，并对子学时代多有褒扬。

新中国建立后，百家争鸣成为国家在文化领域的重要主张，对百家争鸣的评价也就更加正面。毛泽东在《关于正确处理人民内部矛盾的问题》中明确指出：“百花齐放、百家争鸣的方针，是促进艺术发展和科学进步的方针，是促进我国的社会主义文化繁荣的方针。”百家争鸣就完全成为一个褒义词，成为思想自由、学术民主的中国式表达。③

从古到今，在不同的历史背景下，国人对百家争鸣的评价各不相同。在

① 梁启超：《饮冰室合集》(第一册)，中华书局 1989 年版，第 38—39 页。

② 同上，第 11 页。

③ 邓曦泽《走出历史的玩偶化——以古今对诸子百家的评论为例》，《广西师范大学学报》2011 年第 1 期。

当代社会,从中华文化发展和世界文明进步的角度来看,百家争鸣局面的形成极大地推动了学术发展和社会进步,使春秋战国时期的学术文化空前活跃。当时许多杰出的思想家对中国传统文化进行了大规模的总结和升华,为此后中国文化的繁荣发展奠定了基础。在这一时期形成的各种学术思想,成为以后中国思想文化的主要源头。春秋战国时期的思想文化是中国文化发展的一个高峰。

(二)"存天理,去人欲"、"饿死事小,失节事大"和"酷吏以法杀人,后儒以理杀人"辨析

宋明理学产生之后,对社会的影响非常深远。理学以儒家的仁义礼智信为根本道德原理,以存天理、去人欲为道德实践的基本原则。很多人在对理学没有全面了解的情况下,对理学"存天理,去人欲"观点的理解有所偏颇,认为这一说法压抑了人性,给人套上了重重的礼教枷锁,是宋明理学最需要大加批判的地方。实际上,理学家们所说的"天理"是指社会的普遍道德法则,"人欲"是指与道德法则相冲突的感性欲望。理学所要去除的"人欲"并非特指性欲,更不是指人的一切自然生理欲望,而是指那些不道德的"人欲"。比如,站在理学的立场上,夫妇之间的性关系是人伦的正当表现,甚至具有天地合德的本体涵义,并不需要去除。需要去除的是为满足自己的私欲引诱已婚异性、破坏他人家庭的不道德行为。不应该望文生义地把去除不道德的私欲歪曲为禁止一切欲望。

近代以来,理学还有一句话也饱受抨击。这句话就是北宋理学家程颐提出的"饿死事小,失节事大"。抨击者们纷纷指出这句话对妇女的毒害极大,它不允许离婚或丧偶的女性再婚,形成一种超出人性的道德枷锁,束缚、毒害着女性。实际上,程颐论失节的这句话,并不是主要针对女性的,而是主要针对君子、针对男子而言的。朱熹曾说:"昔伊川先生尝论此事,以为饿死事小,失节事大。自世俗观之,诚为迂阔;然自知经识理之君子观之,当有以知其不可易也。"(《朱文公集·与陈师中书》)。可见,"饿死事小,失节事大"是依照儒家伦理的基本原则对士大夫阶层提出的基本要求。这句话警醒人们,人生中有比生命、生存更为宝贵的东西,人不应该为求生存而牺牲道德,在生命与道德理想、道德原则冲突时应勇于为道德理想、道德原则献身,"舍生取义"。为了国家大义,为了坚守自己的信念,为了保持人格不受

侮辱,宁可饿死,宁可舍弃生命,也不食嗟来之食。“饿死事小,失节事大”中的“节”是指气节、道德操守,不应褊狭的把“节”仅仅理解为贞节。从历史发展来看,程颐或其他理学思想家并没有发明守节这一规范,事实上,许多理学家,如朱熹就并不绝对反对孀妇再嫁。

清代思想家戴震曾说过这样一个论断:“酷吏以法杀人,后儒以理杀人”,“人死于法犹有怜之者,死于理,其谁怜之”(《戴震集·孟子字义疏证上》)[①]。这也是一个需要加以分析的论断。儒家或理学面临的矛盾在于,儒家伦理必须褒扬那些不食嗟来之食的义士或自愿守节的烈女,但这种褒奖中就隐含着一种危险,那就是有可能导致在不断的褒扬中把道德的最高标准当成了道德的最低标准,给一般人造成较大的道德心理负担,也有可能把原本正常的道德规范变成一种片面强调对方义务的压迫手段,这样才可以称得上叫“以理杀人”。可以说儒家所建立的道德评价原则本身是具有合理性的,但如果在实践上把“理”与合理的欲望对立起来,特别是统治者冒充为“理”的化身,片面强调被统治者的义务而抹杀其权利,其后果就会表现为普遍的道德压抑。事实上,戴震的控诉正是指向统治者的,在他看来,“今之治人者”把“理”与“欲”完全对立起来,利用长者、尊者的地位,压制下者、卑者的正当要求。戴震还明确指出自己所批判的并不是是否应该讲“理”,而是长者、尊者以自己的“意见”为理。[②]

(三)清末以来学界对黄宗羲思想进行研究和评价的发展演变

黄宗羲的政治思想颇具创新性,特别是其“反君主制”和“民权”思想,历来受到学者的高度评价。黄宗羲基于明代弊政对传统中国政治进行的整体性批判,给受到西方文化冲击的清末学人带来了很多启发和共鸣。梁启超、孙中山、章太炎、蔡元培等人都对黄宗羲表示了钦佩。梁启超称黄宗羲是“中国的卢梭”。[③] 特殊的时代背景使黄宗羲的思想在清末实现了所谓的“文化增值”。[④] 五四之后,学者们以传统学问为根基,以西方学问为参照,对黄宗羲的思想进行深入探讨,他们一方面极其赞赏黄宗羲的政治思想,另一方

① 戴震:《戴震集·孟子字义疏证上》,上海古籍出版社1980年版,第275页。
② 陈来:《宋明理学》,第1—6页。
③ 梁启超:《中国近三百年学术史》,东方出版社1996年版,第52页。
④ 朱义禄:《黄宗羲与中国文化》,贵州人民出版社2001年版,第328—353页。

面又都认为这种政治思想因为过于简单而无法实践，梁启超认为黄宗羲的思想“含有民主主义”，但同时强调其思想“很幼稚”。① 钱穆认为黄宗羲的确在“发明民主精义”，但同时也认为其是一种“空想”。② 萧公权则认为黄宗羲的政治思想属于“民本”思想，而不是“民主”思想。③ 他的这一判断开启了黄宗羲研究中至今未决的“民本”与“民主”之争。侯外庐基于马克思主义立场，认为黄宗羲是进步的“启蒙思想家”。④

清末以来，基于现实政治需要对黄宗羲思想的定性是：民主、启蒙、反君主专制。对于这一定性，也有反对者提出了反对意见。张师伟要其著作《民本的极限—黄宗羲政治思想新论》一书中，在对黄宗羲的政治哲学思想与西方政治哲学思想进行比较的基础上，从哲学层面和政治学层面对黄宗羲进行了全面的批判，认为黄宗羲哲学思想中的“追求至善”、“成就圣人”、“天人合一”、“道德专制”，以及政治学思想中的“天降王权”、“教化万民”、“维护君权”等思想，“还完全是传统时代的产物，它不仅不是王权体系的掘墓人，反而继续攀附在王权体系的大树上，变本加厉地点缀和武装着王权”⑤。

近年来，有学者基于黄宗羲思想研究中“民主”与“民本”的争论相持不下的现状，提出了“新民本”的概念作为对以黄宗羲为代表的明清之际思想特征的新定性。冯天瑜与谢贵安就在《解构专制——明末清初“新民本”思想研究》一书中对“新民本”概念进行了详尽的论述与界定。但这一做法也遭到学者的批评，如孙卫华就认为：“本书在论证的过程中无不显露启蒙说的迹象，但作者又认为‘启蒙说’有缺陷，把这种民本思想界定在君主专制和近代民主之间，有折中的嫌疑。”⑥潘起造在论述黄宗羲思想时把其思想界定为“新民本”思想，但同时又指出：“黄宗羲的政治思想突破了传统的民本思

① 梁启超：《中国近三百年学术史》，第 53 页。

② 钱穆：《中国近三百年学术史》，中华书局 1986 年版，第 33 页。

③ 萧公权：《中国政治思想史》，辽宁教育出版社 1998 年版，第 560 页。

④ 侯外庐：《中国早期启蒙思想史》，人民出版社 2004 年版，第 144—203 页。

⑤ 张师伟：《民本的极限—黄宗羲政治思想新论》，中国人民大学出版社 2004 年版，第 17 页。

⑥ 孙卫华：《“新民本”：传统目标与近代民主的中间地带——读·解构专制——明末清初“新民本思想研究”》，《江汉论坛》2005 年第 8 期。

想，具有民主思想的诉求了。”[①]可见这些学者所使用的“新民本”概念并没有超出“民主”、“启蒙”的范畴。所以有学者指出“新民本”概念并不是对以往误读的修正，而只是在创造一个新概念的基础上解决“民主”与“民本”问题的主观臆测。[②]

综观清末以来学界对黄宗羲思想的研究，无论是黄宗羲的支持者还是批判者，都有着同样的思维模式与逻辑推理，他们都是以西方是理想的参照物，认为中国应该像西方一样，中国传统中符合西方的就是好的，不符合的就是坏的，黄宗羲的思想作为中国传统文化思想的一部分，也应当接受西方的检验以确定其好坏。所不同的是，在支持者看来，中国传统毕竟还有好的方面，至少像黄宗羲这样的反传统者，仍需要我们继承发扬。在反对者看来，中国的传统彻头彻尾都是坏的，即使像黄宗羲这样的反传统者也只是在更高的层面上维护传统，因而需要彻底抛弃。所以有学者在反思学界对黄宗羲思想的研究理路和研究误区的基础上指出：“要想避免误读，就需要我们重回黄宗羲的时代背景与问题意识，从而在他的历史情境中考量其方案的可行性，并在他的思维世界中重构其思想体系，而不是相反。”[③]

第三节　世界古代思想文化发展的典型

由于地理环境和历史背景的不同，古代思想文化的发展具有鲜明的地域特色。儒学在中国形成后，向东亚传播，其在东亚的传播与发展，使朝鲜半岛、日本列岛、越南等区域的文化和中国文化有很多共同之处，形成了一个以中国儒学思想为核心的文化系统——东亚文化圈。在长期的历史积累中，宗教渗透到民族的情感、心理和风俗习惯之中，成为民族文化的重要组成部分。印度是世界四大文明古国之一，古代印度文化具有浓郁的宗教色彩和多元性特征，孕育产生了世界三大宗教之一的佛教。基督教和伊斯兰教的产生和发展则为西方基督教文明和伊斯兰文明的形成和发展打下了坚实的基础。

---

① 潘起造：《论黄宗羲新民本思想的启蒙意义及局限》，《浙江学刊》2006 年第 5 期。
② 黄勇军：《清末以降黄宗羲研究批判》，《湖南师范大学社会科学学报》2011 年第 2 期。
③ 同上

一 儒学在东亚的传播与发展

儒学在东亚的传播与发展主要表现在儒学在日本和韩国的传播和发展，其中儒学传入韩国的时间较早，对日本社会的影响力则更大。

中日两国一衣带水，中国的汉字、儒学、典章制度、佛教等都传入日本，对日本的思想文化、政治经济、社会生活产生重要影响。儒家学说是中华文化的主体，日本文化有非常明显的儒家文化烙印。美国学者埃德温·赖肖尔在其著作《日本人》中曾夸张地说“几乎一亿日本人都是孔孟之徒”。

5 世纪，儒学传入日本。日本的第一部正史《日本书纪》记载，应神天皇 15 年(405)百济人王仁应邀到日本，担任皇太子菟道稚郎子的老师，随身携带了《论语》10 卷和《千字文》1 卷。《古事记》也有类似的记载。这是中国儒学传入日本的最早记录。6 世纪初，百济曾先后派五经博士段杨尔、汉高茂赴日讲授儒学。此后，儒学在日本逐渐传播，对日本文化产生了广泛而深刻的影响，加速了日本的文明进程。

7 世纪初，圣德太子以儒家文化来辅助政治，儒学在日本的影响进一步扩大。6 世纪末到 7 世纪初，大和朝廷内部派系林立，以部民制为特征的奴隶制行将崩溃。593 年，圣德太子被拥立后摄政，实行了一系列改革措施，史称“推古朝改革”。圣德太子深感儒家思想的博大精深，在制定“冠位十二阶”和《宪法十七条》时，吸纳、运用了很多儒家的思想内容。“冠位十二阶”是依据儒家思想建立起来的新的官僚制度，其在儒家“仁、礼、信、义、智”的五常之上加上“德”，再各分大小，从而组合 12 级官阶来区别官位的高低。这 12 级官阶是：大德、小德、大仁、小仁、大礼、小礼、大信、小信、大义、小义、大智、小智。用来对各级官吏进行道德训诫的《十七条宪法》，也采用儒家伦理来规范约束官吏言行。其中的许多条目都引用了《礼记》、《论语》、《尚书》、《孝经》、《周礼》、《孟子》等儒家典籍中的语句。如第一条“以和为贵，无忤为宗”中的“以和为贵”出自《礼记·儒行》篇，第三条“承诏必谨。君则天之，臣则地之，天覆地载”句，出自《礼记·中庸》篇。还有一些条目明显受到中国儒家君臣秩序与五伦观念的影响，如第四条“群卿百僚，以礼为本”，第九条“信是本义，每事有信”等。

7 世纪中期，日本进入封建社会，儒学得到更加广泛的发展。公元 645 年，日本进行大化改革，全面模仿隋唐的政治体制，儒家思想对这次改革运动具有相当大的影响。改革派代表人物中的大兄皇子和中臣镰足都曾从南渊清安学习《周礼》。南渊清安是留隋学生，曾在中国居留二三十年，对儒学有很深的造诣。儒学思想中的“为政以德”、“以德行仁者王”的思想也被孝德天皇所接受。他在即位不久的诏书中说：“当遵上古圣王之迹而治天下，复当有信可治天下。”“遵上古圣王之迹”就是像尧、舜那样以德治天下，从而达到天下归心。日本还吸收了中国儒家思想中的“天命”观念，由这一思想衍生出的天皇乃“神明”、日本乃“神州”、“大地之元首”的思想，直到19世纪仍有很大的市场。

日本对儒家文化的摄取，大大丰富了日本文化。儒家文化渗透到日本政治、道德意识、社会生活各个领域。许多日本天皇有儒家教义的言论。在公元759年6月淳仁天皇发布的敕令中，就有对仁、义、礼、智、信进行阐释的详细内容：一、不滥杀生，能矜贫苦为仁。二、断诸邪恶，修诸善行为义。三、事上尽忠，抚下有慈为礼。四、遍知庶事，断决是非为智。五、与物不妄，触事智正为信。国家甚至通过行政手段来推广儒学，进一步扩大儒学的影响辐射范围。文武天皇时期，颁布了《大宝律令》，将《周易》、《尚书》、《仪礼》、《礼记》、《毛诗》、《左传》、《孝经》、《论语》等，作为大学或国学的必修课程。

不仅如此，日本天皇的年号也深受中国儒家文化的影响。根据我国学者统计，自645年孝德天皇使用“大化”年号以来，日本天皇年号的总数为247个，约出自中国106部典籍。在这106部典籍中，儒家典籍就有《尚书》、《诗经》、《周易》、《礼记》、《孝经》、《周礼》、《孟子》、《论语》、《春秋左氏传》等。中国儒学对日本的影响由此可见一斑。①

江户时代(1603－1867)，儒学受到异常推崇，达到极盛时代。这一时期，统治者出于统治的需要，将以朱子学所代表的儒家伦理当做巩固统治的思想武器，儒学取得了封建社会正统哲学的地位。儒家君贵臣卑、君尊民贱的思想得到发展。在君臣关系上，强调臣民对天皇和将军的绝对服从与忠诚；在士农工商的关系上，表现为四民的界限分明，等级森严。而儒家“民为贵，社稷次之，君为轻”和“民惟邦本，本固邦宁”的基本思想则被弃之不顾。

另一方面，日本儒学从江户时代开始走上独立发展的道路，许多日本儒家学者提出了自己的观点。朱子学派的代表、儒学者藤原惺窝对具有日本

① 谢建明：《儒家文化在日本的传播及其整合》，《东南文化》1996年第2期。

特色儒学的形成起到了重要作用。藤原惺窝曾打算赴明深造,但因受风浪之阻而未能成行。后来,他遇到了丰臣秀吉侵朝时被俘的朝鲜朱子学者姜沆,在姜沆的指导下,藤原惺窝注释四书五经,编成《四书五经倭训》而名扬一时;曾应德川家康之邀,为其讲授《贞观政要》和《大学》等课程。他终身研习儒家经典,桃李满天下,其中以林罗山最为知名。

林罗山(1583—1657)最重要的功绩在于把儒家学说、特别是朱子学说官学化。他先后服务于德川家康、秀忠、家光、家纲四代将军,为他们讲解朱子学说,撰写重要文书。他对朱熹的《四书集注》有深入研究,对儒家的纲常礼教也颇有心得。林罗山强调儒家伦常的永恒性,认为君臣、父子、夫妻的"上下贵贱之义"是永恒的。林罗山"上下不违,贵贱不乱"、"天人相关"和"忠效之教"的说教,对于维系"万世一系"的天皇法统、巩固将军地位和整齐国民风俗,起了很大作用。他曾在京都开设学塾,讲授朱熹的《论语集注》,通过讲坛把儒学推向社会,使林家朱子学说非常流行。据一些日本学者统计,从 1630 年至 1871 年的 200 多年间,在各藩校担任教授的 1 912 人中,属朱子学派的有 1 388 人,而出自林家学塾的竟达 541 人。

德川时代儒学受到空前推崇,儒学潜移默化地渗入政治、法律、道德、文学、哲学以及社会生活诸多方面,成为德川幕府社会意识形态的重要组成部分。江户幕府第五代将军德川冈吉曾亲自向下属讲授四书、五经等儒家经典,坚持达八年之久。统治者把儒家的纲常礼教应用于治世实践,带来了社会的稳定与发展。

林罗山之后,朱子学说发生了分化,一派发展了朱子学说中唯心主义因素,把儒与神道调和起来;另一派以山鹿素行(1622—1685)为代表,号称"古学派",认为朱子之学并不是真正的儒学,只有"直览周公、孔子之书,以为规范,或可正学问之道";不认同朱子"穷天理,灭人欲"的禁欲主义思想,主张只要合于道德,"义"和"利"是可以统一在一起的。山鹿素行的思想对武士道的影响很大。

儒学很早就已传入朝鲜半岛。早在公元 1 世纪初,朝鲜半岛就有一些人能够背诵《诗经》和《春秋》等儒家典籍。儒学传入韩国的时间,因为没有准确的记录,学界存在着箕子引入说、汉四郡传进说、汉文字导入说和国学设立与派遣留学生始传说。韩国学者玄相允认为,儒学传入韩国时间应以有文字记载为准。372 年之后,高句丽、百济、新罗三国相继建国,设太学教授儒学经典并派遣留学生，这才算儒学在朝鲜半岛传播之始。① 三国时期，统治阶级非常重视儒学，把它视为维护秩序、加强王权的思想武器，采取各种措施加以引进和推广，儒家的制度、礼俗以及孝悌忠信的伦理规范已经在社会上确立。

新罗统一朝鲜半岛后，进一步发展了儒学教育，在中央设立国学，置博士、助教，招收贵族子弟传授儒家经典。设立读书出身科，以《论语》、《孝经》、《礼记》等为考试的范围，促进了儒学的普及。新罗历代国王，如武烈王(金春秋)、文武王(金法敏)等，都醉心中国文化，他们甚至亲"幸国学听讲"，推动学习儒学的热潮，所以唐玄宗赐新罗王的诗中就有"衣冠知奉礼，忠信识尊儒"之句。新罗国王还向中国派遣留学生，一些人则成为著名的儒家学者，如强首、薛聪、金大向、金云卿、金可纪、崔致远等。

高丽王朝在开国之初就创立学院教授儒学，太学国子监所授课程以儒家经典为主。高丽国王多熟读儒家经典，常引经义自勉勉人；定期到太学祭祀孔子，以倡儒学；开科取士，设明经科选拔人才。958 年，高丽开始举行科举，把儒家经典列为主要考试科目，推动了儒学的迅速发展。

继高丽而起的李朝，号为儒教王朝，儒学具有无上的权威，支配朝鲜学界近五百年。李朝为了加强专制统治，十分重视儒学教育，尤其推崇程朱理学，把它视为维护统治的工具，极力加以推广。李朝的儒学教育有官学和私学两种形式。官学系统，由成均馆、四学和地方乡校组成。在中央设成均馆，是国家的最高学府；另外还在首都汉城设中学、东学、西学和南学等四学。成均馆和四学是中央直接管辖的教育机关。地方各道和邑则设有乡校。这些学校由国家提供办学经费。私学系统是由各地的儒家学者自行创办的私塾或书堂组成。李朝政权通过科举考试来选拔人才，任用官吏。科举分文、武两科。文科考试科目中儒家经典的内容占很大的比重，致使李朝政权下的文官全部起用儒生。武科考试中也有部分儒家典籍的内容。李世祖时，规定立世子仪式要穿儒服入太学行谒圣礼，自此成为定制。李朝历代君臣讨论政事，都是以经义为最高准则。在此种历史背景之下，韩国政治、经济、社会、宗教各方面，都曾受到儒家思想很大的影响。

伴随着汉字、汉文化在朝鲜半岛的传播，儒学在朝鲜三国时期即得到国

① 张敏：《儒学在朝鲜的传播与发展》，《孔子研究》1991 年第 3 期。

家承认，得以广泛流布。在两千余年的传播发展过程中，经由历代朝鲜学者的不懈努力，儒学与朝鲜本土文化融为一体，以性理学的出现为标志，成功地完成了其本土化、民族化的过程，成为朝鲜传统文化不可或缺的精神支柱及深层动力。[①]

儒学对越南文化也产生了很大影响。越南自秦汉至晚唐，为中国郡县一千余年。越南独立后，历代王朝仍沿袭中国制度，设立学校，开科取士，以五经四书为考试范围，尤其最后的黎朝和阮朝，奖励儒学不遗余力。儒家思想对越南政治、经济、社会、宗教各方面也都有重大的影响。

由于中国、朝鲜半岛、日本列岛、越南等区域的文化在汉文、儒学、律令和汉传佛教等方面有很多共同之处，一个以中国儒学思想为核心的文化系统——东亚文化圈就形成了。

二　古代印度多元文化的并存

印度是世界四大文明古国之一。在印度这片古老的土地上，孕育出丰富多彩的宗教文化和哲学思想，印度教、佛教、耆那教、伊斯兰教等文化互相补充，共同构成古代印度的宗教文化体系，赋予印度文化浓郁的宗教色彩和多元性特征。

印度教是印度本土占统治地位的宗教，是印度社会文化的基础和主导。印度教本身就是印度文化多元性特征的代表。印度教是婆罗门教为回应佛教和耆那教等思想的挑战，经过改革之后，吸收综合了其他宗教的思想而重新诞生的宗教。因为印度教的兼收并蓄、海纳百川，曾在印度历史上兴盛一时的佛教和耆那教，后来虽然在形式上几乎在印度消失，实际上他们的某些思想内核已经被“吸收”进印度教。[②]

婆罗门教于公元前 10 世纪前后形成，以四部吠陀本集为基本经典，以种姓制度为社会基础，主张吠陀天启、祭祀万能、婆罗门至上。“吠陀”意为知识，中国古代译为“明论”。四部吠陀本集是指《梨俱吠陀》、《娑摩吠陀》、

① 李甦平:《韩国儒学史》，人民出版社 2009 年版；崔龙水《朝鲜儒学的特点及其作用——中朝两国儒学之比较》，《孔子研究》1990 年第 4 期；梁宗华《朝鲜儒学的本土化与民族化历程》，《中国哲学史》2005 年第 4 期。

② (印度)沙尔玛著，张志强译:《印度教》，上海古籍出版社 2008 年版。

《夜柔吠陀》和《阿达婆吠陀》四部经典作品。公元前1500年左右，雅利安人进入印度，摧毁了原有的印度河文明，在印度河原有文明的基础上，形成了以雅利安人为主体的新的印度文明。雅利安人征服印度以后，实行种姓制度。最初，雅利安人为了把自己较白的肤色同土著居民较黑的肤色区别开来，就把人们按肤色分为雅利安瓦尔那和达萨瓦尔那。“瓦尔那”本意是颜色，后被译为种姓、族姓。雅利安人自称为“雅利安瓦尔那”，意为高贵者集团，当地土著居民被称为“达萨瓦尔那”，意为敌对集团。后来，随着社会的发展，逐渐产生了婆罗门、刹帝利、吠舍和首陀罗四个种姓。婆罗门主要是掌握吠陀经典的祭司阶层，刹帝利主要是武士、官员阶层，吠舍多数是商人和农民，首陀罗是最低种姓，处于奴隶地位，大部分是被征服的土著人。另外还有无种姓或因犯规而失去种姓的贱民。婆罗门为抬高自己的地位，极力鼓吹《吠陀》为天书，是神圣的经典，婆罗门的地位至高无上，祭祀是万能的。婆罗门教是典型的多神教，神的数量难以计算，各种自然现象和各种社会现象都有相对应的神。

公元前6世纪，随着国家机器的加强，刹帝利在政治和军事上的地位越来越高，他们对婆罗门的特权日益表示不满，要求扩大自己的权利，支持各种非婆罗门思潮。工商业主随着手工业的发达，商业的繁荣，财富积累的增加，也希望提高自己的社会地位，对政治权力产生了强烈的要求。各种反婆罗门教的思想涌现出来。这些因素削弱了婆罗门在政治、文化、宗教、思想各方面的控制，也对婆罗门教提出了改革的要求。

婆罗门教吸收了佛教、耆那教的某些教义和各种民间信仰，经过改革之后形成了印度教。印度教的崇拜对象和思想体系与以前有了很大的不同。印度教尊奉梵天、毗湿奴和湿婆三大主神，这三大主神分别代表宇宙的“创造”、“护持”和“毁灭”。梵天是创世神，他开天辟地，确定了东南西北和年月日时；毗湿奴是守护神，掌管世界的繁荣并维护世界；湿婆是破坏神，当一个时代结束时，他毁灭世界为新世界的再生做准备。印度教强调轮回，认为善恶有因果，灵魂有轮回，善行能让人死后升天，恶行则让人死后堕为畜生；主张禁欲和苦行，以达到灵魂的净化；还主张非暴力，不杀生。印度教仍然坚持种姓制度，认为婆罗门、刹帝利、吠舍和首陀罗有高贵和低贱之分，各种姓间的界限要分明，不能通婚，也不能互相往来。

经过改革，印度教的活力增强。印度教虽然在多神崇拜和种姓制度方面与婆罗门教一脉相承，但其抛弃了婆罗门教的祭祀主义，吸收了佛教的非暴力、不杀生等合理思想，反对出世离欲，更符合社会人伦之道。加上，印度教在史诗和往世书中对大神的形象进行塑造，以皈依至高无上的大神为号召，吸引了非常多的信徒。因此，在公元10世纪前后穆斯林入侵印度，用暴力和经济手段强迫印度人改信伊斯兰教时，佛教和印度教的命运截然不同。佛教在印度趋于消亡，而印度教却仍在印度社会文化中处于主流和正统地位。现在印度仍有80%以上人口是印度教徒。

公元前6世纪的列国时代(约前600—前324)，是印度历史上的百家争鸣的时期。当时印度的民族矛盾和阶级矛盾十分尖锐，社会动荡不安。错综复杂的政治斗争反映到思想领域，就出现了婆罗门守旧思潮和沙门革新思潮(沙门思潮)的对立。沙门思潮是对当时各种反婆罗门教的革新思想的统称。其团体和派别很多，他们一方面共同反对婆罗门教，另一方面又互相批评论辩，形成百家争鸣的局面。沙门思潮包括耆那教、顺世论、佛教等很多派别。

耆那教信奉业报轮回、灵魂解脱、苦行主义，认为人的现世命运是由前世的“业”(思想、言论、行为)决定的，为此需要通过宗教的修持，使灵魂获得解脱。灵魂是无所不在的半物质性实体，和其所依附的形体相当，并随体积的增长而增长。道德清净才能获得灵魂的解脱。道德上的染污是不洁净的微细物质从皮肤毛孔中进入人灵魂内部所引起的。要想获得道德上的清净，就必须堵塞不净物质进入的孔道，使灵魂最后证得“涅槃”，获得解脱。耆那教反对祭祀，主张严守戒律，提出了不杀生、不欺诳、不偷盗、不奸淫、戒私财五条戒律，提倡诸如绝食、身卧钉床、日晒、火烤、投岩、拔发、熏鼻等等苦行，以之为解脱的途径。

顺世论是古印度著名的唯物论学派。它反对梵天的存在，认为构成世界万物的元素是地、水、火、风(四大)；人和世界都有四大合成，人死后复归于四大，否定灵魂的存在。它认为人生的幸福不在天堂，也不在下世，而在今生。强调人生的目的在于满足肉体的各种欲望，即以求得快乐为满足。它主张种姓平等，反对轮回、业报、祭祀、苦行。这些学说都是对婆罗门教最激烈的批判和反对。①

① 参见黄心川:《印度哲学史》，商务印书馆1989年版。

佛教在公元前6世纪由释迦牟尼创立。释迦牟尼创立佛教和他逝世后100年间，佛教主要在古印度恒河中游一带流传，教团比较统一，都奉行释迦牟尼的教法，信徒持戒严谨，基本上以乞食为生。历史上称这一期间的佛教为“原始佛教”，也称“早期佛教”、“初期佛教”。原始佛教作为反对婆罗门教的异端，提倡种姓平等，宣扬“一切众生悉皆平等”，每个人都有追求个人解脱的权利。佛陀强烈反对极端苦行。耆那教是提倡苦行的，绝食、身卧钉床、日晒、火烤、投岩、拔发、熏鼻等等苦行都是耆那教所提倡的修行方法。释迦牟尼在得道之前，曾希望通过苦行来获得觉悟和解脱，他最严格的苦行了六年之后，虽然身形消瘦、濒临死亡，却徒劳无获，并没有产生觉悟，终于领悟到苦行无益。佛陀也反对极端纵欲。顺世论者是提倡极端纵欲的，强调人生的目的在于满足肉体的各种欲望。

释迦牟尼学说的主旨在于阐发人生的痛苦的原因、痛苦的消灭和消灭痛苦的方法。释迦牟尼学说的基本出发点是，断定人生是“苦”。生老病死是苦，不得不跟所憎恶的在一起是苦，不得不与所喜爱的分离是苦，物质上和精神上得不到满足也是苦。人生的本质是“苦”，“苦”的原因是因为有“生”。生是苦的开端，生命是受苦的实体。人之所以会有“生”是因为人有“业”。人有身、口、意三业，这些行为、言论、思想决定了未来的果报。众生根据所造业的善恶，而在“六道”（天、人、阿修罗、畜生、饿鬼、地狱）中轮回。众生“造业”是因为“无明”，即对佛教的理论和学说无知。众生“无明”是因为有贪心和追求享乐的欲望。因此，要消灭“苦”，就要“不生”（“无生”）；而要“不生”，就要不“造业”；而要不“造业”，就要断除“无明”，相信佛的教说；而要断除“无明”，就要根除“贪”、“爱”等欲望。只有根除“贪”、“爱”等欲望，才能相信佛教，消除“无明”，进而不“造业”、“不生”，最后消灭“苦”，获得“解脱”。

佛教在释迦牟尼去世后不久便分裂为上座部和大众部。上座部以坚持原始佛教的基本教义为主，大众部则更为灵活一些。后来，上座部和大众部又各自分出许多部派，佛教史中有明确记载的部派就有24个，因此，这一时期被称为“部派佛教”时期。

随着时代的发展，佛教两大部派不断分化，从大众部派发展出小乘佛教。后来，大约在公元1世纪时，又从小乘佛教中产生了大乘佛教。“乘”的意思是“乘载”的意思。从发展时间看，小乘在先，大乘在后。但由于大乘认为小乘主张修成阿罗汉果来获得自身的解脱，只能乘载少数人到达彼岸，故称其为“小乘”。大乘认为自己的思想主张能运载无数众生度过生死之河，到达涅槃的彼岸，成就佛果，故称自己为“大乘”。大乘与小乘的区别主要有：小乘佛教是较为原始的教派，它以自利修罗汉果为最终目的，只求自我的完成与解脱，认为佛只有一个，除释迦牟尼外，别无他佛；大乘佛教以利他修菩萨行成佛为最终目的，不仅企求自我救济，还广泛地救助他人，认为大千世界有无数佛。大乘佛教发展迅速，很快占据了主导地位。

前 321 年前后，月护孔雀推翻难陀王朝建立了孔雀王朝。孔雀王朝是印度历史上第一个统一帝国。在其第三代国王阿育王统治时期，基本实现了北印度的统一。阿育王在提倡佛教的同时，宽容婆罗门教和其他宗教。他立碑刻石，确立佛教为国家意识形态，主持了佛典的第三次结集，并派高僧四处传教，使佛教走出印度，成为世界性宗教。阿育王死后，孔雀王朝分裂、衰落，思想文化领域再度陷入混乱。贵霜王朝兴起后，在迦腻色迦王时期，达到全盛。迦腻色迦王在对印度宗教文化兼容并包的基础上提倡佛教，曾赞助佛典第四次结集，使贵霜帝国成为当时的佛教中心。①

从 7 世纪中叶开始，信奉伊斯兰教的突厥族由中亚细亚侵入印度的西北部。10 世纪后半期，他们逐渐侵略到印度内地，所到之处，佛教僧人星散避难，留存的僧人寥寥无几，印度原有宗教均受到破坏。12 世纪末 13 世纪初，佛教在印度本土没落。直到 19 世纪末期，印度才又开始有了佛教的团体和活动。

印度教、佛教和耆那教都是印度历史上先后流行过、有重大影响力的本土宗教，此外，其他一些世界宗教，如伊斯兰教等，也对古代印度文化产生过重要影响。公元 10 世纪后，随着阿拉伯人和突厥人的入侵，他们所信仰的伊斯兰教也传入印度。13 世纪初穆斯林王朝德里苏丹国在印度统治的建立，以及莫卧尔帝国的统治，使伊斯兰教对印度文化的影响越来越大，进一步强化了印度文化的多元化特征。

三 基督教文化的源头与裂变

基督教与佛教、伊斯兰教并列为世界三大宗教。目前基督教在全世界

---

① 侯传文：《东方文化通论》，山东教育出版社 2001 年版。

有约 21.4 亿信徒,是拥有信徒最多的宗教。基督教包括罗马公教(亦称天主教)、正教(亦称东正教)、新教(亦称基督教或耶稣教)三大派系和其他一些较小派系。

基督宗教从中东的一个民族宗教中脱胎而出,它的兴起和发展有着深刻的社会根源和思想根源。前 6 世纪末,罗马共和国建立,之后,它不断向外扩张,征服了地中海沿岸欧洲、西亚和北非的大部分地区。前 27 年,屋大维建立了庞大而统一的罗马帝国,用武力把地中海变成了一个内湖。罗马帝国对他所征服的地区实施残暴的统治,使罗马统治当局和外地行省、统治阶级与被统治阶级、罗马人和其他民族之间的矛盾十分尖锐,起义此起彼伏,连绵不断。在帝国的军事镇压下,所有起义都归于失败。面对罗马帝国的强权,零散的反抗都是无望的。罗马帝国无所不在的强权统治,从人们的心理上铲除了此世得救的希望,把人心引向了彼岸世界。被奴役、受压迫人们的出路在哪里?他们怎样才能得救?在当时的情况下,出路只能在宗教领域内。早期罗马帝国的社会环境,既造成了人们对宗教的普遍需要,又决定了新产生的宗教必然具有超越民族界限的性质。

基督教最早产生于罗马帝国统治下的巴勒斯坦地区,是犹太人民反抗罗马统治的产物。前 63 年,犹太人历史上的最后一个王国哈斯蒙尼王朝亡于罗马,罗马帝国统治者对巴勒斯坦地区实行残暴的统治。66 年,罗马总督野蛮地劫掠犹太人奉为神圣的耶路撒冷圣殿及其宝库,遭到了犹太人的起义反抗。起义坚持了长达 4 年之久。70 年,罗马统治者对耶路撒冷的起义者和居民进行了血腥的报复和镇压。大批被俘的犹太起义者被钉死在十字架上,以致“没有地方再立十字架,没有十字架再钉人”。拥有 60 万居民的耶路撒冷,大部分居民英勇牺牲,活着的犹太居民被卖为奴隶者达万人之多。耶路撒冷被毁,饱受煎熬的犹太人渴望得到心理上的安慰和精神上的寄托,盼望救主降临来拯救自己。

当时,巴勒斯坦的犹太人,依据他们的经济、社会地位和对罗马统治者的政治态度,形成了几个宗教政治集团。比较重要的有:撒都该派,由祭司、贵族和富商组成,遵奉犹太的律法书,屈从罗马的统治;法利赛派,由文士和律法师为主体组成,遵奉律法书和口传律法,以严守犹太教传统相标榜,强调与异教、异族隔离,对罗马持既不明显合作又不公然对抗的态度;吉拉德派,由下层反抗分子组成,反对外族侵略者和依附侵略者的犹太当权者;艾赛尼派，由农牧民众和手工业者组成，曾积极参加反罗马斗争，组成互通有无的共同生活的社团，严守派规，寄希望于弥赛亚来临以解脱尘世苦难[①]。

基督教的创始人被认为是耶稣。耶稣是否真有其人，历史上曾有不少争论。1947 年《死海古卷》的发现，使历史学家们对公元前后巴勒斯坦的历史研究有了长足的发展。现代学者通过对《死海古卷》的研究，认为原始基督教可能脱胎于艾赛尼派。《死海古卷》中记载的艾赛尼派的情况与初期的基督徒社团有惊人的相似之处。公元 4 世纪时，埃庇法尼乌斯主教也曾提到，从公元前直到公元 4 世纪，在叙利亚和巴勒斯坦一带有一个犹太教派别，称为拿撒勒派。他们与艾赛尼派使用同样的经书，同样信仰弥赛亚的拯救和世界末日即将降临。有的学者认为耶稣是拿撒勒派的创始人，是历史上确实存在过的人。据《圣经》所载，耶稣对撒都该派和法利赛派持批判态度。耶稣强烈反对犹太教祭司贵族的腐化生活，倡议改革，获得了一批追随者，成为犹太教的一个小宗派——拿撒勒派。后来，他的门徒出于虔诚信仰的需要或宣传上的需要，根据犹太先知们的有关弥赛亚的预言，认定耶稣是上帝应许的弥赛亚，把他描绘成一个神奇人物，进而逐渐视其为崇拜对象——耶稣基督。

按照福音书的记载，耶稣并未提出建立一个不同于犹太教的新宗教，只是提出了一些教义为他的门徒建立一个新的宗教打下了思想基础。他提出的教义引起了祭司贵族和法利赛人的恐慌，他们污蔑耶稣意图谋反，将他交给罗马总督彼拉多，并强烈要求将其钉死。耶稣死后，他的十二个门徒继续传播他的思想，很快在巴勒斯坦地区建立了一些最早的基督徒社团，即后来教会的雏形。十二使徒是初期基督徒社团的领导集团。

初期的基督徒社团发展很快，地中海东部沿岸各大城市中几乎都有了他们的组织。初期的基督徒主要是犹太人。随着社团的广泛建立，加入社团的外邦人(非犹太人，异教徒)越来越多，其人数甚至超过了犹太人而成为社团的主体。所以，社团内部自然逐渐分为两大集团：犹太人基督徒和外邦人基督徒。双方发生了争论。48 年，使徒们在耶路撒冷召开了一次会议，为

① “弥赛亚”是个圣经词语，与希腊语词中的“基督”是一个意思，在希伯来语中最初的意思是“受膏者”，指上帝所选中的人，具有特殊的权力。“弥赛亚”是一个头衔或称号，并不是名字。

外邦人皈依基督敞开了大门，使基督徒社团更加迅速地发展壮大起来。

初期的基督徒社团是依附于犹太教而存在的，他们承认犹太教的全部教义。基督徒社团最初除犹太教的经典外并没有自己的统一的经典，各社团在举行宗教活动和对外宣传时除诵读犹太教《圣经》外，往往还宣讲耶稣的生平事迹、当众宣读使徒们给各地基本基督徒社团的书信等传教材料，在这个过程中逐步产生了基督教的《新约圣经》。

这时，基督教就具备了作为一个独立宗教所应有的条件：自己的崇拜对象（耶稣基督），自己的经典（《新约圣经》），较为系统的神学理论和成熟的宗教组织（教会）。基督教完全从犹太教中分离出来，成为一个独立的新宗教。

基督徒宣扬天国学说，号召人们信奉上帝和耶稣基督；拒绝接受罗马所信奉的神明，不从事罗马的祭典；不愿把罗马死去的皇帝敬为神明，却将被钉死在十字架上的耶稣作为救世主；经常举行秘密集会。随着基督教徒人数的增长，罗马政府开始担心基督教徒会成为帝国的颠覆者，担心他们的传教会使人们对罗马的忠诚转向上帝。因此，在起初的一二百年间，基督教是作为异教被罗马帝国政府禁止的，遭到了罗马统治阶级的残酷迫害和镇压。早在克劳狄皇帝统治时期，基督教徒就曾被驱逐出罗马城。此后的罗马统治者对基督教徒基本上都是持反对态度。284年，戴克里先成为罗马帝国皇帝，他在位时期，连续颁布四道敕令迫害基督教徒。教堂被拆，教产被没收，教会书籍被烧，神职人员被投入监狱并用酷刑强迫他们献祭。戴克里先及其前任们对基督教的敌视和镇压政策，并没有将基督教镇压下去，相反，镇压愈烈，信徒愈多。到4世纪初，罗马帝国境内信奉基督教的人数达到600万左右。面对基督教势力的发展，加上此时基督教成分和教义的改变，罗马统治者的政策由镇压转向利用。313年，罗马皇帝君士坦丁联合帝国东部教会一起颁布了《米兰敕令》，正式承认基督教为合法宗教，并发还其教堂和财产。《米兰敕令》的颁布是基督教史上的一个重大转折点，它第一次承认基督教会可以拥有财产，并使基督教取得了合法地位。

《米兰敕令》颁布以后，君士坦丁继续实行扶持与利用基督教的政策。因此，他不但得到了西部基督教徒的拥护和支持，也受到帝国东部教会的赞赏和拥戴，最终在与东部统治者李锡尼的争斗中占据了优势。323年，他战胜李锡尼，统一罗马帝国。

取得全国政权后，君士坦丁继续扶持基督教，加强对教会的控制，对基督教教义、组织和礼仪进行统一。325年，君士坦丁在小亚细亚的尼西亚召开了全帝国范围内的主教会议。在君士坦丁的强制下，会议通过了统一的尼西亚信条。尼西亚会议使基督教会清除了反对派和异端，达到了从组织上的统一；制定了正宗教义，达到了理论上的统一；在政治上，规定主教必须同时忠于政府和上帝，使基督教会与帝国政权结为一体。这种政教结盟的形成对以后欧洲各国的政教关系产生了深远影响。尼西亚会议之后，基督教在历代罗马皇帝的支持下获得了长足的发展。392年，狄奥多西一世颁布法律，关闭一切异教神庙，基督教被定为罗马国教。此后，基督教代替古典文化成为帝国文化的主流。

476年，罗马帝国在内部矛盾和外族入侵下分裂为东罗马和西罗马，基督教也开始分裂为东正教（自称正教）和罗马天主教（自称公教）。两个教派都自称是基督教的正统。罗马教皇（教宗）是天主教最高领导者，而君士坦丁堡牧首则是东正教的首领。1054年，东部教会和西部教会互相宣布把对方主教驱逐出教，标志着基督教大分裂，天主教和东正教正式分道扬镳。7世纪，伊斯兰教兴起，耶路撒冷落入穆斯林的控制之下。西罗马地区的教会和国家为解放圣地耶路撒冷在1095—1291年间先后八次十字军东征。

16世纪，德国、瑞士、荷兰、北欧和英国等地发生了宗教改革运动，它产生出脱离天主教会的基督教新教教会。领导人物是马丁路德、加尔文等人，他们建立了新教和圣公会，脱离了罗马天主教。某些中国新教徒所称的“基督教”，基本上都是这个时候产生的新教。尽管基督教各派强调的重点不同，但其基本教义为各派所共同承认和遵守。这些基本教义包括：

“三位一体”上帝说。基督教认为，世界和宇宙中存在一种超自然和超社会的力量，这种力量就是上帝。他是独一无二、无所不能、创造有形和无形万物的神。由于他具有三个位格——圣父、圣子、圣灵，所以称他为“三位一体”的上帝。因圣父在天，称他为天父，被认为是至高无上、主宰一切的力量。他是“三位一体”中的第一位。圣子为耶稣基督，受圣父的派遣降临人间，以自己在十字架上的流血牺牲拯救世人的苦难。他是“三位一体”中的第二位。圣灵是上帝与人的中介，启迪人的智慧和信仰，使人弃恶从善。他是“三位一体”中的第三位。这三个位格不是各自独立的三个神，而是同一本体，三者组成上帝的统一整体。

上帝创世说。基督教认为，宇宙万物（包括人类）都是上帝创造的。《旧约·创世记》记载:上帝用5天时间创造出了自然界万物,第6天造人,第7天歇息。上帝创世说是基督教的核心。因为上帝创造一切,他才被说成是至高无上、全能全知、无所不在的唯一真神,是宇宙的最高主宰。

原罪说。基督教认为,人本性有罪。宣扬上帝造了人类的始祖亚当和夏娃,他们被安置在伊甸园,过着无忧无虑的生活。后来夏娃在魔鬼的引诱下,怂恿亚当偷吃了伊甸园内能知善恶树上的果子,即禁果(智慧果),因而触怒了上帝,被驱逐出乐园,"下放"到地上劳动。亚当和夏娃的罪一直传到他们所有的后代,成为人类苦难的根源,即整个人类的原始罪过。即便是刚出世即死去的婴儿,虽未犯何罪,但因其有与生俱来的原罪,仍是罪人。

救赎说。基督教认为,人类既然有了原罪,又无法自救,于是上帝派遣其独生子耶稣降世人间,为人类的罪代受死亡,流出鲜血,以赎人类的原罪。只有相信和依靠一个救世主耶稣为人类赎罪,人才能求得死后永生。

天堂地狱说。基督教认为,人世间充满了罪恶,将来基督从天降临、审判地上的活人和死人,信基督者将进入天国获永生,不信基督者将被抛入地狱受永罪。基督教会把天堂描绘成一个极乐世界。它是"黄金铺地、宝石盖屋","眼看美景、耳听音乐","口尝美味,每一感官都能有相称的福乐"。地狱则到处是不灭之火,蛇蝎遍地,可怕到了极点。天主教和东正教还在天堂与地狱之间设立了炼狱,认为有一定的罪,但不必下地狱者,就被暂时放在炼狱里受苦,等所有罪过炼净,补赎完了,方可进入天堂。

忍耐顺从说。基督教号召人们做到忍耐、顺从、听话,不反抗。《新约·马太福音》说,要爱你们的仇敌,不要与恶人作对,有人打你的右脸,连左脸也转过来由他打。有人拿你的内衣,连外衣也由他拿去。《新约·罗马人书》讲,要人们顺从掌权者,因为权是神给的。因此,抗拒掌权者就是抗拒神的命令,抗拒的必自取刑罚。

四 深入探究指引

如何认识中国儒学和周边地域儒学的关系

目前,学术界有学者提出"东亚儒学"的概念,认为中国儒学和周边地域儒学具有"发展上的整体性"和"结构上的整体性"。黄俊杰在《"东亚儒学"如何可能》中认为"东亚儒学"这一学术领域,受到"东亚"与"儒学"这两个概念的规范和限制。"东亚儒学"中的"东亚"指的是受到儒学传统浸润的中国、韩国、日本等地理区域。儒学产生于中国,十六世纪以后在日本成为主流。中国儒学传播到日本,既有通过海路直接流传到日本,也有以朝鲜为桥梁。"东亚儒学"在发展上具有整体性。中国、韩国、日本,各地的儒学传统虽然各有其地域性特色,但东亚各地儒者都诵读同样的儒家经典,思考同样的哲学问题。因此,"东亚儒学"具有结构上的整体性。他的观点纠正了部分学者对中国儒学和周边地域儒学的关系问题的一些比较片面的看法。

一些学者看到了不同地理区域中儒学发展的特殊性,认为中国儒学、日本儒学、韩国儒学是一个个具体而特殊的"个体"。如日本学者津田左右吉(1873—1961)在《支那思想与日本》一文中就认为日本文化与中国文化是完全不同的日本人在家族制度、社会组织、政治形态、风俗习惯等方面,与中国人并无共通之处,从来没有可以将日本与支那两者包而为一的所谓"东洋文明"这种东西。津田左右吉对"东亚文明"的批判,实际上暗含着这样一种推衍:"东亚儒学"作为一个整体实际上是不存在的,中国儒学、日本儒学、韩国儒学等都是一个个具体而特殊的"个体"。实际上,"东亚儒学"并不是中国、日本、韩国等地儒学传统的机械组合,其既有发展上的整体性,又有结构上的整体性。

在认识到"东亚儒学"具有整体性的同时,也要避免陷入这样一种误区:以中国儒学为中心,以周边地域儒学为边陲。日本学者子安宣邦就对这种以中国为中心的文化一元论立场有所质疑。他认为这种立场实际上就是在中国儒学和周边地域儒学之间建构起这样一种结构:政治上,二者是支配中心和服从周边的结构;文化上,二者是发源中心和接受周边的结构。这种文化结构实际上就是一种中华中心主义的文化秩序和国际秩序。[①] 实际上,儒学传统在东亚的中国、朝鲜、日本等地所展现的面貌是多彩多姿,同中有异的。东亚各地儒者顺应其所处时空的需求,出新解于陈编,建构出深具各地民族特色的地域性儒学系统,在儒学传统的大框架中展现了东亚文化的多元性。[②]

---

① (日)子安宣邦等著,陈玮芬等译:《东亚儒学:批判与方法》,台北喜玛拉雅研究发展基金会2003年版,第Ⅵ页。

② 黄俊杰:《东亚儒学:经典与诠释的辩证》,台湾大学出版中心2007年版,第29—55页。

第三章　世界文化艺术的传统与交流

每一个国家和民族在发展过程中，在继承本民族的优秀文化的基础上，兼容并包他国或民族的优秀文化，逐渐形成以本土文化为主，外来文化为辅的多元文化氛围。联合国教科文组织于2001年11月通过《世界文化多样性宣言》，提出“文化在不同时代和不同地方具有各种不同的表现形式。这种多样性的具体表现是构成人类的各群体和各社会的特性所具有的独特性和多样化。文化多样性是交流、革新和创作的源泉，对人类来讲就像生物多样性对维持生物平衡那样必不可少。”从这个意义上来讲，文化多样性是人类的共同遗产，应当从当代人和子孙后代的利益考虑予以肯定和保护。

第一节　中国古代的文学艺术

中国古代的书法、绘画、文学和戏剧艺术都成就非凡。书法家以汉字为载体，在点、线的强弱、高低变化中表现人的内心情感和审美情趣，从而形成璀璨夺目的书法艺术。中国绘画在绘画工具、材料、技法、理论上都与西洋绘画有很多不同，是一种可以体现中国人的独特思维和审美，带有浓郁民族特性，极具魅力的艺术形式。在文学艺术方面，诗歌、词、散曲和杂剧、小说都取得了辉煌成就，唐诗、宋词、元曲、明清小说都是文学发展的高峰。中国戏曲艺术历史悠久，剧种众多，剧目丰富，具有独特的艺术魅力，深受中国人民喜爱。清代地方戏的繁荣和京剧的产生，使中国戏曲艺术更加绚丽多彩。

一 充满魅力的笔墨丹青

（一）书法艺术

汉字是书法之本，离开汉字，书法便无以存在。汉字的起源有结绳记事说、伏羲氏画八卦造书契说、仓颉造字说等不同的说法。实际上，文字不可能是一下子经某一个人而突然产生，而是经过众人之手长和较长的演变过程才得以逐渐产生、形成。真正具有广泛使用价值、比较成熟的文字是出土于河南安阳的殷墟甲骨文，因刻写在龟甲和兽骨上而得名。甲骨文的内容，大部分都是商朝王室的占卜记录，也有少量的记事文字。甲骨文已脱离原始的图画文字形态，是一种相当成熟的汉字。

书法是对汉字进行创造性书写的艺术。作为一种艺术形式的书法，体现着书法家的思想、情趣、性格、意志、学识、修养以及技法。汉字被创造出来之后，本身就具有了线条、造型方面的形式美和艺术美，汉字的这种形态被称为“本艺术形态”或者“第一艺术形态”。书法则是对“本艺术形态”的再创造、再加工，在这个再创造过程中书法家通过活化线条形态、造型形态，使之阐发出更高级的审美效果，从而成为超越“本艺术形态”的“复艺术形态”。① 汉字在书写过程中形成了五大字体：篆书、隶书、草书、楷书和行书。

篆书是我国使用的五大字体中出现最早的文字，包括甲骨文、金文、石鼓文和小篆。金文是铸刻在钟、鼎等青铜礼器上的文字，起源于商代，成熟于周代。青铜器上的识记符号逐渐变为文字。早期青铜器上的字数较少，一般只一两个字，后来字数增多，周代就出现了多达数百个文字的鸿篇巨制。早期的金文作品带有浓厚的象形意味，笔画粗细差别大，字的结构比较随意，以长形为主。后期的金文作品更具观赏效果，布局安排日趋整齐，出现了横平竖直的“格子”。因为文字都在格子内经营位置，因而整篇的字形大小和单个字的笔画安排都渐渐的讲求匀称。周代以后，金文日趋线条化、平直化、整齐化，到最后已经与小篆非常接近了。②《大盂鼎铭》是西周初年的金文代表作之一。

石鼓文是我国最早的石刻文字，刻于花岗岩石上，因石墩形似鼓，故名“石鼓文”。字体圆中寓方，匀称适中。是由大篆向小篆衍变而又尚未定型

① 秋子：《中国书法史略》，兰州大学出版社 2008 年版，第 10 页。

② 李天民：《书法鉴赏》，对外经济贸易大学出版社 2008 年版，第 25—26 页。

的过渡性字体，石鼓文比金文更注重空间布白，更讲求气势的左右对称、视觉重量上的左右均匀，更多地讲求字重心的稳重。石鼓文上承西周金文，下启秦代小篆，是由大篆向小篆衍变而又尚未定型的过渡性字体，在书法史上起着承前启后的作用。

甲骨文、金文、石鼓文属于先秦篆书，被称为“大篆”。秦统一中国后，统一文字。李斯等人在大篆和秦国文字的基础上简化整理成“小篆”，成为秦朝法定使用的文字。篆书是中国书法艺术发展的源头，其古朴端庄的神韵也是后人吸取艺术营养的来源之一。

秦代是中国书法史上承前启后的关键时期，小篆是古文字的终结，而隶书则是今文字的开端。隶书的历史可以追溯到战国末期。还有人认为秦代狱吏程邈在因罪而被囚于云阳狱时，整理了隶书，对小篆的笔画和结构进行简化，将圆转改为方折，使文字书写起来更为方便。秦朝灭亡后，小篆逐渐退出实用领域，隶书成为国家法定使用文字而逐渐成熟。

隶书在东汉时已经发展得比较成熟，有人将隶书分为古隶（战国至西汉的隶书）和今隶（东汉成熟的隶书）。成熟的隶书在字形上以扁平为主，结体上左紧凑右舒展；每字皆有一二主笔，主笔较一般笔画粗长，借以平衡字势，宣发书意；笔画上以“蚕头雁尾”为特征，长画起笔时，回锋隆起，形如蚕头，横波收笔时，顿笔斜起，形如雁尾。成熟的隶书是碑刻的主要字体，《石门颂》、《礼器碑》、《曹全碑》和蔡邕所书的《熹平石经》代表着东汉隶书艺术的最高成就。隶书上承篆书遗脉，下开楷书之源，笔法变小篆的圆转为方折，是中国书法艺术发展史上的一个重要转折。晋代以后隶书也逐渐退出实用领域，为行书和楷书所取代。

东汉书法艺术的另外一大贡献是草书。草书在发展过程中主要有章草、今草和狂草三种艺术形式。章草用笔仍沿袭隶书，但已更显圆畅，注重笔画之间的呼应和气势上的贯通。今草脱离了隶书的痕迹，书写时上下牵连，体势一气贯通。狂草又称“大草”，点画连绵书写，字形狂放多变，抒情色彩最浓，其代表作品有唐代张旭的《古诗四帖》和怀素的《自叙帖》等。

楷书，也称正楷、真书、正书，楷书从隶书简化而来，字形则由扁改方，形体方正，笔画中简省了汉隶的波势，笔画平直，规矩整齐，可作楷模，故名楷书。魏晋的楷书仍残留极少的隶笔，结体略宽，横画长而直画短，钟繇的《荐季直表》、王羲之的《黄庭经》等，可为代表作。钟繇的《荐季直表》尚有隶意，但其楷书特征已占据了主导地位，标志着楷书艺术的诞生。王羲之的《黄庭经》等作品标志着楷书基本成熟。王羲之的《黄庭经》，用笔清劲，结体端秀，通篇错落有致，体势生动，为小楷典范。王献之的《洛神赋》则将楷书艺术推向一个新高峰，被后世尊称为“天下小楷第一”、“小楷极则”，标志着楷书艺术的完全成熟。《洛神赋》是王献之有小楷代表作，笔画隽秀挺拔，笔法不再带有隶意，字形也由横势变为纵势，已经是完全成熟的楷书之作。

唐代书家辈出，楷书成就极高，小楷、大楷基本定型，书法特点是法度庄严、结构方正，尤以欧阳询的“欧体”，颜真卿的“颜体”，柳公权的“柳体”最为有名，将中国的楷书艺术推到一个新的高峰，均被后世奉为习字的模范。宋元时期是楷书的延伸阶段，书法家开始讲求个性特征，追求作品的美感。赵孟頫的《妙严寺记》是为成熟的代表作之一。“欧体”、“颜体”、“柳体”、“赵体”并驾齐驱，被称为“楷书四大家”。

行书是介于楷书与草书之间的一种书体，实质上是楷书的草化或草书的楷化。行书弥补了楷书书写速度太慢和草书难于辨认的弊端，既不像草书那样潦草，也不像楷书那样端正。行书简单易写，较楷书流便，又不像草书那么难认，因此容易通行，是我国最常见的手写字体。行书的写法无一定的规则，字形变化很多，可借助于楷、草的笔法来进行书法创作，发挥艺术效果。如果写得比较放纵流动，草法多于楷法的就叫“行草”；写得比较端正平稳，楷法多于草法就叫“行楷”。

行书繁荣于晋代，王羲之的《兰亭序》是行书艺术的典范之作，被誉为“天下行书第一”。《兰亭序》全文笔随情走，浑然一体，布局行笔无着意经营的痕迹。全文骨格清秀，刚柔相济，行气流畅，既无做作，也无拘束。笔法多样，字形各异，显示出高超的艺术功底。全文有 20 个“之”字，7 个“不”字，虽然笔画都很少，但形态上却长、短、粗、细、俯、仰，个个不同，极尽变化之能事，可谓各尽其态，自然天成。

中国汉字的书体从具有象形因素的甲骨、篆书到方块的隶书、楷书，再到流畅的草书、行书，实用性逐渐由强到弱，艺术性逐渐增强。书法艺术以汉字为表现载体，书法家通过点、线的相互组合，用强弱、高低等有规则的节奏变化，使作者的内心情感和审美情趣等得以充分表现。书法艺术不仅是技巧的展现，也是人的精神的体现，正因如此，书法才真正成为了一门璀璨夺目的艺术。

（二）绘画艺术

中国绘画的起源可以追溯到新石器时代的彩陶画，仰韶文化及稍后的马家窑文化的彩陶上已经有了人面、鱼纹、蛙纹、鹿纹等较为复杂的纹饰图案。原始时期的绘画除了彩陶外，还有岩画。岩画是在岩穴、石崖壁面和独立岩石上的彩画、线刻、浮雕的总称。原始时期绘画创作大多出于宗教和巫术的目的，审美和欣赏的需要并不是这些绘画作品创作的主要目的。

夏商周时期的绘画形式主要有器物上的装饰绘画和庙堂壁画。这一时期出现了所谓的“青铜文明”，青铜器的装饰纹样体现了中国先民高超技艺和出奇的想象力，饕餮纹、夔龙纹、夔凤纹、云纹、雷纹、乳钉纹、蝉纹、蚕纹、鱼纹、象纹等纹饰都具有很高的艺术审美价值。西周、春秋、战国时期都有庙堂壁画创作的情况被记载下来，但今天能见到的先秦绘画遗迹少之又少。商代的多处墓葬中曾发现残存的彩绘布帛。20 世纪 40 年代和 70 年代在湖南长沙出土的两幅战国楚墓帛画——《人物龙凤图》和《人物御龙图》，是目前所见最早的绘画作品，因此有人把中国绘画发展史的起点从出土的战国楚墓帛画算起。

秦汉时期是中国绘画风格确立与发展的重要时期，绘画种类有帛画、墓室壁画、画像石（砖）、器物装饰绘画和宫廷壁画。

现在能见到的汉代帛画作品都出自墓葬，主要有 1972 年和 1973 年在长沙马王堆一号和三号汉墓出土的五幅和 1976 年在山东临沂金雀山九号汉墓出土的一幅。其中 1972 年发现于湖南长沙马王堆一号墓“轪侯利苍妻墓”中的“T”字形帛画艺术成就极高，是现存汉代帛画中的稀有珍品。

画像石生动描绘了汉代社会的典章制度、衣食住行、神话故事等。古朴深厚的山东画像石以嘉祥武氏祠的画像石最为精美，代表作有《荆轲刺秦王》。泼辣豪放的南阳画像石以刻于建宁三年（170）《许阿瞿墓志画像石》为代表。清新明朗的四川画像砖则以出土于成都的东汉后期的《弋射收获画像砖》为代表。

画像砖是秦汉时代的一种建筑装饰构件。画像砖与画像石并称于世，被誉为“敦煌前的敦煌”。汉代的画像砖题材广泛，内容丰富，是研究两汉时期民风、民俗的宝贵实物资料。

魏晋南北朝时期随着民族文化和地域文化的交流与融合，佛教和“玄学”兴起，绘画艺术也得到蓬勃发展，主要表现为人物画发展、山水画独立、第一批画论和绘画理论家出现以及佛教艺术兴起。

人物画的代表有东吴的曹不兴，西晋的张墨和卫协。曹不兴以佛教画像见长，被誉为“佛像之祖”。世传作品有《维摩诘图》、《释迦牟尼说法图》等。卫协师法曹不兴，擅绘神仙、佛像和人物故事，曾作大小《列女》，以及《上林苑》、《北风诗》等图，是绘画史上从线条粗犷转向画风精细的开启者，东晋以后人物画已臻成熟，有东晋的顾恺之、刘宋的陆探微、南齐的张僧繇、北齐的杨子华和曹仲达等名家。尤以顾恺之的绘画享有极高声誉，时人称其有“三绝”——“才绝、画绝、痴绝”。现存《洛神赋图》、《女史箴图》和《列女图》等是他作品的摹本，展示了顾恺之的画风和艺术水平。

顾恺之也是中国山水画最初的开拓者，其传世画迹中屡屡出现山水树木，他还画了《云台山图》等山水题材的作品，撰有《画云台山记》记述其画云台山的山光水色和人物时的情景。

魏晋六朝时期，随着山水画的发展出现了专门的山水画论，影响力较大的有宗炳的《画山水序》和王微的《叙画》。宗炳认为绘画是“以形写神”，是借助形象来传达神韵，这与后代“重神轻形”的绘画理论形成对比，反映出六朝审美观念中对美感形式的重视。王微的《叙画》则阐述了绘画特别是山水画的创作和欣赏问题。这两部山水画理论的出现对后世中国画和中国画论的发展产生了深远影响。

佛教艺术的兴起也是魏晋南北朝艺术史的一个重要特点，这一时期佛寺壁画和石窟艺术极为发达。佛教绘画多集中在当时由少数民族政权开凿的石窟中。沿着丝绸之路保存下来的佛教石窟融会了东西方的艺术风格，是中西文化交流的见证。敦煌莫高窟的 492 个洞窟中保存下来了 4.5 万平方米精彩绝伦的壁画，使其成为世界上现存最大的佛教艺术宝库。这些壁画以佛教故事为主要内容，宣扬了佛教所提倡的自我牺牲精神和因果报应思想，如第 257 窟的《九色鹿王本生故事》和第 285 窟的《五百强盗成佛图》，前者采用横卷连环画的表现形式，由九个情节组成，按两头开始、中间结束的顺序布局绘制，表达了善恶报应这一主题，有着浓厚的宗教色彩，画中特别注重描绘了九色鹿富有人格化的神态。后者也是一幅横卷式连环故事画，共有八个并列画面，表现了故事情节曲折，构图多变巧妙，不少细节刻画充分显示出画家深厚的艺术功力。

隋唐五代时期，中国人物画进入黄金时代，画家辈出。隋朝的郑法士，初唐的阎立本、尉迟乙僧，盛唐的吴道子、张萱，中晚唐的周昉、孙位，五代南唐的周文矩都成就卓著。代表这一时期人物画最高水平的是阎立本和吴道子。[①] 阎立本传世代表作品有《步辇图》，反映了文成公主和松赞干布联姻这一重要历史事件，画面描绘的是唐太宗接见迎娶文成公主的吐蕃使臣禄东赞的情景。

吴道子是盛唐画家的代表人物，绘画创作主要是壁画，一生作壁画三百余壁，所画人物、鬼神、鸟兽、台阁等冠绝当时，后人奉其为"画圣"，民间画工称其为"祖师"。所画人物、衣袖、飘带，具有迎风起舞的动势，故有"吴带当风"之称。现存作品有《送子天王图》(又名《释迦降生图》)。

中晚唐时期，随着审美风气的转变，以"丰腴华贵"为美的仕女人物画出现。盛唐的张萱和中晚唐的周昉是仕女人物画家的代表。张萱善画仕女开盛唐"曲眉丰颊"的画风，与魏晋南北朝崇尚"秀骨清象"的画风大异旨趣。代表作有《虢国夫人游春图》、《捣练图》。周昉的代表作有《簪花仕女图》、《纨扇仕女图》、《调琴啜茗图》等。生活在盛唐的张萱作品多表现贵族妇女的欢乐情绪，生活在中晚唐的周昉的作品则多描写妇女的不幸和苦闷。

唐代的山水画，以笔法工整、设色富丽为特色，其代表画家为李思训、李昭道父子。而二李则直接师承于隋代画家展子虔。展子虔《游春图》是我国现存卷轴山水画中最古老的一幅，描绘了一幅春天的场景，开创了山水画较为合乎比例关系的新格局，在山水画发展史上具有奠基的意义。中晚唐时水墨山水趋于成熟，代表画家有王维、张璪等人。王维的画作《雪溪图》、《江山雪霁图》今有摹本传世。张璪善画松石，深受王维水墨山水影响。

唐代中后期还出现了知名的花鸟画家薛稷、边鸾、刁光胤等人。薛稷以画鹤著称，刁光胤善画湖石、花竹、猫兔、鸟雀之类。虽然画艺高超，但其作品多不存，只能从有关文字记载中窥其面貌。动物画作为花鸟画的一个分支，曹霸、韩幹、韩滉、戴嵩等人所绘的动物走兽，为唐代绘画增色不少。曹霸所绘之马曾得到诗人杜甫的称颂。韩幹也擅长画马，有《照夜白图》和《牧马图》传世。戴嵩则擅长画牛，与韩干画马并称"韩马戴牛"。

五代时期花鸟画的成就突出，南唐的徐熙和西蜀的黄筌两位画家的花

① 洪丕谟:《点击中国绘画》，上海人民美术出版社 2004 年版，第 24—37 页。

鸟画风格迥异，相映生辉。人称“黄筌富贵，徐熙野逸”。入宋后“黄体”花鸟画成为院派花鸟画的典范；“徐体”花鸟画则开水墨淡彩和水墨写意花鸟画的先河。

唐代的佛教绘画以敦煌壁画最为有名，代表作有敦煌藏经洞的《引路菩萨图》，体现了宗教艺术世俗化这一特点。敦煌莫高窟的唐代壁画以“经变”故事和“供养人”形象为主要题材，出现了很多特点鲜明的艺术形象。莫高窟 112 窟的《西方净土变》是盛唐时期的壁画。《反弹琵琶图》是《西方净土变》的一部分，表现了伎乐天伴随着仙乐翩翩起舞，举足旋身的绝技，是敦煌壁画中的代表杰作。《维摩经变》描绘的人物生动传神，是唐代描绘同一题材的作品中，最具代表性的一幅。

唐代的陵墓壁画艺术成就极高。李贤墓的壁画《马球图》、《狩猎图》、《客使图》，永泰公主李仙蕙墓的壁画《宫女图》，李重润墓的壁画《执扇宫女图》和《阙楼图》极具代表性。《马球图》画面线条精炼，寥寥几笔便勾出人物的动态以及马矫健飞奔的体态，是我国马球运动最早的形象纪录。

两宋出现了以文人士大夫为主要创作者的文人画，画中带有文人情趣，画外流露文人思想，形成了文人画、院体画和工匠画并存的格局。苏轼是提出“士人画”概念的第一人，其代表作《枯木怪石图》体现了其不拘形似，追求神韵的绘画思想。北宋文人画家的杰出代表文同则以善画竹著称，代表作有《墨竹图》，他主张胸有成竹而后动笔，成语“胸有成竹”就起源于此。“枯木竹石”往往成为文人画的重要题材，体现文人们清高的情趣和意境。

宋代院体画一般指的是翰林图画院及其后宫廷画家比较工整细致、富丽堂皇的绘画，多以花鸟、山水、宫廷生活和宗教内容为题材，北宋画院制度完备，名家云集。南宋继续延续北宋的画院制度，优秀画家多集中于画院，如南宋山水四大家李唐、刘松年、马远、夏圭。

院体花鸟画是宋代花鸟画的主流，画风精丽典雅。北宋初年的黄居寀、中叶的崔白和末叶的赵佶是北宋院体画的杰出代表。现存的宋代院体花鸟画的代表作有黄居寀《山鹧棘雀图》、崔白的《寒雀图》、李嵩的《花篮图》和佚名的《出水芙蓉图》。南宋院体花鸟画沿续北宋院体花鸟画的余绪，以李迪为代表，作品传世有《枫鹰雉鸡图》、《雪树寒禽图》和《狸奴小影图》等。

山水画也是院体画的重要组成部分。北宋院体山水画最重要的代表人物是郭熙，所撰《林泉高致》是中国第一部完整而系统地阐述山水画创作规律的著作。现存代表作《早春图》描绘了早春即将来临时的山中景象，画面内容丰富，细微处有呼应，大开合处相顾盼，气势浑成，情趣盎然。

宋代除文人画、院体画兴盛外，风俗画和历史故事画也开始流行，其中描绘城乡市井平民生活的风俗画以张择端的《清明上河图》最为有名。作者通过对清明节北宋都城汴梁汴河两岸各阶层人物活动情景的描绘，来反映这一历史时期的社会生活。画卷长达五米多，所画人物包括士、农、工、商、释、道、儒、童等各类人物五百多人，各种房舍、建筑数十幢。部分局部细节，如描写汴河之上的大桥与桥下行船的情景，尤为精彩动人。

历史故事画则多借古喻今，曲折地表现时人对当时政治的态度。如李唐的《采薇图》以伯夷、叔齐“不食周粟”的故事为题材，以表彰坚贞不屈保持气节的志士。李公麟的《免胄图》以唐代名将郭子仪率数十骑免胄（徒手不着盔甲）亲赴敌营，说服回纥将领退兵这一著名故事为题材。还有《文姬归汉图》、《明妃出塞图》等作品表现的则是因战乱和复杂的民族关系而造成的不幸遭遇。这些历史故事画都表现出了鲜明的爱国主义感情和忧患意识。

在元代文人画的各种题材中，山水画的成就最高，对后世的影响也最深远。元代最负盛名，有“元四家”之称的黄公望、王蒙、吴镇、倪瓒都是水墨山水画家。黄公望的代表作有《富春山居图》和《九峰雪霁图》，他花了七年时间完成的《富春山居图》，生动再现了富春江一带的秋初景色。

元代文人画家强调以诗入画，在画上题字作诗也蔚然成风。画家用诗、书、画“三绝”来共同构成一幅完整的艺术品，使主题思想更加集中、突出和丰富。这是中国绘画的特殊成就。明、清以后，在绘画、文学（诗、跋）、书法之外，加上篆刻印章，称为“四绝”。

元代的壁画也比较兴盛，佛教寺庙壁画、道教宫观壁画、墓室壁画、皇家宫殿和达官贵人府邸厅堂壁画分布很广。最有代表性的是位于山西芮城的道教永乐宫壁画，壁画绘制于元泰定二年（1325），共有 1 000 平方米，总面积达到 403.34 平方米。其艺术成就堪与敦煌壁画相媲美。

明清绘画最大的特点是文人画与院体画相争相融，文人士大夫绘画成为画坛的主流。明初出现了继承宋代院体画风的“浙派”，因其开创人戴进为浙江人而得名。代表人物为戴进、吴伟、蓝瑛“三大家”。戴进的《关山行旅图》和《风雨归舟图》、吴伟的《灞桥风雪图》和《东方朔偷桃图》、蓝瑛的《白云红树图》是明初“浙派”的代表作。

明代中叶，“吴门画派”在画坛上崛起，打破了“浙派”垄断画坛的局面，逐步取代了浙派在画坛上的霸主地位，标志着明代绘画独立面貌的形成。在苏州涌现出以沈周、文征明、唐寅、仇英为代表的画家群体，称为“吴门画派”，又称“明四家”。该画派的发展进一步完善了文人画的艺术形式，基本上奠定了“文人画”一统天下的局面。

沈周大多数作品都是描写南方的山水和园林景物，以表现当时文人生活的幽闲意趣。代表作品有《庐山高图》、《沧州趣图卷》、《蜀葵图》等。文征明师从沈周，但沈周以“粗笔”为多，而文征明以“细笔”为多，于繁密中见文秀，其传世作品有《惠山茶会图》、《石湖轻胜图卷》、《夕阳秋色图》、《菊花图》、《古木寒泉图》等，是“吴门画派”中影响最大的画家。唐寅工于诗文书画，是典型的文人画家。其《秋风纨扇图》尽显了画家水墨写意的才能，是明代写意仕女画中的上品。仇英的画风与前三人有较大不同，作品以工笔设色的人物、山水为主，传世作品有《春夜宴桃李园图》、《柳下听琴图》、《桃源仙境图》等。

在明代文人画与院体画的相互竞争和融合中，明代末年出现了董其昌的“南北宗论”。董其昌是明末山水画坛“松江画派”的代表人物，书法、绘画成就卓越，兼工诗文。他借禅宗的南北二宗以比喻绘画，将唐以来的绘画分为“南北”两大宗派，认为文人画体系似禅之南宗，注重天趣；院体画则似禅之北宗，注重功力。“南北宗论”站在文人画派的立场上褒南宗而贬北宗，奠定了文人画在绘画史上的主导地位，其影响一直波及明末以后的三百多年。

在明代文人山水画获得发展的同时，文人花鸟画的画法也渐趋粗放，晚明的徐渭，最终完成了水墨“大写意”的体制，出现了水墨大写意花鸟画派。徐渭，浙江山阴（今绍兴）人，在书法、绘画、诗文、戏剧等方面都有较深的造诣。传世作品有《墨葡萄图轴》、《杂花图》等。徐渭的绘画在当时并不被人重视，但他对后来的八大山人、石涛、郑板桥、赵之谦、吴昌硕、齐白石等大家都产生了直接的影响。

清代画坛出现了固守传统与破格创新的局面。清初最有名画家有王时敏、王鉴、王翚、王原祁、吴历、恽格，简称为“四王、吴、恽”或“清初六家”。“四王”画派继承并光大了董其昌的成就，使中国传统山水画臻于完全成熟的境地。“四王”的山水画风也得到清代最高统治者的推崇，被尊为山水的“正宗”，但这样一来也易造成陈陈相因的格局，少有清新气象，最终导致清代山水画走向衰落。

吴历则在借鉴和融合前人传统的基础上，逐步形成自己的风格，其作品既有北方山水刚劲雄伟的气魄，又有南方水乡淡雅浑朴的情调。恽格原画山水，因不耻于王翚之下，遂改画花鸟，成为清初影响很大的花鸟画家。代表作品有《花卉》、《梧轩图》、《仙圃丛华图》、《秀柯修竹图》、《林居高士图》、《禹穴古柏图》、《南田诗草》等。其别开生面的创新，对后世影响较大，有“恽派”（亦称“常州派”）之称。

清初还有若干画家在政治上对清朝统治者持不合作的态度，在艺术上利用传统的形式描写真实的感情。石涛、朱耷（八大山人）、髡残、弘仁等“四僧”是其主要代表。他们崇尚面向自然、创造革新，反对泥古不化，陈陈相因。画作或表现亡国之恨，如八大和石涛；或寄寓心中对清室的不满，如弘仁和髡残。石涛主张“借古开今”，强调创新精神，提出“我自用我法”，“无法而法，乃为至法”的不拘一法的观点。朱耷以写意花鸟画著称，其绘画常常“墨点无多泪点多”，流露出悲愤的情怀。现存作品有《荷花水鸟图》、《牡丹孔雀图》、《湖石翠鸟图》等。

乾隆时期是花鸟画艺术发展过程中的一个重要阶段，出现了一些富于个性和创新气息的画家，即有名的“扬州画派”或称“扬州八怪”。“扬州八怪”的名字各书不尽相同，其作品风格，不同于清初的花鸟画家，往往别出心裁、富有个性，突破了传统的美丑界限。“扬州八怪”的绘画题材较为狭窄，一般选择梅、兰、竹、菊等题材，借物咏志，发泄胸中的牢骚，与传统文人画的审美标准有一定的距离。“扬州八怪”之中，郑燮（号板桥）诗书画造诣俱高，影响最大，擅画竹、兰、石，代表作品有《丛竹图》。他还创造了一种集真、草、隶、篆于一体的六分半书体，人称“乱石铺街”体。

清代末年，上海出现了一些绘画名手，任颐和吴昌硕是其中最杰出者。任颐，字伯年，浙江山阴人，同治光绪年间卖画于上海，是一个极有才能的画家。他除了人物、山水以外，在花鸟方面有极其宽阔的表现范围，一改恽格以来花鸟画家只长于花卉，少画禽鸟的风气。吴俊卿，字昌硕，承继任颐以来的新风，以金石篆籀之笔入花鸟技法中，被称为“雄健古茂，盎然有金石气”。二人共同形成了所谓的“海派”。“海派”画家的共同特点是不为一定的成法师承所拘束，能根据自己的感受和对生活的理解，追求新的表现方法和新的艺术风格。在海派的影响下产生了近代齐白石、潘天寿等卓越的花鸟画家。

清代绘画艺术的成就，除了在文人画的发展上有所体现之外，清代的宫廷绘画、民间的木刻插图和木版年画也有所发展。此外，清代意大利的郎世宁、法国的王致诚、法国的贺清泰带来了西洋绘画的技法，西洋绘画的输入让皇帝和其他宫廷画家感受到了欧洲明暗画法的魅力。清代的绘画艺术，虽有因袭模仿思想的影响，但在艺术的某些方面仍有所发展和创造。

二　各具特色的文苑诗坛

（一）诗歌

在谈及中国古典诗歌的源流和传统时，总是“诗”“骚”并称。“诗”是指《诗经》；“骚”是指以屈原的作品《离骚》为代表的楚辞。

《诗经》是我国的第一部诗歌总集，收入了从西周初期到春秋中叶约五百多年间的诗歌 305 篇。这些诗篇的性质实际上就是歌曲的歌词，既有经官方音乐机构收集整理的民间乐歌，也有宫廷、官府为特定的目的而创作、在特定场合中使用的乐歌。由《风》、《雅》、《颂》三部分组成。《诗经》的特点是：以抒情诗为主流，奠定了中国文学以抒情为主的发展方向；注重理智，幻想成分少，以反映现实世界和日常生活经验为主，具有强烈的现实主义精神；具有浓厚的道德色彩和政治色彩，有相当数量的诗歌是在批判统治者的举措失当和道德败坏，如《豳风・七月》、《魏风・伐檀》和《硕鼠》等；句式以四言为主，有时根据题材内容和情感表达的需要，又间或杂有二言、直至九言的句式，使其句式既整齐又灵活；常常采用重章叠句的形式，在重复的章节，意义和字面都只有少量改变，造成一唱三叹的效果，并且在重复中把相承相续，递进而深的情感表达得更为充分；大量运用了赋、比、兴三种表现手法。

楚辞是战国后期，在中国的南方楚地出现的一种新诗体。《诗经》注重反映现实生活，缺乏浪漫的幻想，楚辞则充满想象力，具有较强的个体意识。楚辞使用繁丽的文辞来容纳复杂的内涵，表现丰富的思想情感，《离骚》、《招魂》、《天问》都是鸿篇巨制。楚辞作家以屈原和宋玉为代表。诗歌标题的出现，始于楚辞。

汉代出现了从楚辞演变而来的汉赋。汉赋通过堆砌辞藻，用美丽的文字，整齐的句式，严谨的结构，来表现种种奇特的事物和绚丽的景象，气势宏伟，文学感染力非常强。但同时也具有夸张失实、文字艰深、罗列过度、呆板滞重的缺点，制约着其发展。司马相如的《子虚赋》、《上林赋》是汉赋的代表。

这一时期，乐府诗也开始兴起，五言诗萌芽。乐府诗最初主要是指两汉至南北朝时，由当时的乐府机关所采集或编制，用来入乐的歌诗。后来，那些按乐府旧谱，重新创作的新辞；或者模仿乐府的思想和艺术风格来写作的诗篇都被纳入乐府诗的范围。汉代的乐府诗广泛地反映了汉代社会的现实生活和人民的思想感情，其"感于哀乐，缘事而发"的现实主义精神，上承《诗经》，下开建安诗歌，一直影响到唐代大诗人杜甫的创作以及白居易等人的新乐府运动。[①] 汉乐府奠定了中国古代叙事诗的基础。中国诗歌一开始是以抒情诗为主的，而现存的汉乐府诗，则约有三分之一为叙事性的作品，虽不足以改变抒情诗占主流的局面，但却能够宣告叙事诗的正式成立。《孔雀东南飞》和《陌上桑》，这两首长篇叙事诗都是汉代乐府诗的杰作。乐府诗开五言诗之先河，其后文人模仿学习创作五言诗，五言诗逐渐成熟而定型，成为中国古典诗歌的主要形式之一。

魏晋南北朝时期，诗歌进一步发展，为唐代诗歌的繁荣奠定了基础。建安诗人忧时伤乱，悲叹人生短暂，渴望不朽的功业，创作了大量慷慨悲凉，具有"建安风骨"的诗。这一时期，诗歌的题材范围有所拓宽：陶渊明创立了田园诗，谢灵运、谢朓完成了从玄言诗到山水诗的转变，萧纲等创作了重点表现女性之美的宫体诗，南朝时出现的边塞诗使边塞生活也成为诗歌的一种重要题材。其中，陶渊明的田园诗最值得注意。陶渊明开创了一个新的审美领域，在他的笔下，农村生活和田园风光第一次被当做重要的审美对象。其诗朴素、平淡、自然，却又在朴素、平淡、自然中，显示出清明淡远的意境。这种美学境界是前所未有且不易达到的。田园被陶渊明用诗的构造手段高度纯化、美化，变成了痛苦世界中的一座精神避难所。

唐代，诗歌发展到鼎盛阶段。唐代诗歌的创作主体非常广泛，帝王、高级官僚、中下级官僚、普通士人，乃至有一定文化修养的和尚、道士、妓女等各种身份的人，都热情地从事诗歌创作，使诗歌创作在唐代成为一种普遍的

---

① 周先慎：《中国文学十五讲》，北京大学出版社2003年版，第64页。

社会文化现象。在初、盛、中、晚四个阶段的每个阶段，都有一些不因袭前人的杰出诗人出现，他们共同推动着唐诗的发展。

初唐的卢照邻、骆宾王、王勃、杨炯，被合称为“初唐四杰”。他们的诗篇充满了匡时济世、建功立业的理想和热情，语言也一改前代华丽之风，努力向生活靠近。陈子昂指出南朝文学和唐初宫廷诗具有过分追求修辞的华丽、软弱柔靡的倾向，鲜明地提出“汉魏风骨”这一口号，把建安、正始文学视为典范。他们的诗歌理论和实践清除了南朝诗歌和唐初宫廷诗风的弊病，为唐诗注入蓬勃的生命力。

唐玄宗开元、天宝年间至安史之乱爆发前，是唐代的鼎盛时期。这一时期，唐诗经过一百多年的准备和酝酿，发展至全盛，成就最为辉煌。盛唐诗歌热情洋溢，豪迈奔放，具有浓烈的浪漫主义色彩，出现了“诗仙”李白等一大批优秀诗人。李白积极进取的人生态度、敢于挣脱传统束缚的不羁个性，藐视权贵的反抗精神、豪迈洒脱的胸襟情怀使其诗歌创作具有极高的浪漫主义成就。其作品雄奇豪放、清新俊逸，充满大胆奇异的艺术想象，以抒发个人情怀为中心，表达对自由人生的渴望与追求。李白之外，张九龄、孟浩然、王维、王之涣、王昌龄、崔颢、高适、岑参的作品也都各具特色，成就卓越。

“安史之乱”的爆发，使唐王朝迅速地由盛转衰，唐诗也随之发生了重大变化。中唐诗歌与时事政治的关联加强，出现了有“诗圣”之称的杜甫。“安史之乱”给人民带来深重的灾难，杜甫深入社会，关切政治和民生疾苦，忠实地描绘出时代面貌。“三吏”、“三别”这组诗，真实地反映出动乱社会的现实，以及人民所遭受的深重苦难，十分鲜明地体现出杜甫诗歌重视写实的“诗史”性质。孟郊、韩愈、元稹、白居易、刘禹锡、柳宗元等其他中唐诗人也都有杰作传世。

晚唐时期杜牧和李商隐等优秀诗人崛起，再度开创了唐诗的新局面。晚唐诗人在唐王朝进一步走向衰败的背景下，作品哀婉，通过作品中对历史的追怀、对自然的眷念、对爱情的寻求来表达对现实的喟叹、是对人世的疲倦和对个人心灵的抚慰。

（二）词

“词”这一文体专称是后起的。唐五代时，“词”被称为曲词或曲子词。唐代，“宴乐”流行，乐工歌女配合乐曲创作歌词。歌词依乐章结构分布，依曲拍为句，依乐声高下用字，其文字句子长短不齐但有定格。中唐以后，文人参加词的创作，在宴乐场合供给伶工歌女歌唱的“词”很快在文坛上发展起来。晚唐温庭筠的词，标志文人词的成熟。温庭筠之后，写词的文人越来越多。五代十国时期，西蜀和南唐词人荟萃。西蜀词人的词，大多数被收入《花间集》中，所以他们常被称为“花间词人”。南唐词人则以李煜最为出色。

北宋初期，宋词的创作尚未进入兴盛阶段。北宋中期，理学逐渐兴起，理学家们认为文与道的关系是“文以载道”，文是治国平天下的工具，主张“以道统文”，北宋诗歌因而走上“雅正”道路，较少去表现纯粹的个人生活情感，特别是男女恋情。在这种情况下，词以其娱乐性，以其不够堂皇正大却也较少拘谨的地位，补充了诗的不足，获得意外的发展。加上，宋代的城市经济繁荣，商业和娱乐业发展迅速，繁华的都市生活滋生了各类以娱乐为目的的文艺形式，民间的娱乐场所需要大量的歌词。社会对词作的广泛需求，刺激了词人的创作热情，促进了词的繁荣和发展，使词成为宋代最引人注目的文学样式。①

北宋的词以柳永和苏轼最为出色。柳永的词婉约动人，苏轼则开豪放词之先河。南宋时期，李清照继承和发扬了柳永一派的婉约风格，辛弃疾则继承和发扬了苏轼开创的豪放词风。李清照还提出了词“别是一家”的理论，从本体论出发进一步确立了词体独立的文学地位。

宋代以后，词却并未完全衰退，清代还曾呈现出中兴之势。清词的复兴，体现了宋词强大的艺术生命力。

（三）散曲和杂剧

散曲是与杂剧相对而言的。散曲是一种金元时期产生的，配乐歌唱的新诗体，其形式是分散的单只曲词。杂剧，又称戏曲，则是有故事情节、有角色扮演，集音乐、舞蹈、表演于一体的综合艺术形式。元代，正统的诗文衰落，戏曲繁荣。杂剧和散曲合称“元曲”，成为同“唐诗”、“宋词”并列的一代文学的专称②。

比起诗文辞赋来，戏曲最明显的特点是它的通俗性和实践性。经过先秦到隋唐的漫长的准备阶段，宋金时期，戏曲开始形成，宋杂剧和金院本形

① 袁行霈主编：《中国文学史》（第三卷），高等教育出版社 2010 年版，第 12—13 页。
② 因为元杂剧的成就远比散曲为高，也有人以“元曲”单指杂剧。

式完备，已是真正的“戏曲”。元代是中国戏曲的完善阶段，以北杂剧为代表的戏曲在文学创作和艺术表现上都达到高度成熟，代表作家有关汉卿、王实甫、马致远、白朴、郑光祖等。关汉卿是元代杂剧作家最杰出的代表。他的作品《窦娥冤》、《救风尘》、《望江亭》、《单刀会》、《西蜀梦》、《哭存孝》等，都具有很强的现实性和时代感。

（四）小说

从文体上讲，中国小说的源头是史传。史传文学的结构方式、叙事方式、叙述视角、修辞传统等对小说影响非常深远。但同时，史传文学讲究事实、轻视虚构的观念又束缚了作家的想象力，延缓了小说的诞生。从史传到小说，有一些可以视为过渡性质的文体，包括杂史、杂传和志人、志怪小说。

魏晋南北朝时期，志人小说和志怪小说兴盛。志怪小说专记神异鬼怪故事，最著名的是东晋干宝的《搜神记》；志人小说以南朝宋时刘义庆撰的《世说新语》为代表。魏晋南北朝小说对后代的小说、戏曲产生了很大影响。

唐代的传奇小说，标志着中国古代短篇小说开始进入成熟阶段。唐传奇源于六朝志怪小说，作者以史家笔法，记奇闻逸事。唐传奇大都以记、传命名，如《古镜记》、《枕中记》、《任氏传》、《南柯太守传》、《柳毅传》等，脱胎于史传的痕迹明显。中唐以后，唐传奇极盛，爱情小说成就突出，也有一些借寓言来讽刺社会的佳作。晚唐时期，传奇开始衰退，但豪侠小说却焕发出光彩，最著名的是《虬髯客传》。

宋代的文言小说相对衰落。宋传奇上承晚唐，作品多寓劝诫，但受“士习拘谨”的束缚，想象力较弱，文字也较平实。但宋代小说也有值得重视的地方，其受市井民众的影响，观念意识明显下移，开始向通俗化的方向发展，文字较唐传奇通俗，描写也日趋细致，有若干背离礼教和重视个人感情的成分。在这样的发展方向下，元代出现了文言小说的杰作《娇红记》。

元末明初，《三国志通俗演义》和《水浒传》这两部长篇小说的出现，标志着中国古代小说发展到了新的高峰。罗贯中和施耐庵对民间说话艺术中的“讲史”话本进行加工整理和创造，用“章回小说”的形式，创作完成了中国最早的成熟的长篇小说。明代中后期，经过长期的积累和演变，长篇神魔小说《西游记》和《封神演义》出现。公案类小说在晚明也开始有所流行。这一时期短篇小说的成就也颇高，冯梦龙编著的“三言”（《喻世明言》、《警世通言》、《醒世恒言》)和凌濛初的“二拍”(《拍案惊奇》、《二刻拍案惊奇》)最为引人注目。

清代是中国古典小说发展的最后阶段,也是古典小说发展的高峰期和总结期。《聊斋志异》是古代文言短篇小说的总结,《红楼梦》则是古代长篇小说的总结。[①] 蒲松龄的《聊斋志异》写了很多狐仙花精的故事,充满奇思异想,但同时又在离奇的情节中进行富有生活真实感的描绘,塑造了许多生动活泼、人情味浓厚的艺术形象,深受广大读者喜爱。曹雪芹的《红楼梦》是一部具有历史深度和社会批判意义的爱情小说,通过对一个贵族之家日常生活的描写,展示这个大家族内外错综复杂的矛盾斗争,从而对走向没落的社会制度进行揭露和批判,其在艺术上的精致完美达到了中国古典小说的巅峰。这一时期,纪昀的《阅微草堂笔记》和吴敬梓的《儒林外史》的成就也非常高。

三 绚丽多彩的梨园春秋

中国戏曲艺术历史悠久,剧种众多,剧目丰富,具有独特的艺术魅力,深受中国人民喜爱。中国古典戏曲在世界剧坛上也占有独特的位置,其与古希腊悲喜剧、印度梵剧并称为世界三大古剧。中国戏曲艺术从酝酿、萌芽到形成并逐步走向成熟,经历了一个漫长而曲折的历史发展时期。

先秦时期,原始的戏剧因素开始酝酿、萌芽。远古朴素的歌舞形式,雍容典雅的庙堂舞蹈,独具神秘魅力的巫歌巫舞,“优”的惟妙惟肖之装扮表演,都成为我国古代戏剧可以追溯的最早源泉。[②] 远古时代已经产生了古朴的原始歌舞,如反映人们狩猎生活的狩猎舞、模仿战争场面的战争舞。国家出现以后,歌颂统治阶级文治武功的庙堂舞蹈和祭祀舞蹈,有舞、有乐、有歌,歌舞一体的表演形式,对中国戏剧艺术的形成产生了深远的影响。这一时期,还存在祭拜神灵时,以载歌载舞形式乐神、娱神的“巫歌巫舞”。此外,先秦时期,以吹打演奏或歌舞表演为职业的“倡优”和以语言动作从事滑稽表演的“徘优”都已出现,他们的表演已经包含了歌、舞、做、念、打等多种中国古典戏剧的主要构成要素。

两汉魏晋南北朝时期的百戏表演对我国戏剧的最终形成产生了深远的

① 周先慎:《中国文学十五讲》,第 345 页。

② 李玲珑主编:《中国戏剧》,同济大学出版社 2007 年版,第 10 页。

影响。“百戏”是对当时的杂技、武术、幻术、角斗(角抵戏)、气功、滑稽表演、音乐演奏、歌舞演唱、假形扮饰等多种伎艺表演形式的总称。百戏最初多在民间表演,因其散在民间各地,故又称“散乐”。后来,百戏进入宫廷,在上层阶级中也非常流行。演出和观看百戏成为汉代招待外宾的重要活动,长安、洛阳等地还设立了专供表演百戏的大场子——平乐观。歌舞百戏外,傀儡戏(木偶戏)和影戏也出现并发展。汉魏以来的乐府歌舞表演也推动了戏剧的产生,有简单的故事情节的乐府民歌入乐演唱并伴有舞蹈。

隋朝统一全国后,南北的各类表演伎艺得到融合,歌舞、乐舞、杂技等所谓的“散乐”出现了空前的繁荣局面。唐代出现了用声歌、舞蹈来传达故事内容的“歌舞戏”和以调谑滑稽的说笑、搞笑的动作进行表演“徘优戏”。“歌舞戏”可以《踏摇娘》为代表。《踏摇娘》中男女主人公既歌且舞来叙事抒情,人物形象生动,已经比较接近后世的戏剧。“徘优戏”以“参军戏”为代表。参军戏中有参军和苍鹘两个角色。前者愚钝痴呆,是被戏弄者;后者机智灵活,是戏弄者。二人一问一答。参军作为被嘲弄戏谑的对象,必须要表演出各种丑态,口出可笑之语以取悦于人,而苍鹘则应诙谐幽默,以增加笑点。参军戏可随地取材,即兴表演。“参军”和“苍鹘”可谓是我国最早出现的戏剧角色名称。唐代的“歌舞戏”和“徘优戏”是中国戏剧的雏形,二者相互渗透影响,为中国戏剧将歌舞、科白、表演融为一体这一基本格局的形成奠定了基础。唐代的说唱艺术,以边说边唱的讲唱方式讲述长篇故事,则为戏剧的产生提供了文学基础。

宋代,随着商品经济和市民文化的繁荣,开始出现专供艺人表演节目的场所:瓦舍(又称瓦子、瓦肆、勾栏)。在瓦舍里,人们可以常年欣赏到讲史、小说、说唱故事以及傀儡戏、影戏、武艺、杂技、滑稽笑话等众多技艺表演形式。在勾栏、瓦舍这样的固定演出场所中,演员和观众也得以固定化,还有职业的剧作家进行脚本的创作,促使中国古代戏剧最终成形,宋杂剧和金院本出现并迅速繁盛起来。

宋金时期流行的一种说唱文学诸宫调也与中国古代戏剧也有着较深的血缘关系。宋代说唱艺人总结了隋唐以来的我国古代乐曲,将这一时期的大曲、词体歌曲、鼓子词,乃至民间乐曲等,根据声律之高低,归入各个不同的宫调。然后,把叙事文学与音乐相结合,根据故事情节的需要来选择、连缀不同的宫调、曲子。演唱时,不再限于一支曲子,也不再限于一个宫调,而是随着故事情节的起伏更替宫调曲子，用音乐渲染故事。诸宫调成就最突出的是《西厢记诸宫调》。

北宋末叶，南戏在中国南方地区兴起。南戏的产生标志着我国戏剧走向成熟。南宋迁都后，发达的水陆交通，繁盛的海外贸易，使杭州商贾云集，名人绅士、民间伎艺纷至沓来，为南戏的产生和发展提供了丰厚的土壤。南戏情节曲折，表现形式丰富多样，综合了歌唱、念白和动作等表现手段。南戏带有浓厚的南方地方文化色彩，多用江南方言和南方曲调，因而较为轻柔婉转，细腻妩媚。较早的南戏剧目有《赵贞女》和《王魁》、《张协状元》等。南戏在艺术上虽然还是比较粗糙，但它已奠定了中国戏曲的基本特征。[①]

元代以宋杂剧和金院本为基础形成了元杂剧。元杂剧融合了宋、金以来的音乐、说唱、舞蹈等艺术形式，承袭了唐、宋以来词曲和讲唱文学的传统风格。元杂剧最初流行于北方，以大都（今北京）为中心。元灭南宋后，发展成为全国性的剧种。元代的剧坛，群星荟萃、名作如云。元杂剧的兴盛，不仅奠定了我国戏曲艺术的基础，标志着中国戏剧的真正成熟，而且使大众文学获得了同诗词歌赋等雅文学同等的地位，在文学史上也有着划时代的意义。这一时期，兴起于南宋的南戏仍活跃在南方民间，与北杂剧交相辉映。元代南戏中的《荆钗记》、《刘知远》（又称《白兔记》）、《拜月亭记》和《杀狗记》被称为荆、刘、拜、杀四大传奇。从元末明初到清中叶，南戏取代北杂剧的地位，成为戏曲创作的主要形式，明清以后称之为传奇。

传奇是明清戏剧的主流。“传奇”一名最早是唐代“传写奇事，搜奇记逸”的文言小说的指称。宋元时期，不少戏剧作品或内容取材于唐传奇或技法仿拟于唐传奇，因此也将南戏、北杂剧、诸宫调等称为传奇。明代传奇则特指在宋元南戏基础上发展形成的长篇戏曲。[②] 明代传奇的声腔有所丰富与发展。宋元南戏本来是用温州地方腔演唱，后来传播到江南等地后，与当地的曲调与方言相结合，到明初就逐步形成很多的地方声腔系统。其中最为流行的“四大声腔”是海盐腔、余姚腔、弋阳腔和昆山腔。海盐腔，形成于元代，诞生地在浙江海盐。余姚腔形成于浙江余姚。弋阳腔和昆山腔流传

---

① 张庚，郭汉城：《中国戏曲通史》，中国戏剧出版社 1980 年版；唐文标：《中国古代戏剧史》，中国戏剧出版社 1985 年版；周贻白：《中国戏曲发展史纲要》，上海古籍出版社 1979 年版。

② 李玲珑主编：《中国戏剧》，第 140 页。

最广、影响最深远。

弋阳腔形成于江西弋阳。据清代李调元《剧话》记载:"弋腔始弋阳,即今'高腔',所唱皆南曲……向无曲谱,只沿土俗,以一人唱而众和之,亦有紧板、慢板。"弋阳腔粗犷豪放,有浓重乡土气息,无弦索和管乐伴奏,主要以锣鼓伴奏,没有曲谱,可以随心入腔而不必合调,演唱自由灵活,方便吸收民间小曲和北曲,被称作"俗唱"。

昆山腔,又称昆曲、昆剧、昆腔,元末形成于苏州附近的昆山,是明代中叶至清中叶演剧界最大的声腔剧种。昆山腔讲究字清、板正、腔纯,委婉细腻、流利悠远,将弦索、箫管、鼓板三类乐器合在一起,建立了规模完整的乐队伴奏。昆山腔典雅、轻细的风格和弋阳腔粗犷、豪放、通俗性的风格,形成中国戏曲内部的两种不同走向。《浣纱记》的演出,使昆山腔成为全国性剧种,被称为"官腔"。

清代地方戏的繁荣和京剧的产生,标志着中国戏曲进入一个新的发展阶段。从明代中叶到清代初期,昆曲因其唱腔优美和剧目丰富,一直在剧坛中占优势。康熙、乾隆朝时期,地方戏纷纷出现,以其独特的风格,深受观众喜爱,出现了地方戏和昆曲一争高下的局面。二者的竞争也被称为"花部"与"雅部"之争。[①] 虽然昆曲得到了统治者的扶持,但其在地方戏的冲击下,仍呈衰落之势。乾隆年间,各地造诣较高的剧种纷纷进京演出,在北京与昆曲争奇斗胜。首先弋阳腔在北京的分支高腔与昆曲争胜,最终取得优势,压倒昆曲,然后秦腔表演艺术大师魏长生进京,与昆、高二腔争胜,大有压倒后者的势头;接着,四大徽班(三庆班、四喜班、春台班、和春班)进京,把二簧调带入北京。通过竞争,地方戏在京城取得了绝对的优势。

在昆曲、京腔、秦腔、徽调、梆子腔等各种声腔的相互竞争、相互吸收中,一个新的剧种——京剧形成。京剧是以徽调的二黄调为主,吸收了汉剧的西皮调,以及昆曲、秦腔和其他剧种的声腔和表演艺术的优点而形成的一个新剧种。同治、光绪年间,出现了名列"同光十三绝"的第一代京剧表演艺术家和不同流派的宗师,标志着京剧艺术的成熟与兴盛。此后,经过无数艺人的不断努力和发展,京剧逐渐流行到各地,成为影响全国最大的剧种。由于

---

① 李斗的《扬州画舫录》说:"雅部即昆山腔;花部为京腔、秦腔、弋阳腔、梆子腔、罗罗腔、二簧调,统谓之乱弹。"

京剧是当代中国戏曲最有代表性的剧种，所以又被称为“国剧”。京剧有“生、旦、净、丑、杂、武、流”七行；服装以明代服饰为基础，不分朝代、地域和季节；脸谱色彩斑斓，富于表现力；表演艺术虚实结合，形神兼备，精致细腻；唱腔悠扬委婉，声情并茂。

除京剧外，清朝还出现了秦腔、黄梅戏、川剧、粤剧等其他剧种。秦腔由民间流行的弦索调演变而来，流行于陕、甘一带。陕、甘一带古为秦地，故称“秦腔”。康熙至乾隆、嘉庆年间，秦腔盛行。秦腔的唱腔分为欢音、苦音两大类，欢音长于表现喜悦、欢快的情绪，苦音长于表现悲愤、凄凉的情感，依戏剧情节和人物需要选择运用。

四　深入探究指引

（一）唐以后诗歌的发展

唐诗是中国诗歌艺术的顶峰。唐代以后，诗歌的发展也有一些值得关注的内容。北宋初期诗歌有三大流派，一派效仿白居易清丽流畅的风格；一派效仿贾岛，以苦吟的写作方法，通过对所描绘对象的细致体察和新颖巧妙的语言表现，描绘清新小巧的自然景象；一派则效仿李商隐的风格，写一些深婉绮丽、多用典故的诗篇。北宋中期，梅尧臣、苏舜钦吸取唐诗，尤其是白居易、韩愈诗歌的优点，在诗歌的题材、感情表现和语言形式等各方面进行新的尝试，从而打开了宋诗的道路。北宋后期，和苏轼并称“苏黄”的黄庭坚，创立了“江西诗派”，影响深远。

南宋中期，社会较为安定，人们有条件对诗歌的形式、风格、语言、创作思维、题材选择等问题进行深入的探讨。在这种背景下，文坛上出现了被称为“中兴四大诗人”的陆游、杨万里、范成大、尤袤等人。陆游是宋代留存作品最多的一位诗人，他的诗题材广泛、风格多样化：一些作品豪放悲壮，表达了山河破碎、民族危亡年代的人们激烈深沉的民族情感。也有一些作品闲适恬和，是他在报国无门的情况下，闲居在乡，只能在山水田园中寻求一时解脱的作品。杨万里善于发现和捕捉日常生活中出现的常人所不能发现或容易忽略的，富于情趣与美感的景象，并注意在这些景象中融入自己的主观领悟与体验。他的诗，语言自然流畅、风趣活泼。南宋后期的江湖诗人几乎代表了南宋中后期诗坛的整个动向，其代表人物有姜夔、永嘉“四灵”（赵师秀、徐玑、徐照、翁卷)、刘克庄、戴复古、方岳、叶绍翁等。

宋元之际的诗人以文天祥最为突出。他投身于抗元斗争后,诗风苍劲悲凉、沉郁顿挫,表达了他民族危亡的忧患意识。他的诗作有在目睹战火之后的种种惨相后写下的纪实作品,也有反复表达其威武不能屈、富贵不能淫的凛然气节的作品。在与南宋长期对峙的金,也有一些士大夫从事诗歌创作,元好问就是他们的代表。在元好问的诗歌创作中,任情重真的特点非常突出。

元代前期的诗人主要有耶律楚材、赵孟頫等。耶律楚材的诗境界开阔,情调苍凉,很有特色。赵孟頫的诗风流儒雅,以清丽委婉见长,诗中多流动着悲凉缠绵的故国之思。元代中期的主要诗人,是有"元四家"之称的虞集、杨载、范梈、揭傒斯。元代后期重要的诗人有杨维桢、高启、顾瑛、王冕、萨都剌等。他们的诗作带有明显的城市文化的色彩,世俗性与个体意识明显有所强化。作品中的表述较少伦理掩饰,还常常以肯定的态度、生动的笔调描绘世俗享乐,要求摆脱传统伦理的束缚,发展与表现自己的个性。

在明初的政治高压环境下,诗人的自由精神遭到摧残,他们的诗作体现了他们被压迫的苦闷和自我价值难以实现的痛苦。这一诗风的转向,在刘基与高启、张羽、徐贲(被后人称为"明初四杰")的诗作中都有体现。永乐至成化年间,还形成了体现上层官僚的精神面貌和审美意趣的"台阁体"。其代表人物是"三杨":杨士奇、杨荣、杨溥。"台阁体"密切结合官方意识形态程朱理学,要求表现"雅正平和"的思想情感,具有浓厚的道学气;反映上层官僚的生活内容,应制、唱和之作数量非常之多,是一种由压抑的道德和平庸的人格出发的文学,是一种缺乏生命力的文学形式。明中期,在被称为"吴中四才子"的祝允明、唐寅、文征明和徐祯卿的努力下,诗文创作有所复兴。明代后期,公安派和竟陵派形成,他们都倡导个性解放,要求摆脱礼教束缚、肯定人的自然欲望、重视表现真实情感的诗风。

清初,钱谦益、王士禛、查慎行都是很有影响的诗人。除此之外,还有一批坚持反清立场、始终不与清王朝合作的遗民诗人,顾炎武、屈大均是其代表。清代中期的诗歌,以袁枚的影响最大。清代后期,龚自珍开了以诗歌纵横议论时政的风气。鸦片战争后,中国社会处于剧烈动荡、迅疾变化的过程中,诗歌这种传统的文学形式,已难以应付日益复杂的社会生活,"诗界革命"的口号开始提出。

（二）柳永和苏轼对宋词发展的贡献

北宋的词以柳永和苏轼最为出色。柳永的创作从形式体制、创作方向、题材内容和语言艺术等方面推动了宋词的发展。在形制上，柳永大力创作篇幅较大的慢词，扩充了词的内容含量，提高了词的表现能力，从根本上改变了唐五代以来词坛上小令一统天下的格局。在两宋词坛上，柳永是创用词调最多的词人。在宋代所用八百八十多个词调中，有一百多调是柳永首创或首次使用的。词至柳永，体制始备。形式体制的完备，为宋词的发展和后继者在内容上的开拓提供了前提条件。在创作方向上，他改变了词的审美内涵和审美趣味，面向市民大众，变“雅”为“俗”，运用通俗化的语言表现世俗化的市民生活情调。在题材内容上，迎合、满足市民大众的审美需求，着力表现他们所熟悉的人物、所关注的情事。对世俗女性大胆而泼辣的爱情意识，被遗弃的或失恋的平民女子的痛苦心声，下层妓女的不幸和她们从良的愿望，以及宋代繁华富裕的都市生活和丰富多彩的市井风情都有所表现。且注意表现自我独特的人生体验和心态，朝着自我化的方向拓展。在语言艺术上，他多用富有表现力的口语入词，使读者和听众感到亲切有味，易于理解接受。[①]

苏轼对词的题材内容、表现手法、艺术风格等方面，都有很大的开拓和创造，提高了词的意境和表现力，使词从音律的束缚中解放出来，成为一种便于抒情写志的独立的新诗体。苏轼突破了晚唐五代以来词是“艳科”，主要用来歌唱男欢女爱和离愁别绪的狭小范围，极大地扩展了词的题材内容。几乎凡是可以写到诗里去的内容，他都可以写到词里去。苏轼今存词300多首，除了传统的男女爱情和离愁别绪之外，写景、咏物、悼亡、怀人、咏史、怀古、抒怀、写志等，内容十分丰富。同时，适应于题材内容的丰富多彩，苏词的艺术风格也是多种多样，不拘一格的。有的写得缠绵深婉，有的写得明丽清新，有的写得雄健豪放，有的写得飘逸洒脱。苏轼是豪放词的开派作家。他的豪放词，虽然数量不算很多，但在婉约派之外别立一派，在词的发展上有重大意义。[②]

---

① 袁行霈主编：《中国文学史》（第三卷），第41—49页。

② 周先慎：《中国文学十五讲》，第202页。

第二节 西方古代中世纪的文学艺术

古希腊的艺术是西方古代的艺术和文学最珍贵的遗产，我们在感叹两千多年前古希腊人民留下的遗迹的同时，也不能忽视古希腊人对世界的好奇、对自然的理解以及他们的思考。古希腊人感叹于外部世界的神秘莫测，受宿命论的影响深重，但是他们创造的艺术和文学成就却富有前瞻性地强调人的个体本位意识，体现了人鲜活的生命力，这为日后西方人打破神学的禁锢奠定了基础。可以说，生命意识、人本意识和自由观念是古希腊艺术和文学精神的精髓。

一 希腊罗马的古典艺术

（一）古希腊的建筑、雕刻与绘画

古希腊是欧洲文明的发源地，它对世界的影响到今天犹在。古希腊文明最繁荣的时期是公元前 5 世纪至公元前 4 世纪中期，史称“古典时期”。古希腊艺术在这一时期出现了繁荣的局面，其中，建筑是希腊艺术最重要的组成部分。希腊建筑是一切以研究古希腊艺术史为业的人们无法绕开的领域，它就是希腊艺术的起点，包含了古希腊人的审美观念、艺术内涵和对美的追求。

古希腊的建筑发展史可以分为三个阶段，一、公元前 8 至前 6 世纪的古风时期，希腊建筑样式已经固定，并出现在各大有代表性的建筑或建筑群中，而且因为各城邦特殊的民族气质，产生了多样化的建筑样式：爱奥尼亚人城邦形成了端庄秀雅的爱奥尼式建筑；多立安人城邦形成了雄健有力得多立克式建筑。到公元前 6 世纪，这两种建筑样式稳定下来，以风格迥异的柱式体系为特征。二、公元前 5 至前 4 世纪的古典时期，是希腊文化极繁荣昌盛的时期，大部分蜚声国际的建筑见于此期，卫城、神庙、露天剧场、柱廊、广场等建筑散见于希腊各地。爱奥尼式和多立克式多见于单一的建筑或建筑群中。雅典卫城建筑群和该卫城的帕提农神庙是古典时期最负盛名的建筑典型。同时，一种新的柱式——富丽堂皇的科林斯柱式出现，主要见于伯罗奔尼撒半岛的科林斯城。三、公元前 4 世纪后期到公元前 1 世纪，希腊化时期，希腊建筑风格向西亚和北非辐射，同时受到当地原有建筑风格的影响，产生了兼具希腊风格和东方样式的独特建筑。

希腊建筑的一大特点是柱式的演进，虽然就建筑样式而言，其变化较少且内部空间比较简单，但古希腊建筑师成功地使其作品富有艺术感，这需要“建筑师在一切技术和学问中应比由于勤勉和训练而对各个部门均能通晓的人完成得更加优胜”①。之前提到的几种柱式：多立克柱式、爱奥尼柱式、科林斯式柱式以及后来出现的女神雕像柱式逐渐成形，也不断地被继承和发扬。这些柱式均以人为模板，从人的外貌、体态、气质出发，按照人体比例来塑造一种由内而外散发的美感。这种构图原则让古希腊建筑独具特色，屹立于人类建筑艺术之林。著名建筑有帕提农神庙、阿菲亚神庙是多立克柱式的典型建筑；爱伊端克先神庙和帕加蒙的宙斯神坛以爱奥尼柱式为主要建筑样式；列雪格拉德纪念亭全方位地展示了科林斯柱式；女神雕像柱式则被大量运用于雅典卫城的建筑群中。

对于著名古罗马建筑理论家和美学专家维特鲁威而言，建筑是由塔克西斯的法式，狄阿忒西斯的布置、比例、均衡、适合，和称做奥厄科诺弥亚的经营构成。法式决定了建筑作品的细部要各自适合于尺度，作为整体则要设置均衡的比例；布置则是适当地配置各个细部，由于以质来构图因而做成优美的建筑物；比例指优美的外貌，是组合细部时适度的表现的关系。当建筑细部的高度与宽度配称，而且宽度同长度配称时，也就是整体具有其均衡对应时达到了“比例”；均衡是由建筑细部本身产生的合适的协调，是由每一部分产生而直到整个外貌的一定部分的互相配称；适合是以受赞许的细部作为权威而组成完美无缺的建筑整体；对于习惯来说，适合是这样表现的：门厅要相对豪华的内部处理得协调而优美；经营就是适当地经理材料和场地，还有计算和精细地比较工程造价。②古希腊的建筑师无疑达到了维特鲁威所提及的优秀的建筑所具备的上述几点特质。

除了柱式以外，希腊建筑师也创造了其他风格独特的装饰样式，如圆雕，高浮雕，浅浮雕等装饰手法，因此大部分的希腊建筑都呈现出丰富多彩、复杂多变的装饰手法。希腊的建筑最有艺术表现力的补充就是希腊雕刻。作为希腊艺术的典范，希腊雕塑体现出以人为本的倾向，人体美和自然美的

---

① （意）维特鲁威著，高履泰译：《建筑十书》，中国建筑工业出版社 1986 年版，第 10 页。

② 同上，第 12—15 页。

结合，再加上数字上的和谐，无愧为世界艺术集大成者。

古希腊雕塑在整个西方美术传统中占有十分重要的地位。西方美术在很长一段时间内崇尚的写实风格源自古希腊时期。古希腊雕塑多以人和神的形象为模板进行刻画，除了对人体的几近科学精神的一丝不苟的临摹之外，还以古希腊神话传说故事及人物为主要的创作源泉，这两种素材的结合是古希腊雕塑主要呈现的形象，尤其是其以人的形象塑造神的形象，成为日后西欧文艺复兴运动中艺术创作的趋向。

希腊遗存下来的建筑和雕塑等造型艺术作品，从写实的角度向现代人展示其魅力。希腊绘画出现的时间可能更早，但令人惋惜的是这方面的艺术遗产几乎没有留存下来。但大量造型精美、用绘画装饰起来的一种陶瓶，把工艺、装饰美术和绘画融为一体，则为后人展示了希腊人在绘画方面的造诣。陶瓶的加工在公元前 9 至前 8 世纪已具有相当的规模，从雅典迪皮隆墓地发掘出来的陶器以几何图形装饰，人和动物的形象也呈几何化，因而被称为“几何风格时期”。由于交通手段的缺乏，希腊处于相对封闭的状态，纯粹的几何风格延续了相当长的时期，到公元前 7 世纪，由于和西亚、北非等地区的交往日益频繁，陶器上的绘画风格出现了东方色彩，更为写实的人物和牛羊、狮兽、禽鸟的形象取代相对简单的几何图案，成为此期绘画的主要风格继续延续下去。

（二）古罗马的建筑、雕刻和绘画

古罗马的艺术风格从根本上继承和发展了古希腊的风格。建筑方面，与希腊人崇拜“神”的趋向不同的是，古罗马人更倾向于对世俗的、现实的人的崇拜。这种倾向使古罗马建筑以颂扬人性和推崇享受为主要精神，并借助古希腊已属上乘的建筑风格，发展出一种笼罩在世俗光芒之下的建筑风格，体现了维特鲁威所强调的“规例、配置、匀称、均衡、合宜以及经济”，罗马建筑的类型、外观设计大多以这几个原则为统领。

罗马建筑最具艺术价值的成就包括广场、道路、桥梁、高架输水道等等。在柱式方面，罗马人也有所创新，他们改进了希腊人设计的柱式发展出三种新的类型：为了解决柱式和拱券结构的不协调，罗马建筑师发明了券柱式；结合了古希腊的多立克柱式、爱奥尼柱式和科林斯柱式的特点，层层相扣，形成了典型的罗马叠柱式；为了营造宏伟的气氛，罗马人发明了以一根柱子穿越几层楼的巨柱式。此外，罗马人改进了砖的制法，以“白色的白垩质土或红土或甚至掺砂的土来制作，这种砖有耐久性，操作时不重，容易砌筑。”[①]罗马人还改进了建筑材料，发明了更为坚固的混凝土，以火山灰、砂石和石灰混合而成，这种材料有力而坚固地支撑了古罗马常见的拱券样式。拱券一出现即得到了罗马社会的认可，这种屋顶既美观又实用，因此用于万神殿(Pantheon)、君士坦丁凯旋门(Arch of Constantine)和圆形竞技场(Colosseum)等著名建筑之上，还被应用于日常生活领域如道路、桥梁、输水道等方面。

古罗马的雕刻艺术也是从古希腊雕刻艺术中发展起来的。古希腊后期，罗马没有本国的雕刻家，罗马人将希腊的许多雕刻作品当做战利品运回罗马，同时召集各国的雕刻家复制古希腊著名的雕刻作品或创作新的雕刻样式。古罗马人为雕刻艺术的传承和发扬光大居功至伟，共和时代[②]后期，曾经风行于世的希腊原版雕刻大部分失传，今天我们在博物馆看到的大部分作品都是罗马的仿制品，包括公元前一世纪创作的写实主义色彩浓厚的《演说者》。古罗马的雕像具有异于古希腊时期的强烈的现实性和叙事性，因此在写实的刻画、人物情绪的掌握、细节的表现方面都比古希腊时期有所加强，尤其是对帝王的刻画，更是融入了当时最高超的创作技巧，且雕像中帝王的神态开始接近神，《奥古斯都雕像》(*Augustus of Primaporta*)以本人面貌为基础，他手执令牌号令天下，脚边出现了小爱神，胸甲上有寓意性的浮雕修饰，皇帝的威严与神的威严相差无几。这个作品影响了此期大部分的雕刻作品，因此后人统称之为“奥古斯都风格”。除了肖像雕刻外，浮雕也是重要的艺术形式之一，它被广泛应用于建筑装饰上，如住宅、宫殿、会堂、生活器具、铸币；其图案也以棕榈叶、茅莨叶、花、果实和人物故事为主，最著名的是建于312年的君士坦丁凯旋门，其保留了罗马帝国各重要时期的雕刻，是古罗马各时期雕刻的精华。

如前文所述，希腊绘画大部分失传，但罗马的大量绘画却幸存下来，主要以壁画的形式为主，大多来自庞贝和赫鸠娄尼恩的私人住宅和公共建筑

---

① (意)维特鲁威著，高履泰译:《建筑十书》，第41页。

② 公元前509年，罗马改奉共和制，并施行这一体制5个世纪之久，期间罗马不断向海外扩张并确立了它在地中海的霸权地位。

的墙壁上。从这两个地方和罗马等地的考古发现看来，罗马人擅长用壁画装饰建筑物。当庞贝古城[①]展现在世人的眼前时，城中建筑的壁画之精美令人感叹不已。学者们将这里的绘画风格大致分为四类：1. 公元前 2 世纪模仿大理石板造就奢华之感的画风流行于地中海地区。2. 成型于公元前 80 年，罗马人开始运用空间原则，以绘画为手段，造就平面上的三维效果，扩大了视觉空间，这种风格灵感源自罗马戏剧的舞台。3. 在墙面绘制精美的画框，然后在画框中作画。4. 克劳地亚斯皇帝（Claudius）[②]和尼禄皇帝（Nero）[③]时代，出现了以上几种风格的杂糅，画师运用空间和平面的原则充分发挥想象力，将日常生活和神话故事巧妙地融为一体。

二　古希腊的戏剧与田园诗

（一）古希腊戏剧

古希腊文明走向高潮的另一个象征是戏剧，古希腊戏剧可谓人类戏剧艺术史上的第一个黄金时代。这与希腊神话的错综复杂和内容丰富有关，“因为神话把以下所有这些东西都包裹在其精致的和闪亮的面纱之中，包括对大地和宇宙的看法，宗教和诗歌，对世界的无意识的观察，以及从生活中提取出的经验。”[④]在希腊神话的这个土壤的孕育之下，希腊戏剧和史诗一直拥有很高的艺术价值。在古希腊，悲剧属于诗的范畴，因此剧作家被称为诗人。古希腊悲剧一度经历了十分辉煌的时期，产生过很多悲剧诗人，但有作品流传下来的只有“三大悲剧家”（埃斯库罗斯、索福克勒斯和欧里庇得斯）。古希腊的悲剧气势恢宏，带有浓厚的宿命论色彩，但富有英雄气概。拥有极高天赋的阿里斯托芬和米南德等艺术家使古希腊喜剧流芳百世。希腊戏剧特色鲜明，善于以诙谐的语言针砭时弊，在嬉笑怒骂中予人以教益。希腊人在戏剧上的成就，在整个古典世界地位独一无二，近代戏剧产生前无人能望

---

① 亚平宁半岛上的一座古城，始建于公元前 6 世纪，公元 79 年毁于火山爆发。因事发突然，该城的街道房屋均保存完整。1748 年开始被发掘，向世人展示了古罗马留存的艺术精华。

② 公元 41—54 年在位，朱里亚·克劳狄王朝的第四任皇帝。

③ 公元 54—68 年在位，后人称为“嗜血的尼禄”，是朱里亚·克劳狄王朝最后一任皇帝，也是古罗马历史上有名的暴君。

④ （瑞士）雅各布·布克哈特著，王大庆译：《希腊人和希腊文明》，上海人民出版社 2008 年版，第 60 页。

其项背。

研究证明，戏剧的萌芽源自民间创作以及带有面部表情的表演和对话的抒情诗中。梯林夫和斯巴达的城市遗址问世时，考古学家发现了克里特—迈锡尼文化时期的假面具，这正是戏剧存在的铁证，也说明戏剧开始成为一种独立的文学体裁。戏剧还蕴含在婚礼歌曲的轮唱以及殡葬仪式和送殡的歌曲中。从许多迹象来看，与对酒神狄俄尼索斯的祭祀典礼有关。戏剧在古希腊只是在前5世纪至前4世纪的酒神节上演出，在每年1月份的大酒神节和1月底的勒奈亚节上演。亚里士多德曾断言道："悲剧是从酒神颂的临时口占发展出来的，而喜剧是从法罗斯歌的临时口占发展出来的。"①他的论断在最新的考古发现中得到证实。

希腊戏剧的中心在雅典，这本身与希腊政治、经济、文化中心的地位密不可分。自公元前七世纪起，希波战争以后，雅典城市中的文化空前繁荣。雅典政府逐渐意识到戏剧对于政治宣传的作用，将戏剧演出正式化和法律化，戏剧不仅仅是宗教仪式的组成部分而是具备了新的功能。为了加大对戏剧的推广，政府还资助戏剧演出，兴建剧场，发放"观剧津贴"。此后，戏剧成为人们政治生活和社会生活不可或缺的事情。特殊的政治、文化、经济背景造就了古希腊传世的悲剧大师和喜剧大师。下面将介绍几位最负盛名的剧作家。

1. 埃斯库罗斯

埃斯库罗斯之所以在希腊戏剧史上占据如此举足轻重的地位，是因为他改变了希腊戏剧的传统制式。在埃斯库罗斯之前，悲剧并非单纯的戏剧，而是以抒情诗为主，戏剧成分为辅，与抒情诗紧密联系并源自抒情诗。悲剧以合唱队歌唱的形式进行，所有角色由一个演员扮演，剧中人物不能同时出现在舞台上。埃斯库罗斯的重大创新就是在悲剧中引入第二个演员，使剧情更为紧凑，扣人心弦。因此，他被称为悲剧的创始人，后人对他的评价也很高：别林斯基称之为"希腊悲剧的创造者"，恩格斯称他为"悲剧之父"。

经初步断定，埃斯库罗斯生活在前6世纪至前5世纪，这一时期奴隶制度在希腊城邦中形成并得到确立，经济长足发展。东方的波斯帝国崛起，将

① （古希腊）亚里士多德、（古罗马）贺拉斯著，郝久新译：《诗学·诗艺》，中国社会科学出版社1982年版，第14页。

希腊纳入本国版图。希腊人民奋起反抗，但最终以失败收场。希波战争的惨况以及最终失败的结局成为希腊戏剧家频繁使用的题材，许多剧作广泛勾起了希腊人的民族情绪，如弗里尼霍斯的悲剧《米利都城的陷落》和埃斯库罗斯于前472年创作的《波斯人》就是其中的代表作。可以肯定的是，埃斯库罗斯的世界观和充满诗意的创作灵感源自这场声势浩大的战争，埃斯库罗斯出身于贵族家庭，他的家人积极参与到反对波斯入侵的战争中。他自己也曾亲历马拉松战役、萨拉密斯和普拉泰亚战役。他的一生创造了90个剧本，在事业发展到顶峰——《俄瑞斯忒亚》四部曲获得了空前的成功后，他迁居西西里岛，并于前456年逝世于该岛。

埃斯库罗斯著作等身，可惜的是，流传至今的作品仅有七部。能确定年代的有三部：《波斯人》在前472年演出；《七将攻忒拜》于前476年演出；而由《阿伽门农》、《奠酒人》和《报仇神》三部悲剧组成的《俄瑞斯忒亚》于前458年演出。除《波斯人》外，所有的悲剧都是以神话故事为背景。

埃斯库罗斯的作品中体现了浓郁的爱国主义色彩。他出生的地区厄琉西斯在反抗波斯军队入侵的战争中体现了高度的爱国主义热情。他的戏剧中也着力表现了爱国主义精神。在悲剧《波斯人》中，祝捷的隆重场面激动人心，代表了希腊人民的心声，让台下的观众产生了强烈的共鸣。悲剧《七将攻忒拜》也将爱国主义展现得淋漓尽致，主人公厄忒额克勒斯被塑造为爱国英雄，他最终为拯救国家献出了生命。埃斯库罗斯描绘了一位高风亮节的将军形象，也成为希腊人崇拜的英雄。作为 ·个真正的爱国者，埃斯库罗斯痛恨一切背叛行为，他在《普罗米修斯》中用大洋神的女儿们的宣言传达了他的呼声："我们愿意和他一起忍受任何注定的苦难；我们学会了憎恨叛徒，再也没有什么恶行比出卖朋友更使我们恶心"。他也痛恨暴君，在《被缚的普罗米修斯》中，宙斯被描绘为具有无限权力的专制暴君的形象，令人憎恶。

总而言之，埃斯库罗斯对戏剧技巧的革新以及他的天赋确保了他在希腊民族剧作家中间的杰出地位。埃斯库罗斯不仅对希腊文学、而且对罗马文学也产生了强有力的影响，许多著名的剧作家都曾改写过他的作品。后世西方许多文学家如弥尔顿、伏尔泰、歌德、席勒、雪莱、拜伦等人都受到埃斯库罗斯的影响。

2. 索福克勒斯和欧里庇得斯

希腊悲剧在埃斯库罗斯的创作中形式已初步确定，并逐渐成为广受关注的文学体裁，它的进一步发展与索福克勒斯和欧里庇得斯联系在一起的。索福克勒斯代表温和的民主集团，欧里庇得斯则是“舞台上的哲学家”，是进步思潮的代表。

索福克勒斯生于前496年，死于前406年，正当雅典的最盛期。在三大悲剧诗人中，他最长寿，获奖也最多(24次)，在当时人的心目中地位最高。索福克勒斯创作悲剧的时间比较早。自前468年在戏剧比赛中赢了埃斯库罗斯，到二十七年后败给欧里庇得斯，其间很少有人能与之相提并论。在近七十年的创作生涯中，他共写了约一百三十部悲剧和“萨提尔”剧①。在刚开始进行悲剧创作时，他以埃斯库罗斯的作品为样板，但不久就发展出自己独特的风格。索氏的作品完整传到现在的只有七部，即《埃阿斯》、《俄狄浦斯王》、《安提戈涅》、《厄勒克特拉》、《特拉喀斯少女》、《菲罗克忒忒斯》和《俄狄浦斯在科罗诺斯》。这些作品所依据的都是英雄传说，主要以三大主题为主，包括底比斯、特洛伊战争和海克力斯。其中，《安提戈涅》和《俄狄浦斯王》最能充分反映索福克勒斯创作才能。索福克勒斯曾这样概括：“我是按人应当的样子来写作的”，他所歌颂的都是理想化的完美无瑕的正面人物，具有坚强的意志、正义的决心、临危不惧等优良特质。安提戈涅、俄狄浦斯、《厄勒克特拉》中的厄勒克特拉、《埃阿斯》中的埃阿斯都是其中最典型的代表。

欧里庇得斯生于前485年与前484年之间的冬天。他去世的年代是在前406年，比索福克勒斯稍早，雅典人曾在郊外为他立了个纪念碑，碑文如下：

> 全希腊世界是欧里庇得斯的纪念碑，诗人的遗骨在客死之地马其顿永埋，诗人的故乡本是雅典——希腊的希腊，这里万人称颂他，欣赏他的诗才。

他的诗才享誉希腊，又勤于创作，共创作过九十二部作品，但生不逢时，他的戏剧在当时并没有为他赢得声誉和财富。他被当做一个臭名昭著的自由主义思想家，其诗才并不为权威看好，五十年的创作生涯中仅仅获过四次比赛的优胜(死后又获得一次)。但欧氏对后世的影响则是前两位悲剧作家难以匹敌的：埃氏和索氏均只有七部作品传世，欧氏十八部作品传唱至今。

---

① 一种滑稽讽刺剧，合唱队是森林神，人以半羊或半马的形象出现。

他传世的作品包括《阿尔刻提斯》、《美狄亚》、《希波吕托斯》、《赫拉克勒斯的儿女》、《安德洛玛刻》、《赫卡柏》、《请愿的妇女》、《特洛伊妇女》、《伊菲革涅亚在陶洛人里》、《海伦》、《俄瑞斯提亚》、《疯狂的赫拉克勒斯》、《伊翁》、《厄勒克特拉》、《腓尼基妇女》、《伊菲革涅亚在奥利斯》、《酒神的伴侣》和《圆目巨人》(现存唯一完整的"萨提尔"剧)都是以神话为题材的作品。

他让悲剧更为通俗,更为接近下层民众,而不仅仅是上流社会欣赏的剧种。在他那里,过去悲剧中不可或缺的歌队逐渐失去了重要性,成为装饰品,不再起推动剧情的发展的作用。他所用的语言,具有散文化的趋势,接近口语,通俗易懂,清新质朴。创作过程中他尽量以写实为主,并善于刻画人物的心理活动。

(二)古希腊田园诗

到了公元前七世纪,随着希腊各邦社会经济文化的发展,大众文化取代精英文化得到民众的青睐,荷马史诗传统逐渐衰落,描写个人生活和氏族生活的抒情诗歌逐渐产生并兴盛起来。到了公元前 323 年到公元前 30 年的希腊化时代,一种新的诗体"田园诗"出现。田园诗,顾名思义,就是描写牧人们的生活的诗歌,描写他们的爱情,他们的思想,以及他们居住地优美的自然风光等为主要题材的文学形式。

田园诗人中最负盛名的就是忒奥克里托斯。他被誉为西方牧歌(田园诗)的创始人。忒氏成年后出游,先到科斯岛,结识了当地的诗人菲莱塔斯,然后去著名的亚历山大城,与诗人卡利马科斯友好交往,曾赋诗颂扬托勒密二世。后来重返科斯岛,并到小亚细亚沿海各地游历。他写过各种体裁的诗歌,作品中留存下来的有 30 首田园诗、25 首铭辞和一些片段。在忒奥克里托斯的笔下,牧羊人以优美的歌谣吟唱诗情画意的田园生活,十分逍遥写意。他的牧歌一般只有两三个牧人,大家彼此对歌,设定了相关情节,既写实又不失富有浪漫主义情调,农村简单纯真的生活方式和牧羊人劳动、歌唱的场景是忒氏刻画的主要对象,表达了对大自然生活的向往和乌烟瘴气的城市生活的厌恶,但他的作品比较讲究辞藻,咬文嚼字,丧失了质朴感。除田园诗外,他开创了以神话为题材的小型叙事诗和爱情诗,也不乏献给叙拉古希埃龙二世和亚历山大城托勒密二世的颂辞。他对维吉尔为代表后世的欧洲田园诗作家有很大影响。

三 希腊化和东西方文化交流

希腊化时代是指亚历山大东征后，希腊文化与埃及、美索不达米亚、小亚细亚等东方文化相融合的一种进程，可以说，从印度到西西里，从咸海到印度洋、到麦罗埃(Meroe)，各种不同的传统、不同层次的文化都参与了希腊化的过程[①]。

在印度，梵语词汇“书”、“笔”、“墨水”等与书写有关的词汇源自希腊语，表明印度人在与希腊化地区的书籍贸易中才开始书写的。希腊化在印度，尤其是其佛教文化中影响更加深远，早期中国佛像亦有希腊特征。印度的巴克特里亚自公元前2世纪起发行了一些带有希腊语和印度语的双语钱币。在埃及，农业发达的法雍地区50%以上的村庄都是希腊名称。埃及亚历山大图书馆历史悠久，里面收藏了数量繁多的希腊文著作，其中包括希腊最负盛名的数学、哲学、天文学等领域的作品。中国也被认为在希腊化时代受到希腊的影响，发现于塔里木地区的一枚中国人的陶土印章呈现出希腊式图案。因此，有学者认为希腊的影响已经在此时到达中国境内。[②]希腊文化还以排山倒海之势进入罗马，结果罗马人不得不折服于大为领先于自己的希腊文明。许多罗马学者，出于民族自尊心憎恶和蔑视希腊人和希腊文化，但他们研习希腊文，其著作大量引用了希腊人的资料。这都说明希腊文化对罗马文化产生了不可逆转的影响。

希腊化实际上是东西方文化融会贯通的结果，东方世界逐步接受了希腊文化，反之亦然，希腊人也开始借鉴东方的优秀文化成果。擅长讲述神话故事的希腊人首先接受了许多东方的神祇，与希腊的神一起作为共同崇拜的对象。托勒密时期出现的崇拜就是从埃及的奥西里斯·阿匹斯崇拜发展而来的，萨拉匹斯的塑像结合了埃及神与希腊神的特征。其次，希腊的天文学吸取了巴比伦天文学的精华，著名天文学家希帕库斯以巴比伦样式为依据制造了更为精确的水平仪。此外，在自然科学、建筑学、历史学方面希腊人也借鉴了许多东方的文化成果。这一时期，希腊本土以及希腊化涉及的其他地区如亚历山大里亚、安条克、帕伽马等城市与雅典一起各领风骚。在

---

① 陈恒：《希腊化研究》，商务印书馆2006年版，第441页。

② M. Cary, *A History of the Greek World*, London, 1972, p. 316.

这些东方城市中，希腊文化与当地文化相交融，形成了别具一格的希腊化文化，并辐射到周围地区。埃及的亚历山大里亚可以说是希腊化世界的文化大都市，地中海世界的学者、艺人纷纷到此发挥才华，产生了许多重要的文化人物。自然科学方面有实测子午线的埃拉拖色尼，著有《几何原本》的欧几里得，发现杠杆原理的阿基米德，"古代最伟大的解剖家"赫罗菲拉斯；文学方面有伟大的诗人阿波罗尼乌斯、田园诗——牧歌的代表迪奥克里图斯，因此希腊化时代又被称为"亚历山大利亚时代"。①

这样的文化融合导致了一种混合的文化背景的产生。简单地说，是在希腊因素主导下，以移民为载体，以城市为依据，以语言为媒介，以贸易为手段而逐渐产生的②。首先，希腊至东方世界的移民，将希腊文化最精华的成果传入其他国家。希腊化时代最显著的一次移民活动与亚历山大公元前334 年的远征有关。他率领步兵 3 0000 多人、骑兵 5 000 多人向波斯发动战争，在远征过程中将希腊文明推广至受希腊影响甚微的边远地区。他的军队驰骋西亚并形成了一个流动的希腊——马其顿国家。为了巩固统治，亚历山大推行征服者与被征服者之间的"融合政策"。他远征所及之处都带有各方面的学者和专家，到达巴比伦后他又留下许多科学家在当地档案馆工作，这无疑加深了东西之间的了解。随着远征顺利进行再加上希腊本土经济的疲软，希腊各城邦兴起了一波又一波的移民浪潮。移民的最高潮在亚历山大大帝去世后 35 年期间，直到公元前 2 世纪早期。但移民的确切人数仍无从统计，唯一可以肯定的是，迁移的民众以学者、医生、艺人、工商业者等拥有专门技能的人。他们将希腊的优秀文化成果传送出去了。

希腊文明在促进贸易和经济发展过程中所起的作用也是值得强调的。希腊化时代初期，各地奉行统一的币制，有利于打破经济壁垒，促进各国间的商品交换，希腊与西亚、北非之间的贸易更为便利和频繁了。一些仍以原始的物物交换为主的东方国家，在托勒密王朝时期由希腊人引入了铸币，商业活动开始以货币为流通手段。埃及的亚历山大里亚还建立了中央国家银行，并在各州府设立分行。③ 贸易也因为有了统一货币体系的加持而活跃起

---

① 陈恒:《希腊化研究》，第 447—448 页。

② 同上，450 页。

③ 同上，第 453 页。

来，并逐渐走向国际化。各地的特产往来于亚非欧大陆，来自西班牙的银、塞浦路斯的铜、黑海以及中国的铁、康沃尔的锡、埃及和克里米亚的谷物、雅典的橄榄油、拜占庭的鱼、耶利哥的枣椰、大马士革的李子、埃及的亚麻、中国的丝绸、米利都的木制品、安纳托利亚的木材、帕罗斯和雅典的大理石、埃及的花岗岩以及印度的糖等商品都在希腊化世界进行大规模的贸易。

总而言之，希腊化文化的产生是东西方各国人民共同参与的结果，突出希腊的影响固然有失偏颇，强调东方各国的本土特色也不符合历史事实，只能说希腊化文化以希腊影响为主（文学、哲学、艺术、语言等方面），东方因素为辅（宗教信仰、政治制度）[①]。这样一个东西方密切联系、相互交融的伟大的历史时期不应该被历史掩埋。

四　深入探究指引

（一）希腊时代与希腊化时代之区别[②]

希腊时代与希腊化时代仅一字之差，希腊化时代继承了希腊时代的一些特征，如哲学思想和科学技术方面的成果。然而，两者之间在政治、社会、经济领域存在着明显的差异。古典时代的民主政治被希腊化时代的君主专制取代；艺术方面，希腊时代推崇的朴素和中庸，让位于铺张奢侈和放荡无节制；在经济领域，雅典小规模的生产制度被大规模商业的成长与剧烈的利润竞争所取代。可以说，与希腊时代相比，希腊化时代代表了一种新的文明时代[③]。从词源学的角度来看，Hellenic这一形容词主要指腓力二世征服希腊之前的希腊古典时期，是古希腊人用以描述自己的；希腊化（Hellenistic）则是从前词演变出来的形容词，用以描述亚历山大去世到希腊语世界被罗马征服这段时期的“类似原来的”希腊人。

就时空而言，所谓“希腊文化”，指古希腊时期，公元前750至前338年之间，地域范围仅限于今天的希腊半岛及其附近诸岛。“希腊化文化”则指

---

① 陈恒：《希腊化研究》，第454页

② 本文主要参考陈恒《希腊化研究》第一章中《关于希腊时代与希腊化时代之间的差异》的内容。

③ （美）伯恩斯，（美）拉尔夫著，罗经国等译：《世界文明史》（第一卷），商务印书馆1995年版，第263—264页。

希腊化时期的文化，即公元前 323 年至前 30 年之间，活动范围从希腊扩大到埃及、西亚等地。从文化层面来看，古希腊文化主要指受到迈锡尼文化和青铜时期文化影响的文化类型，此文化于公元前 5 世纪击败波斯人后达到高峰。公元前 338 年，希腊诸城邦为马其顿的腓力二世攻克，希腊文化随着腓力之子亚历山大的帝国建立而传播到东方，与当地文化合流，成为“希腊化文化”。在亚历山大死后，小国林立，各种文化风格也形成，本土文化渐占上风，故不能再以古希腊文化谓之。

两者在经济上的差异：希腊时代，希腊殖民地成为推销母邦奢侈品的主要渠道，希腊商人以奢侈品生产来换取殖民地的金属、木材、谷物和其他贵重物产。在保加利亚、南俄、意大利中部、法国南部等地区发现的希腊古瓶见证了希腊与殖民地之间的希腊酒、橄榄油和各种制造品的贸易。但是大殖民时代的贸易(前 8 世纪一前 6 世纪)因波斯帝国与希腊之间的界限而受到阻隔，这种情况在亚历山大的帝国建立起来后得到改观。帝国的征服使亚洲内陆的希腊定居点建立起来，希腊开始对波斯帝国广大内陆地区进行商业渗透。希腊化时代的到来更加速了东西方贸易的发展，不仅希腊与东方的贸易畅通无阻，东方各地之间也因为希腊城市和商旅组成的国际化网点而增加了彼此接触的频率。国际贸易圈的范围在扩大：意大利、法国、西班牙等西欧国家和中欧部分国家被纳入地中海贸易圈；远东跨越葱岭到中国的商路也建立起来了。

两者在科学方面的差异：古希腊的学者主要在理性思考方面实现了重要的飞跃，为希腊化时代的科学革命提供了基础，可以说，希腊时代的理性思考到了希腊化时代转化为实践。希腊化带来的各种文化的交融是实现这一转变不可替代的因素，如果没有亚历山大里亚、叙拉古、帕伽马和希腊化世界其他大城市的科学家的发现，许多成就都是不可能的。在亚历山大大帝去世后的“博学时代”出现了三位伟大的数学家：欧几里得、阿基米德和阿波罗尼乌斯；与他们相辉映的是三大天文学家：阿里斯塔克、埃拉托色尼和希帕库斯。这些学者修正了古典自然科学和自然哲学缺乏实证的思辨方式，建立了在实验基础上以严密逻辑推论的科学方法和相关结论，是希腊化时代自然科学的主要成就，这种科学领域的繁荣景象在 17 世纪以后才重新出现。

两者在城市形式方面的差异：希腊时代的城邦由享有自由的公民权的

市民阶层建立起来,城邦中建有公共建筑、剧院、庙宇以及城墙、供水系统等设施,各城邦有充分的自主权,单一的希腊民族组成的居民之间存在着紧密的共同体的感觉,这促使他们为保卫城邦而战。古希腊城邦的人口一般不超过一万人,规模较小。希腊化城市的规划一般以古希腊城邦为模板,但区别明显。首先,城市里的土著与操希腊语的官商之间有种族和文化方面的分歧;其次,这些城市是希腊化各朝代治下的一部分,没有自主权,城市居民也没有身处同一共同体的感觉;再次,城市人口民族成分复杂,包括来自东西方各地区不同民族的人口;最后,城市的规模发展迅速,居住人口大大超过古典城邦人口的水平。如亚历山大里亚在公元前仅 5 万居民,到公元前 3 世纪晚期达到 40 万,公元前 1 世纪已达 100 万。此时安条克和塞琉西亚的人口已超过 50 万。

两者在教育方面的差异:希腊时代城邦的教育均出自私门,而在希腊化时代诸王国则受王室统辖。希腊化时代的教育机构主要是博物院,这里由动物园、植物园、展览厅、演讲厅和供学者起居的建筑物,这一学术机构属于托勒密王宫的一部分。这种博物院与今日的大学类似,虽然这里的学者没有义务讲课,但他们自由研究、充分讨论、广泛交流,极有效地传播了知识。还值得一提的是,亚历山大里亚图书馆是希腊化诸国中最大的图书馆,那里不仅搜集了希腊的著述,还有地中海、近东、中东和古印度的典籍,这也是中央集权的政治制度之下文化高度发展的一大表征。

综上所述,希腊时代的文化成就主要体现在人文科学方面,公元前 6 至前 5 世纪是文学的黄金时代,公元前 5—前 4 世纪是哲学的黄金时代。希腊化时代的文化成就主要体现在自然科学方面。

第三节　古代东方文学艺术典型

古印度、阿拉伯和吉卜赛文化都拥有源远流长的历史,其文学艺术早在两千多年前就已经屹立于世界民族之林。印度史诗可谓人类文化中的瑰宝,既与其宗教信仰密切联系又影响了印度人民的日常生活和风俗习惯。阿拉伯文学中的诗歌和散文也同样精彩。最特别的是汇集了东西方文化精华的流浪者文化——吉卜赛文化,不愧为保存了古代东西文化的“活化石”。

一　印度古代宗教文学与史诗

印度是世界四大文明古国之一。古代印度人民创造的光辉文明，为人类文化宝库添上了精彩的一笔。印度古代文学对东亚、西亚、中亚、欧洲，尤其对东南亚等地有过很大的影响。梵语是古代印度文学共同使用的语言，因此，古代印度文学通称为梵语文学，而且这一语言与印度国内最著名的宗教——佛教息息相关，因此印度文学是承载了印度宗教、语言、文明三大领域的最佳载体。本文将分以下几个阶段进行考量印度古代宗教文学的发展历史。

（一）吠陀时代

公元前 2500 年至公元前 1750 年印度河文明出现，公元前 17 世纪开始雅利安人开始统治印度河流域，开启了吠陀时代。这是印度从原始公社解体到阶级社会形成的过渡时期。在古代印度，大型的祭礼典礼十分兴盛，此类集会都由通晓诗句和经文的婆罗门祭司主持。历代祭司们自发地将代代相传的诗歌汇集起来，编订成四部《吠陀本集》，最终成为印度在原始社会末期重要的宗教典籍。因为印度人对宗教的敬畏以及这本经典在祭祀中举足轻重的地位，《本集》的保存状态完好。《吠陀本集》共有四个类别：即《梨俱吠陀》、《娑摩吠陀》[①]、《夜柔吠陀》[②]以及《阿闼婆吠陀》。四大吠陀本集的内容体现了雅利安人由西向东移动的路线，《梨俱吠陀》和《娑摩吠陀》表明当时的雅利安人活动在印度河流域；到了《夜柔吠陀》时代，他们已进入恒河流域；《阿闼婆吠陀》最晚，其时雅利安人已到达孟加拉地区。[③]

其中《梨俱吠陀》最古老最具有文学价值。《梨俱吠陀》大约在公元前 15 世纪前后编成，共收集诗歌 1 028 首，是印度年代最为久远的诗集。《梨俱吠陀》产生的年代，印度人还对大自然的认识十分粗陋，为了解释一些独特的自然现象，常常用一些非理性的话语进行解释，试图了解神秘莫测的客观世界。因篇幅巨大，《梨俱吠陀》内容繁杂、包罗万象：与祭祀和巫术有关的颂词，对自然界的描绘，现实社会生活的写照以及上古先民中流传的神话传说等等。这些诗歌是今人研究向奴隶社会转型的印度社会的重要渠道。因历

① 娑摩指祭祀用的歌曲，即颂神歌曲。

② “夜柔”即祭祀，是说明祭祀如何进行的书。

③ 郁龙余：《中国印度文学比较》，中国社会科学出版社 2001 年版，第 13 页。

时久远,《梨俱吠陀》并不墨守成规,除了描绘性的诗歌以外,还有富有戏剧性的对话体诗歌,以便祭帅在大型集会中表演。这样的诗体加上了独白和对白,发展下去就变成了日后的印度戏曲。

宗教意味浓烈的《阿闼婆吠陀》意为禳灾吠陀,是巫术、咒语之汇集,为印度先民消灾解难之用。据统计,《阿闼婆吠陀》收录赞歌 731 首,其中部分(约六分之一)已经在《梨俱吠陀》中出现。这部包涵了古印度宗教思想的作品,是印度哲学的前身,体现了印度人对世界和宇宙朴素的认识。产生于吠陀时代后期的《阿闼婆吠陀》主要功能是祛病、消灾、祷告和平。

(二)史诗时代

史诗时代指的是从公元前 10 世纪到公元前 1 世纪孔雀王朝统一后又亡国的历史时期。随着奴隶制度在印度扎根,印度社会出现了等级制度,即种姓(又称瓦尔纳)制度。种姓以严格的标准将社会各阶层的人士分为四个等级:婆罗门(祭司贵族)、刹帝利(军事贵族)、吠舍(小生产者)和首陀罗(雇工或手工业者)。等级划分日益明确,各个等级也产生了为自我服务的哲学思想,婆罗门祭司仍然是宗教教义和理论最权威的解释者,还出现了持朴素唯物主义观点的顺世派,以苦行表示虔诚的极端派,以及一些改良主义者形成的吠檀多派等。思想领域的纷繁芜杂决定了文学领域的百花齐放,代表不同阶层文化的文学形式出现了。

平民文学在史诗时代的发展最为显著,以口头创作形式在民间长期流传的两部史诗《摩诃婆罗多》和《罗摩衍那》并行于世。两大史诗被看做印度教圣典,在印度家喻户晓,妇孺皆知,是印度人精神生活中不可缺少的太阳和月亮,也是进行文学再创造的最重要的源泉。① 据估计,堪称“印度灵魂”的《摩诃婆罗多》其成书时间约从公元前四世纪至公元 4 世纪,历时 800 年,它是一部篇幅庞大的叙事长诗。从它诞生开始,都是以口头方式进行创作和传诵,经过长期的积累,全面立体地展现了印度文化的方方面面。对印度人民来说,又是一部诗体的百科全书。

印度人民另一部智慧的结晶——《罗摩衍那》以罗摩和妻子悉多的经历为故事主线,主要围绕宫廷内部和列国之间的矛盾与冲突展开。史诗成书

① 郁龙余:《中国印度文学比较》,第 15 页。

不早于公元前300年，第二章到第六章是原作，第一章和第七章可能是后来（不早于公元前200年）补充进去的。至今学者仍未能确认这部史诗的作者。但可以肯定的是此书文风统一，可能由一位作者系统整理而成。关于这部史诗的学术价值，学术界的争议很大。印度教徒将其视为宗教“圣书”，重要性不亚于《圣经》之于基督教。有些西方学者则认为史诗描绘了一部农业技术发展和传播史，也有些学者倾向于这是一部英雄颂歌，歌颂具有牺牲精神的罗摩。

总而言之，这两大英雄史诗是印度文学史上的杰作，为印度文化的发展提供了源源不断的灵感源泉。在流传过程中，各个等级的代表都希望加入对其有利的内容而不断增删，导致两部史诗附加成分极多，内容极为庞杂。如在《摩诃婆罗多》中，除加进不少插话外，还加上了“法典”性质的内容、颂神诗歌、神学以及哲学著作等，几乎要“喧宾夺主”，把史诗故事淹没掉①。

（三）古典文学时代

这一时期从公元1世纪到12世纪，印度经历了分久必合，合久必分的历史循环。贵霜帝国大约在公元1世纪中叶出现。两个世纪以后开始没落，北印度又重新分裂成许多小国。公元四世纪初，旃多罗笈多一世建立起笈多王朝，公元五世纪中叶，笈多王朝瓦解。7世纪末、11世纪初，阿拉伯人和突厥人乘印度分裂之机相继入侵，带来了伊斯兰教的新文化。宗教信仰方面也经历了剧变，耆那教虽然保存下来，但影响力大不如前，佛教已衰微并与婆罗门教长期融合形成印度宗教的主流——印度教。

这一时期，出现了大量有别于《摩诃婆罗多》和《罗摩衍那》这类“历史传说”的“古代传说”，即神话故事。这一类体裁继承《摩诃婆罗多》的形式流传于世，被统称为“往世书”，包括18部大《往世书》和18部小《往世书》，两者都以印度教三大主神②的神话传说为主要内容，小《往世书》更具地方色彩和教派倾向。人们一般都重视大《往世书》，小《往世书》地位不高。③

在古典文学时期，各种文学体裁普遍得到了独立的发展，出现了形式多样的文学形式。长篇叙事诗有《故事海》，抒情诗有《三百咏》、胜天的《牧童

---

① 金克木：《印度大史诗〈摩诃婆罗多〉的楔子剖析》，《外国文学研究》1979年第3期。

② 梵天、湿婆和毗湿奴。

③ 郁龙余：《中国印度文学比较》，第16页。

歌》;小说有檀丁的《十公子传》、波那的《迦丹波利》、《戒日王传》以及苏般度的《仙赐传》等。但这些小说语言过于雕琢,文学价值不高,对后世的影响有限。

二 交汇东西方文化的阿拉伯文学

阿拉伯地理位置决定了它在文化上贯穿东西世界,取其精华、弃其糟粕。阿拉伯文学隶属于东方文学的一支,东西方文学在这里交汇,为后世研究东西文化交流提供了参照。阿拉伯文学最初是阿拉伯半岛上的各部落居民的文学。在伊斯兰帝国建立起来以后,统一的阿拉伯语言和文学才逐步确立。在绵延一千多年的发展历程中,古代阿拉伯文学大致经历了五个阶段:一、贾希利叶时期,又称前伊斯兰时期(475—622);二、伊斯兰初创期或拉希德时期(622—661);三、伍麦叶时期(661—750);四、阿拔斯时期(750—1258);五、蒙古和土耳其统治时期(1258—1798)。

贾希利叶时期的文学以少量诗歌和散文最负盛名,流传下来的文学样式以演说词、故事、格言为主,这些作品首先通过口耳相传的方式传播,之后才用文字记录下来。"贾希利叶"本来有"蒙昧"之意,但此期的诗歌却达到了很高的艺术境界,著名的"悬诗"即产生于此期。众多的诗歌作品中又以讽刺诗见长,主要用于各部落之间发生矛盾时进行口头争辩,以使对方受辱为目的。

贾希利叶时期七位诗人①的七篇长诗的总称就是"悬诗"。在贾希利叶的悬诗诗人中,乌姆鲁勒·盖斯(500—540)最负盛名。他本人经历坎坷,身为肯达王国的王子,虽被父亲驱逐,但在父亲被杀后重回皇宫报仇。他的一生著作丰富,可惜的是大部分散佚,至今保留下来的只有25首长诗和一些短诗。他的一首长达80联的悬诗开创了贾希利叶诗歌的一个新阶段——长诗的内容得到扩展,形式更为完善。从诗歌的内容来看,他是第一个采用凭吊遗址、回忆情人来起兴的诗人。从修辞来看,他文风优美、刻画细腻。这些优点都让他成为后人仿效的典范。另一位著名的悬诗诗人是塔拉法,他的身世也同样曲折。他的悬诗被称为《达勒韵基诗》共104联,诗歌的内容比形式更有价值,主要以作者本人的生活经历出发,表达了强烈的情感,

---

① 他们分别是乌姆鲁勒·盖斯、安塔拉(525—615)、祖海尔(530—627)、塔拉法、哈里斯(?—580)、阿穆尔(?—600)和拉比德(560—629)。

既带有历史描述的风格，又蕴含哲学思考，是不可多得的优秀作品。

伊斯兰初创期即公元7世纪初，政教合一的伊斯兰国家空前繁荣，他逝世后共有四位哈里发继位，这一时期被阿拉伯史学家称为“拉希德时期”。跟贾希利叶时期不同的是，诗人的地位急剧下降，就连某些享誉阿拉伯地区的悬诗诗人都暂停了诗歌的创作。伊斯兰精神渗透至一切文明领域，多样化的文明形式告一个段落。统一的政治氛围造就了统一的文明形态，当时盛行于伊斯兰世界的一部宗教—文学典籍是《古兰经》，它是伊斯兰教的圣书，由穆罕默德40岁到逝世用了23年写成。公元632年第一任哈里发艾卜·伯克尔(632—634年在位)下令整理、汇编《古兰经》，这本穆斯林经典开始以书面方式流传。《古兰经》囊括了伊斯兰教所有的宗教和政治思想，勾画了这两个领域的大致图景。然而，《古兰经》的文学意义尚未得到重视。首先，《古兰经》是阿拉伯先民以及阿拉伯相邻的各民族、地区人民所创造的文化融合之物，其他的宗教如犹太教和基督教为《古兰经》的内容提供了借鉴。其次，《古兰经》的语言和修辞风格十分独特。它的主体是散文，但又具有诗的节奏和乐感，是两者合二为一的典范。最后，它运用麦加古莱氏部落的纯正阿拉伯语，在《古兰经》流传的一千多年里保存了阿拉伯语的纯粹性。可以说，《古兰经》是伊斯兰文化的集大成者，它的出现标志伊斯兰精神统治阿拉伯文化的时代来临了。

伍麦叶王朝是由661年击败了第四任哈里发的穆埃维亚建立的王朝。这一时期，伊斯兰精神逐渐深入阿拉伯社会各阶层，阿拉伯文化艺术呈多样化趋势。诗歌在经历拉希德时期的蛰伏期以后得到了意想不到的发展。伍麦叶时期的上层统治集团十分重视诗歌和诗人，他们逐渐认识到文学艺术有助于他们在政治斗争中获得优势，于是开始笼络诗人以增加自身的影响力。这就解释了此期“政治诗”繁盛的原因。这一时期的诗人都具有强烈的政治意识，其中包括主张伊斯兰平等、呼吁政治廉明的欧默朗·本·哈唐、蒂尔玛赫·本·哈基姆等。他们的诗极具煽动性，还从《古兰经》中寻找观点和论据。还有支持哈希姆家族的阿里及其后裔为合法继承人的什叶派诗人，其代表人物是库美特·埃塞迪和库塞尔·伊比，他们的诗歌是悲、怒和讽几种情绪的结合。此外还有一些诗人不属于任何政治派别，始终支持他们的部落。

伍麦叶王朝没有逃脱灭亡的命运，最终被阿拔斯王朝取代。从哈伦·拉希德(786—809)到马蒙(813—833)当政的时间内,阿拉伯的文学艺术得到全面发展。当政者对待文化的态度决定了这一形势:阿巴斯王朝对内奖励文学艺术,对外鼓励文化交融,阿拉伯文化得以吸收希腊文化、波斯文化和印度文化的优秀成果。就是在这一时期,初具规模的阿拉伯——伊斯兰文化体系形成了。首先,阿拔斯文学加入了反映现实生活、表达普通民众思想的内容,不再仅仅为表达政治而生。其次,形式多种多样,不但诗歌和散文的内容和形式更趋多样化,而且还出现了新的艺术形式,如"玛卡梅"韵文故事以及各种民间说唱体故事。再次,文学艺术开始以商人、手工业者为创作原型。最后,这个时代涌现出很多个性张扬的大诗人、大散文家,如以悲观著称的哲理诗人麦阿里,诗风华丽的穆台纳比等。

综上所述,阿拉伯文学宝库中充满奇珍异宝,除了耳熟能详的《一千零一夜》之外,我们常常容易忽视阿拉伯从中古时期到近代以来独具魅力的诗歌、散文和小说。在文学沦为政治的工具之前,阿拉伯的诗歌和散文清丽脱俗,除了反映古代的社会历史景观之余,还表达了深刻的人生哲理。当伊斯兰精神统摄阿拉伯世界,阿拉伯的多样文化趋于统一之际,又有富有才气和个性的诗人和散文家崛起,继续书写阿拉伯文学的辉煌。

三　吉卜赛人的"流浪者"艺术

吉卜赛民族是一个流动性很大的世界性民族。吉卜赛人(Gypsies)亦作Gipsy,吉卜赛语中又把他们称为罗姆人(Rom),大多数学者认为,他们源自印度北部地区,后四处流浪,现在散居于世界各地。对这一群特殊的民族,每个国家都有不同的说法,在吉卜赛人最多的欧洲,各个国家对其称呼各异,在法国他们是波西米亚人①,在俄罗斯他们被称为茨冈人,只有在英国被

---

① 波希米亚词根"Bohemia",来自于法文"la Boheme",原意是法国人对居住在捷克西部波希米亚地区的吉卜赛人的称呼。但19世纪以后,该语汇渐渐与聚居在巴黎拉丁区贫穷而冒险的年轻文人联系在一起,尤其是1849年亨利·缪尔热的小说《波希米亚人:巴黎拉丁区文人生活场景》改编成歌剧获得巨大成功后,默默无闻的巴黎艺术家们的生活得到世人关注,并逐步在全欧洲范围内掀起了对吉卜赛式艺术家和他们的生活方式的热烈崇拜之风。自此,"波希米亚"一词广泛流传,被当做一个普通形容词,用来喻指那些贫困潦倒却自由放荡的年轻艺术家及他们的生活。参见卫华:《吉卜赛人的生活智慧与波希米亚文化现象》,《衡阳师范学院学报》2009年2月。

称为吉卜赛人。吉卜赛人长期从事着流浪、乞讨、街头表演，很少选择定居某地，因此难以融入当地社会，成为备受隔离和歧视的种族。因为流动性太大，再加上散居面积广大，目前对其人口总量尚无确凿的数据。今天我们大致将其人口总数估算为200—300万。

吉卜赛人向来没有定居从事农工商业的习惯，他们乘坐大篷车、卡车或拖车进入城市从事着不稳定的职业。男人不时做一些小买卖，从中赚取利润，或者在马戏团中驯兽，或者帮人修补厨具；女人则经常从事占卜、街头表演等行业。无论男女，如果囊中羞涩，吉卜赛人最常采用的方式都是乞讨，在欧洲街头时常可以见到吉卜赛人拖家带口乞讨的场面。

吉卜赛人的起源问题是各国学者关心并长期从事的问题。然而，吉卜赛人四处流浪而无法接受教育，文化水平低，因此很多纸上的材料无迹可寻，历史学家在这方面可谓一筹莫展。因为早就放弃了定居生活，他们很少留下生活场所的遗迹，这也让考古学家无从入手。最终取得突破性进展的是欧洲的几位语言学家，18世纪末的德国学者鲁迪格和格雷尔曼，以及英国人雅各布·布赖恩，通过对吉卜赛方言的考证发现，吉卜赛语言有很多来自印度语，许多词汇与梵文和印地语相近，这些证据将吉卜赛的起源指向了印度。在吉卜赛的语汇中包含了各个国家和地区的方言，是一种复杂的混合型语言，据英国学者桑普逊的统计，意大利威尼斯的吉卜赛人日常使用的语言中，印地语词汇占多数，其次是英语、意大利语以及许多西亚的方言。

吉卜赛人作为世界民族的一支，具有独特的生活方式和特质。他们热爱生活，乐观热情，及时行乐，这也是流浪生活赋予他们的。在法国，他们的生活方式被概括为“波西米亚”的生活方式，这种生活也被部分法国人所推崇。近代以来，他们的活动踪迹开始被当地的历史学家记录下来，第一个关于波西米亚人的记录是1419年。他们没有固定目标和路线而穿越了整个法兰西王国，在当时引起社会的轰动。路易十四统治时期曾将许多流浪者送去服苦役，其中有50名波西米亚人①。

吉卜赛民族是一个古老的民族，他们的流浪生活已经有几百年的历史。根据学者的考证，他们约于公元1000年离开原本聚居的土地——印度，经西亚和东欧几个国家进入欧洲。14世纪时罗姆人到达巴尔干半岛，16世纪

① (法)若兹·库贝洛著，曹丹红译:《流浪的历史》，广西师大出版社2005年版，第139页。

时已遍布欧洲各地，包括严寒的斯堪的纳维亚半岛。也有人从北非，越过直布罗陀海峡到达西班牙。吉卜赛人拥有极高的语言天赋，他们一旦到达某个地区生活，很快就能学会当地的语言，因此适应性极强。

吉卜赛人流浪的生活方式让他们在自娱自乐方面优于其他民族，吉卜赛舞蹈和音乐具有独特的风格，至今享誉世界。比如西班牙的奔放、豪迈、狂热的弗拉明戈舞，是源自吉卜赛文化的一种艺术形式，由安达卢西亚的吉卜赛人发扬光大，这一舞蹈的表现方式正好印证了吉卜赛人的生活方式。吉卜赛音乐也是如此。吉卜赛音乐就是流浪的音乐，其历史与其流浪的历史一样源远流长。从15世纪末起，吉卜赛的乐师就因其娴熟的技艺和独特的表现手法被各国的统治阶层邀请表演。今天，吉卜赛音乐也是世界音乐的一颗闪耀的星。

四　深入探究指引

（一）印度史诗中的妇女形象

在印度古代文学史上有许多栩栩如生、性格鲜明的妇女形象。两大史诗中的女性角色非常丰富，《罗摩衍那》中的悉多，《摩诃婆罗多》中的黑公主，《摩诃婆罗多插话选》中的沙恭达罗、达摩衍蒂、莎维德丽等，虽然史诗中的故事不一定完全真实，但通过对这些人物的经历、命运和性格的研读，我们可以了解古代印度妇女的生活状况和身份地位。

古印度妇女在社会生活中还是占有一席之地的，两部史诗中对妇女特别是上层妇女的描绘用了不少笔墨。首先，文学作品中的妇女大部分以悲剧收场，体现了父系氏族取代母系氏族社会的转变。恩格斯指出，原始时代母权制的被推翻，乃是女性具有世界历史意义的失败[①]。父系社会强调了丈夫在家中的主体地位，而妻子则处于附属于其丈夫的地位。公元前4世纪左右，女性的地位更为低下，常常成为丈夫在一夫多妻制的牺牲品。上层社会的妇女除了遵从跟中国封建社会三从四德一样的训诫以外，还不得不为争宠而展开竞争，其残酷程度不亚于战争，妇女的命运堕入更为苦难的深渊。《罗摩衍那》所描绘的人、猴、魔三个国王都实行一夫多妻制，后宫妃子

① （德）马克思、（德）恩格斯著，中共中央马克思恩格斯列宁斯大林著作编译局编译：《马克思恩格斯选集》卷四，人民出版1995年版，第54页。

争夺王位的斗争十分残酷，最终导致男主角罗摩被流放，其妻悉多被劫的悲剧。

反过来，妇女也影响着男性世界和社会，《摩诃婆罗多》中的黑公主遭外族的欺辱，终于酿成两个民族间的大战。但史诗中也不乏对妇女追求自由和爱情的赞美，天上的银河女神，即地上的恒河女神既不通过父母之命，也不经媒妁之言，主动追求一位国王，并且公然坐在他的大腿上。后来她答应了福身王的要求，和他自由的结合了。除了女神之外，尘世中的少女也有追求幸福的可能。沙维德丽通过自主的选择，与萨蒂梵结婚。但萨蒂梵是一个失去了国土流落森林的国王的儿子，仙人预言他一年后就会死去，可是沙维德丽坚持与他结合，一年后，勇敢的沙维德丽用巧妙的说理说服阎王放回了她的爱人的灵魂。这样的例子不在少数。[①]

其次，史诗中的妇女经历各异，其形象都是非常正面的，常能引发读者的同情和共鸣。作为丈夫的附庸，印度妇女的优良品质大多经过夫妻之间真挚的情感表现出来。经过作者的细心铺陈，悉多已成为印度妇女忠贞的化身。特别是她心甘情愿地放弃舒适的宫廷生活，随丈夫流放森林。她对罗摩说："人中英雄啊，只有妻子把丈夫的欢乐和忧愁分享。因此，我也就算注定要到森林里去奔波流放。我不愿居宫阙中，云车上，我不愿成神仙升入天庭，任何时候都要服侍丈夫，这样才最使我快乐兴奋。"几位有代表性的女性形象体现了她们的某种妇德。持国王后，持国白子的母亲甘陀利，原是一个国王的公主，当她得知父亲已经将她许配给盲人持国后，就用布把眼睛蒙起来，从此她也像持国一样生活在黑暗中。她认为自己不应该见到丈夫的先天缺陷，当丈夫不能享受视觉乐趣的时候，她作为绝对忠于丈夫的妻子就不能享受。她相夫教子，但儿子们胡作非为走向灭亡，她深知儿子们的罪孽又身怀丧子之痛，她的这种举动受到男性社会的惊叹和羡慕[②]。还有一位典型人物就是恩巴公主，她是毗湿摩的弟弟奇武抢来的公主之一，在择婿大典上选择了沙鲁瓦国王，但后者拒绝接受她，她于是又回到毗湿摩那里，但奇武也因为她爱上别人而嫌弃她。恩巴从此开始了苦难的一生，为了报复毗湿摩多方求告，后来转世为半男半女的束发武士，最终置毗湿摩于死地。她

① 刘安武：《印度两大史诗研究》，北京大学出版社 2001 年版，第 163 页。

② 同上，第 172 页。

的命运之坎坷令人同情，她的意志之坚决令人赞叹，她不再是任人摆布的柔弱女子。这就给男性们提出了警告[①]。

第三，印度文学中描写的众多女性形象，大多数美貌动人、沉鱼落雁，再加上崇高的品质，并不逊色于男性人物。史诗中对她们的描写大多是由外及内的，她们美丽纤弱的外表与她们内心的刚毅形成鲜明的对照，读者对她们的喜爱和崇拜不在话下。史诗中对妇女的描绘最常用的语言是：鹿眼、细腰、美胸、莲花眼、丰臀等等。这种独特的审美是印度的特色，并由其客观的地理环境和文化风俗决定。印度地跨印度河、恒河流域，土地肥沃，农业发达，人民相对富庶；而且印度地处热带，四季炎热，热带雨林连绵不断，景色秀丽的森林中的动物悠闲自在：外形纤细婀娜的孔雀、活泼灵动的鹿等等，潜移默化之中构成了印度人独特的审美旨趣，将大自然的美和人的美合为一体。

印度文学向来以文来传颂法律、规范和道德准绳，许多创作都以这一原则为指导。对妇女的刻画必然无法避免这一窠臼，两大史诗中的妇女形象都是在印度古代的宗法框架之下形成的，她们虽然具有崇高的美德，却无法冲破传统保守力量的束缚，无法质疑宿命论，无法争取自身的权利。从史诗的行文和内容的设置来看，印度妇女始终是在男性主导的社会中生活和行事的。了解史诗中的妇女形象有助于我们更直观、立体地认识古印度社会，同时加深对印度社会、宗教、人文、政治等领域的认识，也会帮助我们更好地探视印度妇女的生活和地位。

（二）阿拉伯文学对欧洲文学的影响

古代阿拉伯文学和欧洲文学通过安达卢西亚频繁交往，相互影响，取长补短。从形式上来说，阿拉伯诗歌丰富了欧洲诗歌的格律，安达卢西亚产生的穆瓦沙赫体诗在保留阿拉伯诗歌原有特点的基础上，揉入了韵律变化，听起来柔和婉转，充满乐感和艺术性。随着行吟诗人在欧洲各大城市不断传唱，阿拉伯诗歌韵律被广泛接受和喜爱，普罗旺斯派诗人为首的欧洲诗人开始了对阿拉伯诗歌的模仿。阿拉伯寓言形式生动活泼、通俗易懂，欧洲人从中获得乐趣并受到启示，《卡里莱和迪姆乃》等阿拉伯寓言传入欧洲后，促进

---

① 刘安武：《印度两大史诗研究》，第 173 页。

了欧洲的寓言故事创作。阿拉伯文学家故事套故事的方法也得到欧洲人的借鉴，这种方法用一条主线串联各个部分，使长篇作品结构紧致，每个部分又相对独立，有利于作者日后进行修改，完善作品。

相对于创作形式上的影响，阿拉伯文学对欧洲文学在思想上的影响更为深入。众所周知，阿拉伯文学的思想核心是伊斯兰思想，它与欧洲基督教思想并非完全契合，但宗教上的分歧并不影响欧洲人从阿拉伯文学中吸取精华。一直以来，爱情诗在阿拉伯诗歌中占有较大的比重，大多数作品很大的篇幅都用于描绘和刻画美丽的妇女和情人之间的恋情。在欧洲，这样的爱情诗从普罗旺斯派才开始流行。《一千零一夜》传入欧洲后，大量的爱情故事甚至性爱的描写开始涌现在当地的文学作品中。这样的趋势也与中世纪欧洲社会企图冲破教权思想、禁欲主义、批驳神职人员和上层封建统治者畸形的爱情观的倾向相契合。

阿拉伯人自古善于经商，这在《一千零一夜》这一公认的"市民文学"中有所反映。商业和商人自古在阿拉伯世界就受到重视，在《艾布·哈桑·阿里和佘赭莱·顿鲁》中，哈里发的宠妃爱上商人艾布·哈桑，两人频繁约会，最终事情败露。在哈里发面前，妃子理直气壮要求嫁给艾布·哈桑，哈里发十分无奈。这一事例也体现了商人阶层在阿拉伯社会中的地位[①]。在薄伽丘的《十日谈》中，我们也可以看到与这样的故事情节相似的部分，那种鼓励商贸活动，抛弃封建等级，弘扬人性和人权的思想或多或少地从阿拉伯文学中找到了灵感。在这样的文学作品和更为直白的政论性作品的推动下，欧洲文艺复兴运动拉开了序幕。欧洲人并没有完全地模仿和照搬阿拉伯文学的模式，而是在接受其创作方式的基础上加以创新，这样的杂糅和发挥逐渐孕育了人文主义的萌芽，从这一点来说，阿拉伯文学对近代欧洲的兴起有一定的积极作用。

① 韩忡：《阿拉伯文学对欧洲中世纪的影响》，《阿拉伯世界》1999年第4期。

第四章　近代文化的互动与转型

随着19世纪西方科学技术和工业革命的迅猛发展，近代社会结构发生了巨大变化，中西文化的互动和转型进入了一个新的历史阶段。欧洲各种现代社会政治思潮竞相涌现，流派纷呈。科学社会主义的诞生，对人类社会发展和文化变迁产生了深远的影响。在西方近代社会政治思潮的冲击和影响之下，近代中国出现了史无前例的思想解放潮流，从鸦片战争的“开眼看世界”到甲午战争后的维新变法思潮；从辛亥共和思想的传播到五四新文化运动的兴起，救亡、强国、民主、科学成为时代的思想主题，为马克思主义传入中国作了思想铺垫，经过中国共产党人的艰难探索，马克思主义中国化成为20世纪最重要的思想理论成果。中国特色社会主义理论体系的形成和发展，既是历史的继承，也是时代的创新，成为了中国全面实现社会主义现代化的思想指南。

第一节　现代社会政治思潮的涌现

19世纪的欧洲，科学技术以前所未有的速度向前发展，工业革命引起了物质生活的巨变，西欧各国原有的社会政治结构也发生了急剧的转变。工业革命和大工业发展催生了新的阶级——工业资产阶级和工人阶级产生出来，又使原有的阶级发生分化，引起整个社会阶级结构的重新组合，形成一些意向各不相当的利益群体。这些利益群体在社会大变动的浪潮中争取自己的地位和前途，其中尤以工业资产阶级的革命运动和工人运动最为强劲。

因此，在19世纪，各种学说像雨后春笋般涌现，产生了诸多“主义”。在社会政治学说方面，最引人注目的是自由主义、民族主义和社会主义，同时也还存在保守主义思潮。

一 自由主义与保守主义的学说

（一）自由主义的兴起和发展

自由主义（Liberalism）是近代以来西方社会的主流政治思潮之一。作为一种思潮，它是17、18世纪天赋权利哲学的继续和发展。在19世纪的大部分时间里，自由主义一直是资产阶级意识形态中的主流。

自由主义学说在英国革命期间首次被明确地提出来并得到贯彻。当时的自由主义学说主要是反对王室任意干涉的宗教信仰自由、人身安全和财产安全。因而，17世纪英国的自由主义实质增进了资产阶级的利益。自由主义在美国革命期间有了一步的发展。1791年所采用的联邦宪法是以分权原则为基础，也就是让行政权、立法权和司法权互相牵制和平衡，目的在于制止暴政。《人权法案》保证了宗教信仰自由、言论自由、出版自由和集会自由。因此，美国宪法实质保护了有产阶级的利益。在自由主义信条方面，比美国革命更进步的是法国革命。《人权和公民权利宣言》是18世纪自由主义的典范陈述，它响亮地喊出：“就人们的权利而论，人人生而自由、平等，且始终如此……”，并且宣布财产权是神圣不可侵犯的。因此，法国革命仍是一种资产阶级革命，所增进的亦是资产阶级的权益。

从18世纪末到19世纪，自由主义在深度和广度都得到了推进。19世纪建立起自己的学说体系主要有：法国的邦雅曼·贡斯当、英国的耶利米·边沁和约翰·密尔（旧译穆勒）、法国实证主义哲学创始人奥古斯特·孔德等。此外还有自由主义的经济学说即英国古典政治经济学。

法国的邦雅曼·贡斯当的主要代表作是《立宪政治教程》，特别是其中的第一卷《政治原理》。贡斯当即反对君主专制和政治神权学说，也反对大革命时期的雅各宾主义。他极力主张“人身自由、宗教自由、言论自由和财产享用自由”。贡斯当明确指出，国家必须保证不干涉私人生活，尊重私人的财产权。而且，由于财富就是力量，所以应该由有产的“中间阶级”来掌权。他说，18世纪“革命的最大收获”，就是“使中间阶级得以管理政治事务”。对这一收获必须加以巩固。为使富人掌权，议会便不应是人民代表机构，而只应是公共意见即有产者操纵的舆论的体现。因此，应该建立起英国式的君主立宪制度。

在英国，以功利主义为基础的自由主义成为资产阶级主流思想。耶利米·边沁是功利主义学说的主要代表，其代表作是《道德与立法原理》。边沁强调，人的全部活动、道德和立法的活动，都只能依据一个原则，即功利。他提出了“最大多数人的最大幸福”的功利原则。但是他认为，社会利益并非“最大多数人的最大幸福”，而只是一种抽象，是个人利益的总和，而唯一现实的利益则是个人利益。边沁把功利主义运用于政治领域，认为立法的任务在于调和个人利益和社会利益，谋求“最大幸福”。他认为，法律应有限度，因为其本身是以恶制恶的事物。政治的活动应尽量限制在保护人身安全和私有财产不受侵犯的范围内，不应干涉经济生活。他主张基于普选权和实行分权的代议制政府，而反对将个人或少数人利益置于首位的君主政体和世袭贵族政治。因为前者权力的分配和运用合理，使统治者与被统治者的利益融洽，能够实现“最大幸福”。他还主张给妇女选举权。边沁的学说在相当程度上开了实证主义之先河。

以边沁思想继承者自居的约翰·密尔，是19世纪中叶最有代表性的自由主义思想家。密尔涉及的领域较多，主要政治著作有《论自由》、《代议制政府》、《功利主义》等。密尔不再赤裸裸地宣传功利主义，对功利主义有了新的解释。他强调人们追求幸福时应该平等地顾及到一切人的利益，功利的标准不应该是追求者一已之幸福，而应是与这一追求有关的所有人的幸福。然而，密尔在强调人的社会感情时，并没有否定个性自由。相反，他认为个性自由是人类幸福的首要因素之一，是社会进步的必要部分和必要条件，因此，社会或政府应当以保护个人自由为目的。密尔十分强调思想、言论自由，认为反对压制意见会损害和限制人类的精神发展和社会进步，但他也不许可直接导致危害行为的积极煽动。密尔鼓吹“真正的民主制”，主张建立一种代议制政府，既能满足多数人的要求，又能保护少数有教养者的利益和意见。因此，他主张扩大选举权，包括给妇女选举权，并给有教养的少数人有两票以上的选举权。密尔从更广阔的角度上论证个性自由，比当时任何一位思想家都更全面、更系统地论述了个人自由的意义，使他成为19世纪自由主义最杰出的代表之一。

法国的实证主义社会学的创始人是奥古斯特·孔德，其主要代表著作为《实证哲学教程》和《实证政治体系》。孔德的实证主义是针对神学和形而上学提出来的，既反对封建主义的残余，又反对法国大革命造成的过激情绪。所谓实证，带有“确定”、“存在”、“实用”的意思，他的核心口号是“秩序”与“进步”。根据“秩序”与“进步”的基本思想，他把社会学分为社会静力学和社会动力学。社会静力学是将社会视为一个有机的整体来研究，探索并指明家庭、国家和宗教的结构与职能。社会动力学则研究社会体系的历史发展。孔德以精神发展为标志，将社会的进步划分为三个阶段：公元1300年以前的神学阶段，1300—1800年的形而上学阶段和1800年以后的科学或实证阶段。孔德认为，实证阶段的社会是按“工业方式”组织起来的，资本家与工人各尽职守，实现合作与博爱。他既反对个人主义的功利论、自由放任原则以及代议制民主，也反对侵犯私有财产。因此，他主张建立一种膜拜“社会”或“人类”的实证宗教，即“人道教”。这种“人道教”作为新的精神和道德权威，并依靠教士阶级的组织，维持社会的秩序。孔德的学说在当时阶级斗争激烈的法国没有获得多少反响，孔德死后，他的学说才受到重视。他与密尔被视为现代西方哲学中实证主义流派的开创者。现代资产阶级社会学也以孔德为鼻祖。

19世纪自由主义在经济理论上的突出成就是英国的古典政治经济学。古典政治经济学用科学抽象方法，论证了劳动价值理论，探讨了资本主义社会的生产与分配问题。

1776年，被誉为“经济学之父”的亚当·斯密出版了《国民财富的性质和原因的研究》(简称《国富论》)一书，创立了第一个系统的政治经济学体系。斯密明确提出劳动决定价值的理论，他区分了商品的使用价值和交换价值，确认了创造交换价值的是一般社会劳动。斯密认为市场经济是一种“自然秩序”，它奠基于人的利己主义本性。因为每个人为追求个人利益而生产商品，由于“看不见的手”的作用，结果满足了人们相互的需要，促进了社会的利益。因此，他主张实行经济上的自由放任主义，反对政府干预经济活动，要求取消保护关税、行会制度和特权公司。他已经认识到与工资、利润和地租三种基本收入相联系的工人、资本家和地主，是构成当时社会的三大基本阶级，但他把这种社会阶级结构也视为“自然秩序”。

大卫·李嘉图在1851年发表了《政治经济学及赋税原理》一书，在很多方面发展了斯密的理论,完成了古典政治经济学。李嘉图的主要贡献是对价值决定劳动时间的原理作了比较透彻的表述和发展。他着重论述了资本主义的分配问题,认为地租、工资和利润是成反比例运动的,地租增长就会降低利润,影响资本家积累的积极性,但却不能增加国家的财富。所以,为增长国家财富,必须在一定程度上牺牲地主的利益并废除谷物法,工人也得经受暂时的苦难。

英国古典政治经济学代表了正在形成中的工业资产阶级的利益和要求,它从经济学角度阐述了某些与功利主义学说类似的思想。它和功利主义等社会政治学说一样,都带有工业资本主义来临的时代特点,因而是19世纪自由主义思潮的重要组成部分。

(二)保守主义学说

保守主义(Conservatism)是西方社会的右翼政治思潮,也是西方社会的主流政治思潮之一。作为一种政治意识形态,它的一般特点是,主张维持现状,反对激烈的社会变革。

保守主义发端于18世纪的末期,它是对法国大革命的一种反动。最早表达出保守主义思想的是英国政治思想家埃蒙德·伯克。他系统地阐述了保守主义的基本思想,被当代思想界公认为保守主义的鼻祖。柏克认为,法国大革命最令人不能容忍的是蔑视教会和宗教,应该保护教会和人民信教的自由。他赞同渐进性的改革,但强调社会发展的连续性和继承性,认为社会改革不能破坏传统。柏克反对变革的依据是人的理性并不可靠,理性的力量不足以自律,必须用传统、道德、习俗等约束人们的行为。

1815年后,保守主义在复辟时期的法国得到最充分的发展。这个时期,西方政治思潮的主流是自由主义,保守主义只表现为对平等、自由和民主观念的批评,以及对贵族政体、等级制度和旧的伦理道德的怀念。这个时代的主要代表人物是梅斯特尔和博纳尔。他们是代表封建复辟逆流的思想家,不仅将启蒙学者和大革命的所有活动家咒骂为罪犯,而且极力颂扬传统的农业社会。他们仇视自由、平等、民主与共和制度,同时也反对工业的发展和城市生活的"非人格化"。他们主张完全恢复天主教的昔日地位。

出于对抗社会主义和自由主义的需要,保守主义的基本立场包括:一是有机论。认为人类社会像生物一样,是一种有机体。社会的局部与整体之间，各局部之间相互依赖，局部离开整体就无法单独生存。因此社会整体的利益应高于个人和集团的利益，社会整体中的等级秩序对于个人来说，是一种既成自然秩序，反对改变。现存社会被视为上帝的旨意，个人应服从于现有秩序，安于本分。二是精英论。保守主义认为人生来在能力、素质等方面是不平等的，因而对追求收入、地位等方面的平等要求持反对态度，断言这些方面的不平等是合乎自然秩序的。基于此，保守人物强调精英人物的作用，为少数人对多数人的统治确立正当性，认为大众缺乏参与政治和管理的能力，社会生活的各个领域应该由该领域的精英或权威来管理，反对大众对政治和管理事务的过分参与。三是怀疑论。保守主义认为人的理性不可靠，人的认识能力是有缺陷的，人类无力设计全面改造社会的计划。社会弊病只可减轻，无法根除，反对任何打破社会连续性或彻底改造社会的企图。四是传统主义。保守主义把传统或市场等非人格的东西作为弥补人的理性不足的机制，认为这些非人格的机制是人的经验的积淀和智慧的来源，或者是人的知识发挥作用的基本条件，反对对这些机制的任意破坏和替代。保守主义反对变革，认为变革必然带来社会的动荡和破坏，强调政治的连续性和社会的稳定性，认为家庭、宗教、习俗、伦理、法律等作为传统的内容必须维护。①

总之，保守主义者把现存社会视为上帝的旨意，强调服从所谓的精英或权威，维护宗教的至高地位，不准打破社会的均衡性和历史的连贯性。但作为一种逆历史激流的思潮，保守主义在欧洲政治舞台上已无力取得稳固的地位和众多的支持者。

二　典型的“社会主义”思想流派

19 世纪是自由资本主义的鼎盛时期。自由主义放任政策一方面促进了资本主义经济的快速增长，另一方面造成了财富分配的不公和贫富的两极分化。无产阶级同资产阶级的对立日益明显，于是产生了批判资本主义剥削和压迫的社会主义学说。社会主义直接向资产阶级的自由主义挑战，它不仅倡导政治变革，而且还要求社会变革和经济变革。社会主义在 19 世纪后期，成为欧洲事务的一支主要力量，而到 20 世纪，成为世界事务中的一种

---

① 徐大同主编:《现代西方政治思潮》，高等教育出版社 2006 年版，第 93 页。

主要力量。

在19世纪,各种各样的社会主义学说风起云涌,既有耽于幻想的空想社会主义、亦有主张通过民主道路改造社会的工场社会主义、无政府社会主义、英国工联主义和国家社会主义;既有主张革命的科学社会主义,亦有主张点滴改良的费边社会主义。此外,还存在着逆历史潮流而行的封建社会主义和基督教社会主义。这些社会主义学说不断地揭露现实资本主义社会的弊病,有力地冲击了占据主导地位的自由主义学说。

(一)空想社会主义

英国著名的政治家和思想家托马斯·莫尔是空想社会主义的奠基人。他在1516年写成的《乌托邦》一书,不仅愤怒地控诉了资本原始积累时期圈地运动对广大农民的无情剥夺,而且提出了财产公有、共同劳动、按需分配和民主选举的社会理想。18世纪法国的马布利和摩莱里用启蒙运动的理想学说论证了消灭私有制和建立公有制的必要性。进入19世纪后,空想社会主义形成了一股时代思潮,在理论上有了新的发展,出现了三位伟大的空想社会主义者,即法国的圣西门,傅立叶和英国的欧文。

克劳德·昂利·圣西门出生于法国封建贵族家庭,深受启蒙思想影响。他把人类社会发展分成5个阶段:人类“开化初期”,古希腊罗马的奴隶社会,中世纪神学和封建制度,封建制度解体的“过渡时期”,未来的“实业制度”。他意识到所有制是社会大厦的基石,认识到法国革命不仅是贵族和市民等级之间的斗争,而且是有产者同贫苦大众之间的阶级斗争。他没有提出消灭私有制,而主张以自己设计的“实业制度”去代替“黑白颠倒的世界”。圣西门还幻想通过宣传使国王和资产者自愿帮助实现他的理想社会。

沙尔·傅立叶出生于法国的一个富商家庭。他把人类社会的全部过程分为32个时期,并认为资本主义既属于文明制度,又是一种“反社会的工业主义制度”,这种分散经营的经济制度造成了集体利益和个人利益之间的冲突,以及生产的无政府状态和生产者之间的激烈竞争。傅立叶认为,人类从文明制度要经过两个过渡制度而进入和谐制度。和谐制度的基础组织是工、农、商、家务、教育、科学和艺术7种劳动联合与协作的组织——法朗吉。法朗吉实行集体所有制,以农业为主、工业其次。人们可以自由选择工种和经常调换工种,劳动将成为人们的爱好和享受。生产力将极大地发展,人们将享受到丰富而多样的物质和文化生活。但建设法朗吉需要资金，傅立叶希望以优厚的利息来吸引资本家做股东。他像圣西门一样，希望国王、大臣实行他的计划。他终生都在期待有人送钱来建立法朗吉。

罗伯特·欧文出生于英国的一个手工业者家庭。他不仅是空想社会主义思想家，而且是空想社会主义的实验家。自 1800 年起，他担任新拉纳克大棉纺厂的经理，采取一系列措施来改善工人的劳动和生活条件。19 世纪 20 年代，欧文形成了社会主义思想。他提出了消灭私有制、建立财产公有、权利平等和共同劳动的理想社会计划。1824 年，他在美国买下 3 0000 英亩土地，建立了共产主义新村——新协和公社。在资本主义的汪洋大海里，只是一个孤岛的新协和公社终因内外矛盾而于 1828 年瓦解。

19 世纪的空想社会主义者从社会发展的观点和政治经济学的原理出发，把资本主义制度置于理性的法庭上进行审判，并在此基础上提出来了各自的理想社会方案。他们批判的矛头直指资本主义制度，为启发工人觉悟和研究资本主义提供了宝贵的材料。他们关于未来理想社会的一些积极主张，则为科学社会主义的创立提供了宝贵的思想资料。

（二）民主道路下的各式“社会主义”

资本主义的残酷剥削，迫使广大无产阶级处于悲惨的生活境地。建立了近代民主制度的诸多西方国家却仍以财产的拥有量来限定选举权和被选举权，大量的下层劳动人民被排除在政治权力之外，资产阶级垄断了国家政权。于是，争取普选权，并利用政治权力改造社会的经济关系，就成为这个时期工人运动的重要目标。

早在 19 世纪 30 年代，英国工人阶级在宪章运动中就试图通过普选以建立自己阶级的统治。宪章派提出来的《人民宪章》要求年满 21 岁的男子均有选举权，并废除议员候选人的财产资格限制。在此情形下，一些思想家试图通过民主（普选权和议会制度）道路来改造社会。最早表述此种思想的是法国工场社会主义的首倡者路易·勃朗，这亦是社会民主主义思想的最初来源。

路易·勃朗的工场社会主义思想集中体现在他撰写的《劳动组织》一书。在书中，他用大量的活生生事例描述了劳动人民的贫困。他尖锐地抨击了竞争，认为竞争对劳动人民来说，是一种毁灭性制度，对资产阶级也是有害的，是资产阶级崩溃的原因之一。对此，他提议用劳动组织起来的办法来消除竞争，改善工人的生活状况；他主张国家帮助工人建立社会工场，实现社会主义；他幻想工人阶级可以在资产阶级的合作中，求得自身的解放，从而共同建立以博爱原则为基础的社会。1848 年，七月王朝的反动统治被推翻了。资产阶级共和派坐享胜利成果，成立临时政府。路易·勃朗作为工人阶级的代表选进了临时政府。迫于形势，临时政府建立起失业者能在其中找到生计的国家工场。尽管从外表来看，"国家工场"与勃朗所拟的"社会工场"相似，但本质上却毫不相干。其国家工场并没有给工人群众带来多大好处，反而成了露天的英国习艺所，即"穷人的巴士底狱"。没有经费预算，没有财政权，以路易·勃朗为代表的工人阶级只能是"用自己的头去撞碎资产阶级社会的柱石"。①

1848 年法国工人六月起义失败后，路易·勃朗所推行的依靠国家组织"社会工场"的社会主义宣告破产。极度无助的小资产阶级转而信奉蒲鲁东所宣扬的另一套踢开国家的无政府互助主义的社会清算方案，希望从中找到出路。

蒲鲁东是法国小资产阶级社会主义者，无政府主义创始人之一。蒲鲁东认为公平是最高的法律。蒲鲁东认为"公平就是自然感觉到和互助保证的对人格的尊重"。② 从公平的原则出发，蒲鲁东摒弃一切个别的法律规范，尤其是国家的法律。他说，国家面对着不可胜数的各种利益，必须不停地开动立法机器，于是，法律、法令、布告、条例、命令等像冰雹一样落在贫苦大众的头上。因此，他宣布："我不承认任何法律；我反对号称必要的权力想要强加于我的自由意志的任何命令。"在他看来，只有一种法律规范即履行契约的规范才有效。因此，为了使个人保持自由，使社会维持公平，"我们必须坚持契约观念作为占统治地位的政治观念"，"在人类契约观念的基础上重建社会大厦。"③蒲鲁东主张建立以个人所有制为基础的"互助制"社会，通过建立"人民银行"，对工人发放无息贷款，协助工人成立合作社，使生产者能够进

---

① （德）马克思、（德）恩格斯著，中共中央马克思恩格斯列宁斯大林著作编译局编译：《马克思恩格斯选集》第 1 卷，第 384 页。

② 转引自徐觉哉：《社会主义流派史》，上海人民出版社 2007 年版，第 87 页。

③ 同上书，第 88 页。

行平等交换，就可以改造资本主义制度，从而使无产阶级获得解放。为此，蒲鲁东到处游说，亲自筹集银行股金，每股5法郎，总共发行12 000股。可银行尚未正式开业，却因蒲鲁东被处监禁而关闭。蒲鲁东的无政府社会主义学说在法国影响深远，对19世纪欧洲的工人运动也产生了深刻的影响。

从亚当·斯密时代以来，一些学者开始攻击这位伟大苏格兰学者关于自由放任的基本原则，并不同程度地承认国家干涉经济事务的合法性，这些学说在法国被称为“干涉主义”，在德国则被称为“国家社会主义”。

国家社会主义最有影响的代表是德国早期工人运动的著名领导人拉萨尔。他出身于德国的一个犹太富商家庭，早年受黑格尔哲学的影响，后来又接触了空想社会主义学说和蒲鲁东的著作，开始形成了自己的社会主义思想。拉萨尔根据马尔萨斯的人口论，杜撰了一个所谓“铁的工资规律”，硬说资本主义社会工人所能得到的平均工资始终停留在最低限额上。在拉萨尔看来，只有废除“铁的工资规律”，工人才能得到解放；而废除这一“规律”的唯一办法，就是工人能得到劳动的全部所得。因此，拉萨尔主张通过争得普选权，变普鲁士君主专制国家为“自由的人民国家”，然后由国家帮助建立工人生产合作社，使工人成为“自己企业的主人”，并逐渐排挤私人企业，从而实现“公平的分配”。1863年5月，德国11个城市的工人代表在莱比锡成立了全德工人联合会，拉萨尔当选为联合会的主席。从此以后，拉萨尔便竭力实施自己的国家社会主义的整套方案。为了得到政府的帮助和实现普选，他抛弃了自由资产阶级，转向同“铁血宰相”俾斯麦进行合作。与俾斯麦进行政治交易的同时，拉萨尔也从工人运动的领袖堕落成为普鲁士反动王朝的卫道士。拉萨尔在从事他的“伟大的”政治运动不足两年，就在战斗中受了致命伤而去世。但他所鼓吹的国家社会主义思想仍然继续影响着德国的工人运动。

（三）费边社会主义

19世纪初期，英国的社会主义开始萌芽，但那时还是个人主义极盛的时代，对社会主义的宣传仍较少。直到1880年，由于自由竞争所引起的社会两极分化，促使一些政治思想家讨论社会救济的问题，个人主义原则经他们评论而暴露其缺陷。与此同时，马克思主义在工人群众的广泛传播，提高了工人运动的水平，促进了英国社会主义政党的建立。在这样的背景下，出现了一个以研究和宣传社会主义为目的资产阶级改良主义团体——费边社。

费边社创立于1884年，是一个由学者、律师、新闻记者、文官、证券经纪人、慈善家等高级职员中一批有教养的人士组成的社会主义者团体。主要代表人物是萧伯纳、韦伯、华莱士和奥利维尔，其代表队作有《费边社纲领》和《费边宣言》。1889年发表的《费边社会主义论文集》系统地表述了费边社会主义早期的理论，确立了一种明确的理论体系。

费边社会主义者相信社会是一个有机体，进化是社会变迁的正轨，循序渐进是改革社会的唯一方针。从循序渐进的社会进化原则出发，费边社会主义者不主张采用暴力的革命手段，认为采取暴力手段会促使反动当局把刺刀提上日程，而且社会主义也不可能是用暴力推翻现存制度的自发结果。因此，费边社会主义者主张通过宪政道路进行社会变革，主张依靠舆论的力量，用社会主义浸润资产阶级，笼络和推动资产阶级一起"和平长入"社会主义。费边社会主义还构造了一个市政社会主义的蓝图。"市政社会主义"，实际上就是通过地方自治的选民自由投票，民主选出地方自治的市政机关，并由市政机关或国家逐步占有从个人所有制下解放出来的土地和工业资本，组织和经营市民生活所必需的煤气、自来水、电灯、电车等公用事业和各种工业。通过对社会政策一点一滴的改良，在现有经济制度下解决失业问题，医治资本主义社会"有缺陷的工业组织和极端恶劣的财富分配办法"，从而逐步实现社会主义。

1889年以《费边社会主义论文集》的发表为标志，到第一次世界大战结束为止，是费边社会主义理论观点的形成时期。一战期间，费边社会主义与英国工党结合，成为英国工党的理论库，试图探寻更适合英国国情的社会主义经济模式。

三　科学社会主义的诞生

（一）科学社会主义产生的社会历史条件和理论来源

19世纪40年代，随着欧洲各国产业革命的进行，生产越来越社会化，而社会化生产和资本主义占有的矛盾愈加鲜明地表现出来，终于导致了1825年经济危机的爆发。资本主义的发展和固有矛盾的逐渐暴露，为科学地认识资本主义的本质及其发展趋势提供了可能性。

与此同时，无产阶级同资产阶级之间的阶级斗争愈加尖锐化。法国里昂工人起义、英国宪章运动、德国西里西亚纺织工人起义不只是为改善自身的生活条件而斗争，它们已经明确提出了消灭私有制和阶级的政治目标，这表明无产阶级已经作为独立的政治力量登上了历史舞台，显示了它的伟大力量和历史作用，从而为科学社会主义的诞生准备了坚实的阶级基础。

科学社会主义的创立者是马克思和恩格斯。卡尔·马克思于1818年5月诞生于普鲁士莱茵省特利尔城的一个犹太人家庭。1835年入读波恩大学，一年后转入柏林大学法律系。在读期间，他钻研法学、自然科学、文学，但研究最多的是历史和哲学。大学期间，马克思参加了青年黑格尔派的组织“博士俱乐部”，成为其中的重要成员。1841年大学毕业，取得博士学位。1842年担任《莱茵报》主编，使之成为革命民主派的战斗机关报。1843年10月，马克思为筹办《德法年鉴》迁居巴黎。在巴黎，他满腔热情地投入法国的社会主义运动，并同德国流亡者秘密革命团体“正义者同盟”的领导人、法国工人秘密组织的领导人建立了联系。这个时期，马克思的世界观发生了根本转变。1844年在《德法年鉴》发表的《论犹太人问题》、《黑格尔法哲学批判导言》，以及在《前进报》上发表的《评“普鲁士人”的“普鲁士国王和社会改革”》等，标志着马克思同青年黑格尔派的彻底决裂，接近完成向辩证唯物主义和历史唯物主义，向共产主义的根本改变。

在巴黎，马克思结识了科学社会主义的另一位创立者恩格斯。弗里德里希·恩格斯于1820年11月诞生于普鲁士莱茵省巴门市一个保守的工厂主家庭。1837年，由于父亲的坚持，他被迫辍学从商，一年后被送到不来梅一家商号当办事员。在那里，他参加了“青年德意志”文学—政治活动，对自己从小受到的宗教教育进行了清算，形成了革命民主主义思想。1841年他到柏林服兵役，期间常到柏林大学旁听哲学课，结识了“博士俱乐部”的成员。他曾站在黑格尔哲学的立场上，撰文驳斥普鲁士专制主义的代言人“基督教哲学家”谢林。1842年，他受到费尔巴哈著作的影响，开始同青年黑格尔派分道扬镳，转向唯物主义。

1842年11月，恩格斯到英国曼彻斯特他父亲的工厂当职员。在这期间，他经常到贫民区考察工人阶级的状况，多次出席宪章派工人的群众大会。同时，他系统研究了英国古典政治经济学和几乎所有空想社会主义学说，分析了英国的阶级关系、阶级斗争和其他社会问题，写了大量的文章。发表在《德法年鉴》上的论文《政治经济学批判大纲》以及《英国状况—评托马斯·卡莱尔的"过去和现实"》,标志着恩格斯已向辩证唯物主义和共产主义转变。

科学社会主义吸收了19世纪人类创造的优秀成果——德国古典哲学、英国古典政治经济学和三大空想家的社会主义学说。马克思、恩格斯精心研究了德国古典哲学,吸取了黑格尔辩证法的合理内核和费尔巴哈唯物主义的基本内核,批判了他们的唯心论和形而上学,把唯物论和辩证法有机地结合起来并加以发展,创立了辩证唯物论和历史唯物论,从而确立了科学的世界观和方法论;他们吸取了英国古典政治经济学亚当·斯密和大卫·李嘉图的劳动价值理论中的积极成果,创立了科学的劳动价值论,并在此基础上进一步论证了剩余价值理论;他们着重研究了圣西门、傅立叶和欧文的空想社会主义学说,批判了该学说的空想性,但吸取了其中积极的理论成果。马克思和恩格斯对人类的创造成果予以批判地继承,并结合了工人运动的实践经验,写了一系列著作,创立了科学社会主义理论体系。

(二)唯物史观的创立和剩余价值学说的萌生

1844年9—11月,马克思和恩格斯为批判德国青年黑格尔派鲍威尔及其伙伴而合写了第一部理论著作《神圣家族》。该书阐述了历史唯物主义和政治经济学的一些重要原理。他们强调了历史的发源地是在"尘世的粗糙的物质生产中",提出了"直接生产方式"①的概念。他们还提出"历史活动是群众的事业,随着历史活动的深入,必将是群众队伍的扩大",②进一步论证了无产阶级"能够而且必须自己解放自己"的思想。

为了清算费尔巴哈人本学唯物主义的影响,马克思于1845年初写了《关于费尔巴哈的提纲》。提纲指出,全部社会生活在本质上是实践的,实践是人类认识的基础、标准和目的。马克思把实践范畴作为认识论和历史观的基础,从而与以往的哲学划清了界线。恩格斯称这个提纲是"包含着新世界观的天才萌芽的第一个文件"。③

1845年至1846年,马克思、恩格斯合写了第二部著作《德意志意识形

① (德)马克思、(德)恩格斯著,中共中央马克思恩格斯列宁斯大林著作编译局编译:《马克思恩格斯全集》第2卷,第191页。

② 同上,第104页。

③ (德)马克思、(德)恩格斯著,中共中央马克思恩格斯列宁斯大林著作编译局编译:《马克思恩格斯选集》第4卷,第213页。

态》。在这部著作中，他们把辩证法和唯物主义用于历史领域，第一次系统地表述了历史唯物主义的基本原理。马克思、恩格斯概括地说明："这种历史观就在于：从直接生活的物质生产出发阐述现实的生产过程，把同这种生产方式相联系的、它所产生的交往形式即各个不同阶段上的市民社会理解为整个历史的基础，从市民社会作为国家的活动描述市民社会，同时从市民社会出发阐明意识的所有各种不同理论的产物和形式，如宗教、哲学、道德等等，而且追溯它们产生的过程。"①

马克思、恩格斯唯物史观的形成剩余价值学说的发现开辟了道路。他们在唯物主义历史观方面取得的进展，为他们在政治经济学领域实行变革奠定了世界观和方法论的基础，为创立剩余价值学说创造了条件。

马克思于1847年写的《哲学的贫困》和《雇佣劳动与资本》中，出现了新的经济学的萌芽。马克思从劳动价值论出发剖析资本主义经济关系，看到了"建立在劳动商品基础上的整个现代社会"的"可怕现实"。② 他已经明确地把"劳动"作为一种商品的价值同"劳动"所创造的价值区分开来，并且认识到，工人劳动所创造的价值同他由于劳动而从资本家手中所取得的价值之间存在一个差额，这个差额成为资本家财富的来源。而这种现象的根源在于资本主义的雇佣劳动制度。虽然马克思这时还没有提出"剩余价值"的概念，还没有明确区分"劳动"和"劳动力"这两个对于确立剩余价值学说具有关键意义的基本概念，但剩余价值学说已经萌芽，这时马克思"不仅已经非常清楚地知道'资本家的剩余价值'是从哪里'产生'的，而且已经非常清楚地知道它是怎样'产生'的"。③

（三）科学社会主义的诞生

马克思、恩格斯为了传播他们的科学理论，于1846年2月在布鲁塞尔创立了共产主义通讯委员会。布鲁塞尔通讯委员会在同各国工人组织建立时发现，"正义者同盟"是当时具有重大影响的国际性革命团体，因此便把工

① (德)马克思、(德)恩格斯著，中共中央马克思恩格斯列宁斯大林著作编译局编译：《马克思恩格斯选集》第1卷，第92页。

② (德)马克思、(德)恩格斯著，中共中央马克思恩格斯列宁斯大林著作编译局编译：《马克思恩格斯全集》第4卷，第100页。

③ (德)马克思、(德)恩格斯著，中共中央马克思恩格斯列宁斯大林著作编译局编译：《马克思恩格斯全集》第24卷，第12页。

作重点放到争取和改造该同盟上来。当时左右同盟的是魏特林的空想共产主义、“真正的社会主义”和蒲鲁东主义。马克思、恩格斯通过通讯委员会对这些非科学的思想进行了批判，转变了同盟多数领导人的思想，使他们坚信两位社会主义创始人理论的正确。1847 年 1 月，同盟伦敦总部邀请马克思、恩格斯加入和改组同盟。马克思、恩格斯接受了邀请。

1847 年 6 月，恩格斯出席了在伦敦召开的正义者同盟第一次代表大会。大会根据马克思和恩格斯的建议，把正义者同盟改名为“共产主义者同盟”，并用“全世界无产者，联合起来！”的革命口号，代替“四海之内，人人皆兄弟”的口号，表明改组后的同盟已经是无产阶级政党的雏形。大会还确定以恩格斯起草的《共产主义信条草案》作为同盟纲领的基础。

1847 年 11 月底至 12 月初，同盟举行了第二次代表大会。马克思和恩格斯都出席了。经过长时间的辩论，大会最后一致赞同马克思和恩格斯所阐述的原理，并委托他们起草同盟的纲领，对外以共产党的身份公开表明立场。1848 年 2 月，由马克思起草的《共产党宣言》在伦敦公开发表。《共产党宣言》是科学社会主义的第一个纲领性文件，它的核心内容是关于无产阶级解放条件的理论。

《宣言》强调阶级斗争是阶级社会发展的动力。《宣言》指出，资产阶级是生产方式和交换方式一系列变革的历史产物，资产阶级同社会化生产力的发展相联系，在历史上起过非常革命的作用。但是，周期性的经济危机表明，资产阶级的所有制关系已不再能适应已经发展了的生产力。于是，昔日“资产阶级用来推翻封建制度的武器，现在却对准资产阶级自己了”。[①]《宣言》指出，无产阶级是资本主义的掘墓人和共产主义社会的建设者。无产阶级处于被奴役的最下层，又是大工业本身的产物，因而是现代社会中最革命、最有前途的阶级。他们本身的地位决定了他们必须推翻资产阶级，建立自己的统治，进而消灭私有制，消灭阶级，实现共产主义，他们自己才能解放。《宣言》得出结论：“资产阶级的灭亡和无产阶级的胜利是同样不可避免的。”[②]

---

① （德）马克思、（德）恩格斯著，中共中央马克思恩格斯列宁斯大林著作编译局编译：《马克思恩格斯选集》第 1 卷，第 278 页。

② 同上，第 284 页。

《宣言》作为党纲阐述了共产党的性质、特点、基本任务和策略原则。《宣言》指出，共产党是用科学理论武装起来的无产阶级的先进组织。共产党的最近目的，是使无产阶级形成阶级，推翻资产阶级的统治，由无产阶级掌握政权。它的策略原则是，支持一切反对现存社会制度和政治制度的革命运动。《宣言》最后满怀信心地宣布，共产党人的目的“只有用暴力推翻全部现存的社会制度才能达到。让统治阶级在共产主义革命面前发抖吧。无产者在这个革命中失去的只是锁链。他们获得的将是整个世界。全世界无产者，联合起来！”[①]

《共产党宣言》的发表标志着科学社会主义的诞生，开辟了科学社会主义理论发展的新的前程。它给了国际无产阶级无比锐利的思想武器。后来，“它无疑是全部社会主义文献中传播最广和最具有国际性的著作，是从西伯利亚到加利福尼亚的所有国家千百万工人共同的纲领。”[②]

四　深入探究指引

（一）近代中国自由主义思潮的发端与发展阶段

近代以来，中国兴起的救亡图存思潮出现了西学东渐的局面，西方的自由主义思想也在这样的形势下被介绍到中国来。严复、谭嗣同、梁启超是中国的第一代自由主义者。到五四运动前后，自由主义经过胡适、周作人、蔡元培等人的提倡，已经形成了一股强劲的思潮。

一些学者并不认为近现代中国有过自由主义，也否认近现代中国有自由主义的传统。如雷池月认为，自由主义作为一种思潮，确实曾经被引入中国并在知识分子中有一定影响。“然而它不仅从未取得过主流的地位，甚至根本无法维持长久固定的形态——总是很快地分化到激进主义或保守主义两个极端去。”“只要认真地回顾历史，就不必从中国近现代知识分子身上去寻找什么自由主义的传统了。”[③]持此论者当然也不会去追溯近代中国自由

① （德）马克思、（德）恩格斯著，中共中央马克思恩格斯列宁斯大林著作编译局编译：《马克思恩格斯选集》第1卷，第307页。

② 同上，第264页。

③ 雷池月：《主义之不存，遑论乎传统——闲话自由主义与中国知识分子的关系》，《书屋》1999年第4期。

主义思潮的源头。而认同中国有自己的自由主义传统的学者，对这一思潮的发端，主要有两种看法。一种以胡伟希为代表，他认为中国的自由主义产生和兴起于戊戌维新时期，而严复可以说是“中国自由主义之父”。[①] 胡伟希认为中国近代自由主义经历了四个发展阶段：(1)维新运动时期，严复从英国直接输入经验论传统的西方自由主义，谭嗣同则将传统思想与外来思想糅合，提出一种基于社会正义与人人平等的自由观念，却显示出唯理论色彩。在辛亥革命以前，梁启超曾试图将严复与谭嗣同的思想加以综合，却最终导向民族主义。(2)五四新文化运动是中国近代自由主义高涨期，其突出表现是提倡个性解放的伦理、道德革命和白话文运动。(3)20 世纪 20 年代末 30 年代初自由主义思潮从伦理、道德领域向政治领域渗透。(4)40 年代末中国自由主义者的政治活动空前活跃，他们提出“第三条道路”，力图超越国共两党和国际上美苏的对立。[②]

另一种意见认为中国自由主义思潮起源于五四新文化运动。许纪霖认为：“如果要追溯中国自由主义的起源，应该从五四算起。在此之前，严复、梁启超也宣传介绍过西方的自由主义学理和思想，不过，自由主义对于他们而言，只是一种救亡图存的权宜之计，而非终极性的价值追求。当个性解放、人格独立和自由、理性的价值在新型知识分子群体之中得到普遍确认，而且具有形而上的意义时，中国方才出现了真正意义上的自由主义者。”他同时强调：“现代中国的自由主义，在五四时代还处于朦胧的混沌阶段，与激进的革命民粹主义的界限模糊不清，到 20 世纪 20、30 年代，在杜威、拉斯基思想的催化下，渐渐分化出几种自由主义的思潮。”各种各样的自由主义运动在二十世纪二三十年代层出不穷，但到四十年代大规模的自由主义运动才风起云涌。[③]

(二)关于“科学社会主义基本原则”的内涵

对“科学社会主义基本原则”的研究，从某种意义上讲，实际是当代对中国特色社会主义的一次寻根。胡锦涛在党的十七大报告中总结了 30 年中

---

① 胡伟希：《中国自由主义之父——严复》，《甘肃社会科学》1994 年第 2 期。

② 胡伟希：《中国近代自由主义的基本悖论详述》，《南京社会科学》1991 年第 4 期。

③ 许纪霖：《社会民主主义的历史遗产——现代中国自由主义的回顾》，《开放时代》1998 年第 4 期。

国特色社会主义的历史经验，指出："中国特色社会主义道路之所以完全正确、之所以能够引领中国发展进步，关键在于我们既坚持了科学社会主义的基本原则，又根据我国实际和时代特征赋予其明确的中国特色。"[①]胡锦涛在这里提出了"科学社会主义的基本原则"这一概念。但"科学社会主义基本原则"是怎么界定的，有哪些内涵？这是一个仁者见仁，智者见智的问题，目前学界很难达到统一，仅基本原则的表述就达 20 多项。我们从诸多学者的见解找到一些对"科学社会主义基本原则"的共识，期待这样的共识能让我们对"科学社会主义"有更好的理解和把握。

首先，实现人的自由而全面的发展是社会主义的价值目标。绝大部分学者都认同这一基本原则。马克思、恩格斯在 1848 年《共产党宣言》里强调："代替那存在着阶级和阶级对立的资产阶级旧社会的，将是这样一个联合体，在那里，每个人的自由发展是一切人的自由发展的条件。"[②]1894 年 1 月，卡内帕请求恩格斯找一段题词，用简短的字句来表述未来新时代的精神，以别于但丁曾说的"一些人统治，一些人受苦难"的旧纪元，恩格斯说，除了《共产党宣言》中的那句话，"我再也找不出合适的了"。[③] 学者的表述尽管各异，如有的表述为"人的自由而全面的发展"，有的表述为"自由人联合体"（李君如、吴雄丞等），有的表述为"人的自由解放"（高放等），有的表述为"人的解放"（蒲国良），但其实质都是一样，都认为社会主义的价值追求是实现人的自由而全面的发展。

其次，社会主义必然取代资本主义。这实质是关于社会主义的方法论，是基于唯物史观和剩余价值学说，把争取无产阶级和全人类的解放建立在社会发展的客观基础上。因此，社会主义取代资本主义是"两个必然"和"两个决不会"共同作用的结果：一方面，"资产阶级的灭亡和无产阶级的胜利是

---

① 胡锦涛：《高举中国特色社会主义伟大旗帜，为夺取全面建设小康社会新胜利而奋斗》，人民出版社 2007 年版，第 11 页。

② （德）马克思、（德）恩格斯著，中共中央马克思恩格斯列宁斯大林著作编译局编译：《马克思恩格斯选集》第 1 卷，第 294 页。

③ （德）马克思、（德）恩格斯著，中共中央马克思恩格斯列宁斯大林著作编译局编译：《马克思恩格斯选集》，第 4 卷，第 730 页。

同样不可避免的”。[①] 另一方面，“无论哪一个社会形态，在它所能容纳的全部生产力发挥出来以前，是决不会灭亡的；而新的更高的生产关系，在它的物质存在条件在旧社会的胎胞里成熟以前，是决不会出现的”。[②] 陆剑杰将其概括为科学社会主义的科学原则，并指出科学社会主义理论不承认什么“历史的终结”，它指出三点：资本主义终将扬弃自身，转变为后资本主义的社会主义；这种扬弃需要一个很长的过程，其基本前提是生产力的高度发展，资本主义制度向社会主义制度转变，是一场根本性质变。[③]

再次，“生产资料公有制”、“有计划地组织社会化大生产”、“按劳分配”、“共同富裕”、“无产阶级专政”、“共产党的领导”、“确立马克思主义意识形态领域的指导地位”等都是科学社会主义政治、经济、文化上的规定。谭运宏将其概括为社会主义的制度原则，并认为由于社会主义的发展阶段和成熟程度的不同、由于各国的基本国情不同，由于各国社会主义建设的历史任务不同，社会主义制度特征的体现程度会有一定的差异。[④]

最后，学者们还认同科学社会主义是置于现实基础之上的，具有实践原则，并认为中国特色社会主义是对科学社会主义的坚持和发展，这也为中国特色社会主义寻找到了理论渊源。

第二节　近代中国的思想解放潮流

自鸦片战争后，面临西方列强的入侵和西方文化的冲击，中国的仁人志士开始了向西方寻求救国真理的艰难历程，也开创了近代中国的思想解放潮流。从“师夷长技”到维新变法，从孙中山的“三民主义”到五四新文化的“科学”和“民主”，先进的中国人最终选择和传播了马克思主义，将近代中国的思想文化变迁推进到一个新的历史阶段。

---

① (德)马克思、(德)恩格斯著，中共中央马克思恩格斯列宁斯大林著作编译局编译：《马克思恩格斯选集》第 1 卷，第 284 页。

② (德)马克思、(德)恩格斯著，中共中央马克思恩格斯列宁斯大林著作编译局编译：《马克思恩格斯选集》，第 2 卷，第 33 页。

③ 陆剑杰：《科学社会主义基本原则的当代解读与运用》，《党政干部学刊》2008 年第 7 期。

④ 谭运宏：《坚持和发展中国特色社会主义必须澄清的一个基本理论问题———科学社会主义与民主社会主义的原则区别》，《湖南行政学院学报》2008 年第 3 期。

一　从“师夷长技”到维新变法

（一）“开眼看世界”

自19世纪初开始，英国向中国输入鸦片的数量不断增加。英国烟贩无视中国政府的多次禁令，大肆进行非法的鸦片走私贸易。当英国鸦片走私船频繁地出现在中国东南海域时，清朝君臣只是习惯称其为“岛夷”，而对岛夷的情况毫不了解，对世界的格局也茫然无知。当中英两国因鸦片贸易而冲突渐趋激烈之际，士大夫的议论却如隔靴搔痒：“中国之物，番人最重者，无若茶与大黄，非此二物，而病胀满而不治。今之互市，乃外夷不获已于中国，非中国不获已于外夷”，他们往往以为“绝茶与大黄不使出”，则可使夷人屈服。这种见识与事实之间的距离正显示了闭关造成的虚骄与懵懂①。

两广总督林则徐虽也一度相信过禁止茶叶、大黄出口即可以制服西方人的成见，但在中世纪与近代之交，他的观念发生变化，从闭塞的风气走了出来，成为开眼看世界的第一人。林则徐在广东禁烟期间，为了解对手，设立译馆，将“所得夷书，就地翻译”，编译出《四洲志》、《华事夷言》、《在中国做鸦片贸易罪过论》、《各国律例》等资料。《四洲志》介绍世界三十余国的地理、历史和政情，是近代中国第一部系统的世界地理志。

鸦片战争以后，一些有识之士继承并发展了明清之际讲求“经世致用”的传统，注意研究现实问题，主张向西方学习，倡言改革，以达到强国御侮的目的。这些有识之士除了林则徐外，还有魏源、姚莹、徐继畬、梁廷枏等。

1842年，魏源在《四洲志》的基础上，结合其他中外文献资料，综述各国历史、地理及中国应采取的对外政策，编写成《海国图志》。在该书的序言中，魏源提出来了著名的“师夷长技以制夷”的主张，即向西方学习的新课题。魏源认为，夷之长技有三：战舰、火器、养兵练兵之法。并认为，西方国家之所以富强，除因为拥有装备精良的军队之外，还在于建立了一套近代工业。他强调在发展近代工业时，应“尽得西洋之长技，为中国之长技”。在书中，魏源还介绍和评说西方的民主政治制度。他认为西方政治制度的优点在于：废除了世袭制和终身制，打破了封建的家天下的局面；议员和总统皆

---

① 中国近代史资料丛刊《鸦片战争》（一），神州国光社1954年版，第521页；转引自陈旭麓：《近代中国社会的新陈代谢》，第55页。

自下而上地由民众选举，议会对于来自民间的意见，“众可可之，众否否之”，“三占从二，舍独循同”。[①]

《海国图志》对当时的思想解放有重要启迪作用；传入日本后，对日本的学术和政治也产生了很大的影响。继《海国图志》后，姚莹于1845年撰写了《康輶纪行》。该书不仅对西藏的地理、历史、政治、宗教、风俗习惯等作了考察，而且对英、俄等国的情况作了探讨。1848年，徐继畬撰成了《瀛环志略》，该书是近代中国人系统介绍世界史地知识的名著。此外，还有梁廷枏撰写的《海国四说》，简要地介绍了美国和英国的历史、地理、政治、经济、文化等方面的情况，而于美国的民主政治制度介绍尤多。这些有识之士的思想和主张，代表了鸦片战争后中国社会的新思潮。

（二）“中学为体，西学为用”

第二次鸦片战争结束后，中国暂时出现了相对“稳定”的局面，也就是所谓“中外和好”的“和局”。但清政府内部一些头脑比较清醒的当权者，如曾国藩、李鸿章、左宗棠以及在中枢掌握大权的恭亲王奕䜣等人，并没因为这种“和局”的出现而减少危机感。他们在与英法联军对太平天国“华洋会剿”中，亲睹了西方侵略者船坚炮利的“长技”，明显地感受到一种潜在的长远的威胁。1861年3月，曾国藩提出“轮船之速，洋炮之远，在英法则夸其独有，在中华则罕于所见”，并且强调购买外洋船炮为“今日救时之第一要务”，并主张在购买之后，“访募覃思之士，智巧之匠，始而演之，继而试造，不过一二年，火轮船必为中外官民通行之物，可以剿发逆，可以存远略”。[②] 李鸿章在1862年率领淮军入苏南，比较西洋利器与中国枪炮之后，在给曾国藩的信中表示“深以中国军器远逊外洋为耻”，又说：“中国文武制度，事事远出西之上，独火器不能及。”[③]

面临中国“数千年未有之变局”，曾、李、左等人看到了中国在武器装备和科学技术方面大大落后于西方，他们继承了鸦片战争时期“经世派”代表人物魏源提出的“师夷长技”的思想，并将这一思想付诸实践，开始推行洋务

① （清）魏源：《外大西洋墨利加洲总叙》，《海国图志》（百卷本）卷59，岳麓书社2011年版。

② （清）曾国藩原著，（清）李翰章编纂，（清）李鸿章校勘：《曾文正公全集》第二部奏稿，吉林人民出版社1995年版，第804页。

③ 宝钧等《筹办夷务始末》同治朝卷25，台北文海出版社1966年版，第9页。

运动,其宗旨即是“中学为体,西学为用”。冯桂芬于1861年写成的《校邠庐抗议》中,最早初步提出这一宗旨:“以中国之伦常名教为原本,辅以诸国富强之术”。[①] 主张“采西学、制洋器”,对西方国家要“始则师而法之,继而比而齐之,终而驾而上之,自强之道,实在乎是”:他还痛感中国“人无弃才不如夷,地无遗利不如夷,君民不隔不如夷,名实必符不如夷”,但又认为“四者道在反求,惟皇上振刷纪纲,一转移间耳,此无恃于夷者也”[②]。继此之后,郭嵩焘、薛福成也先后以不同的言词表达了同样的见解。19世纪70—80年代以后,论者渐多,至甲午以后,成为一种流行语。张之洞在《劝学篇》中明确提出“旧学为体,新学为用”。以维护中学为名,西学得以输入中国,这成为中西文化交融的一种特定的形式。在这一纲领的指导下,洋务派创办了一批以求强求富为目标的近代军事工业和民用工业,开设了一批新式学堂,迈出了中国近代化历程的第一步。

(三)维新变法思想

随着洋务事业的兴起和发展,出现了一批具有早期维新思想的士大夫,代表人物有王韬、薛福成、马建忠、郑观应等,其代表性著作分别为《弢园文录外编》、《筹洋刍议》、《适可斋纪言纪行》、《盛世危言》。早期维新思想家们认为外国侵略者对中国进行经济掠夺,是造成中国贫弱的主要原因。因此,他们在经济上主张大力发展民族工商业,同西方国家进行“商战”;在文化上主张兴办学校,学习西方自然科学知识;在政治上主张革新,实行“君民共主”制度。王韬介绍了西方国家“君主”、“民主”、“君民共土”三种政治制度,认为“君民共主”制度最善;薛福成介绍了英国资产阶级议会中的两党制;马建忠介绍了西方资产阶级的“三权分立”学说;郑观应在19世纪八九十年代之交提出在中国实行议会制的主张。他们认为西方的君主立宪制度,是最好的政治制度,也是西方资本主义国家富强的根本原因。

早期维新派的思想主张散见于其著作中,尚未形成完整的理论,但由他们掀起的新的社会政治思潮,曾对中国社会产生广泛的思想影响,并且为后来的资产阶级维新变法运动,起到了一定的思想先导作用。

19世纪90年代初,维新思想有了进一步发展。这时主要代表人物有康

① 冯桂芬:《采西学议》,《校邠庐抗议》卷下,上海书店出版社2002年版。
② 同上。

有为、梁启超、谭嗣同、严复等。康有为在广州创办万木草堂，培养变法人才，宣传维新思想。他撰写《新学伪经考》和《孔子改制考》两书，阐发维新变法的理论依据。在《新学伪经考》里，康有为对固守"祖宗之法，莫敢言变"的守旧思想，表示强烈不满。他把自东汉以来历代封建统治者和儒学人士奉为经典的《古文尚书》、《逸礼》、《左氏春秋》等古文经，统统说成是西汉末年刘歆所伪造的王莽"新朝"之学，与孔子无涉，应称"新学"。他的这种大胆言论，旨在抨击顽固派"恪守祖训"的主张，从而为维新变法制造理论依据。在《孔子改制考》里，康有为用西方的政治思想附会《春秋》公羊派的学说，用"据乱"、"升平"、"太平"三世说，来解释历史的演进。所谓"据乱世"就是君主专制时代，"升平世"就是君主立宪时代，"太平世"就是民主共和时代。他又宣称孔子是托古改制、主张变革的先师。康有为通过提倡公羊学派的"三世说"和塑造孔子"托古改制"的形象，来宣传维新变法的合理性和必要性。

康有为这两部著作问世后，在当时的思想界引起了强烈的震动。梁启超曾说：如果把《新学伪经考》比做"思想界之一大飓风"，那么《孔子改制考》便如同"火山喷发"。[①] 但无论康有为指斥刘歆伪造经书，抑或宣称孔子"托古改制"，其目的均不在古而在今，即在儒学的外衣下宣传西方资产阶级社会政治学说，向西方寻找救国真理。

梁启超则在《时务报》上发表了《变法通议》，猛烈抨击专制制度的危害，宣传伸民权、设议院、变法图强的思想。他在《变法通议》中指出："法者，天下之公器也；变者，天下之公理也。大地既通，万国蒸蒸，日趋于上，非可阏制。变亦变，不变亦变。变而变者，变之权操诸已，可以保国，可以保种，可以保教，不变而变者，变之权让诸人，束缚之，驰骤之，呜呼，则非吾之所敢言矣！"[②]明确提出中国必须学习西方国家的政治制度和文化教育制度。

严复宣传西方"物竞天择"的进化论，认为只有实行维新变法，才能"自强保种"；否则将为"天演"所淘汰而亡国灭种。严复还认为儒家的政教学说"少是而多非"，至于汉学、宋学和辞章之学更是"无实"、"无用"。他批评"中学为体，西学为用"是"盗西法之虚声，而沿中土之实弊"，公开提出了"自由为体，民主为用"的主张。

---

① 梁启超：《清代学术概论》，《饮冰室合集》专集三十四，第 57 页。

② 梁启超：《变法通议》，《饮冰室合集》文集之一，第 8 页。

在维新思潮的推动下，光绪帝于1898年6月11日颁布“明定国是”诏书，宣布变法。至9月21日慈禧太后发动政变，共103天，史称“百日维新”。戊戌变法虽以悲剧性的失败而告终，但维新人士提倡西学、鼓吹民权，起了思想启蒙的历史作用，它作为中国近代史上的第一次思想启蒙运动而载入史册。

二　孙中山的民主追求

（一）三民主义的提出

在维新派选择维新变法以救亡图强的同时，这时，以孙中山为代表的革命派则以另一种政治姿态登上了历史舞台。1894年，孙中山在美国檀香山创立中国第一个民主革命团体——兴中会，提出了“驱除鞑虏、恢复中国，创立合众政府”的政纲和“振兴中华”的口号，并立即着手回国发动武装起义，推翻清朝政府。1895年春，孙中山密谋在广州发动起义；起义失败后，被迫流亡海外。孙中山在欧美接触了当时颇为流行的各种社会政治学说，目睹了西方资本主义的弊病，还受到各国工人运动的影响，他的民主革命思想有了进一步的发展。

1905年8月，孙中山与黄兴、宋教仁等革命志士在日本东京组建中国同盟会，将同盟会的纲领确定为“驱除鞑虏，恢复中华，创立民国，平均地权。”不久，他又在《民报发刊词》中，将十六字纲领归结为民族、民权、民生三大主义，即“三民主义”，并且宣布要将三民主义“灌输于人心，而化为常识”。

民族主义的内容即“驱除鞑虏，恢复中华”。孙中山又称“民族革命”。有两层意思：一是反满，即推翻满族人当权的政府，重建汉族人当权的政府。孙中山把民族主义与民族复仇主义区别开来，将民族革命的目标集中在少数满洲当权者身上。他指出：“民族主义，并非是遇着不同族的人便要排斥他”；“我们并不是恨满洲人，是恨害汉人的满洲人。假如我们实行革命的时候，那满洲人不来阻害我们，决无寻仇之理”。[①] 二是独立，其中隐喻着反抗外来侵略的意愿。

民权主义即“创立民国”，就是通过政治革命，推翻帝制，建立民主共和

① 孙中山：《孙中山选集》（第2版），人民出版社1981年版，第80—81页。

国。孙中山在《在东京〈民报〉创刊周年庆祝大会的演说》中阐明了推翻帝制的必要性："中国数千年来都是君主专制政体，这种政体，不是平等自由的国民所堪受的"；"就算汉人为君主，也不能不革命"。他把民族主义与民权主义紧密联系起来，认为"我们推倒满洲政府，从驱除满人那一面就是民族革命，从颠覆君主政体那一面说是政治革命，并不是把来分作两次去做。"他在《军政府宣言》中还提出了"国民革命"的概念，并称太平天国为"英雄革命"，将两者区别开来。"国民革命""要其一贯之精神则为自由、平等、博爱"。

民生主义即"平均地权"，主张"核定天下地价。其现有之地价，仍属原主所有；其革命后的社会改良进步之增价，则归于国家，为国民所共享"。[①]这是为了大大促进中国工业化和城市化，同时又防止严重的贫富分化的一种土地政策和社会政策，反映了孙中山对世界现代化潮流的敏锐观察和对劳动群众的恳切同情。

孙中山曾回忆说："两年（按：1896 至 1897 年）之中，所见所闻，殊多心得。始知徒致国家富强，民权发达如欧洲列强者，犹未能登斯民于极乐之乡也；是以欧洲志士，犹有社会革命之运动也。予欲为一劳永逸之计，乃采取民生主义，以与民族、民权问题同时解决：此三民主义之主张所由完成也。"[②]可见，"三民主义"是孙中山实地考察欧美的政治经济制度和社会现状后，提出的一个比较完全意义上的民主革命的纲领，在动员和组织人民群众推翻清朝统治、建立民主共和国的斗争中，起了巨大的指导作用，也对后世产生了深远的影响。

（二）三民主义的实践

1911 年，辛亥革命爆发，推翻了清朝统治，建立了中华民国。辛亥革命的成功，是孙中山民主革命思想的一次伟大实践。1912 年，南京临时政府颁布了《中华民国临时约法》，规定了共和国的国家性质、政府组织机构以及人民享有的各项民主权利，具有民主共和国宪法的性质。对于确立民主共和、反对君主专制，具有巨大的进步意义。

袁世凯窃取中华民国临时大总统职位后，实行独裁统治，企图复辟帝制。为了捍卫民主共和，孙中山先后发动了"二次革命"，护国运动和两次

---

① 孙中山：《孙中山选集》（第 2 版），第 78 页。
② 孙中山：《建国方略》，《孙中山选集》（第 2 版），第 196 页。

“护法运动”，但均以失败告终。历次革命的失败，使孙中山意识到单凭兵力不能取得革命的成功，而必然建立和依靠党的力量。但当时的国民党构成“非常复杂”，“大多数党员”都是以加入国民党为“做官的终南捷径”。[①] 而国民党的指导思想、政治纲领、组织纪律，无不存在着严重缺陷。孙中山深感要创建中华民国，唯有彻底改造国民党。

（三）旧三民主义发展为新三民主义

俄国十月革命的胜利，使处于苦闷与彷徨中的孙中山看到了“人类中的大希望”。从五四运动中，他又看到了人民联合斗争所收到的“绝伦之巨果”。[②] 孙中山热烈欢迎十月革命，共产国际和中国共产党也向他伸出了援手。1922 年，中共二大专门讨论了与国民党合作的具体形式问题。1923 年 1 月，苏俄代表越飞抵上海与孙中山会谈，并发表了《孙文越飞宣言》。宣言表明了苏俄对中国革命的支持和建立平等的中苏关系。宣言的发表，标志着孙中山联俄政策的正式确立。在共产国际和中国共产党的影响与帮助下，孙中山决定吸收共产党员加入国民党，改组国民党。1924 年，中国国民党第一次全国代表大会召开。大会通过了《中国国民党第一次全国代表大会宣言》，接受中国共产党反帝反封建的主张，实际上确立了“联俄、联共、扶助农工”三大政策，重新解释了三民主义，把旧三民主义发展为新三民主义。

孙中山指出，新三民主义的民族主义，对外主张“中国民族自求解放”，“免除帝国主义之侵略”；对内主张“各民族一律平等”。民权主义主张直接的、普遍的、革命的民权，规定“为国民者不但有选举权，且兼有创制、复决、罢官诸权”；民权“为一般平民所共有，非少数者所得而私”；“效忠于帝国主义及军阀者”，不得享受自由权利。民生主义规定了平均地权和节制资本的原则。平均地权是由国家通过征税和收买的办法，使土地之增值收归国家，防止“土地权之为少数人所操纵”。对缺乏田地的农民，则由国家给以土地，资其耕作，实现耕者有其田。节制资本是防止私人资本操纵国民之生计，对具有独占性质或规模过大之企业，要由国家经营管理。国家还要制定劳工法，以改良工人之生活。

新三民主义与旧三民主义相比，有了质的飞跃。新三民主义使国民党

① 孙中山：《国民党员不可存心做官发财》，《孙中山选集》下卷，第 460 页。
② 孙中山：《建国方略》，《孙中山选集》上卷，第 421 页。

有了明确的反帝反军阀的政治方向，这与中国共产党的民主革命纲领有着基本相同的革命目标。国民党"一大"确立联俄、联共、扶助农工三大政策，确定了共产党员可以个人资格加入国民党，标志着国民党的正式改组和国共合作的正式确立。国共合作成立后，轰轰烈烈的国民革命运动在全国展开。

三　新文化运动与马克思主义的传播

(一)《新青年》的诞生

辛亥革命推翻了帝制，民主、自由、平等、博爱等思想得到一定的传播，但它没有能够震撼封建文化的根基。窃取大总统职位的袁世凯梦想恢复帝制，他废除临时约法，实行独裁统治，在思想文化方面掀起了一股尊孔复古逆流。袁世凯政府公开命令尊孔读经，企图在"保存国粹"的幌子下，加强对人民的思想控制。此时，各种名目的尊孔复古组织纷纷成立，影响最大的是康有为的孔教会。康有为及孔教会掀起请愿活动，要求中国当"以孔教为国教"，"编入宪法"，并在其主办的《不忍》杂志中连篇累牍地攻击共和制，鼓吹非孔教、非复辟不能救中国。以陈独秀为代表的中国先进分子奋起反击，力图"根本之救亡"。新文化运动应运而生。

1915 年 9 月 5 日，陈独秀在上海创办《青年杂志》，并在创刊号上发表了《敬告青年》一文，痛数了当时中国社会的黑暗，号召青年向陈腐的封建思想意识展开斗争，说："国人而欲脱蒙昧时代，羞为浅化之民也，则急起直追，当以科学与人权并重。"[①]由此，揭开了新文化运动的序幕。《青年杂志》从第二卷起改名为《新青年》。新文化运动得到北京大学校长蔡元培的支持。蔡元培于 1916 年底任北京大学校长。他主持北京大学时，主张"思想自由"原则，取"兼容并包主义"，允许各种学派自由发展，因为这种思想自由的风气，陈独秀、李大钊、胡适、鲁迅、钱玄同等一批具有新思想的学者纷纷到北大任教，北大学术思想空前繁荣。随后，《新青年》编辑部也从上海迁到北京。李大钊、胡适、鲁迅、钱玄同、刘半农等都是《新青年》的编辑或主要撰稿人。《新青年》与北京大学结合，扩大了阵地与影响，形成了一个以《新青年》为核

---

① 陈独秀著，三联书店编辑：《新青年》1 卷 1 号，《陈独秀文章选编》(上)，三联书店 1984 年版，第 78 页。

心的新文化阵营。

（二）新文化运动

新文化运动提倡“民主”和“科学”，反对专制和愚昧。“民主”是指民主思想和民主态度，反对君主专制和军阀独裁。1916 年 2 月，陈独秀在《吾人最后之觉悟》一文中指出，中国欲求生存，“必弃数千年相传的官僚的专制的个人政治，而易以自由的、自治的国民政治也。”他认为要真正实现民主政治，必须依靠“多数国民之自觉与自动”，而不能寄希望于“善良政府，贤人政治”。[①] 李大钊则在《民彝与政治》中大声疾呼：“民与君不两立，自由与专制不并存，是故君主生则国民死，专制活则自由亡。”[②]

“科学”，是指科学态度、科学方法，反对迷信、盲从和武断，树立起积极、进取的科学的精神。陈独秀认为，“科学之兴，其功不在人权说下，若舟车之有两轮”，表明民主与科学并重。他号召人们用科学态度来对待传统观念和一切社会问题，破除迷信，坚持真理，打破“宗教上、政治上、道德上自古相传的虚荣，欺人、不合理的信仰”，树立“真实的合理的”信仰。[③]

新文化运动还提倡新道德，反对旧道德，甚至提出“打倒孔家店”的口号。新文化运动的倡导者们以进化论的观点来阐明孔子之道不适应于现代生活，以民权、平等的思想来揭示维护专制制度的孔教与之背道而驰，反对将孔教定为国教、编入宪法。李大钊指出：“孔子之道，施于今日之社会不适于生存”。[④] 陈独秀也强调说，民主共和国重在平等精神，孔教重在尊卑阶级，“若一方面承认共和国体，一方面又要保存孔教，理论上实在是不通，事实上实在是做不到”。[⑤] 他还指出，“盖主张尊孔，势必立君；主张立君，势必复辟”。[⑥] 鲁迅的《狂人日记》、《我之节烈观》也揭露了封建礼教的种种罪恶，

---

① 陈独秀著，三联书店编辑：《新青年》1 卷 1 号，《陈独秀文章选编》（上），第 107—108 页。

② 李大钊著，中国李大钊研究会编注：《李大钊文集》上册，第 175 页。

③ 陈独秀著，三联书店编辑：《偶像破坏论》，《新青年》5 卷 2 号，《陈独秀文章选编》（上），第 277 页。

④ 李大钊著，中国李大钊研究会编注：《自然的伦理观与孔子》，《李大钊文集》上册，第 264 页。

⑤ 陈独秀著，三联书店编辑：《旧思想与国体问题》，《新青年》3 卷 3 号，《陈独秀文章选编》（上），第 207 页。

⑥ 陈独秀著，三联书店编辑：《复辟与尊孔》，《新青年》3 卷 6 号，《陈独秀文章选编》（上），第 232 页。

尖锐地批判忠、孝、节伦理道德的危害性。

新文化运动也是一场文学革命，即提倡白话文，反对文言文，提倡新文学、反对旧文学。1917年，胡适在《新青年》上发表《文学改良刍议》一文，主张以白话文为“中国文学之正宗”，以及一些文学形式上和内容上的改革，如“言之有物”、“不摹仿古人”、“不作无病之呻吟”、“务去烂调套语”、“不用典”、“不讲对仗”等。[①] 陈独秀明确提出“文学革命”的口号，认为“欲革新政治，势不得不革新我国据于运用此政治者精神界之文学”。他主张“推倒雕琢的阿谀的贵族文学，建设平易的抒情的国民文学”；“推倒陈腐的铺张的古典文学，建设新鲜的立诚的写实文学”；“推翻迂晦的艰涩的山林文学，建设明瞭的通俗的社会文学”，[②]成为文化革命的纲领。鲁迅陆续在《新青年》上发表了《狂人日记》、《孔乙己》等小说，将反封建的革命内容与白话文的形式结合起来，对文学革命作出了极其重要的贡献。

新文化运动是辛亥革命在文化思想领域中的延续，猛烈地冲击了封建思想的统治地位，破除了封建教条对人们思想的束缚，对中国人民，特别是知识青年的觉醒起了巨大作用。这是在新的历史条件下又一次思想解放潮流，它促使人们更迫切追求救国救民的真理，为马克思主义在中国的传播创造了有利的条件。

（三）马克思主义开始在中国传播

当新文化运动蓬勃发展的时候，十月革命一声炮响，给中国送来了马克思主义。中国的先进分子开始用无产阶级宇宙观观察国家命运，重新考虑中国问题。1918年7月，李大钊发表了《法俄革命的比较观》，指出十月革命的社会主义性质，希望中国人民迎接新的革命潮流。11月，北京群众在天安门举行庆祝欧战胜利大会，李大钊又在会上发表了题为《庶民的胜利》的演说，赞扬十月革命的胜利。随后，他又发表了《Bolshevism 的胜利》，欢呼“由今以后，到处所见的，都是 Bolshevism 战胜的旗。到处所闻的，都是 Bolshevism 凯歌的声。人道的警钟响了！自由的曙光现了！试看将来的环球，必是赤旗的世界！”[③]这是中国最早研究马克思列宁主义的文献。

---

① 胡适著，欧阳哲生编：《文学改良刍议》，《胡适文集》，北京大学出版社1998年版，第6页。

② 陈独秀著，三联书店编辑：《新青年》2卷6号，《陈独秀文章选编》（上），第172页。

③ 李大钊著，中国李大钊研究会编注：《李大钊文集》上册，第603页。

1919年，五四运动爆发，大大促进了马克思主义的传播。5月，李大钊把他主编的《新青年》第6卷第5号编成了“马克思主义研究专号”，并发表了他的长篇论文《我的马克思主义观》，指出历史唯物论、政治经济学和科学社会主义革命理论三者是不可分的，而阶级斗争学说恰是把三大原理联络起来的“一条金线”。他指出：“马克思主义是世界改造原动力的学说”，“现在世界改造的机运已经从俄、德诸国闪出了一道曙光”。[①] 李大钊还组织了“马客士主义研究会”，团结一些进步青年学习、研究马克思主义和俄国革命。同时，在李大钊主持下，《晨报副刊》开辟了马克思研究专栏，陆续刊载马克思的《雇佣劳动与资本》和一些关于马克思主义的译文。随后，各地出现了一大批宣传马克思列宁主义的进步刊物，在五四运动后半年时间内，全国各地新出版的、在不同程度上具有社会主义倾向的报刊有二百余种。其中对传播马克思列宁主义起较大作用的有《新青年》、《每周评论》、北京《晨报》副刊、和毛泽东主编的《湘江评论》等。各种宣传和研究马克思主义的团体也在全国各地涌现，如北京大学马克思学说研究会、陈独秀在上海组织的马克思主义研究会，毛泽东发起创办的新民学会文化书社等等。陈独秀、毛泽东、周恩来、蔡和森、邓中夏、瞿秋白、恽代英等一批先进的中国人成为积极传播马克思主义列宁主义的先进分子，并开始用马克思主义指导中国革命，建立了一些中国共产党早期组织。这些组织创办工人补习学校，向工人宣传马克思主义，并出版了面向工人的刊物，如上海的《劳动界》、北京的《劳动音》、广州的《劳动者》和济南的《济南劳动》等，同时帮助工人建立工会，组织工人开展活动。1921年，以马克思主义为指导的工人阶级政党——中国共产党诞生。

四　深入探究指引

(一)“中体西用”与“和魂洋才”

19世纪中期，中国和日本这两个一衣带水的东方国家，在遭受西方列强入侵时，被迫打开了国门，并几乎同时开启了向西方学习的近代化运动。中国的洋务运动以“中体西用”为指导思想，而日本的明治维新则以“和魂洋

---

① 李大钊著，中国李大钊研究会编注：《新青年》6卷5、6号，《李大钊文集》下册，第47—50页。

才”为处理日西文化关系的总原则，二者外表酷似，效果却大不一样。基于此，学界对二者的异同点和异同的原因进行了研究和论述。

“中体西用”与“和魂洋才”有何异同呢？二者的相同之处在于：武安隆认为，首先，二者都是在遭到西方文化的强烈冲击下，作为一种回应方式而产生的。其次，二者都试图调和与融合东西方文化，并期以西方文化之长补自身文化之短。再次，二者都强调自身文化在这种融合中的主体性，试图以自身文化之“魂”或“体”去主西方文化之“才”或“用”。另外，二者的原始涵义基本相同：“和魂”与“中体”都指的是东方的伦理道德，而“洋才”与“西用”则均指西方以科学技术为核心的“富强之术”。[①] 侯明喜认为，二者都是转型时期的一种文化模式，是近代中、日两国在西方近代工业文明的冲击下，被迫由传统农耕社会向传统工业社会转型。其次，二者的内涵不断演变。随着对西方文化认识的加深和变革的日渐深入，“西用”的内涵日渐拓展，而“中体”内涵却日渐缩小。日本的情形与中国相似。再次，二者都不同程度地造成了现代化的延误或中断。由于固守中国传统的政治体制和教育文化体制，导致洋务运动的层次低、官僚性强、成效不大。日本的明治维新仅仅是西洋艺术和民族精神的成功，资产阶级是和天皇军国主义紧密结合的日本式资产阶级。畸形的近代化使得明治政府大肆推崇“和魂”，大力提倡“神道”，并与皇权主义相结合，最终演化为对外的侵略战争。军国主义不仅炸毁了东亚早期各国近代化的初步建树，也最终炸毁了日本早期近代化成果。“和魂”的畸形发展，使得日本付出了近代化中断的沉重代价。[②]

二者的不同之处在于：武安隆认为，“和魂洋才”论者在吸收西方文化时掌握的尺度较宽，“洋才”不仅限于西方的科学技术，甚至西方的某些制度和思想也被视为“洋才”而加以接受。相反，“中体西用”论者在吸收西方文化时掌握的尺度较严，“西用”一般局限了西方科技，而西方的制度（尤其是政治制度）和思想被视为“中体”的异端和对立物而加以排斥。[③] 肖传国还分析

① 武安隆：《从“和魂汉才”到“和魂洋才”——兼说“和魂洋才”与“中体西用”的异同》，《日本研究》1995 年第 1 期。

② 侯明喜：《“中体西用”与“和魂洋才”之比较》《文史杂志》，2000 年第 2 期。

③ 武安隆：《从“和魂汉才”到“和魂洋才”——兼说“和魂洋才”与“中体西用”的异同》，《日本研究》1995 年第 1 期。

了“和魂”与“中体”的不同，认为“和魂”是指在构成日本传统文化核心的天皇制下形成的“忠诚一体”、顽强不屈的“大和魂”这一民族精神，而后者则主要指自古沿袭下来的传统思想、礼仪、典章、政治体制、制度、道德观、价值观等。[①] 李泽厚也强调儒学并非日本文化的主干或核心，其主干或核心是本土的大和魂或大和精神。[②] 陈凡认为二者的最初目标都是为了自强防御，最终目标却发生很大变化。“中体西用”强调的是护封建社会这个“体”，而“和魂洋才”强调的是变封建社会这个“体”。[③] 苏中立认为，主客文化在各自模式中的地位有所不同。在“中学西用”的模式中，“中学”为主，“西用”为辅。在“和魂洋才”的模式中，“和魂”与“洋才”基本上是处于对等的地位。其次，指导思想的运用有所不同。在“中体西用”思想指导下的洋务运动只局限于引进西方器物层面。日本在“和魂洋才”思想的指导下，在倒幕前主要限于科学技术，但 1868 年倒幕后，即能兼取西方文化各个层面之长，全方位的接受西方文化。[④]

学界认为中日两国指导思想的异同，是由两国的社会历史条件即国情决定的。如中日的社会经济结构异同，中国是典型的农业社会，日本是农业社会与重商社会的掺和；社会政治结构异同，日本的商人地位越来越高，中国的资产阶级力量有限；文化传统不同，中国长期自诩为“天朝上国”、“华夏中心”，因而形成一种自尊自足、泥古拒变的文化心理传统。日本一向有向外国学习先进文化的传统；还有两国近代化的领导集团不同等。[⑤]

立足于本国国情，引进西方文化，不仅是近代中日两国向西方学习的指导思想，同样也是当代中日两国对外开放不可或缺的思维结构。不管是中国特色的社会主义，还是日本“脱欧入亚”的设想，都离不开本土文化和本国国情的考虑，关键只不过在于其中尺度“宽严”的把握罢了。

---

① 肖传国：《中日在吸引近代西方文化上的差异——以“中体西用”和“和魂洋才”为中心》，《解放军外语学院学报》1995 年第 4 期。

② 李泽厚：《中日文化心理比较试说略稿(1997)》，《华文文学》2010 年第 5 期。

③ 陈凡：《中日近代技术与社会关系的比较——评“中体西用”说与“和魂洋才”论》，《科学研究》1988 年第 1 期。

④ 苏中立：《“中体西用”与“和魂洋才”之比较》，《贵州社会科学》1992 年第 12 期。

⑤ 同上。

（二）孙中山社会主义思想的来源

1905年11月，孙中山在《民报》发刊词中正式提出了三民主义，即民族主义、民权主义和民生主义。三民主义是中国比较系统明确的第一个资产阶级革命纲领。但孙中山却多次强调“民生主义就是社会主义”，甚至将Socialism(社会主义)译为民生主义。尽管学术界对民生主义的内涵和孙中山社会主义的性质有所分歧，但关于孙中山的社会主义思想的研究却日趋增多，而且越来越多的研究者使用“社会主义”一词直接来称谓孙中山的“民生主义”。

孙中山社会主义思想的来源，学术界讨论得较为激烈，研究也较为深入，但意见分歧也较大。一般认为，孙中山的社会主义思想有传统的本土文化和西方文化两个来源，主要包括：中国古代的大同学说，井田制度，太平天国的农业社会主义，维新思想家发展资本主义的思想，包括亨利·乔治的“单税社会主义”、穆勒的地价理论、摩里斯·威廉的《社会史观》在内的19世纪末20世纪初欧美形形色色的社会主义学说，早期空想社会主义，第二国际改良主义，马克思主义的科学社会主义，俄国民粹主义，列宁的新经济政策等等。[①] 但何者为主，何者为次，学术界解说却不一致。大抵看来，学术界关于孙中山社会主义思想的来源大抵有以下几种见解：

其一，孙中山的思想主要来源于中国的传统思想。颇具代表性的为李泽厚，他认为，“应该把近代中国太平天国的农业社会主义的土地纲领和19世纪90年代改良派发展资本主义的思想是其最主要和最直接的思想渊源”对于西方的思想学说，只是在“具体内容和方法上，吸纳了亨利·乔治的社会主义。”[②]

其二，孙中山的思想主要来源于近代西方理论。李时岳认为，孙中山的民生主义主要来源于西方资产阶级的所谓土地国有学说，以亨利·乔治的理论为基础，吸取了约翰·穆勒的土地方案。[③]

其三，孙中山的社会主义思想存在一个对传统“由离异到回归”的轨

① 敖光旭：《中国大陆对孙中山社会主义思想的研究》，《广西大学学报》2001年第3期。

② 李泽厚：《论孙中山的民生主义》，《历史研究》1956年第11期。

③ 李时岳：《孙中山的“平均地权”纲领的产生和发展》，《光明日报》1956年10月27日。

迹。[①] 一些学者不满足于对孙中山的社会主义思想来源作是传统思想还是西方思想的简单界说，力图把它看做一个前后并不完全一致的流变过程。章开沅《从离异到回归》一文可以说是这一思路的典型之作。学者们认为孙中山的思想理论同中国传统文化的主体儒家思想关系十分密切，特别在晚年具有明显的文化复归倾向。

关于孙中山社会主义思想的来源，学术界仍应从孙中山当时的社会环境、社会集团、社会心理等层面去拓宽思维，把孙中山置于"大语境"中，通过层层解剖，去透视孙中山思想的来源。由此，才能更好地还原孙中山本人，才能更好地理解民生主义对当前中国特色社会主义的影响和价值之所在。

第三节 中国20世纪以来的思想理论成果

马克思主义中国化是20世纪以来最重要的思想理论成果，中国共产党在领导中国革命和建设的长期实践中，形成了马克思主义与中国实际结合的集体智慧结晶——毛泽东思想，丰富和发展了马克思列宁主义。改革开放以来，中国共产党在推进马克思主义中国化的历史进程中，开辟了中国特色社会主义道路，形成了包括邓小平理论、"三个代表"重要思想以及科学发展观等重大战略思想在内的科学理论体系，确立了中国特色社会主义制度。中国特色社会主义理论体系的形成和发展，指引着中国的改革开放伟大事业胜利前进，为中国全面实现社会主义现代化提供了强大的思想动力。

一 毛泽东与马克思主义的中国化

（一）马克思主义中国化的提出

马克思主义中国化，就是将马克思主义基本原理同中国具体实际相结合。具体地说，就是把马克思主义的基本原理更进一步地同中国实践、中国历史、中国文化结合起来，使马克思主义在中国实现具体化。产生于19世纪欧洲的马克思主义，为国人认识、接受并为之作为思想武器历经了一个艰难和曲折的过程。在这一艰难和曲折的过程中，早期共产主义者，如李大钊、陈独秀、蔡和

---

① 敖光旭：《中国大陆对孙中山社会主义思想的研究》，《广西大学学报》2001年第3期。

森、张太雷、恽代英等，为马克思主义中国化作出了奠基性的贡献。

党的早期领导人应用马克思主义学说时，已注重马克思主义与中国实际相结合。1919 年，李大钊在其发表的《再论问题与主义》中指出："一个社会主义者，为使他的主义在世界上发生一些影响，必须要研究怎么可以把他的理想尽量应用于环绕着他的实境。"[①]而陈独秀在 1922 年 5 月更明确地向大家发出号召，"希望青年诸君能以马克思实际研究的精神研究社会上各种情形，最重要的是现社会的政治及经济情况，不要单单研究马克思的学理。"[②]

早期的共产主义者在建党初期已提出了系统的建党思想，并探索党形成"自己的理论"。蔡和森强调中国共产党负有解放无产阶级的责任和民族革命的责任。并在完成革命责任的过程中，中国共产党还要将马克思列宁主义应用到中国革命实际中去，逐步形成为党自己的"革命的理论"。他在《中国共产党史的发展》报告中强调说："真正的革命党，如无革命的理论是不行的，故一个革命党不仅要有好的组织、好的政策，尤其是要有革命的理论来把思想统一，然后才能领导革命到正确之路。"由此确定了马克思主义中国化的一个基本原则，即中国共产党要以马克思主义基本原理为指导，研究解决中国革命的实际问题，并把马克思主义运用于革命斗争中形成自己的理论武器。[③]

党的早期领导人在探索马克思主义中国化时，已注意到了工人阶级地位并倡导争夺革命领导权。李大钊在运用马克思主义的唯物史观深入地分析了世界以及中国无产阶级的生存状况并深刻指出，"无产阶级本来是资本主义下的产物，到后来灭资本主义的也是他。"[④]在积极推动实现的第一次国共合作中，李大钊看到了革命领导权这个决定革命前途的关键问题，"我们的策略是掌握工人运动的领导权，以使其成为革命的先锋队。"[⑤]

党的早期领导人还注意到农民问题的重要性。如李大钊在《土地与农民》中就指出"估量革命动力时，不能不注意到农民是其重要成分"，"中国浩

---

① 李大钊著，中国李大钊研究会编注：《李大钊文集》(下)，第 34 页。
② 陈独秀著，三联书店编辑：《陈独秀文章选编》(中)，第 178 页。
③ 李永春：《蔡和森对马克思主义中国化的探索》，《党史研究与教学》2008 年第 5 期。
④ 李大钊著，中国李大钊研究会编注：《李大钊文集》(下)，第 84 页。
⑤ 同上，第 781 页。

大的农民群众，如果能够组织起来，参加国民革命，中国国民革命的成功就不远了。”①

党的早期领导人在探索马克思主义中国化时，虽不够系统和体系化，也未能形成统一、完整的认识，但这些学说为毛泽东思想的萌芽做出了独到的贡献。

受中国共产党早期领导人的影响，毛泽东开始认识、接受马克思主义并将其视为思想武器。新文化运动期间，毛泽东为组织留法勤工俭学的问题前往北京，并由此结识了李大钊、陈独秀等人，阅读了当时所能读到的共产主义书籍。他回到湖南后，创办了《湘江评论》，宣传马克思主义，并逐步确立了自己的共产主义信仰。

1921 年 7 月，毛泽东出席了中国共产党第一次全国代表大会，成为中国共产党的缔造者之一。从中国共产党创建到国民革命时期，毛泽东做了广泛的调查研究工作，开始运用马克思主义学说，深刻分析中国社会各阶层的状况。在这期间，他先后撰写了《中国社会各阶级的分析》、《国民革命与农民运动》和《湖南农民运动考察报告》等文章，深刻论证了中国社会各阶层在革命中的地位和作用，并充分强调了农民阶级在中国革命中的重要作用。

国民革命失败后，中国共产党开始在农村建立广泛的革命根据地。但在根据地中，一些人对红色政权能否长期存在表示疑惑。为了对农村武装割据问题进行理论上的说明，以推动红军和根据地的发展，毛泽东于 1928 年 10 月到 1930 年 1 月相继写成《中国的红色政权为什么能够存在?》、《井冈山的斗争》、《星星之火，可以燎原》等著作。在这些著作中，毛泽东分析了处于白色政权包围的环境中，中国红色政权发生、发展的原因和条件，提出了“工农武装割据”的思想。毛泽东的这些论述，把马克思列宁主义的基本原理创造性地运用于中国革命的具体实践，初步形成了农村包围城市、最后夺取全国政权的有中国特色的革命道路，为中国革命指明了方向。

在革命斗争中，毛泽东还相当注意开展调查研究。为了反对当时红军中的教条主义，毛泽东在 1930 年 5 月专门写了《反对本本主义》。该文提出“没有调查，就没有发言权”，“调查就是解决问题”，“反对本本主义”，“离开实际调查就要产生唯心的阶级估量和唯心的工作指导，那末，它的结果，不是机会主义，便是盲动主义”，“中国革命斗争的胜利要靠中国同志了解中国

① 李大钊著，中国李大钊研究会编注:《李大钊文集》(下)，第 824,834 页。

情况"等科学论断。[1]

但这一时期内,中国共产党对把马克思主义同中国实际相结合还不够自觉,特别是党内的"左"倾思想,把马克思主义教条化,把共产国际的指示和苏联的经验神圣化,使中国革命遭受了严重挫折。在中国新民主主义革命道路中,曾出现三次"左"倾错误。1927年瞿秋白的"左"倾盲动错误,1930年李立三的"左"倾冒险主义和1931年—1934年以王明为代表的"左"倾教条主义。而其中尤以王明的"左"倾教条主义历时最长,影响最恶劣,对革命造成的后果最严重。王明"左"倾路线把毛泽东关于农村包围城市道路的理论诬蔑为所谓"枪杆子主义"和"农民意识的地方观念与保守观念",并指责毛泽东制定的正确的土地路线和政策是所谓的"富农路线"。1935年1月召开的遵义会议结束了王明的"左"倾教条主义错误在党中央的统治,确立了毛泽东在全党的实际领导地位。从此,中国共产党开始在理论上系统地总结中国革命的历史经验,为中国革命提供合乎实际的完整的理论、路线、方针和政策。

1938年毛泽东在党的六届六中全会上作的题为《论新阶段》的政治报告中最先提出了"马克思主义中国化"这一命题。他指出:"共产党员是国际主义的马克思主义者,但是马克思主义必须和我国的具体特点相结合并通过一定的民族形式才能实现。马克思列宁主义的伟大力量,就在于它是和各个国家具体的革命实践相联系的。对于中国共产党来说,就是要学会把马克思列宁主义的理论应用于中国的具体的环境。成为伟大中华民族的一部分而和这个民族血肉相连的共产党员,离开中国特点来谈马克思主义,只是抽象的空洞的马克思主义。因此,使马克思主义在中国具体化,使之在其每一表现中带着必须有的中国的特性,即是说,按照中国的特点去应用它,成为全党亟待了解并亟须解决的问题。"[2]

抗日战争期间,毛泽东撰写了《论持久战》、《新民主主义论》、《论联合政府》等文章,在分析中国国情基础上,对中国共产党的建设和中国革命的历史进程作了详尽完整的论述。他指出,"中国革命的历史进程,必须分为两

---

① 毛泽东:《反对本本主义》,《毛泽东选集》第一卷,人民出版社1991年版,第109—115页。

② 毛泽东:《毛泽东选集》第二卷,第534页。

步，其第一步是民主主义的革命，其第二步是社会主义的革命，这是性质不同的两个革命过程。而所谓民主主义，现在已不是旧范畴的民主主义，已不是旧民主主义，而是新范畴的民主主义，而是新民主主义”。[①] 毛泽东运用马克思主义的基本原理，结合中国的革命实际，创造性提出新民主主义革命的科学概念，描绘了新民主主义社会的蓝图及前景。

到抗日战争结束前后，毛泽东关于中国革命的论述已经形成了比较完整的理论体系。在1945年召开的中共七大上，毛泽东思想被确立为党的指导思想。七大通过的《中国共产党章程》在总纲中确定，以马克思列宁主义的理论与中国革命实践之统一的思想——毛泽东思想，作为我们党一切工作的指针。毛泽东思想，就是马克思主义中国化的第一个理论成果，是“中国化的马克思主义”。[②]

在我国社会主义改造基本完成、开始全面建设社会主义的时候，毛泽东就向全党提出，要探索马克思主义同中国实际的“第二次结合”，走出中国自己的社会主义道路。毛泽东明确提出“第二次结合”的思想，是在1956年4月4日召开的中央书记处会议上。他说，最重要的是独立思考，把马列主义的基本原理同中国革命和建设的具体实际相结合。民主革命时期，我们吃了大亏后才成功地实现了这种结合，取得了新民主主义革命的胜利。现在是社会主义革命和建设时期，我们要进行第二次结合，找出在中国怎样建设社会主义的道路。[③] 这显然是鉴于苏联经验和中共历史的沉痛教训得出来的结论。

在经过大量的调查研究的基础上，毛泽东在1956年4月作了《论十大关系》的重要讲话，1957年2月又作了《关于正确处理人民内部矛盾的问题》的讲话。《论十大关系》的基本思想，就是调动一切积极因素，正确处理社会主义社会的各种矛盾，“努力把党内外、国内国外的一切积极的因素，直接的、间接的积极因素，全部调动起来，把我国建设成为一个强大的社会主义国家。”[④]《关于正确处理人民内部矛盾的问题》创造性地提出了社会主义社

① 毛泽东：《毛泽东选集》第二卷，第665页。

② 中共中央文献编辑委员会编：《刘少奇选集》上卷，人民出版社1981年版，第335页。

③ 中共中央文献研究室编：《毛泽东传(1949—1976)》上，中央文献出版社2003年版，第506页。

④ 毛泽东著，中共中央文献研究室编：《毛泽东文集》第七卷，人民出版社1993年版，第44页。

会基本矛盾和两类矛盾的学说，强调了要严格区分和正确处理两类不同性质的矛盾，特别是正确处理人民内部矛盾；提出了从全体人民出发，“统筹兼顾，适当安排”的方针；提出了发展工业必须同发展农业同时并举的工业化方针。这些著作后来对社会主义建设的探索做了开创性的工作，有着十分重要的理论和实践价值。

(二)毛泽东思想的科学体系和主要内容

中国共产党在领导中国革命和建设的长期实践中，实现了马克思主义与中国实际结合的第一次历史性飞跃——毛泽东思想。毛泽东思想以其独创性理论丰富和发展了马克思列宁主义，构成一个博大精深的科学体系，它紧紧围绕着中国革命和建设这个主题，提出了一系列相互关联的重要的理论观点。

1. 新民主主义革命理论

历经中国复杂的革命实践后，毛泽东从中国的历史状况和现实状况出发，创立了无产阶级领导的、工农联盟为基础的，人民大众的，反对帝国主义、封建主义和官僚资本主义的新民主主义革命理论。其基本特点是：(一)无产阶级同资产阶级建立或被迫分裂革命的民族统一战线，(二)主要革命形式是武装斗争。[①] 毛泽东认为中国的资产阶级有两个部分：依附于帝国主义的带买办性的大资产阶级和既有革命要求又有动摇性的民族资产阶级。无产阶级领导的统一战线要争取民族资产阶级参加，并且在面对外敌侵略时可同大资产阶级建立可能的统一战线，以求最大限度地孤立最主要的敌人。在同资产阶级结成统一战线时，无产阶级要采取既联合又斗争的政治路线。在被迫同资产阶级、主要是同大资产阶级分裂时，要敢于并善于同大资产阶级进行坚决的武装斗争，同时要争取民族资产阶级的同情或中立。因为中国没有资产阶级的民主，所以革命只能以长期的武装斗争为主要形式。中国共产党的武装斗争，就是在无产阶级领导之下的农民战争，通过建立农村革命根据地，进行长期的革命斗争，发展和壮大革命力量。毛泽东指出：“统一战线，武装斗争，党的建设，是中国共产党在中国革命中战胜敌人的三个法宝，三个主要的法宝。”[②]新民主主义革命理论是马克思列宁主义基本原理与中国革命具体实际相结合，不断进行理论创新而形成的具有独创

---

① 毛泽东：《毛泽东选集》第二卷，第 604 页。

② 同上，第 606 页。

性的关于中国人民革命的理论，是毛泽东思想成熟的主要标志。

2.社会主义改造和社会主义建设理论

毛泽东领导中国共产党，采取社会主义工业化同社会主义改造同时并举的方针，实行逐步改造生产资料私有制的具体政策，从理论上和实践上解决了在中国这样一个占世界人口1/4的、经济文化落后的大国建立社会主义制度这一重大问题。在社会主义制度建立后，毛泽东领导全党和中国人民开始了社会主义建设的初步探索，提出了一系列具有战略意义的正确思想和方针。其中包括：社会主义社会的基本矛盾仍然是生产关系和生产力之间的矛盾，上层建筑和经济基础之间的矛盾，必须正确区分和处理社会主义社会中的敌我矛盾和人民内部矛盾；关于人民内部矛盾要采取“团结—批评—团结”的方针，在经济工作中对全国城乡各阶级实行“统筹兼顾、适当安排”的方针，在共产党和民主党派的关系上，实行“长期共存、互相监督”的方针；在科学文化工作中，实行“百花齐放、百家争鸣”等一系列正确方针；关于不要照搬外国的经验，提出要适当地调整重工业和农业、轻工业的投资比例，要给地方一点机动权，充分发挥地方的积极性等思想，这些正确的思想、方针和主张，对后来的中国特色社会主义建设道路的探索具有重要的指导意义。

3.革命军队建设和军事战略的理论

毛泽东系统地解决了如何把以农民为主要成分的革命军队建设成为一支无产阶级性质的、具有严格纪律的、同人民群众保持紧密联系的新型人民军队的问题，解决了在中国这样一个半殖民地半封建国家，如何开展人民革命战争、应当实行什么样的战略战术。如何巩固国防等一系列重大方针问题。他规定了全心全意为人民服务是人民军队的唯一宗旨，规定了是党指挥枪而不是枪指挥党的原则，制定了三大纪律八项注意。他把游击战争提到战略的地位，认为中国革命战争在长时期内的主要作战形式是游击战和带游击性的运动战。他在解放战争时期提出著名的十大军事原则。这些都是毛泽东对马克思列宁主义军事理论极为杰出的贡献。建国后，毛泽东还提出了建设现代化革命武装力量和发展现代化国防技术的重要指导思想。

4.党的建设理论

在一个无产阶级人数很少、农民和其他小资产阶级占人口大多数的国家里，建设一个广泛群众性、马克思主义的无产阶级政党，是一项艰巨的任务，也是一个伟大的工程。毛泽东的建党学说成功地解决了这样一个问题。毛泽东注重党的思想建设，指出不仅要在组织上入党，还要在思想上入党。在加强党的思想建设同时，要加强党的组织建设和作风建设。他指出，理论和实践相结合的作风，是和人民群众紧密地联系在一起的作风，以及自我批评的作风，是中国共产党区别于其他政党的显著标志。他创造了全党通过批评与自我批评进行马克思列宁主义思想教育的整风形式。这些重要的党建思想，为中国共产党的建设指明了前进的方向。

此外，毛泽东思想体系还包括革命斗争中的政策和策略的理论、思想政治工作和文化工作的理论、国际战略和外交工作的理论，等等。这些理论丰富和发展了马克思主义，是建设中国特色社会主义的宝贵精神财富。

毛泽东思想活的灵魂，是贯穿于上述各个理论的立场、观点和方法。它们有三个方面，实事求是、群众路线和独立自主。实事求是就是一切从实际出发、理论联系实际、在实践中检验真理和发展真理，从中国具体的国情出发，找出适合中国情况的革命和建设道路，确定中国共产党领导人民改造中国、建设中国的战略策略，不断推进中国社会主义的历史进程。群众路线就是一切为了群众，一切依靠群众，从群众中来，到群众中去。独立自主，就是坚持独立思考，走自己的路，就是坚定不移地维护民族独立、捍卫国家主权，把立足点放在依靠自己力量的基础上，同时积极争取外援，开展国际经济文化交流，学习外国一切对我们有益的先进事物。毛泽东将辩证唯物主义和历史唯物主义运用于中国的革命和建设中，形成富有中国特色的立场、观点和方法，丰富和发展了马克思列宁主义。

二　建设中国特色社会主义的理论

（一）中国特色社会主义理论的形成

1957 年下半年以后，国际国内出现了一些复杂的情况。由于中国共产党对建设社会主义的客观规律缺乏深刻的认识，在经济建设上急于求成；在处理社会主义社会发展进程中出现的政治、经济、文化等方面的新矛盾新问题时，容易把已经不属于阶级斗争的问题仍然看做阶级斗争；在党内生活中，容易把建设社会主义的探索中产生的不同意见视为“路线斗争”、“阶级斗争”，导致了党在指导思想上逐渐发生了“左”的偏差，对社会主义建设道路的探索逐渐偏离了正确方向，出现了曲折，以致后来又发展成为“文化大革命”的严重错误。

“文化大革命”结束后，中国往何处发展，引人关注。1977 年 2 月 7 日，《人民日报》、《红旗》杂志、《解放军报》发表社论：《学好文件抓住纲》，公开提出“凡是毛主席作出的决策，我们都坚决维护，凡是毛主席的指示，我们都始终不渝地遵循”。这就是所谓的“两个凡是”，其实质是要把毛泽东晚年的“左”倾错误延续下来。4 月 10 日，邓小平给中共中央写信，以非凡的战略勇气批评“两个凡是”的错误观点。他指出：“我们必须世世代代地用准确的、完整的毛泽东思想来指导我们全党、全军和全国人民，把党和社会主义的事业，把国际共产主义运动的事业胜利地推向前进”。随后，邓小平又多次谈到：“‘两个凡是’不符合马克思主义。”“马克思、恩格斯没有说过‘凡是’，列宁、斯大林没有说过‘凡是’，毛泽东同志自己也没有说过‘凡是’。”“毛泽东思想是个思想体系。”“我们要高举旗帜，就是要学习和运用这个思想体系。”①

1978 年 5 月，《光明日报》发表《实践是检验真理的唯一标准》一文，掀起了关于真理标准的讨论。1978 年底，在中共中央工作会议上，邓小平作了《解放思想、实事求是，团结一致向前看》讲话。他突出强调“解放思想是当前的一个重大政治问题”。“一个党，一个国家，一个民族，如果一切从本本出发，思想僵化，迷信盛行，那它就不能前进，它的生机就停止了，就要亡党亡国”。② 邓小平的这个讲话，冲破“两个凡是”的禁锢，为随即召开的十一届三中全会提出了基本的指导思想，成为建设中国特色社会主义新理论的宣言书。

1978 年底，中国共产党第十一届三中全会召开，会议确立了解放思想、实事求是的思想路线，决定把党的工作重点转移到社会主义现代化建设上来。我国的改革开放从此揭开了序幕，中国人民开始走上建设中国特色的社会主义道路。

十一届三中全会结束后，中国共产党领导人民在各条战线上拨乱反正，重申四项基本原则，有步骤地解决新中国成立以来遗留的很多历史问题，认真总结历史经验，加快社会主义建设，科学地阐述了许多从实践中提出的有

---

① 邓小平：《邓小平文选》第二卷，人民出版社 1993 年版，第 39 页。

② 同上，第 143 页。

关建设中国特色社会主义的理论和政策。1982年，在中共十二大上，邓小平明确提出，“我们的现代化建设，必须从中国的实际出发。”“把马克思主义的普遍真理同我国的具体实际结合起来，走自己的道路，建设有中国特色的社会主义，这就是我们总结长期历史经验得出的基本结论。”[①]在这次会议上，邓小平正式提出了“建设有中国特色的社会主义”的命题。

中共十二大以后，伴随着国家经济体制改革和对外开放的全面展开，邓小平紧紧围绕着“什么是社会主义，怎样建设社会主义”这个根本问题进行了深入的理论思考，提出了关于中国社会主义建设的许多重要的新论断。1987年中共十三大系统地论述了社会主义初级阶段的理论，制定了党在社会主义初级阶段的“一个中心、两个基本点”的基本路线，肯定了邓小平的“三步走”的现代化发展战略，概括了邓小平在十一届三中全会以来对社会主义再认识的过程中，在哲学、政治经济学和科学社会主义等一系列科学理论观点。这些观点构成了邓小平“建设有中国特色社会主义理论”的轮廓。

中共十三大后，全党和全国人民经受住了国内政治风波和东区欧剧变的严峻挑战，保证了改革开放和社会主义现代化建设事业继续沿着党的十一届三中全会确定的正确方向不断发展。1992年春，邓小平南方视察发表重要谈话，精辟地回答了长期困扰和束缚人们思想的许多重大问题，全面、科学地总结了改革开放和社会主义现代化建设的经验，推动了全党又一次思想大解放，把改革开放和现代化建设推向了新境界。同年10月，中共十四大召开。党的十四大报告使用了“邓小平建设有中国特色社会主义理论”这一提法，从九个方面对这一理论作了新的概括，指出这个理论第一次比较系统地初步回答了在中国这样的经济文化比较落后的国家如何建设社会主义、如何巩固和发展社会主义的一系列基本问题，用新的思想、观点继承和发展了马克思主义。

1997年9月召开的中共十五大正式提出了“邓小平理论”这一科学概念，科学阐述了邓小平理论的历史地位和指导意义，郑重地把邓小平理论同马克思列宁主义、毛泽东思想一起，确定为党在一切工作中的指导思想并写入党章。1999年写入了宪法。

20世纪末21世纪初，国际国内形势发生了深刻变化。中国共产党面临

---

① 邓小平：《邓小平文选》第三卷，第2—3页。

着怎样完善自身、与时俱进的新问题。早在 1989 年，邓小平对以江泽民为核心的第三代领导集体就提到“常委会的同志要聚精会神地抓党的建设，这个党该抓了，不抓不行了”。[①] 面对在实行改革开放和发展社会主义市场经济的条件下，“建设什么样的党，怎样建设党”这个关系到党和国家前途命运的重大现实问题，十三届四中全会以来，以江泽民为核心的党的第三代中央领导集体，进行了理论探索和实践创新。

2000 年 2 月，江泽民在广东考察工作时，第一次提出“三个代表”的要求。江泽民指出：“总结我们党七十多年的历史，可以得出一个重要结论，这就是：我们党所以赢得人民的拥护，是因为我们党在革命、建设、改革的各个历史时期，总是代表中国先进生产力的发展要求，代表着中国先进文化的前进方向，代表着中国最广大人民的根本利益，并通过制定正确的路线方针政策，为实现国家和人民的根本利益而不懈奋斗。”[②]同年 5 月，在江苏、浙江和上海的调研工作座谈上，江泽民又指出：“始终做到‘三个代表’，是我们党的立党之本、执政之基、力量之源。”[③]2001 年 7 月，江泽民在纪念建党八十周年的讲话，全面阐述了“三个代表”的科学内涵和基本内容，正确回答了在新的历史条件下“建设什么样的党、怎样建设党”这一重大问题，提出了按照“三个代表”要求加强和改进党的建设、始终保持党的先进性和纯洁性的任务。

2002 年 11 月，江泽民在党的十六大报告中进一步阐述了“三个代表”重要思想的时代背景、历史地位、精神实质上的指导意义，阐明了贯彻“三个代表”重要思想的根本要求，提出要把“三个代表”重要思想贯彻到社会主义现代化建设的各个领域，体现在党的建设的各个方面。中共十六大把“三个代表”重要思想同马克思列宁主义、毛泽东思想、邓小平理论一道，确立为党必须长期坚持的指导思想并写进了党章，2004 年又写进了宪法。

随着我国经济的发展和改革开放的深层次推进，我国经济社会发展出现了新的矛盾和问题，如自主创新能力不强，产业结构性矛盾，城乡、区域发展不协调，社会发展严重滞后于经济发展，收入分配差距进一步拉大，人民

---

① 邓小平：《邓小平文选》第三卷，第 314 页。

② 江泽民：《江泽民文选》第三卷，人民出版社 2006 年版，第 2 页。

③ 同上，第 15 页。

的民主诉求增强等等。作为世界上坚持社会主义道路的最大的发展中国家，我国要完成工业化和信息化的双重任务，面临着促进经济发展和节约资源、保护环境的双重压力，这就决定了必须走出一条中国特色的发展道路。正是在这样的基础上，以胡锦涛为核心的党的第四代领导集体，紧紧围绕着"实现什么样的发展、怎样发展"这一重大理论和现实问题，再次进行了理论探索和实践创新。

2003 年 10 月，中共十六届三中全会通过的《中共中央关于完善社会主义市场经济体制若干问题的决定》指出："坚持以人为本，树立全面、协调、可持续的发展观，促进经济社会和人的全面发展。"这是党的文件中第一次提出科学发展观。2004 年 9 月，中共十六届四中全会通过的《中共中央关于加强党的执政能力建设的决定》，把树立和落实科学发展观作为提高党的执政能力的重要内容。2005 年 10 月，中共十六届五中全会通过的《中共中央关于制定国民经济和社会发展第十一个五年规划的建议》强调，要坚定不移地以科学发展观统领经济社会发展全局，坚持以人为本，转变发展观念、创新发展模式、提高发展质量，把经济社会发展切实转入全面协调可持续发展的轨道。2006 年 3 月，全国人大十届四次会议通过的《中华人民共和国国民经济和社会发展第十一个五年规划纲要》指出，"十一五"时期促进国民经济持续快速协调健康发展和社会全面进步，要以邓小平理论和"三个代表"重要思想为指导，以科学发展观统领经济社会发展全局。

2007 年 10 月，胡锦涛在中共十七大报告中进一步深刻阐述了科学发展观的时代背景、科学内涵、精神实质和根本要求。他强调，在新的发展阶段继续全面建设小康社会、发展中国特色社会主义，必须深入贯彻落实科学发展观，增强贯彻落实科学发展观的自觉性和坚定性，把科学发展观贯彻落实到经济社会发展的各个方面。党的十七大把科学发展观写入了党章。

（二）中国特色社会主义理论的科学体系和主要内容

中国特色的社会主义理论是包括邓小平理论、"三个代表"重要思想以及科学发展观等重大战略思想在内的科学理论体系，系统地回答了在中国这样一个十几亿人口的发展中大国建设什么样的社会主义，怎样建设社会主义，建设什么样的党、怎样建设党，实现什么样的发展，怎样发展等一系列重大问题，是对毛泽东思想的继承和发展。

1. 邓小平理论

社会主义本质理论。“什么是社会主义、怎样建设社会主义”,是邓小平在领导改革开放和现代化建设中,不断提出和反复思考的首要的基本的理论问题。邓小平根据马克思主义的基本原理和社会主义的实践经验,对这个问题进行了不懈的探索。他指出:“社会主义的本质,是解放生产力,发展生产力,消灭剥削,消除两极分化,最终达到共同富裕。”①这一科学概括把对社会主义的认识提高到了一个新的科学水平,对于探索怎样建设社会主义具有重要的实践意义。在这样的科学认识上,1992 年他提出了“发展才是硬道理”的著名论断,从社会主义本质要求的高度强调发展生产力的重要性,并指出判断各方面工作的是非得失,归根到底,要以是否有利于发展社会主义的生产力,是否有利于增强社会主义国家的综合国力,是否有利于提高人民的生活水平为标准。

社会主义初级阶段理论。早在中共十三大前夕,邓小平就指出:“我们党的十三大要阐述中国社会主义是处在一个什么阶段,就是处在初级阶段,是初级阶段的社会主义。社会主义本身是共产主义的初级阶段,而我们中国又处在社会主义的初级阶段,就是不发达的阶段。一切都要从这个实际出发,根据这个实际来制订规划。”②我国处在社会主义初级阶段,是邓小平和党对当代中国基本国情的科学判断。这个科学判断,使我们对社会主义建设的长期性、紧迫性、复杂性、艰巨性有了更加清醒的思想准备,也使我们深化了对社会主义建设任务的认识,使我们的方针政策建立在科学的基础之上。

社会主义改革开放理论。对外开放是建设中国特色社会主义的一项基本国策,是改革和建设必不可少的,应该吸收和利用世界各国包括资本主义发达国家所创造的一切先进文明成果来发展社会主义,闭关自守只会导致落后。党的十一届三中全会以来制定的一系列新的方针政策,这些方针政策概括起来就是改革开放。胡锦涛在纪念建党九十周年的“七一讲话”中明确指出,我国过去 30 多年的快速发展靠的是改革开放,我国未来发展也必须坚定不移依靠改革开放。新时期最鲜明的特点是改革开放。改革开放是

---

① 邓小平:《邓小平文选》第三卷,第 373 页。

② 同上,第 252 页。

党在新的历史条件下领导人民进行的新的伟大革命，是决定当代中国命运的关键抉择，是坚持和发展中国特色社会主义、实现中华民族伟大复兴的必由之路。只有改革开放才能发展中国、发展社会主义、发展马克思主义。

社会主义市场经济理论。邓小平指出："计划多一点还是市场多一点，不是社会主义与资本主义的本质区别。计划经济不等于社会主义，资本主义也有计划；市场经济不等于资本主义，社会主义也有市场。计划和市场都是经济手段。"[①]这一科学认识，从根本上解除了把计划经济和市场经济看做属于社会基本制度范畴的思想束缚。由此确立了经济体制改革的目标是在坚持以公有制和按劳分配为主体，多种所有制经济共同发展和多种分配方式并存的基础上，建立和完善社会主义市场经济体制。

此外，邓小平理论体系中还包括社会主义现代化发展战略、社会主义民主政治建设、社会主义精神文明建设、统一战线、军队和国防建设、社会主义国家外交战略、祖国完全统一、党的建设等理论。

2."三个代表"重要思想

"三个代表"重要思想，在邓小平理论的基础上，进一步回答了什么是社会主义、怎样建设社会主义的问题，创造性地回答了建设什么样的党、怎样建设党的问题，集中起来就是深化了对中国特色社会主义的认识。"中国共产党必须始终代表中国先进生产力的发展要求，代表中国先进文化的前进方向，代表中国最广大人民的根本利益。"这是对"三个代表"重要思想的集中概括。

"三个代表"是统一的整体，是相互联系，相互促进的。"发展先进的生产力，是发展先进文化、实现最广大人民根本利益的基础条件。人民群众是先进生产力和先进文化的创造主体，也是实现自身利益的根本力量。不断发展先进生产力和先进文化，归根到底都是为了满足人民群众日益增长的物质文化生活需要，不断实现最广大人民的根本利益。"[②]

"三个代表"重要思想紧紧围绕着中国特色社会主义这个主题，提出了一系列新思想、新观点、新论断：马克思主义最重要的理论品质是与时俱进；关于发展是党执政兴国的第一要务的思想；全面建设更高水平的小康社会

---

① 邓小平：《邓小平文选》第三卷，第 373 页。

② 江泽民：《江泽民文选》第三卷，第 281 页。

的奋斗目标，深化了邓小平的现代化战略思想；关于实行全方位对外开放战略的思想；关于依法治国和以德治国的思想；关于走中国特色的精兵之路的思想；关于巩固党的阶级基础和扩大党的群众基础的思想等。这些思想、观点和论断构成了“三个代表”重要思想的内容。

3.科学发展观

科学发展观的第一要义是发展。发展，对于全面建设小康社会、加快推进社会主义现代化，具有决定性意义。这就要求我们必须坚持把发展作为党执政兴国的第一要务，牢牢抓住经济建设这个中心，坚持聚精会神搞建设、一心一意谋发展，不断解放和发展社会生产力。要更好地实施科教兴国战略、人才强国战略、可持续发展战略，着力把握发展规律、创新发展理念、转变发展方式、破解发展难题，提高发展质量和效益，实现又好又快发展，为发展中国特色社会主义打下坚实基础。

科学发展观的核心是以人为本。坚持以人为本，就要始终把实现好、维护好、发展好最广大人民的根本利益作为党和国家一切工作的出发点和落脚点，尊重人民主体地位，发挥人民首创精神，保障人民各项权益，走共同富裕道路，促进人的全面发展，做到发展为了人民、发展依靠人民、发展成果由人民共享。

科学发展观的基本要求是全面协调可持续。全面，是指各个方面都要发展；协调，是指各个方面的发展要相互适应；可持续，是指发展进程要有持久性、连续性。这就要求我们必须按照中国特色社会主义事业总体布局，全面推进经济建设、政治建设、文化建设、社会建设，促进现代化建设各个环节、各个方面相协调，促进生产关系与生产力、上层建筑与经济基础相协调。要坚持走生产发展、生活富裕、生态良好的文明发展道路，建设资源节约型、环境友好型社会，实现速度和结构质量效益相统一、经济发展与人口资源环境相协调，使人民在良好生态环境中生产生活，实现经济社会永续发展。

科学发展观的根本方法是统筹兼顾。坚持统筹兼顾，就是既要总揽全局、统筹规划，又要抓住牵动全局的主要工作、事关群众利益的突出问题。这就要求我们必须正确认识和妥善处理中国特色社会主义事业中的重大关系，统筹城乡发展、区域发展、经济社会发展、人与自然和谐发展、国内发展和对外开放，统筹中央和地方关系，统筹个人利益和集体利益、局部利益和整体利益、当前利益和长远利益，充分调动各方面积极性。要统筹国内国际两个大局，树立世界眼光，加强战略思维，善于从国际形势发展变化中把握发展机遇、应对风险挑战，营造良好国际环境。

邓小平理论、“三个代表”重要思想和科学发展观等重大战略思想，不断推进马克思主义中国化，不断总结巩固和发展社会主义的宝贵经验，不断开创中国特色社会主义事业新局面。中国特色社会主义理论体系作为马克思主义中国化的最新成果，是对马克思列宁主义、毛泽东思想的继承和发展。这一理论体系会随着中国特色社会主义实践的不断深化不断得到丰富和发展，并在实践中发挥重要的指导作用，更加焕发出当代中国马克思主义的强大生命力、创造力和感召力。

三 深入探究指引

（一）毛泽东对社会主义建设道路探索的失误及失误原因

1956年，毛泽东明确提出要探索马克思主义同中国实际的“第二次结合”，随后发表的《论十大关系》和《关于正确处理人民内部矛盾的问题》都对社会主义建设探索产生了深远的影响。但1957年下半年后，随着反右斗争的扩大化，党内的指导思想出现了偏差，毛泽东对社会主义建设道路的探索也出现了明显的失误。

毛泽东对社会主义建设道路探索的失误，学术界一般有以下观点。如曹普认为，毛泽东的失误主要包括：长期以阶级斗争为纲，没有把党和国家的工作重点转移到社会主义现代化建设上来的失误；忽视客观经济规律，急躁冒进，急于求成，制定的方针、政策超越实际可能性的失误；离开生产力的高度发展，片面追求生产关系的变革，追求“一大二公三纯”的低水平公平的社会主义的失误；有法不依，违法不纠，以言代法，因人废法，宪法和法律的权威被肆意践踏，社会主义民主政治建设长期得不到应有重视的失误；对世界新科技革命迅猛发展，国际联系日益紧密的现实视而不见，片面强调自力更生，实行闭关锁国政策的失误；党内民主生活不健全，个人专断，个人决定一切，集体领导的民主集中制原则遭到严重破坏的失误；轻视科学技术和知识分子的作用的失误。[①] 陈邵桂则认为毛泽东探索中国社会主义建设道路

---

① 曹普：《一个主题·两次探索·三重关系——毛泽东对建设有中国特色社会主义理论体系的探索与邓小平理论的成立》，《中共云南省委党校学报》2001年第1期。

的失误:经济上从比较谨慎到急于求成,政治上从以生产建设为中心到以阶级斗争为纲。[①]

关于毛泽东在社会主义建设道路探索失误的原因,中国共产党《关于建国以来若干重大历史问题的决议》已经指出:“当时中国的社会主义运动的历史不长,社会主义国家的历史更短,社会主义社会的发展规律有些已经比较清楚,更多的还有待于继续探索。”邓小平也说:“最根本的一条经验,就是要弄清什么叫社会主义和共产主义,怎样搞社会主义。”[②]所以,实质上毛泽东在社会主义建设道路探索失误的根本原因在于没有搞清楚什么是社会主义,如何建设社会主义这个根本问题。学术界也大都认同这样的一种表述。而诸如不能始终坚持解放思想、实事求是的思想路线;对国际形势和国内政治形势的错误判断,即对基本国情和时代主题认识的偏差[③]则是对“没有认清什么是社会主义,如何建设社会主义”的进一步延伸。《决议》在分析文化大革命发生的根本原因时还指出毛泽东的个人威望达到了高峰,使毛泽东“逐渐脱离实际和脱离群众,主观主义和个人专断作风日益严重,日益凌驾于党中央之上,使党和国家政治生活中的集体领导原则和民主集中制不断受到削弱以至破坏。”个人崇拜和党的民主集中制遭受破坏是毛泽东探索失误的重要原因,这也得到了大部分学者的认同。

徐俊忠在探讨毛泽东探索社会主义建设道路时,阐述了几个不同于学界的观点,如毛泽东创新了一条不同于苏联模式的社会主义路线,强调虚君共和而非中央集权统一,强调商品生产而非产品调拨,强调人民公社并非苏联的集体农庄。而在毛泽东伟大的战略构想何以在实践中导致了具有浓重悲剧色彩的严重后果。徐俊忠认为有几个问题不容忽视:第一,毛泽东当年在推进上述构想的实践中,实际上并不拥有从容宽松的政治与社会环境。这主要是由于在党内,尤其在党内的高层决策群体中,他的构想并没有真正得到理解和支持,却一直面临党内不同意见的巨大压力。第二,毛泽东所推进的战略构想并没有得到中央决策群体中其他同志的高度默契和有力的战

① 陈邵桂:《论毛泽东对中国社会主义建设道路的探索》,《南华大学学报》2002 年第 4 期。

② 邓小平:《邓小平文选》第三卷,第 223 页。

③ 魏晓文、孙淑秋:《近十年对毛泽东的社会主义建设道路探索研究综述》,《岭南学刊》2004 年第 2 期。

术性配合。第三，党内滋生了严重的“浮夸风”和“共产风”。学界一般把这一失误归于毛泽东本身，但毛泽东也提出在农业建设和钢铁建设上要减轻任务的主张。①

（二）中国特色社会主义与“中国模式”

改革开放三十余年来，中国的成就令世人瞩目。2010年，中国成为世界第二大经济体，综合国力显著增强，人民生活得到根本改善，国际地位显著提高。在应对2008年的金融危机时显示出中国特色社会主义的巨大优势，于是诸如“中国模式”、“中国奇迹”、“中国道路”、“北京共识”等成为国内外的热门话题。

朱可辛在梳理学界对中国模式的研究时认为，“中国模式”这个概念，最初在国内学术界等同于“中国特色”，关于它的讨论早在1992年邓小平发表南行讲话以后就开始了。不过，它成为国际上的热点话题，还是在2004年5月美国高盛公司高级顾问、清华大学教授乔舒亚·库珀·雷默的《北京共识：提供新模式》一文发表之后。尤其是在2004、2005年间，国外学者对于中国模式的研究进入了一个高潮，发表出版了一系列关于中国模式研究的文章、报告和著作。国外学术视野中的“中国模式”是相对于欧美模式、苏联模式、拉美模式等多种模式而言的，是对中国发展经验的一种概括，表明原有的理论范式尚不能圆满解释中国成功的原因，也是金融危机中“华盛顿共识”声名狼藉之后，一个不可多得的研究样本和可能的替代品。朱可辛还指出是否存在这样一个模式没有共识，另外这种提法还承担了一定的政治内涵，或者说是隐藏着西方的一种焦虑：即使中国经济强大了，却仍将不会走西方意义上的民主化道路，反而形成一种有别于西方模式的“中国模式”——它有可能成为中国反对美国新自由主义的一面旗帜，从而把那些反对美国的人和国家招致其麾下。因此，西方学者在论及“中国模式”时大多忽视或刻意回避其“社会主义”性质，或者只强调“中国经济发展模式”，而对这一模式的政治层面避而不谈。②

国内学者对“中国模式”的研究或者与中国特色社会主义理论体系相联

① 徐俊忠：《毛泽东社会主义建设道路几个问题再探讨》，《马克思主义与现实》2010年第6期。

② 朱可辛：《国外学者对“中国模式”的研究》，《科学社会主义》2009年第4期。

系，或与社会主义制度相联系，或与改革开放的实践相联系，或与执政党的发展理念相联系，或与其他国家的模式比较研究。有学者认为中国模式是学术概念，中国特色社会主义是政治概论，更多的是把“中国模式”作为一种发展道路的总结提升来看待。也有学者持不同看法，认为现在讲模式，有定型之嫌，不合事实，也很危险。一会自我满足、盲目乐观；二会转移改革方向，旧体制没有完全变革，新体制没有完善定型的情况下，说形成了“中国模式”就不可能把既定的“模式”作为改革对象。主张提“中国特色”，主要指中国特色社会主义道路。另有学者认为，“北京共识”、“中国模式”都不是中国提出的，我们用这个词要警惕其意识形态化和“中国威胁论”的潜含义，主张用“中国案例”，不过目前我国还处于社会主义初级阶段，等到中等发达国家水平时才能对“中国模式”或者“中国案例”有深刻的认识。[①]

① 陈天林：《2009年科学社会主义若干问题研究综述》，《科学社会主义》2010年1期。

第五章　现代文化的激变与融通

19世纪以来的世界文化因为工业革命的到来而完全颠覆了过去的面貌，首先，各国掀起了教育改革的风潮，脱离了宗教教条主义桎梏的欧洲各国逐步地建立起一套自上而下的世俗的国家教育体制，德国、英国和法国是其中表现最为抢眼的国家，也成为后来居上的其他国家效仿的对象。其次，世界的文学、美术和音乐都在新的社会条件下，借助新的思潮和新的技术手段出现新的流派，这些流派的出现展示了世界文化发展相互影响、相互融合的趋势。

第一节　19世纪以来教育事业的发展

19世纪期间，随着工业革命的发展，欧美的社会经济面貌发生根本性的变化，突出的表现有：机器生产代替了手工操作；近代工厂代替了手工作坊。同时，工业革命也使生产关系发生深刻的变化，资产阶级的力量越发强大，最终获得政治上的优势地位。资产阶级在政治、经济领域的成功，势必会对本国的教育文化事业施加影响，以更好地服务于自身的发展。综观19世纪以来欧美主要国家的教育发展轨迹，我们可以看出有几点需要特别注意：一、教育的领导权逐渐从教会手中转移到国家手中；二、教育的内容和目的逐渐从宗教性质转移到实用主义；三、受教育对象的日益扩展，学校类型的日益丰富。下文就对这三大特点予以初步论述。

一　世界教育的改革与发展

（一）教育改由国家管理

在相当长的时间里，教育的领导权一直落入隶属于罗马天主教廷的各国教会之手。宗教改革后,西欧各国脱离罗马教皇而自立教派,于是教育又转入国教教会之手。在西欧,是德意志最早把学校(尤其是初等学校)的管理权转移到国家手中,政府对教育管理的世俗化倾向是无可置疑的。规定学校的开办权和管理权,应从教会手中转移到国家手中。有的法令还详细规定了有关学校的组织和教学的内容。不过,教育的领导权广泛集于政府之手,受到工业革命的影响更为强烈一些,与经济发展大趋势的关系也更紧密一些。

从18世纪60年代起,英国进行工业革命,机器化大生产有条不紊地铺开,这极大地促进了资本主义工业的发展。工业现代化需要大量具有专业技术和技艺的工人和职员,这方面需要教育的支持,而教育的兴旺有赖于国家的支持和协调,因此随着工业资产阶级直接参与政权,英国政府一反以往由教会和慈善团体办教育、管教育的态度,转而从1833年起由自主着手兴办教育,主要是通过财政补助和监督来创建和管理学校,同时逐步建立起直接由国家统辖的教育领导机构。1856年,英国成立教育局,专门负责初等教育事宜。到1899年,教育局这一机构被废除,代之以由议会直接领导的教育署,专门负责初等教育和中等教育事业。由此,英国教育领导体制逐步实现国家化,英国完成了从地方到中央的教育机构的建构。

(二)教育目的的实用化

德国初等学校的主要教学内容是教义问答,也教读写算。后来由于工商业的发展,职业教育和实科中学得到发展。1747年,赫克在柏林开办了经济学数学实科学校,这是德国第一所正式的实科中学。该校设有数学、几何、建筑、地理、物理、商品制造、贸易和经济等8个班。学生先在预备班中学习,然后随自己的志愿选读任何一个班,受专门的职业训练。到19世纪,这种实科中学成为德国教育制度中的重要组成部分,这一教育模式的确立为德国的勃兴奠定了基础。宗教改革以后,天主教的宗教权威扫地,新教徒更热心于享受世俗生活,教育中更体现了实用知识的传授。人文主义精神开始在大学中占据主要的地位。教学开始接近生活实际和学术探讨。在学科设置方面,增加了新的人文学科(如历史、政治学、哲学和法律等)和实用学科(数学、物理、地理和实验课等)的内容。在教学用语方面,以前只允许使用拉丁语或希腊语,这时也可以用本民族语来讲课,这一做法也延续了宗教改革领袖路德坚持以德语教授神学的方式。

（三）受教育对象的普及化

宗教改革之后，德意志许多邦国都颁布了一些教育法令，规定实行初等强迫教育。不过，工业革命的传播和推广更为关键。[①] 工业革命使生产过程机械化，这就要求工人接受一定的教育，从而成为合格的熟练工人，提高生产效率。英国政府此时已经确立资产阶级君主立宪政体，虽然君主制仍然存在，但政府已经被资产雄厚的工业资产阶级掌控。此时的工业生产，需要熟练的技术工人。1802 年，英国政府首次颁布了有关教育的法令，要求工厂学徒学习读、写、算的基本知识，由工厂主负担工人学习的费用。1833 年，“教育补助金法案”在两院获得通过，该法案规定，每年从国库中拨款 2 万英镑作为初等教育补助金，开启了政府资助教育的先河。以后这项拨款得到稳定增长，到 1860 年增加到 80 万英镑。19 世纪 60 年代整个世界民主风潮兴起，各国都出现了不同程度的改革风潮，英国的政体已经先于别国得到了确立，开始了自我完善的过程。1867 年，英国议会通过改革法，近百万工人获得了选举权。在这一背景下，教育权也得到了鼓励，特别是在英国大部分人口中普及教育权。1870 年，英国教育局长福斯特提出初等教育法案，并获得议会通过。该法案的主要内容有：一、国家继续拨款补助教育，并特别关注缺乏学校的地区，在那里设立初等学校，减少文盲的数量。二、以宏观发展为出发点，在全国划分学区，由选举产生的学务委员会监督相应学区的教育。三、各学区逐渐开始实施 5 岁—12 岁儿童的义务教育。四、强调教育的世俗化，学校的普通教育不受宗教力量的左右。凡接受公款补助的学校，不得强迫学生上宗教教义课程。不难看出，这一法案的通过预示着英国初等教育的全面铺开。政府对取缔教会在公办学校的影响力的举措是温和的，法案并未采用极端强硬的语气。

---

① 对此，恩格斯曾尖锐地指出：这种教育“在于教育农民和手工业者的子弟懂得他们一生的使命，以及他们对社会和国家的领导应尽的义务，同时，教导他们愉快地满足于他们的人间的命运，满足于黑面包和土豆，满足于劳役、低微的工资、长辈的鞭笞以及诸如此类的好事，而所有这些都是用当时国内流行的启蒙方式进行的，他们怀着这个目的开导城市和农村的青年；自然界安排得这样巧妙，以致人们必须通过劳动来维持生活和得到享受。”

(四)学校类型的多样化

在英国和德意志这两个首先在全国范围内实施全民教育的国家,都出现了各种功能和目的迥异的学校,以培养各种层次和职业的人才。

初等学校。初等学校主要还是由宗教人士把持,教学内容也有明显的教会色彩,以教义问答和读写算为主。初等学校的教师质量参差不齐,一部分来自牧师和寺院的看守、仆役,一部分来自手工艺匠和退伍士兵,这些老师本身就没有很高的文化水平,加上没有受过师范教育,对教学无从下手。1763 年,英国的一些宗教人士出于慈善的目的兴办了"主日学校",这种学校只让儿童每周的星期天去学习,学习内容为读写算的简单知识和宗教教义等。在这一时期,英国民间还创立了一种贫儿学校,这类学校一方面教给那些贫苦的儿童读写算的基本知识,另一方面教给他们未来得以谋生的手工艺技能。

中等学校。中等学校早在中世纪的西欧就普遍存在了。德意志的中等学校有三种基本类型:古典文科中学、武士学校和实科中学。17 世纪以后,教育者将教育重心放到了文科教育之上,古典文科中学成为德意志中学的基本模式,该类中学仅仅为上流社会培养人才,主要任务是把贵族子弟培养成官吏。武士学校沿袭中世纪骑士教育而来,倾向武功和军事方面的内容,其基本任务是培植文武官吏,所教学的内容较为肤浅,教育体制也比较松散。这两种中等学校都延续了中世纪的教会和骑士传统,并无创新,而且教育的人群也集中在少数贵族家庭,并未普及到下层民众。近代德意志人口的识字率仍然很低。实科中学是适应近代工商业发展的产物,学校一般开设有数学、几何、建筑、地理等一些实用的科目。到了 19 世纪,这种中学成为德意志教育制度中颇为重要的组成部分,为培养中等职业人才创造了条件,这种中学后来成为职业教育的前身。

这一时期英国的中等学校也主要有三种类型,与德意志中等学校的划分原则相差不大,都是从中世纪的教学方式中延续下来的。英国中学主要有公学、文法学校和学园。公学以培养学生成为"公职"人员为主的私立寄宿学校,这类学校设备优越、师资雄厚、学费高昂,宗教气息浓厚。1440 年创办的伊顿公学就是其中的典范,至今仍然是英国上流社会子女就学的最佳学府。文法学校是英国传统的中等学校,多为教会兴办,也有捐资兴办的,因此难以完全地排除教会的影响。文法学校也是中世纪的产物，主要功能是培养教会所需的拉丁语和希腊语人才，在近代其教育对象为贵族和资产阶级子弟。学园是一种与公学和文法学校性质不同的学校，由一些不信奉国教而被解除职务的教士创办的，这种学校虽以培养教士为目的，不过与传统的教会学校不同的是，学校除了宗教教义之外，还注意到对现代语文和自然数学的教学，并且用英语进行教学，这种学校具有实科教育的倾向，是近代英国社会发展的产物。

在法国，席卷全国的大革命也促进了其近代教育的产生，一种所谓的“中心学校”应运而生，它既不是中学也不是大学，而是介乎二者之间的一种学校。它的组织形式不是班级而是课程，学生以课程为中心分为三级；学生在规定的课程范围内拥有选修的权利，这在欧洲学校中还是首次。

高等教育。宗教改革以后，人文主义精神开始在大学中占据主要地位。过去以神学教育为主的大学开始注意接近生活实际和学术探讨。在学科设置方面，增加了新的人文学科(如历史、政治学、哲学和法律等)，以及实用学科(如数学、物理、地理和实验课等)。不过，这一时期的高等教育，由贵族和资产阶级所垄断，纯属统治阶级的教育，并未普及开去。

二　跨世纪的教育改革浪潮

第二次世界大战以后，世界上许多国家，包括发达国家和发展中国家，都很重视教育事业的发展与教育改革的进行。在这些国家中，教育改革的强劲潮流一波接一波，呈现出纷姿多彩的景观。特别是进入 20 世纪 80 年代以后，在世界政治、经济和科技等各种因素的综合推动下，一场全球性的教育改革浪潮正波及世界各国。许多国家制定新的教育发展战略，以迎接 21 世纪的机遇和挑战。在这一部分，我们以 20 世纪 80 年代以来发达国家的教育改革的共同趋向作为考察重点，来对跨世纪的教育改革浪潮作一初步认识。①

(一)对教育改革的普遍高度重视

20 世纪 80 年代以来，各发达国家出现了高度重视教育和教育改革的现

① 有关本部分的详细内容，可参阅王桂编的《当代外国教育改革的浪潮与趋势》，人民教育出版社 1995 年版，第 567—579 页。

象。这一方面是由于尽管发达国家的教育走在世界前列，不过仍存在许多问题，其中有些问题甚至是相当严重的。另一方面，各国对教育的功能有着新的认识，他们普遍意识到教育的重要性，在当今世界日趋激烈的国际竞争中要想立于不败之地，就必须依靠教育来提高国民的素质和综合国力，进而提高本国的国际竞争力。

美国政府于 1983 年 4 月发表《国家在危急中：教育改革势在必行》的报告，报告称："我国一度在商业、工业、科学和技术上的创造发明无异议地处于领先地位，现在正在被世界各国竞争者赶上。"教育问题"关系到美国的繁荣、安全和文明……我国社会的教育基础目前受到日益增长的庸庸碌碌的潮流的腐蚀，它威胁着整个国家和人民的未来……其他国家正在赶超我们教育上的成就。"自从该报告发表以来，教育改革已被美国各届政府列为国家优先重视的战略目标。①

英国政府于 1985 年发表标题为《把学校办得更好》的白皮书。该书指出，英国普通教育的质量十分令人担忧，"现在我国学生取得的平均成绩，既没有达到应当达到的标准，也不能适应面对 21 世纪世界的需要。"在这本白皮书中，政府将教育改革的重点放在道德教育之上，并为其他学科的教育设立了目标和未来的工作。英国政府同年提交给议会的绿皮书也指出，"与其他国家的成就相比，英国的经济形势自 1945 年以来，一直令人失望。但政府相信，使高等教育更有效地改善国民经济是至关重要的。"此后，政府工作的重心不再是巩固近代以来的学校体系，而开始着眼于对国民经济更为关键的高等教育。

（二）教育改革持续的时间较长

回顾战后各国教育改革的情况，我们可以明显地看出，20 世纪 80 年代之前所进行的教育改革花费的时间都比较短，因为政府的主要工作是建立在对过去的教育体制的修补之上的。而 80 年代以来，各国教育改革的明显特征之一是，持续的时间较长，这是因为教育涉及的范围、内容和学科已经越来越广泛，而且政府又意识到教育对国计民生的重要性，每进行一次改革都谨小慎

---

① 在上述背景下，小布什总统于 2001 年 1 月 8 日发布了题为《不让一个孩子掉队》的法案。该法案被看做 35 年来具有里程碑意义的教育改革计划。面对严重的金融危机，新上任的奥巴马政府提出一系列的教育改革计划，试图以教育的改革减少危机带来的损失。

微。英国实际上在20世纪70年代中后期就开始酝酿教育改革，到《1988年教育改革法》的颁布，教育改革才全面展开。法国教育改革从1981年就已拉开序幕，现在仍在进行中。美国的教育改革经历了大辩论、提交报告、颁布法规和推进实施等阶段，才能最终实现，从目前的情况来看，改革的成效仍不是太明显，这就意味着，要达成教改的目标仍有较长的路需要走。新的教育改革之所以长时间持续进行，这可以解释为：教育改革者已经具备更长远的目光，各国教育改革的目标均把眼光放到21世纪，而不是仅局限于当前的成效。

（三）教育发展的重点由增加数量转向提高质量

教育的大众化和民主化是战后几十年发达国家教育发展的共同特点。特别是在20世纪五六十年代，发达国家注意综合政治、经济和人口等方面的因素，而把扩大教育机会作为教育发展的重要战略，以便使越来越多的青少年有机会接受不同形式的各级教育。因此，各级各类学校的数量有了长足的发展，教育的普及率不断提高。但另一方面，由于各国重在扩大教育机会，因而对教育的质量有所忽视，导致教学质量问题日益突出。特别是70年代末以来，西方各界人士都把经济衰退、失业率上升和劳动力素质下降与教育质量问题联系起来，从而使教育质量成为人们议论的热门话题。在这种情况下，发达国家把教育工作的重点转移到提高教育质量上来，以便造就出符合21世纪需要的高素质人才。

（四）从调整培养目标、改进课程结构等方面入手，提高教育效果

20世纪80年代以来，新技术革命的浪潮席卷全球，高科技的信息化时代已经到来。它迫使社会生活的各个领域发生明显的变化。在这种情况下，发达国家瞄准时代的特点和要求，对教育的培养目标等予以重新定位。如日本“临时教育审议会”指出，面向21世纪的教育目标是第三次教育改革的基本方向和基本原则，在现阶段，教育目标的重要之点在于，培养具有丰富创造力的人才。这种人才能站在广阔的国际视野的高度处理事务，能在国际社会中把日本的文化、历史和传统介绍出去，同时能与异国的文化相沟通。与此同时，发达国家还对课程设置予以改进，大体说来不外乎两点：一是提高对学生的要求，二是对课程结构进行调整。在这方面，表现得最为突出的是英国。《1988年教育改革法》的实施，使英国义务教育阶段中小学的课程由学校自行规定改变为全国统一规定。这一措施旨在提高英国中小学

的教学质量，在英国教育史上具有重大的意义。

（五）由职前教育体系向终生教育体系过渡

终生教育的思想自 20 世纪 60 年代提出以来，逐渐得到各国的认可。终生教育的兴起，使得教育在空间上越出了学校教育的范围；在年龄上由青少年教育向成年人和老年人教育延伸；由过去仅对青少年进行职前培训改变为在人的一生中不断进行教育，使人活到老、学到老。日本“临教审”的 4 次审议报告中都提出，要向“终生教育体系过渡”，并将此作为今后教育改革的基本方向和重大目标之一。法国政府早在 1971 年就明确提出职工的继续教育应以终生教育作为指导思想，规定国家有责任为公民提供终生的职业训练。1984 年，法国的《高等教育法》赋予公共高等教育事业以基础教育和继续教育的双重使命。

三　现代中国的教育与改革

（一）清末至民国时期的教育

现代中国的教育从 20 世纪初始于清政府治下。1901 年，清政府宣布推行“新政”，中国教育体制实现了废除科举制度向近代教育靠拢的目标，这次改革以“停科举”、“设学堂”和“奖游学”为主要内容，旨在打破传统教育方式向西方学习。1902 年，清政府公布《钦定学堂章程》，成为教育改革议案的范本。1904 年，改革继续推进，百熙、张之洞、荣庆等清廷的有识之士向清政府提交《奏定学堂章程》（又称“癸卯学制”）并通过了审核，清政府开始在全国各地设立近代学校体系。

《癸卯学制》是近代历史上最重要的一个教育法案，它事无巨细地对新的教育体系进行了描述和规定，从学前教育开始，初等教育、中等教育、到高等教育各个阶段，都有了明确的设置和分工，这一学制的制定在课程设置、行政机构和学校管理方面都参照欧美强国的做法，改变各地办学各自为政的局面。新式学堂的建立不再是无章可依了。在 1905 年清廷宣布废除科举制之后，新式学堂迅速在全国各地开花，中国教育体制走上了新的轨道。

清末“新政”中的教育改革，不是彻底的教育体制的改革，其原则仍然是在“中学为体、西学为用”的方针指导下，中国传统的教育思想仍然难以根除，但正像前文所述的那样，走在教育改革大潮前列的欧洲国家也经过了从中世纪的教育体制到近代教育体制的过渡阶段，所以不能不说清政府的教育体制是有历史先进性的，我们不应该抹杀清政府在这一方面所作出的努力。

清政府在风雨飘摇之际推出教育改革方案，最后不得不将之前的努力付诸东流。中华民国成立后，曾在国外接受教育的孙中山主张实行免费义务教育，提高国民素质，重建华夏大地。在这一精神的指导下，1912 年，中华民国教育部明确规定："初小、师范、高等师范免收学费。"义务教育对国民性的提高无疑意义重大，但是 1912 年以后民国政府忙于应付复杂的内政外交，无暇顾及，导致义务教育的推行最终流产。1927 年中华民国定都南京，中华民国大学院成为全国最高教育机关，总管全国教育事业。鉴于欧洲国家教育事业均由政府资助，民国政府也对教育事业拨出财政预算，《民国宪法》规定："教育、科学、文化之经费，在中央不得少于其预算总额 15%，在省不得少于其预算总额 25%，在市、县不得少于其预算总额 35%，其依法设置之教育文化基金及产业，应予保障。"

1946 年国民政府制订了《教育宪法》，提倡"教育文化应发展国民之民族精神、自治精神、国民道德、健全体格、科学及生活智能。"重申了孙中山立国时的训诫，强调了教育的重要性。至此，民国政府开始在国内大刀阔斧地进行改革。首先设立了全国统领教育事业的机构——中华民国教育部，负责学术、文化及教育行政事务，中华民国教育部同时要监督地方教育机关。由上至下的教育体系逐步建立起来。

虽然民国政局不稳，但政府对高等教育思想却采取了开明和宽容的态度，这种态势使中国近代大学教育的发展十分喜人。蔡元培、梅贻琦、蒋梦麟等人在深入了解发达国家的先进经验以后，取其精华，并从中国国情出发，不约而同地形成了一套行之有效的大学办学和教育理念。民主、自由和平等的思想在很大程度上融入近代大学体系中。近代大学还注意避免传统学校的缺陷——过于关注四书五经和文艺方面的学科，对近代科学、实用主义都给予重视，达到了学科建设的平衡，为培养新时代的人才创造了十分有利的条件。

民国政府教育改革的重点除了大学教育以外，也对女子教育和学前教育进行资助。在陶行知、陈鹤琴等人的积极奔走之下，学前教育最终被正式纳入学制系统。1928 年的第一次全国教育会议上陶、陈二人提交的"幼稚教育方案"获得通过，过去清政府忽视的学前教育在两位教育家的推动下得到重视。可惜的是,学前教育曾因局势变化而多次暂停。抗战时期,学前教育就曾被迫中断;抗战胜利后,学前教育很快恢复到了战前水平。为更好地从理论上研究和推进学前教育,1927年,陈鹤琴、陶行知等教育家组织成立"幼稚教育研究会",1929年扩大为"中华儿童教育社"。学前教育逐渐成为教育系统中一个重要组成部分,体现了"十年树木,百年树人"的长期教育目标。

除了学前教育在民国时期得到长足进步以外,职业教育也是如此。南京临时政府上台以后,并没有忽视职业教育,政府在1912年和1913年两年间,相继出台法令确定实业教育在全国范围的实施。其中《专门学校令》、《实业学校令》和《实业学校规程》事无巨细地规定了职业教育的规范和教育内容,后通称"壬子癸丑学制"。

民国时期的学校,私立与公立并存,两者互为补充、相互作用。私立学校并不代表低下的教学质量,而是与公立学校相得益彰,社会各界对私立学校的接受得益于民国政府和教育家们对私立学校师资配备、教学资源的监督与支持。总之,民国时期的教育既保证了精英教育的实行,又兼顾幼儿、实用,形成了一个民主、自由和平等的格局。

(二)新中国成立以来教育方针的转变与最终确立

第一阶段:从1949年10月中华人民共和国的建立到1956年初社会主义"三大"改造的基本完成,这一时期,为社会主义培养什么样人才的问题是教育界面临的重大课题。新中国成立前一个月,中国人民政治协商会议第一次会议在《共同纲领》中提到了新中国教育的性质和主要目的,它十分鲜明地指出:"中华人民共和国的文化教育为新民主主义的,即民族的、科学的、大众的文化教育。人民政府的文化教育工作,应以提高人民的文化水平,培养国家建设人才,肃清封建的、买办的、法西斯主义的思想,发展为人民服务的思想为主要任务。"此后,"为人民服务,首先为工农服务,为当前的革命斗争与建设服务"的"两为"方针就成为中华人民共和国教育事业的基本准则。顺应政治发展的走势,1952年起,我国教育开始了新民主主义向社会主义教育的过渡,强调"每个人要在德、智、体、美、劳等方面均衡发展"①。此外,教育部门也开始着手对旧中国的中等教育和初等教育进行改造,旨在

① 参见1954年周恩来在政务会议上的讲话。

培养“社会主义社会的建设者”。1956年社会主义改造完成以后，全面建设时期接踵而至，为了适应即将展开的社会大生产，教育事业必须向这一伟大的建设事业输送急需的人才。国家主席毛泽东于1957年发表讲话：“我们的教育方针，应该使受教育者在德育、智育、体育几方面都得到发展，成为有社会主义觉悟的有文化的劳动者。”①这一席话，成为三大改造运动之后，中国教育实施的指导方针。

第二阶段：从1956年春社会主义改造基本完成到1966年“文化大革命”的前夕，社会主义教育事业遭遇了曲折发展的阶段，主要是阶级斗争纲领开始渗入教育领域。1958年，中共中央、国务院在《关于教育工作的指示》中强调了阶级斗争在教育工作中的重要性，“党的教育工作方针，是教育为无产阶级政治服务，教育与生产劳动相结合”。此后，又强调了实施这一原则的必要性，这一方针被修改为：“教育必须为无产阶级政治服务，必须同生产劳动相结合”。阶级斗争成为教育事业发展的前提，在1961年的“高教六十条”中这一原则被补充为“教育必须为无产阶级政治服务，必须同生产劳动相结合，使受教育者在德育、智育、体育几方面都得到发展，成为有社会主义觉悟的有文化的劳动者②。

第三阶段：从1966年“文化大革命”全面发动到1976年“文化大革命”结束，十年动乱致使社会主义教育发展停滞。由于建国后主持教育工作的领导人被打倒，导致新中国成立以来的教育工作被全盘否定。从初等学校到大学都无法进行正常的教学，教育有关的规章制度形同虚设。

第四阶段：从1976年粉碎“四人帮”以后至1982年中共十二大召开以前，社会主义教育呈现出喜人的发展势头。党的十一届三中全会是我国教育事业发展的一个契机，教育战线首先在邓小平的支持下得到了拨乱反正的机会。在新的时期，新的教育方针——有中国特色的社会主义教育方针出台，成为这一阶段教育事业发展的“指明灯”。

1981年6月，《中共中央关于建国以来党的若干历史问题的决议》提倡：“用马克思主义世界观和共产主义道德教育人民和青年，坚持德、智、体全面发展，又红又专，知识分子与工人农民相结合，脑力劳动与体力劳动相结合

① 参见毛泽东《关于正确处理人民内部矛盾的问题》的讲话。

② 1978年该原则被载入《中华人民共和国宪法》，成为全国人民必须遵守的法律条文。

的教育方针。”此后，写入 1982 年《中华人民共和国宪法》的方针被修正为：“国家培养青年、少年、儿童在品德、智力、体质等方面全面发展。”教育事业在“文化大革命”时期以来的错误路线得到了修正。这一原则的公布并写进宪法，预示着未来中国教育事业的重新发展。

第五阶段：从 1982 年中共十二大召开到 1992 年中共十四大召开以前，是社会主义教育全面改革与发展的阶段。在这个阶段，教育事业以邓小平提出的“教育要面向现代化，面向世界，面向未来”和培养“有理想、有道德、有文化、有纪律”的“四有新人”为开端。教育与生产的关系成为新时代教育事业面临的首要问题。1985 年，《中共中央关于教育体制改革的决定》中明确提出，“教育必须为社会主义建设服务，社会主义建设必须依靠教育”。1990 年 12 月 30 日，党的十三届七中全会通过的《中共中央关于制定国民经济和社会发展十年规划和“八五”计划的建议》进一步提出：“继续贯彻教育必须为社会主义现代化建设服务，必须同生产劳动相结合，培养德、智、体全面发展的建设者和接班人的方针，进一步端正办学指导思想，把坚定正确的政治方向放在首位，全面提高教育者和被教育者思想政治水平和业务素质。”教育对社会主义建设的重要作用被重新提倡，社会主义建设人才需要各级教育机构的培养。教育方针由为阶级斗争服务转变为为社会主义建设服务，“左”的路线已经被更正，我国教育事业开始有条不紊地开展起来。九年义务教育继续普及，高等教育、成人教育和职业教育行之有效，为社会主义建设添砖加瓦。农村的教育问题也得到了政府的关注。

第六阶段：从 1992 年中共十四大召开到 1999 年中共中央、国务院召开改革开放后的第三次全国教育工作会议，社会主义教育改革逐步深化，1990 年《中共中央关于制定国民经济和社会发展十年规划和“八五”计划的建议》宣布以后，教育方针得到了深化，1999 年，九届全国人大二次会议提出并通过在教育方针中加入“美”的要求，又将表述更为具体化为：“教育必须为社会主义现代化建设服务，必须与生产劳动相结合，培养德、智、体、美等方面全面发展的社会主义事业建设者和接班人”。

1999 年 6 月，江泽民总书记在第三次全国教育工作会议上指出：“我们必须全面贯彻党的教育方针，坚持教育为社会主义现代化建设服务、为人民服务，坚持教育与社会实践相结合，以提高国民素质为根本宗旨，以培养学生的创新精神和实践能力为重点，努力造就有理想、有道德、有文化、有纪律的，德育、智育、体育、美育等全面发展的社会主义事业建设者和接班人。”江总书记又将教育“为人民服务”和“坚持教育与社会实践相结合”两点加入了教育方针，使之更为具体和明确。

60多年的曲折前进，中国教育事业终于找到自身发展的最佳路径，有中国特色的社会主义教育体系正在不断深化和改善的教育方针中形成。虽然我国教育事业发展的路线是曲折的，但是其前途是光明的。

第二节　19世纪以来的文化艺术

19世纪的欧洲，无论在政治经济、思想文化还是文学艺术上，都是一个辉煌的时代。20世纪欧美文学出现了流派错综林立、思潮频繁更迭的多元化局面。在本节中，我们就对19世纪以来欧美文学发展的基本轮廓、重要作家及其代表作品予以描述，以期深入地认识这一现象产生的时代背景和社会影响。

一　工业革命时代的浪漫情怀

19世纪，欧洲几个主要国家相继进入工业时代，经济的腾飞冲击了各国人民的思想，尤其是文学领域，相继出现了浪漫主义、现实主义、自然主义①、唯美主义②和象征主义③等几个流派，其中浪漫主义和现实主义影响最大。浪漫主义于18世纪末19世纪初流行于欧洲大陆，成为一种时人耳熟能详的文学艺术表现形式。浪漫主义追求个性解放和自由奔放的情感。它是在

---

① 自然主义(Naturalism)形成于19世纪后半叶的法国，后来波及欧洲其他一些国家。它以孔德的实证主义哲学和泰纳的实证主义美学为理论基础，在左拉的《实验小说》、《戏剧中的自然主义》和《自然主义小说家》等著作中得到较为充分的体现。作为一种创作手法，自然主义一方面排斥浪漫主义的想象、夸张和抒情等主观因素，另一方面又轻视现实主义对现实生活的典型概括，而追求绝对的客观性，企图以自然规律来解释人和人类社会。

② 唯美主义(Aestheticism)最早兴起于19世纪后期的法国，后在英国形成巨大的声势。其口号是：“为艺术而艺术”。

③ 象征主义(Symbolism)是20世纪之交在西方兴起的一种文学思潮，它摒弃客观性，偏爱主观性，背弃对现实的直接再现，而偏爱现实的多方面综合，旨在通过多义的、但却是强有力的象征来暗示各种思想。象征主义对以后的超现实主义有着深远的影响，并标志着欧洲艺术从传统走向现代。

工业革命和法国大革命等重大历史事件对欧洲社会冲击后在思想界和文学界造成的结果。下文就对浪漫主义文艺予以简单介绍，至于现实主义文艺则在后文有论述。

（一）浪漫主义文学

浪漫主义文学在欧洲各国的发展参差不齐，英、法两国的文学家最为著名。英国的浪漫主义以相貌英俊、但天生跛足的拜伦以及有着“众人之心”之誉的雪莱为代表；法国的浪漫主义以有着“法兰西的莎士比亚”之称的维克多·雨果为代表。

拜伦(George Byron，1788—1824)可以说是英国历史上最负盛名的浪漫主义诗人。其代表作以诗歌为主，首先是抒情叙事诗《恰尔德·哈罗尔德游记》(*Childe Harold's Pilgrimage*)以及长篇叙事诗《唐璜》(Don Juan)。《恰尔德·哈罗尔德游记》展现了拜伦高超的文学技艺和表现手法，一经问世，立即在英国文坛引起了轰动，诗人自称，“(我)一夜醒来，发现自己已经成了名人”[①]。而《唐璜》一诗，则被歌德称之为“绝顶天才之作”。该诗表现力极强，以西班牙贵族子弟唐璜的经历为主线，褒扬了追求自由和幸福的个人主义精神并批判了社会的虚伪、无耻的阴暗面。尽管拜伦年纪轻轻就才华横溢，不过由于他支持革命事业，热衷于民族解放斗争，这在已经处于太平盛世的英国难以实现。于是他背井离乡，在意大利和希腊等地从事起战斗活动。1824 年，拜伦死于希腊军营中，年仅 36 岁。

与拜伦结下深厚友谊的雪莱(Percy Shelley，1792—1822)是英国一位与拜伦齐名的浪漫主义诗人。他出身于一个贵族家庭，青年时代因与其父的政见不合而与家庭决裂。后来，他投身于社会政治运动，是西班牙、意大利和希腊等国民族解放运动的拥护者和支持者。[②] 早年，雪莱立下这样的誓言：“我发誓，必将尽我一切可能，做到理智、公正和自由。我发誓，决不与自私自利、有权有势辈同流合污，甚至也决不以沉默来与他们变相地同流合污。我发誓，要把我的一生献给美……”就在这一“美”的理念的驱使下，再加上雪莱本人的革命精神，他写下不少富有反抗精神的诗篇，其中以《解放了的普罗米修斯》(*Prometheus Unbound*)最具代表性。在该诗中，普罗米修

① (英)拜伦著，查良铮译：《拜伦诗选》，上海译文出版社 1982 年版，第 3—4 页。

② 马慧莲：《浅析雪莱的人格魅力》，《西北农林科技大学学报》2007 年第 1 期。

斯不再与宙斯妥协，而是不依不饶地与权威作斗争。高尔基曾称，这部诗歌是世界上最伟大的文学作品之一。不幸的是，这位才华横溢的诗人在 30 岁时溺水身亡，英年早逝。

维克多·雨果(Victor Hugo，1802—1885)是法国浪漫主义文学的杰出代表。他一生共创作 58 部文学作品，其中《巴黎圣母院》、《悲惨世界》、《笑面人》和《九三年》等长篇小说，让他在法国乃至欧洲文坛享有盛名，这些作品都具有深刻的社会意义和强烈的艺术感染力。他为世界文学人物画廊塑造了一个又一个具有鲜明个性的典型形象，如热情奔放、纯洁美丽的吉卜赛少女爱丝梅拉达，相貌丑陋而心地善良的加西莫多，舍己为人的苦役犯冉阿让，孤苦伶仃让人怜爱的小女孩珂赛特等，无不栩栩如生，呼之欲出，给读者留下深刻的印象[①]。

(二)浪漫主义音乐

浪漫主义进入音乐比进入文学晚了数十年，但这种极具感染力的艺术形式，用其独特的表现手法，开始散发着魅力。对浪漫主义音乐贡献最大的是德国和奥地利两国，它们同样也是今天浪漫主义音乐中心。19 世纪初是音乐艺术史上成果最辉煌的时期之一。

贝多芬(Ludwig van Beethoven，1770—1827)诞生于德国莱茵河畔的波恩城。他虽然被公认为古典主义音乐大师，但他的晚期作品中才显露出浪漫主义的特征。他的作品体现了古典主义向浪漫主义的过渡，因此他是两个时代承前启后式的人物。30 岁以后，作为音乐家的贝多芬最重要的感官——听觉渐渐衰弱直至最后双耳失聪，但他仍以超人的毅力进行音乐创作与指挥。贝多芬最辉煌和最有影响力的作品是那 9 部著名的交响曲。贝多芬生活的时代正好是法国启蒙运动和大革命席卷欧洲的时期，身处邻国的贝多芬也深受影响，他把这些思想和精神潜移默化地注入了他的作品中。在欣赏贝多芬的交响曲时，特别是《第三(英雄)交响曲》以及《第五(命运)交响曲》，我们感受到他那种激昂勃发，对革命充满信心的力量。相比之下，贝多芬后期的作品趋向祥和恬静的风格，更多地关注自然美景，以及大自然对人的心灵的净化，此类作品的代表是《第六(田园)交响曲》。《第九(合唱)交响

① 陈计倩、李健：《法国浪漫主义文学大师——雨果》，《青苹果》2005 年第 3 期。

曲》则倾注贝多芬毕生的精力，音乐中也革命性地加入合唱，与席勒的《欢乐颂》达到了完美的结合，音乐激情澎湃，激动人心，是音乐史中的上乘之作。

舒伯特(Franz Schubert，1797—1828)出生于奥地利的一个教师家庭。从小就展现出卓越的音乐才华，可惜英年早逝。他的一生始终奉献给音乐，31岁去世时已经创作了大量作品，其中包括艺术歌曲634首，被世人誉为“歌曲之王”。舒伯特的音乐与贝多芬的音乐比较接近，但其作品风格温婉灵动，更多地展现对大自然的热爱。那种激动人心的表现方式在他的作品如《春之信念》、《野玫瑰》中不常见，这也是浪漫主义音乐家具备的特质之一。舒伯特与大诗人和作家歌德同处一个时代，前者更把后者视为偶像，多次向歌德写信希望与其讨论音乐，甚至希望歌德能帮他推广他的音乐，可惜石沉大海。舒伯特在其音乐作品中融入了歌德的诗作，特别是歌德的诗歌《魔王》所触动，特别是那种狂飙运动中体现出来的反叛精神，于是创作了同名歌曲《魔王》，在他去世后这些作品终于感动了歌德。

舒曼(Robert Schumann，1810—1856)是浪漫主义全盛时期的代表人物，他的作品体现了浪漫主义音乐的精髓。他本身受到当代文学家如歌德、席勒、海涅等人的影响，加之天赋异禀，他尤其对诗歌理解深刻。这在一定程度上影响了舒曼的创作，他的音乐有着诗歌的轻灵和韵律，可谓“音乐文学”的佼佼者。舒曼一生发表了20多首艺术歌曲。他一直把音乐当做人的心灵的一面镜子，表达人的内心是音乐的最终依归，不能过于强调形式主义。在这样的思想的指导之下，他把浪漫主义发挥得淋漓尽致，我们可以从著名的《幻想曲》了解到这一点。[①]此外，舒曼还着力强调音乐理论的发展，1834年他创办了《新音乐报》，从理论的角度推崇浪漫主义，并向社会引荐才华横溢的新人。

(三)浪漫主义绘画

19世纪以来的浪漫主义不仅表现在文学和音乐上，也表现在绘画上。法国画家泰奥多尔·籍里柯(Théodore Géricault，1791—1824)以其轰动整个法国的《梅杜萨之筏》(*Le Radeau de la Méduse*)宣告了浪漫主义绘画的诞生。可惜这位画家在一次坠马中受伤，英年早逝，年仅33岁。不过，他的一位学生将他开创的浪漫主义绘画推向到一个登峰造极的境界，这就是被

① 19世纪50年代，俄国著名作曲家柴可夫斯基对舒曼音乐的评价是，“在他的音乐中，我找到了我们生活里神秘的精神过程，找到了激动近代人心弦的怀疑、绝望和追求理想的热情。”

誉为“浪漫主义狮子”的德拉克洛瓦。

欧仁·德拉克洛瓦(Eugène Delacroix,1798—1863)出生在法国的一个上层社会家庭,父母均受过良好的教育。在优越的环境中,德拉克洛瓦自幼就对文学、音乐和绘画爱不释手,并一度与诗人波德莱尔、小说家乔治·桑和钢琴家肖邦等各领域的大家保持着深厚的友谊,这样的交往有助于他更深入地了解欧洲文学界和音乐界的状况。所以在他的绘画作品中色彩、旋律、构图等都实现了诗意一般的统一。德拉克洛瓦一生多产,他创作的作品有近万件,是在法国乃至世界美术史上不可多得的人才。他的很多作品今天收藏于卢浮宫,其中最著名的是 1830 年创作的《自由引导人民》(*La Liberté guidant le peuple*,又名《1830 年 7 月 27 日》),这幅作品以推翻波旁王朝而进行的“七月革命”为背景,描画了左手执枪、右手高举三色旗的自由女神的形象;这一形象正是法国革命精神的代表,这幅油画将自由、平等和民主精神体现得淋漓尽致,成为艺术宝库中的珍品。

二　新中国的“双百方针”

1956 年,中国基本完成对农业、手工业和资本主义工商业的社会主义改造。接下来,如何建设社会主义是中国共产党面临的重大问题,建设社会主义一个关键环节,就是文化建设水平。为了解决这一问题,党和政府有必要调整相关政策,给予文化一个宽松的环境,调动知识分子从事社会主义文化建设的积极性。此外,同一时期的苏联在社会主义建设过程中逐渐暴露出不少严重的问题,这引起中国知识分子的警觉,他们中不少人对国内文化生活中刻板紧张的气氛以及所呈现出的公式化倾向表示不满。在这一背景下,“百花齐放、百家争鸣”(简称“双百”)的文化方针宣告诞生。“双百方针”的提出,体现了在人民共和国的新体制下,国家最高决策者对社会主义文化政策的一种新的尝试,在 1956 年 5 月到 1957 年春的近一年的时间内,“双百方针”确实产生了积极的影响,知识分子迎来了他们艺术和学术创作的春天。①

(一)“双百方针”的提出

“双百方针”的出台有一个过程。1951 年,毛泽东应梅兰芳(1894—

① 曲洛松:《从政治到策略——1956－1957“双百方针”的嬗变》,《福建党史月刊》2009 年第 4 期,第 25 页。

1961)之请为中国戏曲研究院作出“百花齐放，推陈出新”的题词。1953年，时任历史问题研究会主任的陈伯达向毛泽东请示历史研究工作的方针时，毛泽东说要“百家争鸣”。1956年4月28日，毛泽东在中共中央政治局扩大会议上作总结时指出：“讲学术，这种学术可以，那种学术也可以，不要拿一种学术压倒一切，你如果是真理，信的人势必就会越多。‘百花齐放、百家争鸣’我看这应该成为我们的方针。”是年5月2日，毛泽东在第七次最高国务会议上作《论十大关系》的报告，在会上，他指出：“在艺术方面的百花齐放的方针，在学术方面的百家争鸣的方针，是必要的。”5月26日，中宣部部长陆定一(1906—1996)受中共中央委托，在中南海怀仁堂作了名为“百花齐放，百家争鸣”的讲话。这篇讲话，以毛泽东的有关论述为依据，事先经过中宣部的两次集体讨论，又根据周恩来的意见作了修改，并被批准在《人民日报》上予以公开发表。该讲话集中代表了当时党和政府对“双百方针”的理解和认识。同年9月，刘少奇在中共八大的政治报告里，再次重申“双百方针”。由此，“双百方针”作为一项长期有效的指导方针，得到中共全国代表大会的正式确认。①

(二)“双百方针”指导下的文艺事业

“双百方针”的贯彻执行，使得中国的文艺事业呈现出一片欣欣向荣的景象。在“双百方针”从1958年到1966年间，社会上涌现出不少群众喜闻乐见的优秀文学作品，尤其在戏剧和电影事业方面中国的文艺工作者取得了较好的成绩。

就小说创作而言，据统计，在1949—1966年间，国内发表的长篇小说大约在300部左右，其中约80%则于1958—1961年间问世。在这些长篇小说中，如梁斌(1914—1996)的反映冀中农民革命运动的史诗式作品《红旗谱》(1957)、吴强(1910—1990)的反映人民解放军在解放战争中逐步取得胜利的《红日》(1957)、罗广斌(1924－1967)等人的反映革命烈士在狱中作艰苦斗争、有着“共产主义的奇书”之誉的《红岩》(1962)、杨沫(1914—1995)的描写在中国共产党领导下革命知识分子所从事的斗争活动的《青春之歌》(1958)以及曲波(1923—2002)的描写东北民主联军的一支小分队智取威虎山的《林海雪原》(1956)等，在人民群众中广为传诵。

① 关于“双百方针”的出台情况，可参见占善钦：《“双百方针”出台始末》，《共产党员》2011年第13期。

20世纪50年代，我国的散文继承了五四运动以来的散文传统，出现了“复兴美文”[①]的大潮。其中写实性的创作蔚然成风，如魏巍的《谁是最可爱的人》，刘白羽的《朝鲜在战火中前进》等作品，对社会主义建设的场景进行了写实性的叙述，其朴实纯真的作风，在当时深受读者喜爱。之后，散文界由纪实性向抒情散文转变，也涌现出不少优秀的作家。杨朔、碧野和秦牧等人创作了不少优秀的作品。杨朔(1913—1968)，原名杨毓瑨，早年参加八路军，长期是革命文艺工作的骨干。他以散文见长，著有《荔枝蜜》、《香山红叶》、《泰山极顶》、《画山绣水》等。大部分文学评论家对杨朔的散文称赞有加，认为他继承了中国传统散文的长处，于托物寄情、物我交融之中达到诗的境界，“在写每篇文章时，总是拿着当诗一样去写”(杨朔原话)；其散文的结构精巧，铺陈独具匠心，耐人寻味。但也有学者认为，杨朔散文的文本建构中，我不仅可以发现特定时代权力关系的本质，还可以发现国家意志是怎样扭曲了包括作家在内的社会成员的生活观点、使传统的价值观造成断裂……(从杨朔身上我们可以看出)当代作家所遭遇的写作困境，同时也可以看到中华传统文化遗留在革命知识分子身上的仁爱精神，是如何在革命文化语境里被曲折表现出来……[②]。1968年，即“文化大革命”初期，杨朔被中国作协的造反派列为重点批斗对象，含冤去世。刘白羽(1916—2005)，曾任中华人民共和国文化部副部长以及《人民文学》主编等职，本人也擅长散文的写作。他的作品擅长与其革命经历相结合，有鲜明的时代感，涉及抗日战争、解放战争和抗美援朝战争等重大历史事件，其文笔铺张华丽，气势豪迈，展示了一种恢宏的气氛。他的散文代表作有《火炬与太阳》、《早晨的太阳》、《红玛瑙集》、《晨光集》等。秦牧(1919—1992)，原名林阿书，我国著名散文家之一。他多才多艺，在许多文学领域均有涉足，包括散文、小说、诗歌、儿童文学和文学理论等，其中尤以散文著称于世。著名代表作有《土地》和《花蜜与蜂刺》等。秦牧本人强调语言艺术，他自己就曾坦言：从事文学写作的人非认真掌握它不可，否则就不可能写出流畅、清新、简练、生动以致美妙、精彩的文字来。运用经过提炼的口语来写作，才能写出曲折达意，栩栩

---

① 这一口号由《人民日报》主管胡乔木于1956年提出。

② 毕光明：《被修改的仁爱精神：杨朔散文中的悯农意识——以〈荔枝蜜〉为例》，《海南师范学院学报》2004年第1期。

如生的作品。[①] 这种独特的倾向也得到文学界的认可。

在诗歌方面，何其芳（1912—1977）的《我们最伟大的节日》、贺敬之（出生于 1924 年）的《雷锋之歌》、郭小川（1919—1976）的《将军三部曲》等在当时有广泛的影响。《我们最伟大的节日》发表于 1949 年，该诗以中华人民共和国成立的日子为叙事时间，以天安门广场为叙事地点，以开国大典的历史场景为叙事对象，表达出一代受苦受难的知识分子对于革命终于取得胜利的喜悦心情。[②]《雷锋之歌》发表于 1963 年，该诗一经写就，很快就风靡全国。其中，诗歌中的提问"人，应该怎样生？路，应该怎样行？……"仍回荡在历史的长空之中。[③]"将军三部曲"指的是《月下》、《雾中》、《风前》这三部长篇叙事诗，它们以写生活的率真和人物的内心见长，在现代诗歌史中首次塑造了在人民战争的年代一位高级将领的丰满形象。1976 年 10 月，由于遇到意外的火灾，郭小川不幸去世，终年 57 岁。

在话剧方面，有老舍的《茶馆》，郭沫若的《蔡文姬》、《武则天》，田汉的《关汉卿》、《文成公主》以及曹禺的《海瑞罢官》等。这其中，影响最大、久演不衰的当数老舍的《茶馆》。《茶馆》属于一部悲剧，它是老舍戏剧创作的巅峰，是中国现代话剧艺术中的经典，被西方誉为"东方舞台上的奇迹"。作者选取了"戊戌变法"失败后的清朝末年、军阀混战时的民国初年以及抗战后国民党统治时期这三个时代的横断面，精彩地演绎了中国半个世纪的历史。可以说，以人物命运的沉浮变化来反映某一时代的本质及其历史趋向，是《茶馆》这一话剧的思想体现。[④]

---

① 黎运汉、李剑云著：《秦牧作品语言艺术》，广西教育出版社 1992 年版，序言第 3 页。

② 与《我们最伟大的节日》形成鲜明对照的是沈从文的《黄昏和午夜》，详情可参见袁洪权：《诗作同时同地，诗味风格迥异——何其芳〈我们最伟大的节日〉、沈从文〈黄昏和午夜〉的阅读体验》，《西昌学院学报》2007 年第 4 期。

③ 关于《雷锋之歌》的创作缘起，可以参见秋霞：《人，应该怎样生？路，应该怎样行？——贺敬之夫妇谈〈雷锋之歌〉》，《党建》1998 年第 3 期。

④ 关于这部话剧，老舍本人曾谈过自己的想法："茶馆是三教九流会面之处，可以容纳各色人物，一个大茶馆就是一个小社会。这出戏虽只有三幕，可是写了五十年来的变迁。在这些变迁里，没法子躲开政治问题。可是，我不熟悉政治舞台上的高官大人，没法子正面描写他们的促进与促退。我也不十分懂政治，我只认识一些小人物，这些人物是经常下茶馆的。那么，我要是把他们集合到一个茶馆里，用他们生活上的变迁来反映社会的变迁，不就侧面地透露出一些政治消息吗？这样，我就决定了去写《茶馆》。"

在电影方面，爱国主义为主题的电影成为新中国首批电影的主题。影片《林则徐》是新中国成立后第一部弘扬中国近代爱国主义传统的作品，《甲午风云》塑造了民族英雄邓世昌的光辉形象，还有反映土地革命的《万水千山》，反映抗日战争的《小兵张嘎》，反映解放战争的《南征北战》、《董存瑞》等影片。这样一批以爱国主义、反抗侵略和革命战争为主题的影片，在当时社会产生了较大的影响。此外，戏曲界对旧戏进行改造，创作出一批新剧目。京剧有梅兰芳的《穆桂英挂帅》，越剧有《梁山伯与祝英台》，昆曲、黄梅戏等也有新的剧目产生。绘画的代表作有《开国大典》、《江山如此多娇》等。

“双百方针”对中国文艺界的指导，曾一度因“文革”而中断，“文革”结束以后由于文艺界成为首个得到拨乱反正的领域，艺术家们十年来备受压抑的创作倾向复燃，“双百方针”又重新被置于统领文艺界的政治纲领之中。中国的文学艺术的生命力又重现了；新的作家和作品不断涌现，文学界出现了百花齐放的局面，作品数量大增，题材更为广泛。新的文学类型以“伤痕文学”、“反思文学”为主，成为对“文革”期间苦难的生活申诉和表现的典型。此期不再是散文一统天下了，其他的文学体裁如小说、戏剧、诗歌、影视等均有不同程度的发展。很多文学作品都以展示“极左”思潮对社会的危害为批判的内容展开，同时也有一些历史小说，以广阔的历史为背景叙述某个特殊群体的故事，在社会上引起了共鸣和反响。这一类作品的集大成者包括短篇小说《班主任》、长篇小说《平凡的世界》、《战争与人》、《长江万里图》、《白鹿原》、《红莲白莲》等，我们将在下文详细表述。

（三）“双百方针”贯彻过程中的经验教训

“百花齐放、百家争鸣”的方针，本意是促进艺术发展、科学进步和社会主义文化繁荣的方针。但是，在 20 世纪 60 年代特别是“文化大革命”期间，由于受到“左”倾思想的影响，“以阶级斗争为纲”，把文化领域的一些现象被政治化，使“双百”方针如同虚设，导致了 20 世纪 60 年代以后，我国文艺方面工作的停滞，对文学家和艺术家的身心都造成了伤害。1964 年主流媒体大规模批判《北国江南》、《早春二月》、《林家铺子》、《怒潮》、《红日》等杰出的电影作品。1966 年开始的“文化大革命”，使大批文人学者遭受迫害，无法继续进行创作。“文化大革命”中，仅有 8 部“样板戏”在影院循环播出，其他剧种和影片的创作出现空白。“八亿人民八个戏。”这些都是贯彻“双百”方针过程中我们走过的弯路和错路，这其中的经验教训，值得我们认真汲取。

三　新中国文化事业的曲折发展

（一）“文革”期间的文化衰败

1965年11月，上海《文汇报》发表姚文元《评新编历史剧〈海瑞罢官〉》一文，成为引发“文化大革命”的导火线。文章点名批判北京市副市长、明史专家吴晗，实际上反映的是中共中央领导层在许多重大政策问题上的意见分歧，从此开始了政治统领文学的错误路线。这样的批判越演越烈，涉及的范围也越来越广，文艺界开始陷入阶级斗争的漩涡中。1966年2月，中共中央政治局常委会讨论通过由彭真等起草的《关于当前学术讨论的汇报提纲》（即“二月提纲”），试图对学术批判“左”的倾向加以适当约束，减少政治对文学的干预。“二月提纲”并没有真正的实施，原因是江青在林彪的支持下，在上海召开部队文艺座谈会上将文艺界诬蔑为“反党反社会主义的黑线”，文学艺术成了社会主义无产阶级专政的首要敌人，鼓吹要“坚决进行一场文化战线上的社会主义大革命”，这场“革命”最终演变为文艺界的一场浩劫。

1966年的“五一六通知”下达以后，“文化大革命”以迅雷不及掩耳之势发动起来，开始了席卷全国的政治风潮。“文化大革命”爆发后，由大中学校学生组成的“红卫兵”组织在全国掀起一场空前的“横扫一切牛鬼蛇神”、破除“四旧”的政治批斗运动，文艺界也不能幸免于难，许多著名的文学家，如前文述及的杨朔，还有老舍、茅盾等老一辈文学家含冤入狱或被折磨致死。多元化的文化表现方式，如各种传统剧目，剧种都在此时被迫停演。大部分的中外文艺作品都被不分皂白地套上“封、资、修”的“罪名”，这些都对文艺界产生了无法弥补的损失。

（二）“文革”以后文艺界的春天

四人帮被粉碎以后，迎来了1978年中共十一届三中全会的召开，全国上下集中精力全面恢复经济建设，并实行社会主义改革开放政策。在思想界也开始解放思想，文艺界身上的枷锁被解开，新中国文化事业重新步入正轨。

1979年，中国文学艺术工作者第四次代表大会在北京举行，这是一次规模空前的历史盛会。这次大会距1960年召开的第三次文代会整整19年，这个会议的重启标志着我国的文艺工作重新走上正轨。时任中共中央副主席的邓小平在会上致辞，对文艺界日后的发展路线给予了关注和建议。他首先肯定了新中国成立以来文化艺术界所取得的成绩，强调在新的历史时期，要坚持百花齐放、推陈出新、洋为中用、古为今用的方针；在艺术创作上，要提倡不同形式和风格的自由发展；在艺术理论上，要提倡不同观点和学派的自由讨论。这预示着文艺界将逐步地扫清"左"的思想错误，解放思想，进行多元化、丰富多彩的创作，逐渐形成一股创作的高潮。此后，为了更好地促进我国文艺事业的发展，党中央提出"文艺为人民服务、为社会主义服务"的总方针，简称为"二为"方向。它体现了社会主义建设时期文化艺术工作的主要方向和根本目的。

在"二为"方针的指导下，我国文学艺术创作再现勃勃生机。这一时期，为了鼓励文化艺术创作，国家相继设立了一批奖项，如文学创作方面的"茅盾文学奖"，社会主义精神文明建设"五个一工程"，以及电影、戏曲艺术方面的政府奖等。这些活动体现了国家对文化艺术事业的关注以及国家为适应社会主义建设发展文化事业的决心。

从"文化大革命"结束到第十五次全国代表大会[①]，我国文学出现了"文化热"的高潮，社会各界人士，青年学子和专家学者都热心于文化事业。这一文化热潮经历了以下四个阶段：一、从1976年末到十一届三中全会召开，这一阶段文学复苏的趋势十分明显，涌现出旨在揭露和批判文化大革命灾难的"伤痕文学"，如《伤痕》和《班主任》等。这一文学题材以卢新华的短篇小说《伤痕》命名，直接起因是遍及全国的上山下乡运动，知青、知识分子、受迫害官员及城乡普通民众是这一题材所表现的主要对象。这一时期的作品政治意识很强，《班主任》一书，刘心武试图表现极左思想在社会上的危害，并阐述了这种危害产生了负面后果。这一时期，社会上"两个凡是"的原则仍钳制人们的思想。二、党的十一届三中全会召开以后，套在文艺界身上的

---

① 1997年，中国共产党第十五次全国代表大会提出，在社会主义现代化建设新阶段，建设有中国特色社会主义文化的根本任务，强调要着力提高全民族的思想道德素质和科学文化素质，为经济发展和社会全面进步提供强大的精神动力和智力支持，培育适应社会主义现代化要求的一代又一代有理想、有道德、有文化和有纪律的公民。它为新世纪中国文化的发展指出了前进的方向。

枷锁逐渐放松了，文学开始呈现多样化的特征，这要归因于国内思想解放、拨乱反正的改革和在开放过程中与西方文化的碰撞。这一时期，在“创作自由”口号的指导下，以《乔厂长上任记》为代表的“改革文学”、以《天云山传奇》为代表的“反思文学”相继出现；受西方影响的新文学体裁也不断出现，包括“朦胧诗”、“探索性戏剧”、“先锋派小说”、“新写实小说”、“社会问题报告文学”等。中篇小说开始流行文坛，冯牧主编的《新时期中篇小说选集》就是这种体裁的最佳体现。三、1989 年政治风波后，思想文艺界开始反思并向文化保守主义靠拢。实验性的先锋派文学很快衰落，现实主义崛起。周而复、王火等作家的作品体现了抗日战争的悲壮场面；何申、谈歌、刘醒龙等作家志在表现农村底层和企业群众的生存困境；张平、陆天明、周梅森等人在揭露社会腐败和呼吁“廉政”方面作品丰富。此时，描写内心世界和性意识的“新体验小说”、“女性主义文学”和“下半身写作”等类型的通俗文学也悄然兴起，这与市场需求有莫大的关系。此外，校园文学、长篇小说、长篇纪实文学纷纷面世，龙蛇混杂的网络文学也进入读者的视野。四、进入新世纪以后，“贴近实际、贴近生活、贴近群众”的口号使文学出现了新的面相，《国家干部》、《根本利益》等表达了人民的呼声，《猎原》《狼图腾》《藏獒》等“生态文学”的代表大量涌现。另外，80 后作家的“青春文学”和魔幻小说兴起。新诗也得到发展，特别是《诗刊》发起“春天送你一首诗”的活动以来[①]。

可以说改革开放三十年以来，文学创作保持了持续的繁荣，这与改革开放、社会稳定、经济发展和党的文艺政策有直接的关系。这一时期文学思想丰富多样，社会主义、爱国主义、现实主义、英雄主义和人道主义等思想不断深入文学创作，真正实现了“百花齐放、百家争鸣”。在改革开放的过程中，我国的文学开始借鉴西方的题材和表现方式，此外，许多大部头的叙事性作品也不断问世。市场经济也作为推手，将许多作家的作品搬上荧幕，以另外的媒介向世人展示其作品。

（三）体育成就引人注目

在旧中国，国家在外交方面毫无建树、饱受欺凌，国人则被西方列强嘲笑为“东亚病夫”。新中国成立后，中共中央和各级政府高度重视提高人民素质，

---

① 详细内容可参见张炯：《新时期三十年文学的回顾与前瞻》，《山西大学学报》2007 年第 1 期。

以及认识到体育事业对一个民族在国际地位上的崛起贡献不小，开始促进人民体育事业的发展，毛泽东向全国发出“发展体育运动，增强人民体质”的号召，自己也以身作则参与体育运动，于此群众性体育活动在全国蓬勃开展。

为了有效地增强人民体质，先后有多套体育锻炼标准出台。在国家的支持下，体育事业从地方到中央逐步开展起来。各级学校中普及体育课程，各地成立了业余体校和一些专项体育协会，逐渐从体育教育对象中筛选优秀的体育人才。1995 年，国家正式推出“全民健身计划”，将全国人民都囊括到这一计划中，无论男女老少都有参加体育运动的权利和场所，由此确立了“全民健身以全国人民为实施对象，以青少年和儿童为重点”的战略目标。1995 年 8 月，《中华人民共和国体育法》通过，中国体育事业的开展达到有法可依的水平。全民健身运动无疑对推广体育运动居功至伟，随着这项计划的不断深入，体育活动日渐成为人们日常生活中的一个组成部分，国民身体素质也大大提高，高水平的运动员的培养因为有了更肥沃的土壤而层出不穷。

新中国成立以后，在国家和党的领导下，中国的竞技体育经历了翻天覆地的变化。20 世纪 50 年代后期，举重运动员陈镜开打破最轻量级挺举世界纪录，成为首名达到世界领先水平的运动员。之后中国运动员在各项国际比赛中，不断打破世纪记录，摘取金牌。中国也逐渐恢复在世界体坛的地位：1973 年，中国恢复在亚运会联合会的合法席位；1979 年，中国重返奥委会。

20 世纪 80 年代以来，在改革开放不断深化的过程中，国家继续大力资助体育事业的发展，体育事业发展势头喜人，体育竞技水平进一步提高。“钢铁长城”中国女排连续赢得“五连冠”，让国人振奋不已。在 1984 年 7 月第 23 届洛杉矶奥运会上，中国射击运动员许海峰在男子手枪 50 发慢射中，以 566 环获得那届奥运会开赛以来的第一枚金牌，实现了中国人奥运历史上零的突破。这些骄人的成绩让国人参与体育活动的积极性更加高涨，全民运动正在向全社会铺开。90 年代，我国国家和人民对体育事业的支持取得了更显著的成效。1992 年和 1996 年，在巴塞罗那和亚特兰大两届奥运会上，中国体育健儿分别夺得了 16 枚金牌，居金牌榜第四位。在 2000 年第 27 届悉尼奥运会上，中国名列金牌榜第三位。中国代表团显示出在乒乓球、羽毛球、体操、跳水、举重、射击等项目中强劲的实力，继续在奥运会等重大体育项目创造佳绩：2004 年第 28 届雅典奥运会上，中国名列金牌榜第二位；2008 年 8 月，中国成功举办了第29届北京夏季奥运会，中国健儿在这届奥运会上获得的奖牌和金牌总数傲视群雄，排名第一。中国成为世界体育强国中不可或缺的一员。

四　世界文学的伟大成就

（一）19世纪的现实主义文学

19世纪欧洲在文学、音乐和绘画方面都取得了革命性的进步，浪漫主义作为一种全新的表达方式登上世界艺术的舞台。之后，现实主义在欧洲扎根，时间虽然晚于浪漫主义，但是现实主义可谓源远流长，可以追溯到两千多年以前的古希腊、古罗马。近代欧洲文学史上的现实主义是19世纪30年代首先在西欧的法国、英国等地出现的文学思潮，以后向东欧、北美和北欧辐射开去，成为19世纪欧美文学的主流，也使硕果累累的欧洲文坛再创高峰。现实主义文学中的批判味道十分浓烈，所以也被文学评论家称为“批判现实主义”。有一些批判现实主义作家也会借鉴浪漫主义的表现手法，取长补短，达到增强文学表现力的目的。在一代又一代的作家的努力下，现实主义文学逐渐成熟并达到高峰。在英国，最著名的代表是狄更斯，而法国则出现了“法国现代小说之父”——伟大的巴尔扎克。

巴尔扎克（Honoré de Balzac，1799－1850）可以说是19世纪法国最著名的小说家，他留下的《人间喜剧》是人类文化宝库中的瑰宝，正如茨威格所说：“巴尔扎克建筑起一个由他自己创造并在其中安置众多人物的世界”，“把虚无缥缈的猜测拔高到无可置疑的现实”[①]。巴尔扎克对巴黎的感情都倾注到他的作品中，他笔下的巴黎也一直是怀旧者重温19世纪前期巴黎的地方，重绘巴尔扎克居住过的地方和他小说中出现的街区、建筑，甚至成为现代旅游的一个构成部分，充分说明了话语、文化和文学想象的力量对于易变的真实城市的介入和影响[②]。我们在欣赏他的90多部作品、2000多个人物组成的《人间喜剧》时，就可以看到一幅生动的、形象的法国社会，尤其是巴黎上流社会的图景。巴尔扎克一直感叹，这么一个他深爱着的城市，竟然无人对之进行过客观的写实的描写，因此他毅然担负起“叙述过它的生活经

① （奥地利）茨威格著，李金波等译：《巴尔扎克传》，福建人民出版社1983年版，第3页。

② 陈晓兰：《19世纪“现实主义者”的巴黎——以巴尔扎克为例》，《西南民族大学学报》2011年第9期。

历、道出过它的思想，解释过它的黄金或泥土的幻梦”[①]的重任。巴尔扎克的才能展现在他敏感的神经对各种有价值的题材的筛选，以及在表现这些题材的时候运用的超人的技巧和精致的修辞，不愧为“法国现代小说之父”。

另一位现实主义大师是来自英国的狄更斯(Charles John Huffam Dickens,1812—1870)，他在世时创作了十四部完整的长篇小说和不计其数的短篇小说，他的作品主要以维多利亚时代的英国社会为背景，塑造了一大批经典的角色，被马克思誉为“现代英国的一批杰出的小说家”[②]之一。他的作品气势恢宏，基调由乐观主义精神转向了隐约的失望的悲观主义情绪。他善于运用象征手法，如《小杜丽》中的监狱、《荒凉山庄》中的大雾、《我们该共同的朋友》中的垃圾山等等，这些平凡常见的物体或现象，都成为狄更斯信手拈来的象征对象。对于其艺术表现手法，各种评论兼而有之，褒贬不一，有的认为他善于抓住人物特征，运用自己独特的描写手法来写作，有的评论家则认为狄更斯创作的人物缺乏真实感，一些特点被过度地放大，无法客观地展示人物。[③]

(二)20世纪欧美文学流派

20世纪欧美文学生机勃勃，出现了流派林立、思潮频起的多元化局面，主要存在着现代主义和现实主义这两大主流，其中现代主义异军突起，在欧美文坛掀起了高潮。“现代主义”并非一个单一的文艺流派，而是一个集象征主义、超现实主义、立体主义、表现主义以及达达主义等在内的统称。其本质是与旧的、传统的文化决裂，积极主动地追求和探索文学艺术内容与形式上的革新，充满活力和乌托邦式的幻想，试图通过与以往截然不同的艺术风格和形式来反映人们当时的存在和生活。[④]与现实主义强大的叙事性不一样的是，现代主义通过广阔的想象力和荒诞的故事情节来表现更深层的意义。这两大“主义”在欧美文学中相互渗透、相互影响，共同构成欧美文坛绚丽多彩的局面。下面将简要介绍一下20世纪对欧美文坛影响举足轻重的

---

① 陈晓兰:《19世纪“现实主义者”的巴黎——以巴尔扎克为例》,《西南民族大学学报》2011年第9期。

② 除狄更斯之外,还有萨克雷、夏洛蒂·勃朗特、盖斯凯尔夫人。

③ 罗经国选编:《狄更斯评论集》,上海译文出版社1981年版,第1—2页。

④ 关涛:《现代主义、后现代主义和社会性别》,《中州学刊》2008年第4期。

两位作家——罗曼·罗兰和海明威。

罗曼·罗兰(Romain Rolland,1866—1944)是法国小说家、戏剧家和散文家,诺贝尔文学奖获得者,他出生于一个殷实而体面的家庭,一直过着“有知识的中产阶层那种平静的、恬淡的气氛笼罩着的日常的生活”[①]。在巴黎高等师范学院的学习过程中,罗曼·罗兰开始接触文艺界和思想界的未来之星——斯瓦雷斯和夏尔·贝基等人,并与之成为挚友,这对作家未来的创作思路和特点做了铺垫。罗曼·罗兰反感左拉、莫泊桑的自然主义以及福楼拜和法郎士那样自我欣赏的文学[②],最后在俄国作家托尔斯泰那里找到了平衡。为了寻求生活的答案,他曾给作家托尔斯泰写过一封信,并收到后者的一封长达23页的回复。托尔斯泰的慈祥对罗兰的思想和后来的创作产生了巨大而深刻的影响。他本人涉猎甚广,哲学、艺术史、逻辑学、生物学都是其关注的领域。他的代表作是“长河小说”——《约翰·克利斯朵夫》,体现了主人公在一个等级森严,相互倾轧的社会奋斗的故事,这本书奠定了罗曼·罗兰在世界文学史上的地位,并为他获得了诺贝尔文学奖。《约翰·克利斯朵夫》以贝多芬的生平为主线,并借鉴了同时代欧洲的其他音乐家的经历写成,主人公的幻想和追求体现了一位孜孜不倦,奋发向上的小资产阶级的形象。

厄内斯特·海明威(Ernest Hemingway,1899—1961)是20世纪美国小说家。1926年因长篇小说《太阳照样升起》而享誉欧美,他是20世纪美国最重要的作家之一和“迷惘的一代”的代言人,他的作品以象征主义表现手法最值得称道,这一手法的运用,有助于渲染气氛、推动情节的发展。他的作品有三个特色,首先,作为第一次世界大战的亲历者,海明威用自己独特的方式描写了两次世界大战,他的《太阳照样升起》和《永别了,武器》都有强烈的反战情绪。第二,他笔下的二十年代那些生活目标被战争摧毁的主人公,到了三十年代以后发展成为一种坚强不屈的性格,即所谓的“硬汉子”,《老人与海》中的老人就是其中的典型。最后一个特色在于他极有个性的散文风格,瑞典皇家科学院颁诺贝尔奖金给他时称赞他“精通现代叙事艺术”[③]。

---

① (奥地利)茨威格著,吴裕康译:《罗曼·罗兰》,漓江出版社1999年版,第5页。
② 同上,第18页。
③ 董衡巽:《海明威研究》,中国社会科学出版社1980年版,前言部分。

此外，西方现代主义文学的代表人物还有奥地利小说家卡夫卡(Kafka)和法国的普鲁斯特(Proust)等。首先，卡夫卡重要贡献在于将悖谬(paradox)的哲学思维方式加入到他的作品的美学特种中。他的小说充满悲观主义色彩，这种悲观主义都是由怪诞和夸张的喜剧形式所表现出来的，达到了"带着笑流泪"的效果，其著名的短篇小说《变形记》就是一例，它通过人变成大甲虫的荒诞故事，展现了现代人丧失自我、在绝望中挣扎的精神状态。这种悖谬方法的运用使其小说既有荒诞不经的情节，又展现出一种层次分明的真实感，因而耐人寻味。而另一位作者普鲁斯特则代表了另一种意识流，学术界对他和他的《追忆似水年华》的研究一直是热点，他出生于巴黎富商家庭，成长过程中染上了一些纨绔子弟的作风，经常出席社交场合，接触上流社会和文艺界的活跃人物。他的成名作《追忆似水年华》是在他最爱的母亲过世以后，在半隐居的痛苦生活中写成。小说问世时很少有人能读懂，今人对它的解构也尚待完善，特别值得关注的是以下两点：一、小说是一部回忆录式的小说，但是作者仅仅捕捉一些在他头脑中挥之不去的影响来进行描述，对他而言，时间失效了，新的"自我"出现了。二、时间观念，从实际时间向心理时间的转化，对时间的修复通过回忆来完成了。此外，普鲁斯特语言优美复杂，文章中常用繁复的长句或叠加的句子，表现了他在创作时的复杂心情以及主人公多变的心理状态。总而言之，普鲁斯特对20世纪的文坛贡献很大，他创造的文学技巧和美学观念使日后的文学界受益良多。

（三）俄罗斯和苏联文学的成就

俄罗斯和苏联文学是世界文学的重要组成部分。俄罗斯现实主义文学形成于19世纪30年代，50、60年代不断发展，70、80年代达到鼎盛，20世纪初逐渐衰落。20世纪俄罗斯沙皇政体的解体和苏联的诞生，使俄苏文学经历了与欧美文学不同的发展道路。这一时期的文学主流是批判现实主义，文学家以他们敏感的历史笔触展现了俄罗斯的历史与社会生活。以普希金、托尔斯泰为代表的一批作家，塑造了众多鲜明的人物形象。

普希金(Pushkin，1799—1837)是享誉世界的俄国诗人，被誉为"俄罗斯诗歌的太阳"，他生前留下了大量的优秀作品。他的诗歌情真意切，风格多变，他的诗体小说《叶甫盖尼·奥涅金》从现实主义角度展现了俄国社会的方方面面，别林斯基称它为"俄罗斯生活的百科全书"。他的诗歌风格不限，童话诗、诗体小说、传奇长诗、诗体戏剧等等，他本人有着敏感的诗歌情结，无论走到哪里都能激发他的创作灵感，大自然的事物，社会中的衣食住行，谈古颂今，赞美友情和爱情等等都成为他发挥的主题。他支持革命，反对专制沙皇政体，以致沙皇对他充满怨气："普希金把那些可恶的诗篇散布到整个俄国，所有的青年都在背诵这些诗。得把普希金送到西伯利亚去！"[①]他的影响可见一斑。普希金的作品全部用俄语写成，书面语与口语结合，并按照本国文学的传统进行创作，属于典型的民族文学的代表。在他的带动下，俄国一大批文学家愤然而起，打破了俄国文坛寂静的局面。托尔斯泰就是其中之一。

列夫·托尔斯泰(Lev Tolstoy，1828—1910)是19世纪俄罗斯伟大的文学家，他也是一位天才的思想家。他虽然出身于贵族家庭，但经历起伏跌宕。早年受到卢梭、孟德斯鸠等启蒙思想家的影响。1847年，他退学回到故乡，在自己的领地上作改革农奴制的尝试。1851—1854年，他在高加索军队中服役并开始写作。军旅生活让他的《战争与和平》中的战争场面鲜活立体。他一生创作丰富，《战争与和平》、《安娜·卡列尼娜》、《复活》都是他的代表作。他善于将自己的思想融入文学创作中去，正如他自己的坦诚："如果我的文艺作品有某些优点的话，那仅仅是因为它宣传了其中的思想"[②]，其中《复活》是他对俄国社会批判最为全面、深刻、有力的一部长篇小说，是俄国写实主义小说中的精品。

20世纪的俄苏文坛十分引人注目，无产阶级专政的呼声越来越高，无产阶级文学逐渐形成并发展。马克西姆·高尔基(Maksim Gorky，1868—1936)是一位立场坚定的无产阶级作家，苏联文学的创始人。他出身贫苦，自幼丧父，生活艰难，年纪轻轻就自力更生，经历了社会最底层最黑暗的生活。1901年，他创作了著名的散文诗《海燕》，用象征手法塑造了海燕的形象，"让暴风雨来得更猛烈些吧"是其中的名句，展现了诗人号召革命的澎湃激情。1906年，他的长篇小说《母亲》出版，是俄罗斯现实主义文学的奠基之作，也是无产阶级的典型。此后，他还创作了自传体长篇小说三部曲《童

---

① 赵宁编著：《普希金抒情诗精选评析》，河南大学出版社2006年版，序言第3页。

② 张兴宇：《〈复活〉与列夫·托尔斯泰的宗教道德哲学》，《乐山师范学院学报》2009年第10期。

年》、《在人间》和《我的大学》。高尔基不仅热爱文学创作，他也是当时知名的活动家，他创办了苏联作家协会，为社会主义文坛贡献了毕生的精力。他的作品在中国有很多的读者，是前苏联在中国最受欢迎的作家之一。

（四）亚非拉近现代文学的成就

近现代亚非拉文学，指的是从19世纪下半叶到20世纪这100多年间，地处亚非拉三大洲的各个国家的文学。亚非拉近现代文学发展极不平衡，亚洲的日本、印度都深受独特的社会环境和宗教信仰影响，而风格各异。拉美文学则更因长期处于殖民地的境地，20世纪初殖民独立运动普遍展开以后，又陷入军事独裁的灾难。其文学却异彩纷呈，流派和创作手段众多，与欧美文坛的作风大相径庭。非洲近现代文学主要表现为民族独立思想如潮水般涌入之后，非洲民众的民族意识的觉醒，以及许多受过西方式教育的非洲知识分子对自我文化的追根溯源。

日本现当代小说家川端康成，他出生于大阪，幼年父母双亡，孤苦一生。川端康成一生中创作了大量的小说和散文，可谓著作等身，其中尤以《伊豆的舞女》、《千只鹤》、《睡美人》、《雪国》、《古都》等最负盛名。个人经历的复杂与独特，让他的作品体现出异于主流文学派别的表现方式，他的作品集虚幻、哀愁、颓废、空虚、孤独和忧郁为一身，达到了感觉美、虚无美、悲情美的审美旨趣。其中《雪国》塑造了三个逼真完美的角色，以及一个以情感动世界的美丽梦境，被推崇为“精纯的珠玉制作”，在日本近现代文学史上展现出极高的造诣，1968年，川端康成因其“以敏锐的感受及高超的叙事技巧，表现了日本人的内心精华”而获得诺贝尔文学奖。

印度诗人泰戈尔（Tagore）被誉为“歌手与哲人”。他既是作品浩繁的文学艺术大师，也是学识渊博的哲人。他一生所有的贡献，不但在印度历史上具有划时代的意义，而且在国际上也产生了巨大的影响。其中《吉檀迦利》最负盛名，原意为献给神的诗，这首诗歌体现了泰戈尔的哲学思想，他把那无所不在，无所不包的超自然的力量，也是住在宇宙万物的威严当做“神”。泰戈尔的思想受到印度几千年以来的宗教思想的影响至深，他的作品也将思考宗教、哲理问题定为重要的主题。1913年，泰戈尔被瑞典皇家文学院授予该年度诺贝尔文学奖。他是亚洲第一位获此殊荣的作家。

此外，拉美国家的作家也展现了他们独特的魅力。自从1971年智利诗人巴勃罗·聂鲁达(Pablo Neruda)凭借《二十首情诗和一支绝望的歌》获得诺贝尔文学奖以来,人们增加了对拉美文学的关注。另外一位震惊世界文坛的小说家,是哥伦比亚小说家加西亚·马尔克斯(Garcia Marquez)。他的长篇巨著《百年孤独》无论是小说的布局、情节的安排,写作的独创性和语言上的运用都独具匠心,尤其是他独特的表现方式,自成一派,形成"变现实为幻想而不失其真"的魔幻现实主义原则。他通过荒谬怪诞的写法创作的整个南美大陆的神话般的历史为他赢得了1982年诺贝尔文学奖。

五 世界音乐与美术的辉煌

19世纪的世界音乐继承了古典主义音乐的传统,开始出现浪漫主义音乐,晚期还出现了民族主义音乐。德国、法国和俄罗斯的音乐乘着民族主义崛起的风潮,成为世界音乐的中心,从20世纪开始,就涌现出不少伟大的作曲家,创作了许多不朽的作品。而且新的音乐类型层出不穷,从形式到内容都发生了很大变化,雅俗共赏的音乐类型也为了适应中下层民众的需要而迅速发展,第二、三次科技革命发生以后,对音乐界的影响也是显著的,许多音乐的编排和制作开始利用现代科技手段。

(一)二十世纪世界音乐的主要思潮及其代表人物

20世纪的西方音乐又出现了新的流派,包括印象主义、表现主义、十二音音乐和新古典主义音乐等等。印象主义以技巧精湛,刻画内心细致入微的德彪西和拉威尔为代表。法国人德彪西(Debussy,1862—1918)是印象主义音乐的创始人,他爱好绘画和诗歌艺术,作品深受象征派诗人马拉美、魏伦等人的影响,加入了东方音乐、西班牙舞曲和爵士乐的元素。他的作品主要以自然景物为题材,其中《阿拉伯斯克》、《贝加摩组曲》、《版画》等都是他的代表作,后期受到残酷的第一次世界大战的影响,风格有所转向,表达了对遭受灾难之苦的人民的同情之感。同是法国人的拉威尔(Ravel,1875—1937)从小接受音乐的熏陶,在成长的过程中受德彪西等人的影响,但与德彪西喜爱模糊的色彩性不同的是,他追求鲜明的色彩和节奏,并加入民间舞曲的节奏。其中的舞剧配乐——《波莱罗》就是他最成功的代表作,此外还有芭蕾舞剧《鹅妈妈》,小提琴曲《茨冈》等等。这一时期著名的音乐家还包括奥地利作曲家勋伯格(Schoenberg,1874—1951),他是十二音音乐的创始人，在早前的音乐训练和创作过程中受到浪漫主义、表现主义的影响。新古典主义和序列音乐的代表美籍俄国作曲家斯特拉文斯基，他擅长芭蕾舞剧，其《春之祭》就是典型代表。

20 世纪现代社会多元化的倾向越发明显，音乐文化也没有例外，这一时期音乐文化的发展有赖于大众文化的发达，大众音乐在社会底层深受热爱，随着科技的发展，唱片制作、电视和无线电广播等新的媒体平台的出现，大众音乐开始大量进入人们的视野。20 世纪也是各国大力兴办现代教育的时代，教育科目不再局限于神学，而是向各种实用科学和美学方面发展，人们的欣赏趣味大为提升，而且不再局限于遵循传统的音乐中心——西欧的传统风格和技法，转向发掘符合本民族和本阶层美学标准的音乐元素，结合新的技术手段，形成诸多的风格迥异的音乐流派，如说唱、雷鬼和朋克风格。

进入 20 世纪，最瞩目的两种流行音乐类型是爵士乐和摇滚乐，并以其通俗性、大众性很快风靡全世界。爵士乐起源于美国的新奥尔良，是黑人文化与欧洲白人文化的结合，其中保存了大量的非洲特色，是集体创作的成果。在美国的新奥尔良崛起的时候，它吸取了美国乡村音乐中的一些特点，如用鼻音演唱、旋律性强和节奏动荡等，此外还有来自法国的、西班牙的、爱尔兰的音乐类型也在和非洲音乐的撞击过程中擦出了新的火花，这也是新奥尔良的爵士乐成为世界爵士乐的发源地的原因所在。之后爵士乐还吸收了现代科技的先进成果，以小号和萨克斯管为中心，表演以即兴为主。

摇滚乐来源于教堂音乐，在美国南方的乡村教堂，黑人们组成小型合唱团高唱福音歌曲是很常见的现象。这种音乐类型被两个白人（John Lomax 和 Alan Lomax）注意到并发挥成风靡欧美乃至整个世界的音乐类型——摇滚乐。因此，摇滚乐在一定程度上与爵士乐有渊源关系，但又不尽相同。在向摇滚乐过渡的过程中，布鲁斯摇滚音乐随着黑人进入城市，便成为广受欢迎的音乐类型而流行，金（B. B. King）和瓦特尔斯（Muddy Waters）成为布鲁斯音乐最著名的歌手，他们的作品曾进入流行歌的排行榜。50—60 年代初期，摇滚乐才成长起来。摇滚乐乐队人数少，一般只有四五个人，以电吉他为中心。重音放在弱拍上，产生一种摇晃、滚动的感觉。早期的代表有美国比尔·哈利（Bill Haley）和“猫王”普雷斯利（Presley），鼎盛时期的代表是英国的“甲壳虫乐队”（the Beatles），至此，大众音乐文化形式发展到顶峰。20 世纪下半叶，人们将电子技术应用到音乐艺术之中，电子音乐产生了。法国巴黎、意大利米兰等地是电子音乐的中心。

（二）世界美术的主要流派及其代表人物

最早将“现实主义”运用于绘画中的是法国画家库尔贝（Gustave Courbet，1819—1877）。他受到他最欣赏的西班牙画家维拉斯贵支的影响，临摹了后者不少画作。库尔贝本人曾参加1848年的革命运动，因此反传统的倾向十分明显，他反对浮夸虚假的官方艺术，强调艺术创作的真实性。最具代表性的作品是1847年创作的《抽烟斗的人》，真实地反映了底层人民的生活。批判现实主义的另一个著名画家是俄罗斯画家列宾（Repin，1844—1930），他很多作品都是风俗画和历史画，包括《伏尔加河纤夫》、《不期而至》和《1581年11月16日恐怖的伊凡和他的儿子》，他以敏感准确的笔触深刻地描绘了当时独特的社会背景，鞭笞了沙皇专制独裁制度，他刻画的人物富有个性。

印象派是画家们借助17世纪下半叶以来的近代物理学和化学的成果以及光学和色彩学的发展，创造出来的一种新的绘画流派。印象派在法国的兴起并不顺利，1847年一群不屑于在官方沙龙展览的画家自己举办了画展，当时成为巴黎民众的笑柄，尤其是莫奈（Monet，1840—1926）所作的《日出印象》。“印象派”由此得名，但在当时是巴黎民众挖苦这些画家的用语。这些作品反映出印象派对当时学院派的保守思想和表现手法不屑一顾，另辟蹊径地主张大胆运用色彩去再现自然界的瞬间印象，对绘画技法的影响是革命性的。一开始，印象派的画作并不受欢迎，两次画展都无人赏识，直到19世纪80年代才在欧美备受关注。莫奈并非孤身作战，同时代的毕沙罗（Pissarro）和雷诺阿（Renoir）都是他的亲密战友。后来兴起的后印象派，与印象派是承前启后的关系，代表画家代表人物有塞尚（Paul Cezanne，1839—1906）、高更（Paul Gauguin，1848—1903）及梵·高（Vincent Van Gogh，1853—1890）等。“后印象派”不是一个真正的流派或者主义，他们不仅有着不同的风格，而且他们的相同之处也不过是在他们的笔和画布的摩擦刹那间都流露出“表现”而已，不同之处是“后印象派”受科学技术的禁锢明显减弱，画家开始表达自身的内在感受，达到了“触景生情”的境界。①。

在西方现代艺术中，立体主义也是一个重要的画派。立体派画家塑造

① 金斌、刘佳丽：《“光色”孕育下的艺术特征之流变——从印象主义到后印象派》，《南华大学学报》2010年第5期。

的几何化倾向，跟现实主义相反的是，这一画派带有很大的抽象性。他们又进一步运用现代的光影知识，摒弃三维空间透视，创造一种多维的透视观。画家尽量不破坏画面的平面性、不模仿客观物象表面的情况下，同时描绘出一个物象的几个方面，就像我们从不同的视点去看一个物象一样，从而创造出一种能界定量感与其间关系的绘画语言[①]。代表画家有毕加索(Picasso)、布拉克(Braque)等。巴勃罗·毕加索出生在西班牙，一生不断尝试新的艺术手法，但善于在保持个性之余又结合新的艺术流派。《亚维农的少女》和《斗牛士或斗牛迷》都是立体主义的作品，画作上没有直接表现主题，而是将画作中的人物、风景或静物分解了，用各种几何图案拼接起来的。他是立体主义最著名的代表，他的画作也是当今画坛最珍贵的作品。

六　深入探究指引

好莱坞电影的全球扩张：不管我们愿不愿意承认，近几十年来，没有哪一个国家的电影能够和美国的好莱坞电影相抗衡。好莱坞依靠其雄厚的资金，先进的技术和完全商业化的电影运作，在世界电影市场上雄霸天下。时至今日，这种局面非但没有改变，而且随着全球化趋势的加深，好莱坞日渐扩大着其对世界电影的渗透和控制。根据一份好莱坞的市场报告，1999 年一年之内，好莱坞的电影作品已经在世界上 112 个国家和地区公开放映。“让好莱坞的电影占领全世界。”这就是好莱坞的口号。正由于此，好莱坞在鼓吹“全球化”这一事业当中，可谓不遗余力。

在好莱坞向外国推销电影的历史上，美国政府可以说从来都扮演着护卫和先锋的角色。早在 1922 年，美国电影制片厂就建立了一个贸易协会，即“美国电影制作和发行协会”。该协会与美国政府合作，争取美国电影在海外的利益。第二次世界大战以后，美国又成立了“美国电影输出协会”(Motion Picture Export Association of America，简称 MPEAA)，专门处理好莱坞电影的对外贸易。可以看到，很久以来，好莱坞就在积极利用美国政府的政治力量来扩大自己的生存空间。好莱坞与美国国务院和其他政府机构的关系，远远超过了一般的商业和进出口谈判等关系。美国在国外的各种政府机构还专门收集各国的电影市场情报，撰写大量的调查分析报告。

---

① 常凤霞：《对毕加索“立体主义”绘画的思索》，《大众文艺》2009 年第 23 期。

特别是冷战结束后，在国际社会努力构建国际政治经济新秩序和国际信息新秩序的过程中，美国试图将电影纳入其单极化的总体构想中。在美国电影协会的游说下，美国国会和商务部将电影议题纳入了与其他国家的世界贸易组织谈判当中。为了给好莱坞电影的市场准入创造条件，美国政府甚至采用政治和贸易手段来扩展美国电影的海外市场。

资本策略一直是好莱坞文化扩张的重要策略。自 20 世纪 80 年代开始，传统好莱坞的大公司都不同程度地进行了产业的调整和组合，形成了规模更大的产业集团，从而也就形成了具有跨国经济实力的“资本巨兽”。如 2000 年年底，美国联邦贸易委员会决定，批准美国在线与时代华纳涉及金额达 1 100 亿美元的合并计划。正是借助于这种大规模的优化组合，好莱坞电影扩大了资本的积聚和集中，从而也为它转而推行资本全球化策略提供了物质保障。为了获得巨大的海外市场份额，好莱坞针对不同的国家和地区，采取了两种不同的资本策略。一是，直接对海外的电影制片业、制片公司和院线进行投资，甚至直接拥有其他国家制片公司的股份。如，迪斯尼子公司便拥有德国、法国、西班牙的一些制作公司的股份；福克斯公司和派拉蒙还加强了他们以伦敦为基地的欧洲制片业务。二是，采取合作拍片的方式。尽管好莱坞与欧洲国家在很早就有合作拍片的历史，但在以前，好莱坞基本上是以合作为幌子，目的是为了获得影片的发行权。随着国际金融资本流通的实现以及海外市场地位的日益突出，好莱坞越来越倾向于选择合作拍片的方式来进行资本输出。这样做不但可以分散风险，充分利用他国的外景、文化、人力等在内的丰富的资源，还可以充分利用国际间的税收差别从而减少成本。如今，英国、法国、意大利、俄罗斯、印度和东南亚等国家，都成为了好莱坞重要的“外景地”。

好莱坞堪称世界上最大的“造星公司”，在好莱坞电影史上写满了一个个耀眼的明星，由美国而及世界，他们以自己的魅力呈现着令人向往的“好莱坞之梦”。“明星制”历来是好莱坞商业运作的法宝，因为明星就代表着票房。鉴于全球市场的考虑，如今好莱坞的电影明星不再限于美国一地，而且转移到了海外。哪里有市场，好莱坞就会为哪里“创造”适合当地市场的“明星”。于是，一个个来自异域的电影演员，在好莱坞的包装下，迅速成长为“明星”或“巨星”。如桑德拉·希洛克精通德语，很受德语市场的观众和媒体的青睐；佩妮洛普·克鲁兹接拍的美国电影越来越多，因为她在西班牙语系国家中有很大的号召力;来自于澳洲的拉塞尔·克洛则借助于《角斗士》的出色表演而成为澳洲人心目中的英雄。而华人电影明星李连杰、成龙、杨紫琼、周润发等加盟好莱坞,则为其带来了更广阔的华人电影市场。

与电影明星们的好莱坞之路相似,来自世界各地的电影制作精英们为好莱坞的繁荣贡献出了智慧和才华。好莱坞以其巨大的号召力和强烈的吸引力,不断从世界各国网罗着电影人才。从法国导演莱昂斯·彼雷、斯尼埃、让·雷诺阿到卓别林、约翰·福特、希区柯克等,他们的加入,使得好莱坞成为名副其实的"电影王国"。近年来,为好莱坞创造了多个票房冠军的华人导演,不但为好莱坞电影进军华语世界打下了基础,而且成为好莱坞继续称霸的中坚。如1999年,凭借《黑客帝国》打响了好莱坞知名度的香港武术指导袁和平,此后相继担任了《霹雳娇娃》和《杀了比尔》的武打设计。为了吸引更多有才华的电影创作人员,好莱坞宁愿放下美国式的"傲慢与偏见",为世界各地的电影精英们提供各种优惠条件。对此,香港著名导演吴宇森曾说道:"在好莱坞有一个好处,只要你曾经拍过一部卖座的电影,奠定了基础之后,他们就会永远记得你。如果你以后拍几部片子都不卖座,仍然有机会再开始拍影片。而在香港,你拍一部电影让老板赔了钱,绝对不会有第二个片商来找你拍片。"

好莱坞一直是美国文化的一个重要标志,也是传播美国文化的一个基地。几十年来,好莱坞电影将美国的意识形态、生活方式等输往世界各地。美国政府甚至将好莱坞电影在传播美国文化方面的作用比喻为"铁盒大使"。

第三节　近现代社会生活习俗的变迁

衣食住行反映了一个国家的社会生活,而社会生活方式的形态又是与特定阶段的社会生产力发展程度紧密联系在一起的。与近代波澜起伏的政治风波相对的是,中国的社会生活的进展较为平和,人们的衣食住行方式没有出现重大的变化。不过,随着西方资本主义的兴起和发展,中国从鸦片战争以后便被强行纳入到世界资本主义体系当中。在这一过程中,西方人的社会生活方式逐渐传入中国,并对中国人的衣食住行产生广泛而又深远的影响。对于这一现象,我们可以称之为"西风东渐"。

一 “西风”熏陶下的中国近代社会

(一)服饰风格的变化

服饰是反映社会生活的镜子,不同的服饰用来标志社会上一个人的不同年龄和不同的社会角色。尤其是在等级森严的社会里,服饰成为识别不同社会成员的社会地位、角色和等级的重要手段,由此统治阶级为了固定等级的划分,对服饰的色彩、样式等予以规定,以区别社会内部的上下尊卑等级。

在清代,朝廷中不同等级的官员所穿的官服,其绣饰以及所戴的顶戴饰品均不相同。至于民间,上流社会的汉族男子,其着装逐渐趋于满化,而女装则依旧保持明代的传统。总体而言,普通老百姓的穿着,不论男女老少,都是简单地上衣下裤,或上衣下裙。从他们的穿着上,可以清楚地分辨出他们的社会身份。

随着外来列强的叩关而入,清朝末年的中国社会处于风雨飘摇之中。在这一情况下,统治者已无力对服饰作出严格的限制,且由于西方思潮的影响,中国人的服饰格局逐渐发生较大的变化。最早接受西式服装的,也是最早接受西方文化的地区和人,是广东沿海地区以及开放口岸的一些买办和经常同洋人有生意往来的商人,他们开始突破传统服饰的限制最早模仿洋人们的穿着进行打扮。

应该说,一直到 19 世纪 90 年代以前,西式服装还是少数人青睐的款式,仅有常与洋人打交道的买办们和崇洋媚外的中国人喜爱。但是到了 19 世纪 90 年代中期,随着西方民主思想的日益深入人心以及西方生活方式在中国日益获取的认同度,一股剪辫易服的呼声愈发高涨,尤其是得到了当时德高望重的学者的号召。如康有为在他的奏书中提到:“今则万国交通,一切趋于尚同。而吾以一国,衣服独异,则情谊不亲,邦交不结矣……且夫立国之得失,在乎治法,在乎人心,成不在乎服制矣。”[①]到 20 世纪初,西式服装开始广为流行;最先效仿西方进行改革的学校最先接受了西式服装,一些大城市的学生制服日益西洋化,而且一些偏远的地方也受到这股“西风”的

① 康有为:《请断发易服元折》,载于《中国近代史资料丛刊·戊戌变法》,神州国光社 1953 年版,第 263—264 页。

影响。

在近代，女式服装的西化得比较早。女士服饰西化尤以在鸦片战争前后接触西洋事物较多的江南各省为最，当时的时髦女性以花边丝镂之类的服装为主。1859年，刚到香港的一位英国人被街上的情景震惊了，当时很多中国姑娘脚上穿着一双欧式鞋，头上包着鲜艳的曼彻斯特式头巾，社会上有传统保守势力不齿这种装扮的妇女，认为此举有辱风化，“袒胸露臂，裤不及膝，长筒袜……”，而且近代江南妇女的服饰也不中不西，介于两者之间，受过西洋文化熏陶的人会认为时髦，但在保守派眼中则视之为妖孽。而且敢于穿着如此标新立异的服装的妇女多为妓女，更加深了保守派势力对穿此类服饰的妇女的仇视。

到了19世纪80、90年代，上海开始流行显示人体美的女性时装，而北京街头也呈现出青年女学生“赤胸露臂，短袖青衣，云鬟高垂，皮鞋耸底”的风景。有意思的是，不仅民间显现出着装上的新气象，就连壁垒森严的皇宫也出现着装上的松动。如，光绪二十九年(1903)，当清政府驻法国公使裕庚卸任回国接受慈禧太后的召见时，他携带的夫人以及两个女儿均穿着西式服装。当裕庚的这两个女儿后来成为慈禧的御前女官时，她们凡遇到外事活动，总是身着洋装，随侍在慈禧左右。由此可见，当时人对西式服装的接受力大为提高。在社会上，李伯元的小说《文明小史》中就有这样的记载：(一位学堂出身的少奶奶)穿双外国皮靴，套件外国呢子的对襟褂子，一条油松的辫子拖在背后，男不男，女不女的。[①]

随着西方列强在中国侵略逐渐加深，西洋服饰在中国也得到了越来越多人的喜爱，不仅作为外套的西服日渐在城市居民当中流行，而且一些附件如洋式衬衫、绒衣、针织衫、纱袜、胶鞋和皮鞋等，也逐渐被国民接受，由此人们服饰的西化程度不断提高。

(二)饮食的变化

相较于服饰西化的程度，中国的饮食文化尽管出现一定程度的西化倾向，但没有出现根本性的转变。这很大程度上可以归因于中国人饮食结构因历史悠久而相对“固化”。中国人的传统饮食习俗，用《黄帝内经》上的话

① 吕美颐：《中国近代女子服饰的变迁》，《史学月刊》1994年第6期。

来说就是“五谷为养，五果为助，五畜为益，五菜为充”。几千年来，大部分中国人都保持着这一饮食习惯。而西方人主要以面包、肉类和奶类为主食，这大大不同于中国人的饮食结构，从体质上而言，国人与西人的消化系统也有差异。

鸦片战争后，随着西方列强对中国侵略的日益加深，西方的饮食文化也一同传入中国。当时一些被中国人称为“番菜馆”的西餐馆，陆续在广州、上海、北京、天津等通商口岸出现。最初，番菜馆的服务对象主要是侨居中国的外国人。到19世纪70、80年代以后，普通中国人也陆续前往“番菜馆”尝试。

由于中西方饮食习惯的差异，再加上西餐很容易让人联想到西方列强在中国的暴行，西餐起初并未赢得中国人的多少好感，就连同文馆译员张德彝第一次品尝到西餐时，都进行了负面的评价：“盖英国饭馔，与中国迥异，味非素嗜，食难下咽，甜辣苦酸，调合成馔，牛羊肉皆切成大块，熟者黑而焦，生者腥而硬。鸡鸭不煮而烤，鱼虾味辣且酸，一嗅即吐。”由此可见，在当时一些中国人看来，“夷人”的野蛮本性依旧，吃的东西跟野蛮人吃的并无二致，国人如果吃西餐无异于“茹毛饮血”，那是万万不可的。不过与此同时，仍有一些对西洋文化心存好感，对西餐怀着好奇心的中国人，（这些人大多是青年人），愿意去品尝西餐。到后来，出现一种“裙屐少年，往往异味争尝，津津乐道”的场景。

“向日请客，大都同丰堂、会贤堂，皆中式菜馆。今则必六国饭店、德昌饭店、长安饭店，皆西式大餐矣。”[①]这些西式餐厅的经营方式多种多样，有外国人经营，如现在上海久负盛名的红房子西菜馆的前身，意大利人路易·路迈于1935年开设的西乐迈西菜馆；也有在西人经营的餐厅做厨师后脱离出来独立经营的，如北京外交部街墨蝶林西餐馆，菜的品种与烹调技法，都是西洋“嫡传”[②]。但因为中西方饮食习惯的巨大差异，西餐只算是琳琅满目的中国菜的“佐料”而已，消费得起的国民大都为了换换口味而去就餐。民国时期出现的西餐时尚也只能昙花一现而已。

---

① 胡朴安：《中华全国风俗志》下篇卷I《京兆》，上海书局影印本1986年版，第2页。

② 北京市政协文史资料文员会选编：《北京文史资料精华·商海沉浮》，北京出版社2000年版，第7—8页。

（三）建筑风格的变化

19世纪末以来，人们的居住风俗除南北农村基本沿袭旧制以外，在通商口岸为代表的与西方接触频繁的大城市或近旁的小镇，民居建筑无论在用材还是在建筑风格方面，受到西式建筑影响十分显著。

首先，在以上海为首的西方殖民势力较强的大城市，其租界范围内供社会上层人士居住的花园洋房、西式公寓数量众多，连中下层人士居住的弄堂房子也日趋西洋化。“以钢铁为骨干，以水泥为材料……以科学之精神，运美术之思想，迎合社会之心理，故能峥嵘璀璨，式壮观瞻”[①]。这类建筑的特点是厚实的砖石墙，半圆形拱券，逐层挑出的门框装饰和交叉拱顶结构，或者是修长的立柱及彩色玻璃花窗搭配而成的哥特式建筑。花园住宅首先在上海、青岛、汉口、广州等现代化大都市大行其道，其后开始在名山大川、避暑胜地大量修建。住宅的样式可以根据业主的口味来设计，从当时留下的建筑样式来看，英国乡村别墅最受欢迎，其次还有西班牙风格、法国式、德国式等。

西方的影响对建筑的影响越来越深。到了20世纪30年代以后，高层公寓开始在各大城市兴起，这种集体式住宅，每栋每层都有多个单元、多家住户，是将欧式花园住宅向空中发展的现代居住样式。公寓的设施完善，除电梯外还有暖气、煤气、热水设备和垃圾管道，有的还在厨房配了电冰箱。西式弄堂则以中国传统低层院落式住宅为基础，结合西洋建筑改造而成的。这种西洋弄堂由传统的“合院式”变为“联立式”。但是需要指出的是，大部分的建筑造价昂贵，只是上流社会的富商和高官们附庸风雅的玩物，对普通民众而言可望而不可即的。

二　交通、传媒与通讯发展下的民生

（一）水运的发展

近现代中国交通运输经历了较大的变革，由传统的“南船北马”方式转变为以水运（轮船为主）、铁路运输、公路运输、空运和邮电通讯等为主的近代方式。

---

① 《民国上海县志》，民国二十五年（1936）铅印本。

西洋船只由于第一次工业革命蒸汽机的发明和运用比中国的船只更为有效和快速。19 世纪中叶，外资轮船航运业涉入中国，使得中国沙船业迅速衰落，洋船有垄断中国沿海和长江航运之势，漕粮北运由此成为亟待解决的问题。为了能与西洋船只竞争，1872 年 11 月，以李鸿章为首的一些洋务官僚在上海成立了轮船招商局。该局采取官督商办的组织形式，相继开辟沿海航线、长江航线以及行驶日本和东南亚的远洋航线，以此盈利。1877 年，轮船招商局收购美商旗昌轮船公司以后，实力大增。至此，近代的船运业大多为官营资本。甲午战争后，具有爱国热情的商人也开始投资航运业，民族资本的轮船业有了较大发展，船只也根据现代科技成果进行了改良，轮船和拖驳船代替木帆船。到 1911 年，全国大约有 600 个大小不等的轮船企业，资本约为 2 000 余万元，各种轮船 1 100 只，总吨位 14.7 万吨。中华民国成立以后，华商航运业取得进一步的发展。不过，作为当时中国最大的航运企业的轮船招商局内部管理混乱，积弊已深，最终宣布破产。1930 年，国民党政府将轮船招商局收归国有，委任火柴大王刘鸿生为总经理实行改革，经营状况得到一定的改善。但仍无法与当时经济实力强劲的西方轮船公司竞争。

（二）铁路的修筑

铁路是近代工业文明的产物，铁路的修筑，反过来又促进了工业文明的发展。尽管中国铁路的诞生比西方晚了半个多世纪，且发展极其缓慢，不过自从 1881 年中国第一条铁路唐胥线建成通车以后，铁路便在中国蔓延开来，中国的铁路时代来临。1903 年清政府又颁布《铁路简明章程》开放中国铁路修筑权，由此，掀起了中国铁路建设的高潮。到 1949 年，中国铁路总长度达 26 900 多公里。

中国未有铁路之前，客货运输依靠水运和人力、畜力运输，并形成传统的运道和基本货流趋向，但货运输送拖沓，且附加费用高昂。有了铁路之后，由于铁路运输量大、速度快、昼夜皆可运行，很少受气候影响，运价较低，由于铁路运输对传统运力、运道产生巨大的冲击，形成新的货流趋向。

东北地区未修铁路之前，交通路线主要是水路，辽河、松花江为主要运输通道，与地区外的交往主要通过辽河出海口营口与关内联系。陆路运道有 3 条，呈南北向分布。东北修筑铁路较早，1898 年俄国人开始修筑东清铁路和南满支路，两路呈丁字形格局分布，辐射全东北。以这两条线为基础，新修了许多铁路。到1931年九一八事变前，铁路线已超过1万多公里。既有南北线贯穿辽河平原、嫩江平原、北达克山、海伦，南通旅顺、大连、营口各港口和关内，又有东西线，沟通东西两端，并延伸到俄罗斯和朝鲜。由旅顺口经南满路、中东路可接俄罗斯的西伯利亚铁路，一直通往彼得堡，再转到西欧。总体而言，东北地区形成了较完整的铁路运输网络，不仅加强了地区内部的联系，也加强了与国外的交往和联系。[①]

长江以北、长城以南的广大地区，在未修铁路以前，交通运输主要靠水运和人力、畜力的陆运。这一地区先后修建了京奉（后改称为北宁）关内段、京汉（后改称为平汉）、胶济、道清、正太、京绥（后改称为平绥）、陇海、津浦、淮南、同蒲等铁路，这些铁路线既可南达长江口岸与江南联系，北通长城脚下与东北铁路连接，东到青岛、连云港、天津和秦皇岛等港口与海外交往，西至宝鸡、天水和包头可与大西北联络。铁路辐射之处，将我国的原材料产区与通商口岸直接或间接地连在一起了。过去西北羊毛出口要花几天至几十天时间，从各路集中到归化（今呼和浩特）或张家口，然后运至通州，再水运至天津。铁路由天津向西逐渐延伸以后，西北各路的皮毛、药材等大宗土产用骆驼等运至最近的火车站即可，这使过去驼运紧张的状况得以缓解。[②]

江南地区向来以内河航运为主，修建铁路之后，铁路运输吸收了大量水路运输业务，并促使传统的货流改道。如自从沪宁、沪杭线通车后，与沪宁线平行的江河水运价值大跌，进出苏州地区和杭嘉湖一带的货物，大多改用铁路运输。粤汉路贯通后，广东方面与华北、华东的交通运输不再经由江西的传统通道，而改由粤汉线或海上运输。向来以汉口为输出入港的湖北、湖南和江西3省，输出输入货物也大都改道，经粤汉线由广州出口或进口了。浙赣线的通车，既方便了广东、湖南与华东的联系，也加强了江西与华东、华中、华南地区的联系，改变了货运经赣江进出九江的运道。西南地区滇越线

① 可参见刘姝：《东北铁路学校对东北区域文化变迁的影响研究（1891—1945年）》，黑龙江大学硕士论文，2010年。

② 陈争平：《近代中国铁路建设对北方市场的影响》，《浙江学刊》2010年第3期。

通车后，滇越间红河水运也随之衰落了[①]。

（三）报刊业的发展

近代半殖民地半封建社会的中国报刊业的诞生一定程度上依赖西方文化的输入和影响。当时外国人在华创办报刊，虽然有宗教、商业甚至政治上的原因，但客观上对近代中国报刊业的兴起与发展都有促进作用。外报在华的出版印刷，不仅将言论、出版自由等近代报刊观念传入了中国，而且还将近代印刷设备和印刷技术引进中国，为中国人自己筹办中文报纸提供了物质条件。

中国第一家近代报刊是英国传教士马礼逊于 1815 年主持创办的《察世俗每月统计传》；1823 年英国传教士麦都思又创办《特选撮要每月统记传》，1828 年创办《天下新闻》，无论编辑要旨或辑印内容都相差无几。只是由于当时清政府对传教的限制，刊印颇费周折，不得不转到境外印刷，再由商船沿中国海岸发行。第一份在中国境内出版的中文报纸是 1833 年普鲁士传教士郭实猎在广州创办的《东西洋考每月统计传》，之后《遐迩贯珍》、《中外新报》、《六合丛谈》、《中外杂志》、《香港新闻》、《中外新闻七日录》、《万国公报》、《中西闻见录》等报纸相继刊行，这些报纸都是外国人主办的，主要以外国人的角度看待中国实事，而且许多报纸的创始人为传教士，因此又有很多内容和宗教有关。第一份由中国人主办的报纸首推 1858 年伍廷芳在香港创办的《中外新报》。之后，在上海、北京、天津、广州及其他城市都有大量报刊印刷发行。新办报刊由于编辑内容上比早期报刊有所突破，敢于就政事发表意见，在民众中的影响逐渐加重。比如一些由资产阶级维新派创办的报纸，包括《中外纪闻》、《国闻报》、《时务报》等在当时广受好评，刊印量和销售量均不俗。

1905 年在孙中山的领导下，中国革命同盟会在日本东京成立，提出了具有民主革命性质的纲领，同时创办了同盟会的中央机关报《民报》。同盟会成立不久，革命派与改良派之间就分别以《民报》和《新民丛报》为阵地展开思想论战。在报纸上展开论战、表达论点、发表论纲的做法在中国政界普及开去。此后在革命热潮感染的中华大地上，革命派的报纸到处开花。在上

① 可参考马陵合：《江南铁路与近代长三角地区商贸格局的变动》，《近代中国》第二十辑，2011 年 11 月。

海，有《国粹学报》、《竞业旬报》、《中国女报》、《神州女报》、《神州日报》、《民呼日报》、《民立报》、《锐进学报》等；在广州，有《群报》、《珠江镜报》、《国民报》、《广东白话报》、《岭南白话杂志》、《平民日报》、《可报》、《南越报》等；在武昌、汉口，有《楚报》、《雄风报》、《武昌白话报》、《鄂报》、《商务日报》、《大江报》、《政学日报》等；在津京地区，有《帝国日报》、《国风报》、《国光新闻》三个公开的同盟会机关报。可以说，近代以来中国发生的一波接一波的革命运动与报刊业的兴衰有着莫大的联系，革命运动以报刊为载体在有识之士心中引起共鸣，并激励他们参与到革命当中去。19 世纪中至 20 世纪初出现的报纸是这一时期资产阶级政治改良运动和革命活动的重要阵地。在革命运动最高潮的时期，也是近代报纸最发达最繁荣的阶段。

(四)通讯的发展

电报作为近代科技发展的产物，早在咸丰初年就已传入中国，只是当时并未引起社会的注意。后来，在列强要求铺设电线以发展电报业的刺激下，1881 年，在李鸿章主持下，中国正式开办了从天津到上海的电报线路，开始办理公众电报业务，这是中国自办的第一家电报企业。到 20 世纪初，公众电报业务已在全国大多数主要城市开通。[①]

中国的无线电台建设是从军用开始的，主要用于海军舰艇之间以及舰艇和岸上之间的通讯联络。1912 到 1915 年间，政府陆续在北京、武昌、广州等地成立无线电局。1924 年，在张学良的支持下，沈阳还建立起国际无线电台，可与欧美直接通讯。

中国最早的电话业务由外国公司创办，而中国自办电话始于 1900 年。1904 年，电报局开始经营电话业务，并先后在全国各大城市装设了市内电话。随后，长途电话事业得到发展。

三 深入探究指引

走向世界的孔子学院：随着中国经济的快速发展和国际地位的不断提高，全球“汉语热”方兴未艾。从 2004 年开始，中国政府审时度势，开始在海外设立孔子学院（Confucius Institute，又称“孔子学堂”）。孔子学院并非一

---

① 对于电报这一新生事物，李鸿章曾惊叹道：“洵属奇捷，神奇可诧！”参见牛贯杰：《电报在近代中国的命运》，《寻根》2003 年第 5 期。

般意义上的大学，而是一个非营利性的教育和文化交流的社会公益机构，目的是推广汉语和传播中国文化和国学，一般下设在国外的大学和研究院之类的教育机构。自 2004 年 11 月 21 日全球第一所“孔子学院”在韩国首尔挂牌，截止到 2011 年 8 月，全球已建立 338 所孔子学院和 276 个孔子课堂，共计 614 所，分布在 94 个国家或地区。孔子学院设在 90 国共 338 所，其中，亚洲 30 国 93 所，非洲 16 国 24 所，欧洲 31 国 106 所，美洲 11 国 103 所，大洋洲 2 国 12 所。孔子课堂设在 28 国共 276 个，其中，亚洲 10 国 27 个，非洲 4 国 4 个，欧洲 7 国 38 个，美洲 6 国 205 个，大洋洲 1 国 2 个。目前，仍有 50 多个国家的近 300 所机构提出开办申请。差不多不到 4 天世界上就会多 1 所孔子学院或孔子课堂。

孔子学院主要开展汉语教学和中外文化等方面的交流与合作，主要提供的服务包括：开展汉语教学；培训汉语教师，提供汉语教学资源；开展汉语考试和汉语教师资格认证；提供中国教育、文化等信息咨询；开展中外语言文化交流活动等。经过几年的发展，遍布于海外的孔子学院已成为各国人民学习中国语言、了解中国文化的一个重要窗口。作为汉语教育推广、中国文化和国学传播的最前沿、最方便的平台，孔子学院最重要的任务是，介绍中国文化和历史。世界各地的孔子学院利用自身的优势，开展丰富多彩的教学和文化活动，逐步形成了各具特色的办学模式，成为各国学习汉语言文化、了解当代中国的重要场所，受到当地社会各界的热烈欢迎。在已开设的孔子学院中，亚洲、欧洲和美洲是孔子学院分布最密集的地区。

在亚洲，学习汉语的热潮可以用“喷涌”来形容，其中以泰国、日本和韩国开办的孔子学院数量和招生规模最大。泰国孔子学院的发展是近年来孔子学院项目的一大亮点，发展规模和速度都是快速上升的趋势。

早在 19 世纪 50 年代以前，泰国政府对全国的华校进行严厉管制，直到 1992 年，泰国内阁会议正式通过教育部呈请放宽华文教育政策的提案，泰国教育部才开始放宽汉语教学的种种限制。2006 年泰国《促进汉语教学，增强国家竞争力的战略规划》国策出台后，2007 年泰国公主诗琳通亲身参与支持汉语教学，掀起了泰国上下学习汉语的热潮。自 2006 年 8 月泰国第一家孔子学院孔敬大学孔子学院正式揭牌成立以来，孔子学院如雨后春笋般在泰国中部、北部、南部和东北部生根发芽，目前泰国“开设汉语课程的国立学校达到 500 多所，学习汉语的学生人数超过 20 万人”。孔子学院成为师资资格培训基地、汉语教学中心、文化交流窗口和中泰友谊摇篮。由于泰国华人众多，加之中泰两国经贸往来频繁，因此泰国人把学习汉语当做求职的重要工具，学习者覆盖小学、中学、大学和硕士阶段，甚至泰国朱拉隆功大学孔子学院将汉语培训班开进了泰国王宫，王宫各部门的负责人都成为孔子学院的学员，足见泰国人对汉语学习的热情。

目前，日本与中国的贸易额已经超过日本与美国的贸易额，有 3 万多家日本企业在中国投资。随着经济贸易的增长，文化交流也随之提升。日本国内学习汉语的人数多达 200 万左右，汉语成为仅次于英语的第二大外语。日本人对汉语的认知度和学习能力都非常强，日本孔子学院不仅教授汉语，而且在中日文化交流、中国文化的深入研究上都做了积极探索。正是由于占有广大的市场，日本设立的 18 所孔子学院，也都根据自身优势和当地环境，在经济、商业和贸易上的汉语培训独树一帜，开展了丰富多彩的教学和文化活动，吸引了不同年龄、不同背景的学员。立命馆大学孔子学院不仅开设面向社会的一般汉语讲座，而且注重举办一些高层次的讲座，介绍中国的文化和经济，除此之外，还开设"旅游中文"入门及中级汉语课程，举办中文演讲比赛、海外咨询留学会、汉语教师短期培训等活动；爱知大学紧邻丰田公司总部所在的丰田市，其孔子学院主要面向企业员工；樱美林大学孔子学院注重自身的可持续发展，开办了汉语学历教育特别课程，学生在孔子学院学习一年后，成绩合格的可直接进入樱美林大学二年级学习或转入合作学校留学生的汉语专业；北陆大学除了专业汉语教育外，所有在校学生的第二外语现在一律是汉语，北陆大学孔子学院除了负责本校 3 000 多名学生的汉语必修课教学外，还辐射本地区的中小学，积极向石川县内高中派遣中文教师，协助当地高中开设汉语课程；诸此等等。

随着中韩交流的日益频繁、经济贸易的需求以及作为学生就业的工具，汉语已经成为韩国学生外语学习的重要选择。在韩国，包括三星、LG、SK 在内的几十家著名企业都非常重视员工的汉语能力。韩国也"汉风"劲吹，汉语学习的人数超过 100 万，现在已有 150 多所大学开设了汉语课程，韩国教育部还计划在全国中小学也普遍开设汉语课。现在对于一些韩国人来说，汉语已经成为需要掌握的第二外语。韩国国内汉语学习者学成之后又成为汉语教师，到韩国中小学担任教职，进而引起了学汉语人数在韩国呈几何级数增长的发展态势。

欧洲地区孔子学院的分布比较密集，其中，俄罗斯、德国、英国和法国的数量最多。早在2006年，俄罗斯已有50余个汉语教学点，其中开设汉语专业或公共汉语课的高校有30余所。近年来，俄罗斯出现汉语热：俄罗斯远东国立大学孔子学院、莫斯科国立大学孔子学院、国立人文大学孔子学院等孔子学院除了传播汉语文化之外，还立足当地，成为当地各领域与中国展开商贸合作及交流的平台。德国约150所中小学开设了汉语选修课程或者汉语兴趣班，50多所国立名牌大学开设了汉语专业。法国110所大学开设了汉语课程，中小学学习汉语的人数正以每年30%的速度增长。法国前总统希拉克提出，学习中文是对未来的一个极佳选择。英国到2010年6月已与中方合作设立12所孔子学院，各学院立足汉语教学和中国文化推介，注重办出特色：伦敦商务孔子学院是全球第一所商务孔子学院，教学对象是英国商界和其他领域的社会名流；伦敦中医孔子学院是全球第一所中医孔子学院，以讲授中医课程为特色；爱丁堡大学孔子学院则侧重于介绍中国文化。受地理和历史等因素的影响，比利时人非常重视语言学习，一般人都掌握两到三门语言。不过，汉语教育的全面升温却是近几年的事。2003年前，比利时开设汉学专业的大专院校仅2所，开设夜校课程的也不过4所，学生230多人。不过仅仅两年之后，不仅又有2所大专院校开设了汉语专业，开设夜校的院校也增加到20所，学生人数猛增至1 100多人。在欧洲开办孔子学院的意义，不仅在于汉语和中华文化的传播，更在于让欧洲人了解中国，并在了解的基础上，与中国展开良性互动，增进彼此的关系。

美洲地区的孔子学院主要分布在美国、加拿大和墨西哥。截至2010年6月，美国的孔子学院已达60家。在美国，开设汉语课的中小学从2004年的200余所增加到2009年的4 000多所，学习汉语的中学生从2万人增加到16万人，是5年前的8倍。美国的50个州有40多个提出了建立孔子学院的要求。美国孔子学院的儿童汉语教学具有特色，美国不存在将英语作为外语的情况，因此在选择什么语言作为第一或第二外语时，一部分家长看到了中国的发展潜力，鼓励孩子参加汉语培训。此外，中国第一家电视孔子学院"黄河电视孔子学院"于2008年12月18日开播，该台通过美国斯科拉卫星教育电视网、中国电视长城平台、黄河教育文化频道向美洲试播。每天播出节目总时长24小时，覆盖美国、加拿大和拉美地区。"节目进入美国400多所大学、7 000多所中学和50多家城市有线电视网，受众人数约有

1 500万。"位于加拿大温哥华市中心的 BCIT 孔子学院以"贴近市场、因应需求、面向主流"为办学特色，培训中文教师，并在旅游、能源、环保、体育等领域为专业人员提供汉语、中国市场、对华商贸实务等全方位培训。在南美洲，巴西、阿根廷、秘鲁和智利等国也已经逐步地将中国语言文化教学列入了大学课程，甚至学位课程。例如，秘鲁的"Juan23"学校规定，中文是全校 3 000 名学生的必修课；并且，阿根廷的布宜诺斯艾利斯大学中文课程首次招生时，设 50 个名额，却有 800 人报名。

在非洲，学汉语、用汉语渐成时尚，汉语教育成为中非合作的一项重要内容。肯尼亚内罗毕大学孔子学院不仅设立了汉语角、汉语剧社、汉语俱乐部，还在筹建汉学研究中心。孔子学院的课吸引了不少肯尼亚学生，正式注册的学生限额为 25 人，而来上课的学生每次都有五六十人，孔子学院的影响力已经突破了内罗毕大学的围墙。在大洋洲，澳大利亚西澳大学孔子学院设立"孔子学院基金"，这样一方面推广汉语，一方面也开拓了慈善事业。

孔子学院不仅成为汉语学习的网络中心基地，更成为推动中国与世界经济文化交流的桥梁。世界各国不仅把孔子学院作为学习汉语的场所，而且作为近距离了解当代中国的窗口，作为与中国进行教育、文化、经济、贸易等交流合作平台。总之，孔子学院已经发展为国际汉语教育与推广的重要品牌，中外教育文化友好交往的合作平台。

第六章　科学技术的创新与应用

世界文明的进步需要科学技术的支持，但是科学技术并非仅仅在近代才横空出世，早在文明还在摇篮中孕育的时候，古人已经开始探索外部的客观世界，运用身外的物质条件为自己创造更好的生活条件。在这种探索的过程中，有识之士发挥理性的品质，总结并演绎出一套一套的科学理论，从古代埃及对天文学的贡献，到现代网络技术和航空技术的突破性进展，无一不是在这些理论框架的支持之下实现的。这一章，我们将梳理一下从古到今的科学技术的发明与应用，对宏观的科学发展史有一个更为清晰的认识。

第一节　拉动世界的发明和发现

古代东西方都处于科学技术的萌芽阶段，大部分的发明创造都是建立在生活经验的基础之上的，这些成果的存在是依据一定的现实需要的，比如东方天文学就是为祭祀、占卜和农业生产而生的；而西方的数学、几何学等学科，多是在探索世界本原问题时产生的，最后这些知识被运用于建筑、天文和军事方面。也许正是东西方世界对科学技术应用的认知有所差异，最终导致了近代以来东西方社会发展路径分道扬镳。

一　古代东方的科学技术

（一）天文学

天文学最初在古代东方形成并发展起来，这门学科最初主要用于农业生产。古代东方社会农业生产需要确定季节，他们在长期农业劳动中，通过观察植物的生长、水汛期和星象位置的变化等较早地掌握了天文学。两河流域掌握天文学的时间最早，对后世影响亦很大。两河流域的苏美尔人制定了太阳历，定一年为12个月，每月29日或30日，大小月相间，过几年再加上闰月来补足。同时他们还以7天为一个星期。在计时时，他们把一天分为12小时，每小时分为60分，每分为60秒。现在仍沿用此方法，只不过把一天的24小时，按时、分、秒缩短一半罢了。苏美尔人的太阳历是有史可载的人类第一部历法。

古埃及天文学的产生与尼罗河有密切的关系。马克思说："计算尼罗河水的涨落期的需要，产生了埃及的天文学。"根据尼罗河水的涨落和对天象的观察，埃及人制造了自己的太阳历。他们把一年分为3季（泛滥季、播种季、收获季），每季4个月，一年12个月，每月30天，并把天狼星与太阳同时从地平线升起的那一天定为一年的起点，全年365天，这与回归年（现行阳历）365又1/2日只差1/4日。古埃及历法在公元前1世纪传入罗马，经恺撒修改成为儒略历（朱利亚历）。公元1582年，罗马教皇格里高利十三世又组织一批天文学家对儒略历进行修改，史称"格里高利历"，这就是世界上通用的公历。

古印度天文学知识，早在吠陀时代（约前2000年）就有记载。《吠陀支节录》确定一年为366天，确定月亮与太阳在冬至、夏至时的位置及朔、望时月亮的位置。此外，主要天文学著作还有《毗达加加本集》、《论太阳》等。古印度人认识许多星宿，并把黄道附近的恒星划为28星座（基本上与中国28宿说法相同），以此为背景来观察太阳以及各行星在天空的位置。

中国是世界上天文学形成并发展最早的国家之一，以天文记录的连续性及准确性著称于世。根据云南天文台1975年的统计资料，从公元前43年到公元1638年，我国共有太阳黑子的记录106条。哈雷彗星早在公元前613年《春秋》上有记录，"有星孛入于北斗"这是世界上最早关于哈雷彗星的记录。中国人对于星辰的认识也早于西方国家，公元前4世纪战国时魏人石申测量若干恒星的坐标后汇编成的星表，是世界上最古老的星表。西方天文学家200多年以后才编出类似的星表，古希腊最早的星表是天文学家依巴谷（Hipparchus/Hipparchos，约前190—约前120年）在公元前2世纪才测编出来的。

（二）数学

数学是一门基础学科，主要以客观世界数量关系和空间形式为研究对象，被称做“科学的女王”（数学家高斯所言）。数量与空间的概念是抽象的概念，人类通过一个在实践基础上逐步抽象的过程才逐步地了解这两者之间的关系，并利用这种关系深入对世界的认识。

中国是世界上最早发明十进位值计数法的国家。记数法因国家而异，但大致可以分为两类：一类是位值制，它以阿拉伯数码记数法为代表，即一个数码表示什么数，要看它所在的位置而定，如“33”中的第一个“3”表示“30”；第二个“3”表示“3”。另一记数法是非位值制，它以罗马记数法为代表，即较高的单位是用特殊的符号来表示，例如“3888”，罗马记数法要写成“MMMDCC CLXXXVIII”。这是一种笨拙的记数法。我国用筹记数的十进位制，如“2656”写成“＝TXT”，和现代记数法相比只是符号不同而已。这种记数法简单高效，比古埃及的累积法、罗马的减乘式构数法、巴比伦的60进位法、玛雅人的20进位制有优势。它的独特优势为后来世界基本进位制的统一作出了贡献。

古代印度的数学起源也相当早。《夜柔吠陀》中已出现“一亿”这样的数目。《吠陀》、《奥义书》时代重视祭祀，当时有一类书叫《祭坛经》，专门论述祭坛的形状、构作法以及如何进行等积变换的方法，如将长方形变换成同面积的正方形或同面积的圆形等。印度人最重要的贡献在于首先发明了“0”的概念，并把它引入数学计算，阿拉伯人在经商贸易的过程中把这项发明带到了本国，以及更遥远的欧洲，成为今天通行于世界的阿拉伯数字。

古代几何学成就比较突出的国家是埃及和巴比伦。埃及的几何学有现实的意义，与尼罗河定期泛滥、金字塔的设计与建造有关。为了更好地解决以上几个问题，古埃及人已能计算长方形、梯形、等腰三角形和圆的面积，并计算出圆周率数值为3.16。巴比伦的数学家则通晓更为复杂的运算，比如四则运算、分数的演算，他们还能求出平方根和立方根，可以说奠定了近代代数的基础。为了计算不规则形状的田地面积，巴比伦人将他们的田地分成长方形、三角形、梯形等规则的块分别计算，然后得出总和。

（三）医学

考古发掘出土的木乃伊体现了早期古代埃及人就娴熟地掌握了医疗知

识。古埃及人笃信人死后能复生，因此发展出一套制造木乃伊的方法，在制造木乃伊的过程中，也接触到人体的基本构造，初步懂得解剖学的知识，认识到心脏对血液循环的作用，以及大脑对人体的重要作用。在对人体充分认识的基础之上，埃及医学达到了其他国家和地区难以达到的高度，在其他民族还在摸索医疗之道的时候，埃及医学已经有较为分明的划分了——主要有内科、外科、妇科。药理知识也有进步，《纸草书》中就记载了 877 个药方。

巴比伦的医学是与古代宗教信仰交织在一起的。医学领域由宁胡尔萨格女神统摄，她被认为是人的保护神，她创造了 8 个神可以治愈口、齿、肋骨等处的不同疾病，并注意到水的治疗特性。

古代印度医学取得了很高的成就，今人对印度医学的了解来自《吠陀全集》。四大吠陀之一的《阿闼婆吠陀》里记载了许多有关药物学、解剖学、治疗学、胚胎学的知识，记载了人体所有骨头的准确数目，甚至还有兽医学的知识。公元前 6 世纪摩羯陀国出了一位神医——耆婆，他四处行医，积累了丰富的医疗经验，在外科术上取得了惊人成就。他最著名的成就是做了世界公认的最早的两例脑外科手术。耆婆的功绩甚至传播到中国，唐代医书《外台秘要》中有“千金耆婆万病丸”、“耆婆汤”的记录。

中国的古代医学也是古代东方世界一个奇葩。中国以中药学(本草学)和系统的中医学理论闻名于世。中国中药学的历史悠久，早在远古就有神农、岐伯尝百草治病的传说。此后还出现了不少名医，春秋战国时期有齐国的扁鹊，他诊断时发明了望、闻、问、切的方法，奠定了现代中医诊断和治疗的方法论，扁鹊既精通内科，又熟悉妇科、小儿科、五官科，被誉为中国的“医学祖师”。也是在春秋战国时期，系统的医学理论和医疗方法已经形成，相关的医术流行于世，出现了《黄帝内经》、《脉法》、《五十二病方》等医学著作。

二　古代西方的科学技术

(一)古希腊的科学技术

希腊的数学成就突出。生于希腊萨摩斯岛(Samos Island)、后移居位于南意大利的殖民城邦克罗顿的著名数学家毕达哥拉斯(Pythagoras，约前580—约前 500)以发现“毕达哥拉斯定理”(我国称“勾股定理”)而著称于世。其实,勾股定理在毕达哥拉斯出生以前的中国商代已经有了记载,中国的商高就说过:"故折矩,以为勾为三,股修四,径隅五"这样的话,意思就是:当直角三角形的两条边分别为三(短边)和四(长边)时,径隅(即弦)就为五,简称为"勾三股四弦五"。不过,毕达哥拉斯是最早证明这个定律的数学家。他用演绎法证明了直角三角形的斜边平方等于两直角边平方之和,这就是"毕达哥拉斯定理"。毕达哥拉斯还发现了黄金分割,以及正五边形和相似多边形的做法,并证明了正多面体只有五种,即正四面体、正六面体、正八面体、正十二面体和正二十面体,等等。对于毕达哥拉斯对西方思想史的影响,罗素曾说过这样的话:"我不知道还有什么别人对于思想界有过像他那么大的影响。我所以这样说,是因为所有柏拉图主义的东西,倘若加以分析,就可以发现在本质上不过是毕达哥拉斯主义罢了。"①

有着"几何学之父"之称的欧几里得(约前 330—前 275),出生于希腊的雅典城,早年在柏拉图学院受过教育,积累了大量的数学知识而名声雀起,后来受埃及托勒密国王的邀请,长期在亚历山大城从事数学工作。欧几里得的成名作是《几何原本》,该书凡 13 卷,第一次全面系统地总结了古希腊的数学知识,并且用公理法建立起典型的数学演绎体系。这本书的影响不仅在数学领域,还延伸到了包括哲学在内的其他学科。对于这本书,英国数学家罗素有着如是评价:欧几里得的《几何原本》毫无疑义是古往今来最伟大的著作之一,是希腊最完美的纪念碑之一。当前世界各国中学几何课本,基本上是从法国数学家拉格朗日的《几何原本》的改写本改编而来。②

阿基米德(约前 287—前 212)最重要的贡献在于发现杠杆、浮力、滑轮和螺旋机械的原理,奠定了近代力学的基础。在数学著作《论量圆》和《论球体与圆柱体》中,他将圆周率的数值计算得更为精细,从 3.16 到 3 又 $10/71 < \pi < 3$ 又 1/7。他本身也从事发明创造工作,运用力学知识设计了大型投石器,以保卫叙拉古城。在叙拉古城被罗马攻下时,他正在埋头研究几何图形,不幸被罗马兵所杀。

---

① 参见(英)伯特兰·罗素著,何兆武、李约瑟译:《西方哲学史》(上卷),1996 年版;又见郭其福:《毕达哥拉斯及其对西方思想史的影响》,《武汉电力职业技术学院学报》2009 年第 4 期。

② 杨宏权:《欧氏几何的创始人——欧几里得》,《数学爱好者(高考版)》2007 年第 2 期。

(二)罗马的科学技术

罗马的科学是意大利地区和地中海沿岸地区文明成果的积淀。罗马时代比较著名的科学家是普林尼。他所著的《自然史》,共37卷,参考了2 000多种文献资料,其科学的态度和缜密的逻辑,只有亚里士多德的《百科全书》能与之相媲美。他的书反映了罗马时代天文学、地理学、气象学、人类学、动物学、植物学、矿物学、医学和石类研究等多方面成就。

此外,罗马人在天文学和医学也做出了不凡的成就。托勒密的地心说体系和盖伦的医学体系是2世纪罗马天文学与医学上最突出的贡献。托勒密的《天文大全》确立了地心说理论。根据他的理论,地球是宇宙的中心,静止不动,而且有强大的吸引力,一切重物都被吸到地球上来。此后,绵延约一千年的中世纪奉行的原则就是托勒密的地心说。医学家盖伦非常重视解剖学的研究。他擅长对活的与人类相近的动物进行解剖,如对猕猴的解剖,得以初步了解人体的结构;他考察了心脏的作用,对脊髓的功能进行了研究,取得了成绩,从而对西方解剖学作出了贡献。罗马在农学方面取得了一定的成就。保存下来的重要农学书,有加图的《农业志》、瓦罗的《论农业》和科路美拉的《农业论》。其中,瓦罗的《论农业》内容较丰富,全书共3卷。第一卷主要叙述经营农业的方法,第二卷讲怎样饲养牲畜,第三卷讲怎样饲养鸟类和养兽。在加图、瓦罗和科路美拉这三位农学家的著作中,可看到罗马奴隶制农庄的产生、繁荣和走向衰落的过程①。

三 古代发明引发的社会变革

古代中国和西方的科学技术均呈现出欣欣向荣的态势,而且中国的科技水平在14世纪还是处于世界领先水平的,但之后却渐渐呈现出疲态,近代被西方文明所赶超。而古代中西方的文明在很大程度上决定了这种发展趋势。

(一)中国的造纸术和印刷术

文字是文化传播的载体,但是如何把文字记录下来并留存后世则是另一个难题。古埃及人首先利用尼罗河的纸草记录了他们光辉的文明,印度

① 代钦:《古罗马的家禽饲养技术与畜牧经营思想方法研究——以M.T.瓦罗的〈论农业〉为例》,《内蒙古师范大学学报》(自然科学汉文版)2006年第4期。

人首先以树皮、棉布、泥版书写材料，公元 7 世纪起开始用棕榈树叶来抄写佛经，称为“贝叶经”。欧洲人在埃及的纸草片断绝了以后开始使用羊皮纸，最早的《圣经》就是写在羊皮纸上面的。而南美的印第安人在没有纸的时代，则以“木丝布”代替。真正意义上的纸问世之前，中国人在使用甲骨、竹简和绢帛记录历史。也就是说造纸术发明以前，人们所使用的材料都不是理想的书写材料，或价值高昂或不宜保存，因此不利于文化的传播。造纸术的发明，革新了书写材料，特别是蔡伦改进造纸术，书写材料更为廉价，重量更轻，保存时限更长，使纸的使用迅速普及开去成为通用的书写材料。

其实早在蔡伦发明造纸术之前，中国已经有了纸的原型，蔡伦的功绩在于将这项技术完整化和规范化。纸的出现对文化影响巨大，首先有利于文化的传播，整个魏晋时期的文化就有了质的飞跃。纸的发明在一定程度上鼓励了知识分子对精神文化展开追求，创造出让人身心愉悦的文化作品，王羲之的书法就体现了旺盛的创造力，从这一艺术手段的出现来看，没有纸的发明是不可能达到这一境界的。

印刷时代主要表现为文化艺术的世俗化和普及化，突破了只有少数人才看得到文字记载的历史局限。活字印刷极大地推进了印刷时期的文明，使中国的古籍被许多平民知识分子接触到，促进这些文化在知识分子之间的传播，也让这些知识分子得以逐渐进入官僚体系。可以说，印刷术的进步对人类的文化生活贡献良多。文字系统化的思想的产物，纸张的发明保存了文字的同时也保存了思想。印刷术的诞生推进了文化的普及，促成中国越来越多的士人、贫寒的读书人、普通人都有权利阅读书籍，手写口传的文明自此变成了成文的文明经典。

印刷技术在宋代得到了完善，并且已经十分成熟，因此我们今天可以看到宋版、明版和清版的许多善本书。而对西方而言其作用也大同小异，尤其在 18、19 世纪大规模的印刷文明有力地促进了理性启蒙运动的发展，帮助西方人冲破了中世纪以来的黑暗和愚昧，可以说，没有印刷术就没有现代的理性思想。因为造纸术、印刷术的发明和发展，人们享受到了阅读和书写的乐趣，由此产生的精神愉悦是不言而喻的。

（二）古希腊的天文学

古希腊天文学成就斐然，与其他文明古国的天文理论相比，它发展得最为完善，理论和体系的完整性，技术和方法的精湛都达到了古代世界的先进水平。其中,四位天文学家的成就构成了现代天文学理论的基础。第一位是被誉为“希腊化时代的哥白尼”的天文学家阿里斯塔克(前310—前230),他是首个测量地球和太阳之间距离的科学家,在测量的过程中得到地球的面积小于太阳的结论,他甚至早于哥白尼提出太阳中心说,模糊地认识到地球和行星并非一动不动,而是围绕太阳旋转,同时进行自转,可惜他的学说没有引起很大的反响。

第二位是埃拉托色尼(前275—前195),他首次将数学方法运用到天文学之上准确测出地球周长和直径,还以太阳高度为基点测量出黄道倾角。他的结论十分精确,其计算出的地球周长只比今天测量的数值少385.13公里。同时,埃拉托色尼也是一位出色的地理学家,他首先使用“地理学”这一术语,成为这一学科的始祖,他的地理学专著中描述了地球的形状、大小和海陆分布。埃拉托色尼还将物理学原理和数学融入地理学,创立了数理地理学。

第三位是毕迪尼亚的希帕库斯(前190—前125),他被称为“方位天文学之父”。他发明了“天文数”概念,发现了岁差现象,编造了西方历史上第一个记载恒星的星表。

第四位是在后世最负名望的天文学家托勒密,他最著名的贡献在于地球中心说,这套学说主张地球处于宇宙中心,地球本身能产生强大的重力,因此吸附着日、月、行星和恒星,让它们环绕地球运行。虽然托勒密的学说在近代即被证明是错误的,但在当时却较为系统地解释了当时观测到的行星运转的现象,特别对近代兴起的航海热有十分重要的指导功能。

(三)两河流域楔形文字和科学发明

如果以文字作为衡量文明出现的重要标准的话,美索不达米亚(Mesopotamia,希腊语,意为“两河之间的土地”)确是人类文明的最早起源地,这块肥沃的土地孕育的一代文明的创造者,早在公元前3500年这个地区就产生了文字,思想和文化的传播成为自然而然的事,美索不达米亚的文明成果还不断向东传入中国,向西进入欧洲。

楔形文字是世界上最早的文字,说明两河流域已经拥有相当成熟的文明,极大地丰富了人们的精神世界,还让统治者找到了维护社会秩序的良方,以文字记载法律和法令有利于稳定的社会成形。这套书写系统实用、方便、高效，因此生活在两河流域的大部分民族都采用这套系统，并向周围的地区辐射开去。腓尼基文字和早期的埃及都受其影响，因此形成了“楔形文化圈”，楔形文字成了一种盛行的国际语言，与之平行的是以中国为中心的东亚的“汉字文化圈”。

文字的传播有助于思想和文化的进步，科学也在文字的承载之下迅速发展起来。美索不达米亚科学对世界最大的贡献在于计算时间和角度的60位进制，1小时分成60分钟，1分钟又分成60秒，这套计时系统今天仍在沿用。美索不达米亚人高度发达的科学水平还体现在其建筑之上，这一地区最壮观的建筑物非塔庙莫属。此外，在苏美尔城市遗址中还发现了完善的排水设施，华丽的城市花园，展现了高度发达的建筑工艺。在其他科学领域，如天文学、医学、动物学、植物学、语言学等方面，他们也都有不同程度的贡献。

西亚新月地带这个文化宝地，为邻近的古希腊文化的辉煌贡献了光和热，从而对后来的西方世界发展产生了很深的影响。随着19、20世纪的考古挖掘，西方文化的起源不仅仅与古希腊有关，还跟这些西亚地区文明的灵光闪现关系密切。西方人在近代以来在世界确立霸权，民族自尊心迅速膨胀，他们以基督教为西方文明起源的陈腐观念不断地被打破了。

“美索不达米亚”本身就是希腊语，从词源学来看，这两个地区很早就建立了密切的联系而相互影响。这两个东西文明的代表，从其产生初始就是融为一体不分伯仲的。虽然美索不达米亚文明带着鲜明的特色，但是在与古希腊文化交融的过程中也显示了其包容性和开放性。东西文化从其起源始，就不是两个断裂的概念，这两者惺惺相惜，相互包容，源源不断地向世界其他地区和后世输送文明的成果。

著名的文化理论家、社会学家阿尔弗雷德·韦伯早在1935年就说，“埃及和巴比伦这两个位于西半球的人类初级文化已经具有了我们现代人的本性，他们将这种本性表现在磅礴宏大的气势中，拉近了和我们的距离，让我们生动地体会到他们的本性。整个的西方世界，也许它也是东方的一部分，就是建立在这两个原始文化所取得的文明和社会组织方面的成就上，建立在他们所创造的历史、文字、官僚主义、技术、艺术和最初的实用性知识基础之上。他们发明的技术中的某些成分经过波斯王朝、亚历山大时代、拜占庭王国、阿拉伯帝国和弗里德利希二世时代传到我们这里。我们今天看到的无数外部表现和艺术表现方式都要归功于他们”[①]。韦伯的话客观地体现了东方文化对西方文明的贡献，后人不应该违背历史、否认这一点。

四　深入探究指引

李约瑟难题：中国作为世界文明古国之一，在古代曾创造出令世人瞩目的科学技术。不过从17世纪中叶开始，中国的科学技术却逐渐收缩，被世界其他地区抛离，陷入窘境。据有关资料显示，从公元6世纪到17世纪初，中国在世界重大科技成果当中所占到的比例一直在54%以上，而到了19世纪则骤降至0.4%。中国在科学技术表现上的急剧变化，促使一批专家学者和仁人志士对这一现象予以深度思考[②]。

在这一背景下，由英国著名科学史家李约瑟(Joseph Needham，1900—1995)于1964年在《东西方的科学与社会》中提出的问题，引起了不少中国人的内心共鸣。李约瑟的问题是：为何在公元前1世纪到公元15世纪之间，中国文明在获取自然知识并将其应用于人类的实际需要方面要比西方文明有成效得多？为何近代科学只在欧洲文明中发展，而未在中国文明中成长？为了解决这一问题李约瑟提出了自己的见解。

1. 政治体制影响论：对于“李约瑟难题”，李约瑟本人和其他一些研究者试图从中国的政治经济制度等方面来寻找答案。李约瑟认为，中国是“官僚体制”，这一制度的存在主要是为了维护灌溉体系的需要；而欧洲是“贵族式封建体制”，这种制度有利于商人阶层的产生。当贵族衰落后，资本主义和现代科学便诞生了。中国的官僚体制最初适宜于科学的成长，但阻碍了重商主义价值观的形成，所以它没有能力把工匠们的技艺与生产者发现的数学和逻辑推理方法结合在一起。因此，在现代自然科学的发展过程中，中国没有成功地实现从达·芬奇时代(经验型试错)向伽利略时代(现代科学)的过渡，或许根本就没有这个可能[③]。

2. 思维方式影响论：这一观点认为，中国人的思维方式影响了中国科学

---

① (德)阿尔弗雷德·韦伯著，姚燕译：《文化社会学视域中的文化史》，上海人民出版社2006年版，第35页。

② 求索：《李约瑟难题之争》，《宁波广播电视大学学报》2011年第3期，

③ 聂建华：《“李约瑟之谜”的经济学求解》，《内蒙古科技与经济》2008年第8期。

技术向近代科学的发展。主要表现为：1. 西方重个体，中国重关系。西方人在认识事物时强调个体，把个体看成是一切认识的基础和一切关系的前提。亚里士多德认为，个别的人或牛并不需要参照某种外在事物就可得到说明。个体与个体之间的关系就是逻辑关系。这个逻辑关系是由个体的性质决定的。而中国的关系概念是一种无实体性质前提的纯粹关系，不是作为实体的个体决定这个关系，而是关系决定个体，个体的性质依赖于其所处的关系。这就使得西方人的思想重分别，而中国人的思想则重合和。但这种合和的思想与近代科学求分别、求创造的思想不符。[①] 2. 西方重逻辑，中国重辩证。近代科学方法主要是分析的方法，在对对象加以认识时，首先将对象分解成更简单的要素，之后再找出要素的性质以及在各要素之间起作用的逻辑法则，最后才是在此基础上构成对象的整体形象。如果问：为什么分析方法是有效的？西方人会回答：对象本身就是由更简单的要素构成的。而对中国人来说，世界不能简单地分解成极少数的单纯的要素，自然的世界是由流动着的"气"以及由"气"的作用形态构成的，这是一个有生命、有秩序的世界。因此，中国人的思维是"辩证"有余而逻辑不足[②]。

3. 宗教文化影响论：新儒学的代表人物之一唐君毅认为，中国原始民族的宗教中，分离意识比较薄弱是造成中国古代科学不发达的原因。他认为，科学精神的一个必需条件，是使我们个人精神向外分化以凝注于空间中分布的客观事物，即必须承认个人精神与客观精神、客观事物之分别[③]。西方宗教承认一超"个人精神"的"人格"之精神，即上帝的存在，因此西方宗教与近代科学精神的形式构造相似。至于中国文化精神，则缺乏主客分离的意识，中国原始宗教中也缺乏超越人之上的天神意识。主要表现为：1. 中国原始宗教中缺乏原始罪恶观念；2. 中国原始宗教中缺乏神造世界神造人的神话；3. 中国神话传说中缺乏神之权利绝对高于人的想象；4. 中国传说对于天帝之特殊意志无所规定；5. 社稷之神祖与天神并重；

① 钱穆：《现代中国学术论衡》，三联书店 2001 年版，第 21 页。

② 胡淑晶：《科技史中的悬案：关于李约瑟之谜研究综述》，《甘肃社会科学》2006 年第 6 期，第 214 页。

③ 同上。

6.中国原始宗教中缺乏命运感的预言。①

4.科技结构影响论：为什么15世纪后，西方科技加速增长？金观涛、樊洪业、刘青峰三位学者认为，近代科学技术存在着循环加速机制。第一个循环加速过程是，理论——实验——理论。早期的理论和实验是分离的：理论科学家在前人理论成果的基础上发展新理论；实验科学家创新实验仪器和方法。而近代科学，理论对实验起指导和设计作用，实验则对理论起鉴别作用，他们构成一个强有力的循环加速机制，在这一机制下，理论和实验都得到飞速发展。第二个循环加速过程是，技术——科学（包括理论和实验）——技术。科学研究为新技术开辟道路，新技术的兴起又向科学研究提供新课题。同时，新技术所代表的生产水平和能力也为科学研究提供新的实验材料和仪器，促使更完备的理论和实验成果诞生。这些科研研究的新成果又反过来促进新技术的开发，新的实验产品和仪器也不断地社会化成为技术产品和工具。如此循环不已，相互促进，形成了强大的加速发展机制。

要形成循环加速的科学技术结构，科学理论必须是建立在构造性自然观的基础之上。构造性自然观有两重含义：第一，必须从结构的角度来把握自然现象；第二，理论必须是逻辑构造型的。中国古代科技过分强调实用性，更多地注意经验的简单总结和事物表面相似点的类比，不重视演绎和因果关系的探求，因而没有严密的逻辑体系。并且中国古代的自然观是一种有机的自然观，对于古代的中国人来说，事物间的关系与其说是互为因果，还不如说是相互联系，宇宙是一个巨大的有机体，时而是其中的一个部分，时而是另一个部分起着主导作用，但在任何一个时刻都不容易找到主导的部分。中国古代科技的这些特点限制了中国科技的进一步发展。②

5.“高水平均衡陷阱”说：这是以技术需求角度的解释，认为中国后期技术创造力消失的原因是，中国古代对技术没有需求或需求不够。这种观点认为，中国早期建立了一些“现代”制度，如家庭耕作制度、继承土地的人身

---

① 唐君毅：《中国科学与宗教不发达之古代历史的原因》，刘钝等主编：《中国科学与科学革命》，辽宁教育出版社2002年版。

② 金观涛、樊洪业、刘青峰：《文化背景与科学技术结构的演变》，《科学传统与文化——中国近代科学落后的原因》，陕西科学技术出版社1983年版，第179页。

份不限制和市场制度等，这些制度的创新和扩散提供了有效的激励，因此中国早期科技进步比较快。但是，中国家庭由男孩传宗接代的思想根深蒂固，这种思想鼓励了早婚和人口高出生率，从而造成人口急剧膨胀，经济条件恶化。到最后，中国陷入到十分被动的地步：一方面，生活水平只能维持生计，无法积累足够的剩余来持续工业化；另一方面，相对资源来说，人口太多。人地比率的上升意味着劳动力越来越便宜，资源和资本越来越昂贵，对劳动替代性技术的需求下降。因此，尽管在 14 世纪，中国已经接近了工业革命的门槛，但人口数量已经使这个帝国不再需要任何节约人力的技术了。北京大学的姚洋在总结前人成果的基础上对“高水平陷阱”假说给予了修改和进一步的解释，他认为，人口众多造成了土地价值的增加，高额的土地回报诱使人们投资农业，导致工业因此缺乏资金和技术的需求。[①]

6. 激励机制影响论：从技术供给的角度，林毅夫认为，在 14 世纪之前，中国的技术创新率比欧洲高，原因在于早期的技术发明源自于实践经验，是以经验性为基础的技术发明。这种技术发明与人口的多少密切相关。中国人比较多，农夫和工匠也多，在长期的工作中偶然发明新技术的概率就大。14 世纪以后，技术的发明主要是从科学和实验中得到，而中国没有及时地转换到实验发明上来，这主要是因为，中国的激励机制使知识分子无心从事科学事业。

林毅夫还认为，对于实验性的发明，需要专门从事科学实验的科学家，而科学家要有一定的知识基础，在实验方面也要受到良好的训练，这 切都要通过学习，都要付出时间和精力。而中国的科举制度使中国的精英和优秀人物的时间和精力都放在科举考试上了。在前现代的中国，由于从各种意义上讲，在政府任职都是最为荣耀、最有利的职业，因而传统中国社会把进入统治阶级看做是人们在社会中不断往上爬的最终目标。有才华的人自然被吸引到这一工作上来。参加科举考试所需阅读的基本读物，是儒学家说的四书五经，它们多达 431 286 个字，而且所有这些读物，学生们都必须熟记在心。如果以每天 200 字的速度背诵，背完这些著作恰好需要 6 年。在背完儒家著作后，学生们还要阅读有关注解，其篇幅数倍于原来的正义。此外，为了应付考试中作诗和作文的需要，对其他历史、文学和经典著作也要

① 姚洋：《高水平陷阱：李约瑟之谜再研究》，《经济研究》2003 年第 1 期。

仔细浏览。因此,中国的学者没有时间、也没有精力进行科学和实验知识的积累,中国的科学研究缺乏人力资本。[①]

第二节 近代科技与理性之光

近代西方走上了科技复兴的道路,这场声势浩大的"科学革命"让西方抛离东方走在了世界的前端。科学革命在西欧的兴起,首先从天文学、医学、生物学和化学等领域发端,可以说在科学革命初期,天文学居功至伟,它在哥白尼、开普勒和伽利略等人的构建下渐成体系,这套体系确立起来以后,对封建神学是一个致命的打击。教会在解释世界本原和宇宙的问题时不再具有权威性。这场"开风气"的天文学革命为日后牛顿创立现代物理学、达尔文提出进化论以及瓦特发明蒸汽机创造了有利条件。

一 "科学革命"的兴起

近代早期,西欧在经历宗教、政治、经济和社会转变的同时,也经历了一场思想和文化上的转变。在中世纪,居于天文学、物理学领域之统治地位的仍是属于古希腊、古罗马时期的一些观念;而到了近代早期,天文学家和物理学家开始对这些传统的看法提出了批判,此即"科学革命"。某种意义上说,"科学革命"并非一场革命,因为它是以一种渐进的、零散的方式进行的,并不是那种激烈的、狂飙突进式的猛烈变革。尽管如此,这一运动的结果却具有革命性。可以说,"科学革命"是近代西方文明朝着世俗的、理性的发展道路迈出的重要一步。

那么,这场被称为"科学革命"的活动为何在近代西欧出现?通过考察,大致可以归纳为三点:一是,在意大利率先兴起的文艺复兴运动,开创了新的文学和艺术风格,它对人和自然的描绘更加贴近真实,这使得人们对自然物体的观察更加细致。正如一位文艺复兴时期的艺术家宣称:"没有一个画家能够在不懂几何学的情况下作画。"二是,宗教改革运动使得罗马天主教会的"一统"局面不复存在,不同的宗教派别开始出现,这使得人们的思想解放成为可能。三是,当时的欧洲由封建主义向资本主义过渡,出于对金钱和

① 林毅夫:《制度、技术与中国农业发展》,三联书店 1992 年版,第 216—251 页。

利润的追逐，政府和企业越来越重视科学技术的作用。当然，也有学者认为，巫术也对“科学革命”的兴起起到一定的作用，他们举出哥白尼、开普勒、伽利略和牛顿等伟大科学家的生活事例予以佐证。

应该说，这一时期西欧学者在医学、生物学、化学等领域都取得若干重要的进展，如：英国著名医学家威廉·哈维（William Harvey，1578—1657）对血液循环现象的发现；“现代化学之父”罗伯特·波义耳（Robert Boyle，1627—1691）对化学元素、化学反应以及化学分析的科学界定；荷兰微生物学家安东尼·范·列文虎克（Antonie van Leewenhoek，1632—1723）对细菌和微生物的发现和观测等。不过，“科学革命”的关键领域在天文学和物理学上，因为这两门学科冲破了神学的桎梏，导致人们对世界看法的巨大变化以及表述世界方法的重大变化。

众所周知，中世纪晚期的宇宙观是由亚里士多德的观念、克劳丢·托勒密的观念以及基督教神学观念构成的混合体。这一宇宙观认为，宇宙是由一系列同心天球组成的，静止不动的地球处于宇宙的中心；环绕地球的诸天球是由透明水晶构成，循其浑圆的轨道绕地球转动。而且人们还认为，天球共有十层，从地球开始向外的八层天球上，分别镶嵌着月亮、水星、金星、太阳、火星、木星、土星以及诸多恒星；第九层作用于镶嵌着恒星的第八层天球，使其转运；而第十层天球则通常被描绘为“始动者”，它自行运动并作用于其他天球，使它们运动。在第十层天球以上，则是天堂，即上帝以及所有灵魂得救者的居所。由此看来，这一打着基督教烙印的宇宙是有限的，它有着固定的外部边界，而这与基督教的思想以及期望相契合——上帝以及得救的灵魂居住于宇宙的尽头，而人则处于中心；尽管人被赋予了对于地球的权力，但人们要想实现灵魂得救仍有漫漫长途有待去跋涉。

最早打破这一宇宙观的是1473年出生在波兰的天文学家哥白尼（Nicolas Copernicus，1473—1543）。他起初在克拉科夫学习数学和天文学，后来转到意大利的博洛尼亚和帕多瓦大学深造。在那里，他受到重新发现的希腊知识，尤其是柏拉图和毕达哥拉斯思想的影响，而这与公认的计算复杂的亚里士多德—托勒密思想体系有着较大的差异。正是在前一思想的影响下，并结合对前人的观察数据的研算，哥白尼发现，自己的研究结果与传统的说法相悖。哥白尼认为，宇宙由八层天球组成，其中恒定不动的太阳位于中心，而其余的恒星则位于最外面的第八层天球上；这些行星皆围绕太阳运行，其由里到外的顺序分别是水星、金星、地球、火星、木星和土星,月亮则围绕地球旋转。此外,哥白尼还认为,人们觉得太阳和这些恒星好像绕着地球在运动,这可以通过地球每天绕着地轴的自转以及每年绕着太阳的公转来解释。

尽管哥白尼确信自己的理论是正确的,不过因担心世俗人士的嘲笑以及教会人士的动怒,故直到他去世的那一年,即 1453 年才公布了自己的研究成果《天体运行论》。正如哥白尼所担心的,该书一出版,就遭到了天主教徒和新教徒的一致指责。[①] 他们都认为,哥白尼的体系对于基督教信仰来说,是不合逻辑、违背圣经和令人不安的。尽管如此,他的观点激励一些学者去探讨宇宙的物质特性,对托勒密体系的质疑声音日渐增多。

哥白尼体系的"铁杆"支持者约翰·开普勒(Johanns Kepler,1571—1630),是德意志的一位杰出科学家。他身为路德教徒,曾做过丹麦著名天文学家第谷(Tycho Brahe,1546—1601)的助手。当第谷去世后,他幸运地继承到遗留下来的全部观测资料。开普勒通过系统的研究,于 1609—1619 年间总结出了著名的"行星运动三定律"。第一,行星以椭圆形轨道绕太阳运转;第二,它们的速度随着与太阳距离远近的不同而不同;第三,在运转的行星之间有一种物理关系,可以用数学公式来表达。由此可见,他的研究进一步打破了传统的宇宙体系,有力地支持了哥白尼体系。不过,仍有一些重要的问题他还无法回答,如:行星是由什么构成的?我们该如何解释宇宙中的运动?前一个问题得到意大利天文学家伽利略的回答,从而为构建新的宇宙论迈出重要的一步。

伽利略·伽利莱(Galileo Galilei,1564—1642)最初在比萨大学教书,后来转到帕多瓦大学。他是第一个运用天文望远镜来对宇宙空间进行系统观察的欧洲人,并由此掀起天文学的新篇章。他曾听闻一个佛兰德尔的磨镜人制作了一种"小望远镜",可以把远处的东西放大,于是在这一传闻的启发下,伽利略自己也制作了一个。伽利略并未将他的望远镜用于观察地面物体,而是将其指向了天空,并很快获得了一系列惊人的发现——月球上的表面呈不规则起伏状;木星拥有自己的卫星;太阳有黑子、土星有光环等。他的这些观察似乎将会摧毁一些传统的宇宙学理念,因为宇宙看起来并不是

① 新教在对科学的迫害方面不亚于天主教,路德和加尔文都曾激烈地反对哥白尼的"日心说"。

由一种轻扬的、完美的、不变的物质组成的，而是由类似于地球上的物质组成的。伽利略于1610年在威尼斯出版了《星空信使》一书，该书公布了他的重大发现。尽管该书在当时为伽利略本人赢得了声誉，不过很快就遭到罗马天主教权威的谴责，后者强令这位科学家放弃哥白尼主义的观点。谴责令是这样写的："认为太阳位于宇宙的中心固定不动的学说是错误的和荒谬的，从形式上看是异端的，与《圣经》相违背；认为地球并非宇宙的中心并且处于运动之中，而且还要每天自转，从哲学上来说是错误的和荒谬的，从神学上来说，至少也是不正确的。"教会的这番话意在表明，他们之所以攻击哥白尼体系，是因为它不仅威胁到《圣经》的真理地位，也威胁到传统的关于宇宙的整套观念——天国不再是精神性的世界，而是物质性的世界；人类不再居于中心，上帝也不再是处于一个特定的位置，神学体系将面临崩溃的边缘。由于罗马天主教会对伽利略施加压力，这位伟大的科学家再也未能发出自己的声音。

在教会势力的打压下，科学的领导权逐渐从意大利向北方国家转移，尤其是转到天主教势力较为薄弱的地区如英格兰、法国以及尼德兰等地。到了17世纪30、40年代，地心说以及天主教所推崇的那套宇宙学说已经站不住脚了，具备天文学常识的学者只要把伽利略的发现和开普勒的行星运动数学法则联系在一起，就能证明哥白尼宇宙模式的合理性，使得托勒密—亚里士多德的宇宙体系变得荒谬起来。然而，解释宇宙中的运动这一难题以及将哥白尼、伽利略、开普勒的理论结合在一起的工作有待完成。这项工作将由长期以来被视为"科学革命"中最伟大的天才人物牛顿来完成。

二　物理学的重大进展

19世纪以前，自然科学最突出的成就是物理学的重大发展，即经典力学体系的建立。这是一大批科学家在机械技术和天文学有了一定发展的基础上，通过辛勤劳动而取得的科学成就。其中，英国科学家牛顿为经典力学体系的奠定作出了开创性的贡献。

（一）牛顿的生平

艾萨克·牛顿（Issac Newton，1642—1727）出生于英国的一个农民家庭。他少年时代资质平凡，不过很喜欢制作各种机械模型。在他的继父去世之后，他辍学务农。后来在他舅舅和中学校长的支持下，他得以复学并于1661年考入剑桥大学的三一学院学习。在“卢卡斯数学讲座”第一任教授巴罗(Issac Barrow)的引导下，他走上研究自然科学的道路。

1665年至1667年间，牛顿前往故乡躲避瘟疫长达18个月左右。在这期间，他对万有引力、微积分和光学的色散等方面都有重大的发现。1667年，他返回剑桥大学读研，次年获得硕士学位。1669年，由于巴罗的推荐，他接替了卢卡斯数学讲座教授的职务。1672年，牛顿由于制造反射望远镜的成就而被接纳为伦敦皇家学会会员。1703年，牛顿被选为皇家学会会长，一直连任到他的去世。对于牛顿的科学成就，英国诗人波普尔曾这样写道：自然与自然规律，为黑暗隐蔽；上帝说，让牛顿来！一切遂臻光明。

(二)《自然哲学的数学原理》

1687年，牛顿撰写的《自然哲学的数学原理》一书由哈雷资助出版。在该书中，他提出了支配天体和地球上物体运动的万有引力定律和力学三定律，从而对一切宏观物体的运动作出了精确的定量描述，奠定了近代物理学的基础。

在该书的序言中，牛顿指出：“我把这部著作叫做哲学的数学原理，因为哲学的全部任务就在于从各种运动现象中研究各种自然之力，然后用这些力去论证其他现象。本书第一、第二两篇中的一些普遍命题，就是为了这个目的而提出的。在第三篇中，他为此举了一个例子，那就是用它来说明世界这个体系；因为我根据前两篇中数学上所论证的命题，在第三篇中，我从天文现象中推导出使物体趋向太阳和几个行星的重力，然后根据其他同样是数学上论证的命题，从这些力中推演出行星、彗星、月球和海潮的运动。”①

《原理》的第一篇，首先提出了一组定义：质量、动量、惯性、力、向心力、绝对时间、绝对空间等，这是一系列奠定力学基础的概念。然后，该篇系统地阐述了运动三大定律。随后，他提出了严谨的天体学理论，论述了向心力与回转轨道之间的数学关系，并证明了一条中心定理：如果有一种同距离平方成反比的力起作用，一个物体就呈圆锥曲线运动，引力的中心就在圆锥曲线的一个焦点上。此外，他还为天文学家们解决了一个重要的实际问题，即

① (英)伊萨克·牛顿著，王克迪译：《自然哲学之数学原理》，陕西人民出版社2000年版，第2—3页。

只要观察少数轨道要素，就可确定行星的轨道。对太阳、地球和月球这类问题也作了近似的计算。

《原理》的第二篇讨论了物体在有阻力的介质(气体或液体)中的运动。在第三篇中，牛顿原本打算将它写成一般性的总结，后来改变了想法，将其标题写成“宇宙体系”，并用第一篇、第二篇中提出的运动规律来解释自然界中的各种实际问题。他讨论太阳系中的行星、行星的卫星、彗星的运行，特别是指出了潮汐形成的原因。此外，牛顿还计算出行星之间的摄动问题，如太阳对月亮的摄动，土星对木星的摄动等。紧接第三篇之后是一篇关于《世界的体系》的论文，该文为第三篇的一些主要结果作了非数学性的概括。①

19 世纪 20 年代，人们在制作星表时，发现天王星的运行轨道不是完美的椭圆。经天文学家根据万有引力定律进行计算，认定在天王星的附近可能有一颗未知行星的引力在干扰其运动，并算出了这颗行星的位置。1846 年，德国天文学家加勒(Galle，1812—1910)在认定的位置上果然找到了这颗行星，后命名为“海王星”。这一发现，体现了自然科学所具有的惊人的预见力和巨大的理论指导意义。

19 世纪的物理学已经相当完善了，牛顿力学统一了声学、光学、电磁学和热学等多个学科，物理体系更臻完善，小到粒子大到宇宙空间都被其一一囊括。物理学界一度出现了“顶峰论”，认为似乎没有什么可以继续研究的了。1847 年，海姆霍兹说：“我们最终发现，所有涉及的物理学问题，都归结为不变的引力和斥力”；“整个自然科学的最终目的都熔化在力学之中”；“一旦把一切自然现象都转化为简单的力，且能够证明出自然现象只能这样来予以简化，那么科学的任务就算终结了。”1884 年，W. 汤姆逊说：“我的目标就是要证明如何建造一个力学模型，这个模型在我们思考的无论什么物理现象中，都将满足所要求的条件。在我没有给一种事物建立起一个力学模型之前，我是永远不会满足的。”同一年，开尔文也说：“在我没有给研究对象建立起一个力学模型之前，我是永远都不会满足的。如果我能成功地建立起一个模型，我就能理解它，否则我就不能够理解。”②

牛顿力学体系的建立对科学的发展产生了深刻的影响，并弥补了自然

---

① 详见青峰编写：《简明物理学史》，南京大学出版社 2007 年版，第 14—18 页。

② 王志军：《近代物理学发展主线的探讨》，《物理教师》2003 年第 6 期。

科学的空白，自然科学的前景一片光明。然而，正像英国科学家开尔文所说的那样，物理学晴朗的天空中还留有“两朵乌云”，一个是热学的黑体研究中出现的、与能量均分定律相矛盾的现象，另一个是光学中寻找和证实“以太”的实验。后来，正是这两朵乌云引来了一场暴风雨般的革命，动摇了整个经典物理学的大厦。在这场革命中，诞生了量子理论和相对论，这将在后文中专门述及。

三　破解生命起源之谜

生命起源问题，尤其是人的起源问题，是人文科学，更是自然科学所面对的最为棘手的问题之一。在较长的时间里，有关人的起源的传说纷繁多样，如：人是由鱼变成的，是由女娲抟土造出来的，是由怪鸟蛋孵化而来的等等。不过在西方，自从基督教流行之后，“上帝造人说”的观念逐渐深入人心。这一说法认为，世界上的一切，包括日月星辰、天空、陆地、动植物等，都是由上帝创造出来的；当上帝创造完这一切后，他又按照自己的形象，用泥土造出了人。随着近代科学的不断发展，这一观念的主导地位，到 19 世纪后半叶逐渐不复存在。这很大程度上得益于生物学研究的重大进展。

（一）生物进化思想的初创

近代早期，西欧从封建主义向资本主义过渡。在这一过程中，由于文艺复兴、宗教改革和启蒙运动等的影响，传统的基督教神学受到极大的冲击。在这一背景下，一批精英人士开始积极介入现实世界，对实践和理性予以高度重视。

就生物学而言，17 世纪中叶，英国科学家罗伯特·胡克(Robert Hooke，1635—1702)[①]用自制的显微镜观察软木塞的结构，结果发现许多被分割开的小室，他将之称为“细胞”(cell)，这一命名一直沿用至今。18 世纪下半叶到 19 世纪，生物学研究陆续取得重大成果，细胞学说发展起来。细胞学说的确立，为生命科学的研究奠定了基础。

19 世纪上半叶，德意志植物学家施莱登(Matthias Schleiden，1804—1881)总结了细胞研究的成果，提出细胞是一切植物结构的基本单位，植物发育的基

---

① 物理学上的“胡克定律”即以其名字来命名。

本过程就是活细胞的形成过程。其后，德意志动物学家施旺（Theodor Schwann，1810—1882）把这一学说扩展到动物研究领域。他认为，动物以及其他一切有机体都由细胞构成的，可以说生命由细胞构成。19世纪中叶，德国医生马克等人首次将细胞学说和胚胎学相互结合来研究，结论是，孕育生命的两个组成部分——卵子和精子都是由简单的细胞组成；只是它们在发育过程中不断复制；胚胎形成以后，逐渐长大的过程也是细胞复制的过程。由此，细胞学说进一步运用到解释人类生命来源中去了。

此外，生物科学还在不断地进步，特别是对物种的研究实现了长足地进步。有些生物学家逐渐认识到自然界中不同物种之间可能有某种亲缘关系，而且物种在长期的演化过程中会改变一些生物特性。其中的佼佼者是生活在19世纪初期的法国生物学家拉马克（Jean Baptiste Lamarck，1744—1829）。他通过对大量动植物的观察和研究，发现了生物从低级向高级发展进化的生命规律，这种进化源自环境对物种变化的影响，他还提出了两个著名的原则："用进废退"和"获得性遗传"，意思就是说，经常使用的器官就会发达，不常使用的就会退化，比如长颈鹿的脖子；后天获得的新特性有可能遗传下去。拉马克的这一学说建立在思辨性的基础之上，不少解释缺乏事实根据，因此在同时代生物学界引起的反响有限。尽管如此，他的生物进化思想为达尔文进化论的提出提供了重要的外在条件。

（二）生物进化思想的确立

生物进化论是由英国科学家达尔文（Charles Darwin，1809—1882）正式提出的。达尔文出生在一个世代行医的家庭，他从小就爱好采集植物标本，对自然风光热爱有加。年轻时，他曾在爱丁堡学医，经常参加"普林尼学会"的活动，并讨论拉马克的进化思想。后来，他在父亲的要求下到剑桥大学学习神学，然而他的精力却集中在地质学和植物学上。1831年，达尔文作为博物学家参加了"贝格尔"号军舰的环球考察。在考察中，他发现南美洲和太平洋上的一些岛屿虽然在地理上与世隔绝，不过许多动植物品种却十分相像。他把在化石中发现的古生物和现存的物种进行比较，认为"像这样一些事实，显然只能用这样的假说来说明：物种逐渐起了变化"。他在远航中进行的考察，某种程度上说是沿着林耐研究生物群体的方向前进的，但得出了与林耐不同的结论。回国初期，他主要从事地质学研究，他的研究结果更坚定了他关于物种进化的看法。1859 年 11 月，达尔文的巨著《物种起源》出版[①]。他用大量事实论证了自然界中生物的物种是不断进化的，是不断从低级向高级发展的。自然界进化的规则是“物竞天择，适者生存”和“自然选择”。

《物种起源》一书一经出版，就立即在社会中引起较大的反响，不过不是对其的赞扬，而是对其的无情谩骂和诽谤。就连当时的不少科学名流，也对达尔文的观点表示严峻质疑。如 1864 年，英国 30 位皇家学会会员和 40 名医学博士联名发表宣言，称一个科学家不应自以为是，肯定自己的结论而否定《圣经》上的叙述。对于学术界对其的批评，达尔文较少予以直接回复，倒是他的支持者之一赫胥黎极尽辩护之能事。1860 年前后，赫胥黎(Thomas Huxley，1825—1895)是一位比较年轻的生物学家，他精通德文、法文，熟悉动物学文献，且才思敏捷，机智善辩。在《物种起源》一书出版前，他认为支持物种变异的证据不足，因此对变异的可能性问题抱着不置可否的态度。当他读完那本书之后，他向达尔文表示，将以“准备受火刑”的决心来参与这场论战。

1860 年，英国科学协会在牛津博物馆开会，坚决维护达尔文进化论的赫胥黎和以顽固反对派著名的欧文和牛津主教威尔伯福斯，展开了科学史上有名的生物学论战。首先，欧文故意从解剖学角度来挑起争端。他说，大猩猩的脑与人类的脑之间的差异，比大猩猩的脑与最低等的猕猴的脑之间的差异更大。对此，赫胥黎的观点刚好相反，并当场予以反驳。后来在欧文的怂恿下，威尔伯福斯同赫胥黎的辩论达到白热化。威氏质问道：“请问这位自称是猴子后裔的先生，你的猴子血统是从祖父还是从祖母那里传下来的呢?”对此，赫胥黎泰然处之，“一个人没有理由因为有一个大猩猩作为他的祖先而感到羞耻。真正令他感到羞耻的是，他的祖先是这样的一个人，他不是利用他的聪明才智在自己的领域去获得成功，而是利用他口若悬河的言辞、偷梁换柱的雄辩以及求助于宗教偏见的娴熟技巧来分散听众的注意力，干涉他自己不懂的科学问题。”当时，整个会场的氛围剑拔弩张，据说一位妇

---

① 达尔文认识到《物种起源》出版后，围绕物种的变与不变以及物种形成是通过自然选择还是上帝创造等问题，必定会有一场尖锐的争论。为此，达尔文争取获得一些学者对其理论的支持。当时，他把《物种起源》的样本送给地质学家赖尔、植物学家胡克、生物学家赫胥黎以及美国植物学家格雷等人。

女还晕了过去。

在接下来的各种论战中，进化论在社会上得到广泛的关注和了解，并被越来越多的人所接受。可以说，达尔文的进化论从根本上改变了当时大多数人对生物界和人类在生物界中的地位的看法，有力地挑战了神学创世说。这也难怪达尔文的支持者称他为“生物学领域中的牛顿”。

四　蒸汽、电气时代的来临

18 世纪后半叶，蒸汽动力技术的使用，导致了人类历史上第一次科技革命。瓦特改良的蒸汽机对此作出了巨大的贡献。19 世纪 30 年代以后，电气技术逐渐被广泛使用，导致了人类历史上的第二次科技革命。这其中，爱迪生创建发电厂对此起到了较大的促进作用。

（一）瓦特改良蒸汽机

近代科学技术发展到 18 世纪下半叶至 19 世纪上半叶，经过七八十年的时间，形成了较为完整的蒸汽技术体系。它导致了人类历史上第一次科技革命，引起了人类社会的大变革。这其中，瓦特改良蒸汽机起了关键的作用。

瓦特是英国发明家，他一生最大的成就就是对托马斯·纽可门发明的蒸汽机进行了重大的改进。1705 年，英国铁匠纽可门发明了一种大气活塞式蒸汽机。这种蒸汽机与以前的蒸汽机相比，虽然有明显改进，但是它的效率还是很低。瓦特在对纽可门蒸汽机进行认真研究之后，发现主要问题是由于汽缸在冷热交替过程中耗散了大量热量，造成蒸汽热量的巨大损失。为此，他对蒸汽机予以改良。为了使汽缸始终保持高温状态，瓦特将冷凝工序从汽缸中分离出来，将蒸汽引到一个经常保持低温的冷凝器内冷凝，并采用蒸汽泵排除汽缸内的空气和积水等方法。1765 年，瓦特基本上完成了这一发明。1769 年，他取得了第一台蒸汽机的专利权。1782 年，瓦特进一步把单向作用式蒸汽机改进为双向作用式蒸汽机，并取得了又一专利权。1783 年，他采用一套连杆、曲轴传动机构制造成了第一台实用的旋转式蒸汽机，并于 1784 年获得专利权。1790 年，他还对汽缸的一些零件进行了研制和改进。至此，瓦特对蒸汽机的改良工作业已基本完成。由于旋转式蒸汽机的发明，这一技术在工业上获得广泛的应用，从而导致了一场动力革命的发生。可以说，蒸汽机改变了整个世界。

（二）爱迪生创建发电工厂

爱迪生是美国发明家和企业家。他一生的发明很多，如电灯、留声机、自动收报机、蓄电池、打字机、电影、电车等，单是发明专利的数量就达 1 000 多项。爱迪生的发明，对美国的电力技术革命起到巨大的促进作用。

同时，欧洲也进入了电力技术发明的高潮期。1831 年，英国法拉第发现了感应电流之后，各种电机逐渐出现。1866 年，西门子发明了发电机；1876 年，贝尔发明了电话；1879 年，爱迪生发明了电灯，这三大发明迎来了人类的电气化时代。在这三大发明产生的过程中，直流发电机和交直流发电机得到不断改进，但由于受到供电规模的限制，电机在生产上的使用受到较大的影响。恰恰是这种情况，激发了爱迪生创建发电厂的念头。经过一番努力，1882 年他创建了世界上第一座发电工厂。这个发电厂的发电能力，有着 900 马力的规模，可以说是电气化时代的开始。

就在爱迪生创建发电厂的同时，一些欧美国家也相继成立了一批电气公司，从而形成电力技术产业化的局面。1889 年，由于金融大亨摩尔根入股爱迪生的电气公司，增大了公司的资本实力，扩大了公司的经营规模，这就刺激和带动了其他电气公司的发展，从而大大加快了美国的电气化步伐。到 20 世纪，电力迅速发展成为带动一切工业部门的强大动力。电力在世界范围内的广泛使用标志着人类进入电气化时代。

（三）科技进步对社会发展的影响

科技进步对社会发展起着巨大的作用，主要表现在科技进步是推动人类社会发展的强大动力和有力杠杆。众所周知，科技的进步，会使生产力得到不断的提高；而生产力是生产方式中最活跃、最积极的因素，当生产力发展到一定阶段时，必然会要求其生产关系发生相应的变革，从而引起社会革命，推动人类社会向前发展。

五　深入探究指引

（一）“科学革命”的神话？

迄今为止，许多国内外学者从各自不同的角度，对科学革命及其本质进行了研究，提出了自己独到的看法。在这些研究中，最令人关注的当数美国著名学者托马斯·库恩(Thomas Kuhn,1922—1996)和伯纳德·科恩(Bernard Cohen,1914—2003)的成就。库恩在其著作《科学革命的结构》中着重剖析了科学革命的结构,导致了科学观上的一次深刻革命。而科恩的《科学中的革命》“决非是另一部讨论库恩之‘结构’的著作”,它是科恩从一种新的、严格的史学观点来考察科学革命这一课题的尝试。这两种不同的反思科学革命的维度既有观点的交叉,又有目的的不同。对两者的一致和差异进行比较,有助于我们更全面深入地理解科学革命的本质。

尽管我们今天谈论科学中的革命,如牛顿革命、达尔文革命、信息革命等已不足为奇,甚至滥用“革命”一词的成分,如在每天的新闻报道中习惯借用“革命”一词来描述科学技术中所取得的每一个进步。但是,科学界和科学史界在科学中是否存在革命这个问题上并没有一致的答案。许多科学家和科学史家认为,科学主要是以一种渐进的方式发展的,或者说,科学是通过累积的过程而发展的,作为科学领域中重组活动的科学革命是极为罕见的。科学史的主要奠基者之一乔治·萨顿就是持这种观点的信徒,萨顿坚信科学只不过是实实在在的积累和渐进着的人类活动,累积性才是科学的主要特征。他甚至认为,那种认为科学是通过不连续的巨大发展而前进的观念,其实只是我们关于科学进步的肤浅的第一印象。在萨顿看来,科学就像一组巨大的楼梯,其中的每一级巨型台阶都代表一个必不可少的重要发现,即那些几乎是骤然之间就使我们到达了一个更高的水准之上的发展,而且这些大的进步可以划分成较小的进步,较小的进步还可以划分成另外一些更小的进步,直到最后,这些进步完全消失为止。萨顿的这种观点,得到了许多科学家和科学史家的赞同,而且在许多分析家看来,“科学中的革命,倘若确实发生的话,那么一定像社会政治领域中那些伟大的革命一样,是一些并不常见的事,它们只是偶尔打断一下在其他方面均为‘常态的’有规律的或渐进式的发展。”对于这些不同程度上否认科学革命存在的看法,库恩和科恩有着本质上共同的观点。

在库恩看来,之所以有“科学是累积和渐进发展”的认识,是因为人们习惯于把科学看成是一种不断向自然界预先设定的某个目标接近的事业。事实上,科学的发展并不需要这样的目标。库恩认为,高度累积性是常规科学的本质。常规科学的目的在于通过解决此前没有人能够或解得不好的谜,稳定地拓展科学知识的广度和精度,而不是为了去发现重大的实质性的新事物，其方法是扩展那些范式所展示出来的特别有启发性的事实，增进这些事实与范式预测之间的吻合程度，并且力图使范式本身更加明晰。倘若将科学的发展仅仅理解为一个累积的过程，科学便成为了流行教科书中所收集的事实、理论和方法的汇总，科学家便是力求为这个特殊汇总做贡献的一批人。[①] 而科学史的主要任务是记载历史上成功的累积过程以及抑制他们累积的障碍，即确定出当代科学的每一事实、定律和理论是何人何时发现或发明的，描述和解释阻碍着现代科学教科书诸成分更迅速地累积起来的错误、神话和迷信。这些显然不符合科学的实际。由于常规科学活动不是为了追求发现或发明新的理论，理论就不可能从常规科学中产生，这决定了科学的发展并非是一个累积的过程。科学"通过革命而进步"，革命在科学中具有必然性，这也是科学发展与艺术、政治理论和哲学发展的本质区别。以物理学的发展而言，倘若没有革命，物理学共同体成员仍然在经典物理学的统治下做些修修补补的工作，物理学自然不会有后来的相对论、量子力学等飞跃性的发展。只要科学这种事业仍然存在，革命"就不可避免地将用以表征科学事业"。[②]

科恩尽管不像库恩那样将科学革命视为科学进步的惟一形式，但是对库恩的贡献给予了充分的肯定，认为库恩提醒我们注意到革命的发生乃是科学变革中的一种具有规律性的特征，《科学革命的结构》从根本上改变了我们对科学变化的看法，它同时使人们认识到"科学中存在着一些大的革命，在这些大的革命之间还有一些较小的革命，革命的过程是科学知识增长模型的一个组成部分"。其中，大型的革命是指那些一般在科学论文中被承认是革命的事件，小型的革命是指诸如二十几位科学家用一个新的范例取代一个已被广泛接受的范例这类情况。科恩肯定，科学中除了发生过与牛顿、拉瓦锡、达尔文和爱因斯坦等人联系在一起的大型科学革命事件，还曾有过小的科学革命，这些大大小小的革命已经使每一个人强烈地意识到，革命不仅是"政治的、社会的和经济的变革的一种规律"，而且同样也是"科学变革中的一种规律"。科学革命"就是对科学思想进行一些重大的重新组

---

① 贾长伟，陈媛媛：《简析库恩的科学革命理论》，《学术探讨》2010 年第 1 期。

② （美）托马斯·库恩著，金吾伦、胡新和译：《科学革命的结构》，北京大学出版社 2003 年版，第 144—153 页。

合”。它已成为一种总能够盛行不衰并且总能令人满意地描述科学进展的方式。科恩还发挥了R.K.默顿的观点，认为“科学是一种特殊的事业，在这种事业中，革命活动已经制度化了”。“在正式进入到符号文字的记录以后，对‘科学中的革命’的表达被公认为指称一个表示科学变革特性的被接受的概念”，科学革命被视为理解科学中如何取得进步的方式。[①]

与库恩强调科学进步的“阶段革命论”观点相仿，科恩还认为，“科学中的革命是不可避免的，从这个意义上讲，它们也是不可抗拒的，至少，只要科学继续存在，情况就会是如此”。[②]而且，科学的发展使我们预料到，科学将要进行一系列连续的没有终点的革命，一次科学革命实现了并不意味着不再有革命发生了。例如，即使在牛顿革命非常成功的情况下，就连牛顿的信徒也充分相信，还有些领域（如化学、光学以及生理学）十分需要进行一次科学革命。确切地说，“在科学中，一次成功的革命也就为进一步的革命制定了一个革命的纲领”。[③]

第三节　改变世界的高新技术

20世纪以来，世界科学技术的发展又上了新的台阶，主要得益于相对论和量子概念的构建，这两种新的概念的阐发引发了物理学界的一次重大革命。相对论改变了人们过去对时间和空间的看法；量子力学则把人类对物质世界的观察由宏观转向微观；这两大理论不仅对现代科学的几个主要分支至关重要，而且也改变了人们看待世界的角度，人们对世界的认识又上了一个新的台阶。

一　相对论和量子论

古典物理学经过近三个世纪的发展，19世纪末已建立起比较完整的理论体系。20世纪初，物理学界又有了突破性的发展，由于相对论和量子论的

---

① 张立英：《论失败的科学革命——兼评科恩的科学革命理论》，《自然辩证法研究》2004年第9期。

② 苏玉娟、魏屹东：《库恩与科恩科学革命观的比较研究》，《山西大学学报》2010年第2期。

③ （美）I.B.科恩著，鲁旭东等译：《科学中的革命》，第16页。

创立，物理学爆发一场重大的革命。这场革命不仅促进了科学技术和经济的飞速发展，还改变了人类认识能力和思维模式，从根本上颠覆了人们以往的自然观念。本部分就对相对论和量子论的主要内容及其意义予以简单介绍。

（一）爱因斯坦的相对论及其意义

近代科学技术发展到20世纪初，发生了革命性的变化。这种革命性的变化，不是以经验为基础，而是由科学理论上的重大突破引起的。其中，爱因斯坦的相对论为此作出了巨大的贡献。爱因斯坦（1879—1955）是美籍德裔犹太人，物理学家，诺贝尔奖获得者。他创立了代表现代科学成就之一的相对论，推动了量子理论的发展，并为核能开发奠定了理论基础，成为继伽利略、牛顿之后又一位伟大的科学家。

相对论是现代物理学的理论基础之一，是人类思想史和科学史上的一个伟大成就。它是由爱因斯坦创立并与其他物理学家一起发展、完善的科学理论，包括狭义相对论和广义相对论两个部分。狭义相对论创立于1905年，广义相对论创立于1916年。狭义相对论是由两个基本原理构成的，一是相对性原理，二是光速不变原理。根据这两大原理，运动着的尺子要缩短——一个物体相对于观察者静止时，它的尺度最大；相对于观察者运动时，其运动方向上的长度要缩短。运动着的时钟要变慢——一只时钟相对于观察者静止时，走得最快；相对于观察者运动时，则会走慢。光速是物质运动的极限速度。物体的质量是一个变量，它随着物体运动速度的增加而增加。狭义相对论的创立，引起了人类时空观的一次重大变革。它科学地揭示了时间和空间的内在联系，以及时空同物质运动的内在联系，从而证明了时间和空间是物质运动的一种基本属性。这就将伽利略和牛顿以来的绝对时空观发展到相对论时空观。在狭义相对论的基础上，爱因斯坦提出了任何坐标变换都是协变的引力场方程，从而建立了广义相对论。广义相对论实质上是一种引力理论，它把几何学和物理学统一起来，用空间结构的几何性质来表述引力场，使非欧几里得几何学获得了实际的物理意义。至此，整个相对论体系基本完成。

相对论建立的意义在于：一、相对论首次揭示了空间和时间之间的辩证关系，把空间、时间和物质联系起来，人们认识到物质在不同的运动过程中表现不一；二、新的时空观及其建立所显示的开拓创新精神为物理学的发展开辟了广阔的道路，跟量子论一起成为物理学界的两颗“新星”，促进了现代科学技术的突破性发展；三、相对论也为世界的和平带来了隐患，在质量与能量的相互关系和定律中，人们掌握了挖掘原子内部巨大核能的秘密，原子弹在各个野心勃勃的国家中问世，同时也为人类和平利用核能展现了广阔的前景。

（二）量子论的主要内容及其意义

量子论是现代物理学的重要支柱，它是由德国理论物理学家普朗克(Max Planck，1858—1947)提出来的。他于 1900 年在德国《物理年刊》杂志上发表了题为《论正常光谱能量分布定律》的论文，标志着量子论的诞生。普朗克提出，物质的辐射能量达到极限时是不可分的，其最小的能量单元是“能量子”或称“量子”。也就是说，组成能量的最小的单元是量子。这如同组成物质的一种构成单元是原子一样。普朗克还提出了“物质的辐射能量不是连续的，而是以量子的整数倍跳跃式变化的”的假设。

1905 年，爱因斯坦将量子概念推广到光的传播过程中，提出了光量子论。光量子论认为，光在传播过程中，能量也是不连续的，光的长时间的平均效果表现为波动性，而其瞬时效果则表现为粒子性，从而丰富了量子论。1913 年，英国物理学家玻尔深化了量子力学，他把量子的概念推及原子内部的能量状态，认为原子的内能可分成像梯子那样的量子化能级，电子的轨道与其能级相对应，电子的能级跃迁变化引起光量子的发射或吸收。在玻尔等科学家的不断积累和创新之下，到 1925 年左右，物理学的另一个分支——量子力学最终建立。

量子论的意义主要有以下几点：一是量子论与相对论等一起，引起物理学的一场重大革命，并促进了现代科学技术的突破性发展，这些理论成果应用于实践，极大地丰富了人类社会。二是量子论的革命性观念将物理学的视野从宏观转向微观，深刻地改变了人们对整个物质世界的认识。三是量子论成功地解释了过去无法解释的诸多物质现象。爱因斯坦的光量子论成功地解释了光的波动理论不能解释的光电效应，玻尔的原子结构模型成功地解释了经典力学不能解释的氢原子的线状光谱，以量子力学为基础的量子化学成功地解释了原子是如何结合成分子的，以量子力学为基础的固体能带理论成功地阐明了导体、半导体和绝缘体的区别，等等。四是量子概念又称为其他学科发生突破性进展的一个重要基石。现代物理学中的许多领域都是从量子概念基础上衍生发展起来的，许多交叉科学领域，如量子化学、量子生物学、量子宇宙学等，都得益于量子理论的发现和构建。

二　现代信息技术的广泛应用

现代科学技术在20世纪得到异常迅猛的发展。许多高新技术相继产生，并极大地提高了生产力水平。邓小平对此提出了"科学技术是第一生产力"的科学论断。其中，影响最大和最为突出的，就是网络技术和现代信息技术。

(一)网络技术和现代信息技术

计算机网络是计算机群体的集合。它们彼此用传输介质连接起来，并遵守共同的协议进行通信。网络技术就是网络构成、运行和使用等成套地系统技术。

计算机网络的发展也是一个循序渐进的过程，经历了由简单到复杂、由低级到高级的发展过程，大体可分为四个阶段：(1)远程终端联机阶段。这个阶段是利用通信线路与大型主机相连，组成联机系统。(2)计算机网络阶段。自从1969年ARPANET网络运行以来，计算机通信网技术得到迅速发展。(3)计算机网络互联阶段。1984年，国际标准化组织公布了开放系统互联参考模型，促进了网络互联的发展，出现了许多网间互联网。(4)信息高速公路阶段。1993年，美国提出"国家信息基础建设"计划，就是利用高速通信网，更好地相互传递信息，实现资源共享。计算机网络根据通信距离可分为局域网(LAN)、广域网(WAN)和全球网(GAN)。

互联网是由电话网和计算机网互相联接而形成的远程信息及信息处理网络。由于英文翻译是Internet，故常译为"因特网"。互联网能将数据、语音、文本、图像、传真、电子邮件等多种信息从信源处传到各处。现代通信借助互联网实现了国际化。世界各国各地区的沟通变得频繁起来。

随着网络技术的发展，数字通信网形成了智能化、综合化和个人化的发展趋势。智能化要求信息网络在各种条件下以最优化的方式处理和传递信息。综合化包括两个方面：一是技术的综合，也就是使其传输、交换和处理的功能都采用数字技术，以实现网络技术一体化；二是业务综合，也就是把各项通信业务综合在同一信息网传送、交换和处理，并能在不同业务的终端之间实现互通。个人化就是要能够使移动状态的人们在任何时间、任何地点都可以进行任何形式的通信。由此可见，这三大发展趋势不仅使人们能更灵活方便地交流各种信息，而且还能使人们更有效地应用多媒体系统进行全球性活动。

现代信息技术主要包括计算机技术、微电子技术（即集成电路技术）和现代通信技术等。计算机技术是指计算机的研制、生产和运用的技术。计算机的应用领域主要有以下几个方面：数值计算、信息处理、过程控制、计算机辅助设计（CAD）、计算机辅助制造（CAM）、计算机辅助教学（CAI）、计算机辅助测试（CAT）、计算机与日常生活等。计算机具有很强的计算能力、判断能力和记忆能力，可以说是人类大脑的延伸，将在很大程度上改变人类思维的习惯。最近十多年来，计算机技术有了很大发展。

微电子技术是指微小型电子元器件和电路的研制、生产以及系统集成的技术。在微电子技术领域中，最主要的是集成电路技术。现在，微电子技术仍在朝着高集成度、高速、低功耗、低成本的方向发展。其中，集成电路的规模越来越大，目前已进入特大规模集成电路和系统芯片时代，集成电路的元件从十几个发展到几十亿个。

现代通信技术是指包括电子计算机、光导纤维和卫星等在内的各种先进的电信技术。现代信息的采集、存贮、流通和交换主要依赖于现代通信技术。现代通信技术具有数字化、自动化、多样化的特点。电子计算机、集成电路、光导纤维和卫星技术的迅速发展，已使现代通信面貌发生了巨大变化。例如：电话通信数字化，使电话网不仅可以通电话，而且还可以传送各种信息，成为“综合业务数字网”（ISDN）；移动通信标志着无线电通信的革命性变化，环球电话系统与地面的移动电话通信系统相结合，将形成一个全世界范围的立体化的移动电话通信网“全球数字移动个人通信”卫星系统等等。

（二）网络技术对现代社会的影响

网络技术对信息化、科学技术、经济的发展以及社会生活的影响极大。一是对信息化发展的影响。信息化是当今世界的一种发展趋势，是人类进入信息社会的必然过程。现在,网络技术对信息化发展影响极大,是加速信息化发展的重要技术力量和基础建设。世界各国建设的全球信息网是20世纪最伟大的工程之一。它已对信息化发展产生了极大的影响。网络技术的进一步发展,必将加速信息网的数字化、宽带化、综合化和智能化发展,从而使信息化进入新的历史阶段。

二是对科学技术发展的影响。网络技术本身不仅增加和丰富了科学技术的内容,而且还对其他科学技术的发展起到了极大的促进作用。因为网络技术的发展,使科学技术发展所需的各种要素的信息的采集、存贮、流通、交换和处理更加广泛、灵活、及时、高速和方便。这种对信息情报获取和利用的新技术,从根本上改变了科研手段和科研方式,因而必将加快科学技术的高速发展。

三是网络技术对经济发展的影响也很大。经济发展离不开经济信息情报的获取和处理。尤其是在经济全球化的激烈的市场竞争中,可以说,经济信息情报的获取和处理,决定着一个企业的生死存亡和兴衰发展。而网络技术是获取和处理经济信息情报的最新技术。网络技术可以大大提高企业的知情能力、预测能力、决策能力和控制能力,从而大大提高企业的竞争力。例如,电子商务把买卖双方的纸上贸易搬到网上进行,这就极大地加快了速度和降低了成本,促进了商贸发展,今天B2B形式的贸易更是风靡全球。所以,网络技术对经济发展的影响也是巨大的。

四是对社会生活的影响。网络技术对社会生活的影响也很大。现在,网络通讯、网络娱乐、网络咨询、网络购物、网络查阅、网络教育、网络评议等已普遍开展。这就使网络生活逐渐成为人们的一种生活方式,从而极大地影响和改变了社会生活,使社会生活出现网络时代的新特点和新变化。

三　航天技术的飞跃

遨游广阔的太空,探索浩瀚的宇宙,是人类千百年来的美好愿望。在远古,中国就流传着嫦娥奔月的美好传说;在公元前1700年,中国就有“顺风飞车,日行万里”的说法,还绘制了飞车腾云驾雾的想象图。世界其他国家也有许多关于“月球旅行”的美好传说。1957年10月4日,苏联发射的第一颗人造地球卫星拉开了太空竞赛的序幕。时至今日,太空竞赛的激烈程度前所未有,各国在太空探索工作中所取得的进展代表了他们的综合国力。

（一）“航天技术”的概念

航天技术（space technology）又称“空间技术”，它是一项探索、开发和利用太空以及地球以外天体的综合性工程技术，是一个国家现代技术综合发展水平的重要标志。航天技术是现代科学技术的结晶，它以基础科学为基础，集中应用了20世纪许多工程技术的新成就。可以说，力学、热力学、材料学、医学、电子技术、光电技术、自动控制、喷气推进、计算机、真空技术、低温技术、半导体技术、制造工艺学等，都对航天的进步发挥着重要的作用。这些科学技术在航天应用中互相交叉和渗透，产生了一些新学科，从而使得航天科技成为完整的体系。

（二）世界航天技术的发展历程

人类很早就已开始探索宇宙的新空间和天地，起初是穿过大气层，后来则是努力征服整个宇宙。在这个过程中，火箭是航天技术领域不可或缺的一环。早在公元1000年，中国宋代的唐福献就已运用火箭原理来制造战争武器，13世纪起，这项技术传到国外，一直在不断地被改良。经过好几个世纪终于“修成正果”，到19世纪末20世纪初，前苏联的齐奥尔科夫斯基、美国的戈达德和德国的奥伯特等先驱科学家们为这项技术带来了根本性的突破。1944年，纳粹德国率先使用V2导弹轰炸伦敦，由此现代意义的火箭渐具雏形。20世纪50年代，苏联人在这项技术上处于领先地位，1956年首先宣布掌握了洲际导弹技术。洲际导弹具有远距离航行的优势，甚至可以达到宇宙第一速度以摆脱地球引力进入太空。1957年10月4日，苏联人将第一颗人造地球卫星送入太空，震惊了整个世界。一个月后，他们又用人造地球卫星将一只狗送上了太空，于是将人类送上太空的想法被提上议程。1961年4月12日，苏联人尤里·加加林（Yury Gagarin）少校乘“东方号”飞船，在环绕地球飞行一周后成功返回地球，于是，这个日期也就成为载人航天时代开端的标志。

自从1957年10月4日世界上第一颗人造地球卫星上天以来，到1999年，苏联、美国、法国、日本、中国、英国、印度等国家以及欧空局先后研制出大约80多种运载火箭，修建了10多个大型航天发射场，建立了完善的测控网，世界各国和地区先后发射成功5 263个航天器。其中，对地观测卫星2 029颗，通信、广播卫星1 482颗，导航卫星344颗，载人航天器129个，空间探测器140多个。几十个应用卫星系统投入运行，航天员在太空的持续飞行时间长达438天，其中有12名航天员曾踏上月球。如今，航天活动成为许多国家国民经济和军事领域的重要组成部分。航天活动的实现是多种技术综合和补充的结果。

火箭技术：航天飞行的历史要从火箭技术讲起，没有火箭技术的发展，也就没有当今的航天飞行。真正意义上的火箭，则在第二次世界大战期间的德国出现。早在1932年，德国就发射了A2火箭，飞行高度达3千米。1942年10月，德国又发射了V－2火箭，V－2火箭的发射成功，在现代火箭技术发展史上留下浓墨重彩的一笔。

卫星技术：1957年10月4日，苏联用"卫星"号运载火箭把世界上第一颗人造地球卫星送入到太空，这颗卫星在太空中正常工作了3个月。是年11月3日，苏联又发射了第二颗卫星，这是一颗生物卫星，除了利用小狗作生物实验以外，还用于探测太阳紫外线、X射线和宇宙线等。依今天的标准来看，苏联发射的第一颗卫星只不过是一个伸展开来的发射机天线的圆球，但是它是世界上第一个人造天体，把人类几千年来的梦想变为现实，开创了人类航天技术的新纪元。

人造地球卫星出现以后，20世纪60年代，苏联和美国还发射了大量的科学实验卫星、技术实验卫星和各类应用卫星。70年代，军、民用卫星全面进入应用阶段，并向侦察、通信、导航、预警、气象、测地、海洋和地球资源等专门化方向发展。同时，各类卫星也向多用途、长寿命、高可靠性和低成本方向发展。80年代后期起，单一功能的微型化、小型化的卫星是卫星发展史上的新动向，这类质量轻、成本低、研制周期短、见效快的小型卫星将是未来卫星的一支生力军。除美、苏外，中国、欧空局、日本、印度等国都拥有自己研制的卫星。有100多个国家和地区参加了航天活动，并利用卫星技术获得的成果来指定本国和地区的航天活动计划。

载人航天：在航天活动中，载人航天占有重要的位置。苏联自1961年4月到1970年9月，共发射了17艘载人飞船("东方号"6艘，"上升号"2艘，"联盟号"9艘)。1965年3月，航天员在"上升号"上第一次走出飞船；1966年1月，两艘"联盟号"飞船第一次在轨道上交会对接，并实现两个航天员从一艘飞船向另一艘飞船的转移。1971—1982年，苏联还发射了7艘重达18－20吨的"礼炮号"空间站。1986年，苏联发射了"和平号空间站"，它是未来永久性空间站的核心舱，到20世纪90年代建成有7个舱组成的大型空间站。俄罗斯计划在21世纪前期发射无人和载人火星飞船，并在月球上建立基地。

1961年5月—1966年11月，美国发射了16艘载人飞船。1965年6月，“双子星座”飞船上的航天员第一次步入太空；1966年3月，“双子星座—8”和“阿金钠”飞行器在轨道上第一次成功地实现对接，此后“双子星座”飞船系统进行过多次交会对接。1967—1972年间，美国共发射了14次“阿波罗”飞船，其中3次为无人飞行，3次载人绕月飞行，6次载人登月飞行，12名航天员登上月球。1973年，美国发射了“天空实验室”并和“阿波罗”飞船进行过对接。1969年，尼克松政府宣布70年代研制载人航天飞机，1984年里根政府宣布，90年代建立永久性载人空间站。

（二）航天技术的社会影响

在这近半个世纪里，得益于各种科学理论飞跃式的发展，航天技术取得了一系列成就，世界的面貌不断被改变。航天技术的发展，改变了人们对空间的传统看法，正在诸多方面改善着人类的生存质量。各种航天器与地面应用系统的配合，不仅使古代传统的“千里眼”、“顺风耳”由神话变为现实，而且为公众提供了不少实惠和便利①。

今天，卫星通信的优势在于传送距离远，传输质量佳，已经成为现代通信的主要手段。我们的卫星广播已经可以对我国疆域之内各地区播报，在我国其覆盖率达90%以上，实现了四通八达。卫星通信已把分散的电子计算机设备联成信息网络，大大发挥了计算机系统的效用，给人们带来了极大方便。我国已有数万条渔船装备了全球定位系统GPS接收机，北京和上海等城市已开始在公交车、出租车上安装GPS卫星定位追踪器，这都为渔民和司机的安全作业与提高效率提供了重要保障。同时，航天育种正使太空食物进入人们的餐桌。利用太空特殊环境诱使作物种子发生基因突变和染色体畸变后，再经地面选育，水稻单季亩产可达800千克，一条黄瓜可重达1.5千克。我国利用返回式卫星已搭载的1 000多种实验品中，粮食和蔬菜作物占60%。太空制药也取得了一定成效。这都对提高人民生活质量大有助益②。

---

① 尹怀勤：《航天技术对社会进步的重大贡献》，《太空探索》2007年第5期。

② 高越：《为什么要大力发展航天事业》，《交通与运输》2010年第4期。

人类经过不断繁衍,人口出现了过剩的状态,因此急需扩大生活空间和生产活动,必然要不断开拓新的领域。人类活动的范围,经历了从陆地到海洋,从海洋到宇宙空间层层递进的过程。人类活动范围的每一次进步,都是人类认识和改造自然的能力增强的结果,这些进步促进了生产力的发展和社会的进步。

四　生命科学的勃兴

(一)“生命科学”的概念

有一种说法,21 世纪是信息与生命科学的时代[①]。那么,何为生命科学呢?简单来说,生命科学是指研究生命现象及其规律的科学。虽然至今学界对于生命的概念仍未有清楚的认识,但是基本上,生命具有与化学成分同一性的特征,具备严整有序的结构,能够自我新陈代谢并产生应激性和运动等特征。

(二)生命科学的发展历程

生命科学并不是近代才产生的。在人类出现文明的初期,生命与非生命的差异就被人类认识到,他们开始对生物进行观察、描述,并留下了大量的材料。17 世纪以前,由于科学技术水平的限制以及神学对人们思想的禁锢,古老的生物学始终停留在观察和描述阶段。

到 18 世纪,伴随自然科学的发展,生物学的积累已经达到了一定程度,对生物进行分门别类的研究成为主要课题。林耐(C. Linnaeus)在总结前人成果的基础上,建立了系统分类学。19 世纪,随着物理学和化学的发展,新技术被不断应用于生物研究,使生物学由描述性的学科发展成为实验性的学科。1838—1839 年,德国植物学家施莱登(M. J. Schleiden)和动物学家施旺(T. Schwann)分别通过对植物和动物细胞的研究,提出了细胞学说,即一切生物的基本构造单位是细胞。英国科学家达尔文(C. R. Darwin)在 1859 年出版的巨著《物种起源》中,更加笃定地确立了生物不断适应外部环境而不断进化的进化论学说。他认为,在更好地适应生存环境的要求迫使之下,生物会产生变异,这一过程是推动生物进化的根本原因。

---

① 金国藩:《21 世纪是信息与生命科学的时代》,《国际学术动态》2000 年第 5 期。

1865 年，遗传学的奠基人奥地利的孟德尔(G. Mendel)发现了生物性状遗传的两个基本定律，即分离定律和自由组合定律。遗憾的是，他的发现在当时并未引起学界的重视。直到 1900 年，荷兰的德·弗里斯(de Vries)，德国的科伦斯(Correns)和奥地利的切尔马克(Tschermak)，分别独立地发表了与孟德尔相同的研究结论，而且不约而同地引用了孟德尔在 35 年前宣读的论文。孟德尔遗传定律的被重新提出，正式宣告了遗传学的诞生。1909 年，丹麦植物学家和遗传学家约翰逊(W. L. Johannsen)又提出了“基因”这一术语，更好地对孟德尔的遗传因子概念进行了表述。20 世纪初，美国遗传学家摩尔根(T. H. Morgan)在基因概念的基础上，进一步提出了基因定位于染色体上的基因学说，生物学的发展出现了质的飞跃。

到 20 世纪后半叶，在分子生物学的率领之下，生命科学又实现了前所未有的突破。这种突破体现了纵横两方面，从学科的纵向发展来看，学科分支细化和深化；从横向发展来看，各近代学科间的交叉加强，具体表现在：1. 生物学领域出现了量子生物学、分子生物学、细胞生物学、组织学和生理学、微生物学和动植物学、群体生物学、生态学等学科分支。2. 多学科融合使生物学出现了一系列的边缘学科。如研究基因及其表达的分子遗传学，研究生物大分子的结构与功能、生物体内化学变化的生物化学等等。3. 为了使生物学理论更好地用于实践，应用生物学的形成。20 世纪 70 年代以后，生物工程、克隆技术、PCR 技术构成了现代生物技术的核心。

(三)现代生物技术对人类生活的影响

第一，现代生物技术可以揭示出生命之谜。克隆技术是推动生命科学飞速发展的强大动力。克隆是英文 clone 一词的音译，本意是无性繁殖系或一种人工诱导的无性繁殖方式。1996 年 7 月 5 日，英国科学家伊恩·维尔穆特用成年羊体细胞克隆出一只绵羊，首次实现了用体细胞进行动物克隆的目标，在全世界引起了轰动。克隆羊诞生以后，科学家们又相继克隆出牛、猴等其他哺乳动物，技术不断得到更新，动物克隆技术由此日渐成熟。克隆技术有着广泛的应用前景，如培育优良畜种，生产转基因动物等。

第二，现代生物技术推动发酵工业。发酵工业是利用微生物生产有用物质的工业过程。运用基因工程、细胞工程和酶工程的技术来改造用于发酵工业中的微生物，发酵工业本身改变了生物学的视野，从宏观转向微观。

新微生物品种的出现，可以改变原有的生产方法，开辟新的原料来源，降低生产成本。如，乙醇不再仅仅以淀粉和糖来发酵，直接利用微生物来发酵，大大降低了乙醇的生产成本。

第三，是现代生物技术促进农业绿色革命。俗话说，“民以食为天”，由此可见粮食问题的重要性。现代生物工程技术的应用，正在掀起农业的新一场革命。通过生物工程技术，可以将改变原有作物或动物的遗传品质，取长补短，从而提高农作物及家禽、家畜的产量和营业价值。改良后的农作物，既降低农业生产成本，也可以减少化肥和农药对环境的污染。

第四、是现代生物工程技术能有效解决环境污染问题。随着工业的迅速发展，环境污染问题已成为世界公认的难题。解决环境污染的方法中生物法比物理法和化学法更为有效和实用。在 20 世纪 70 年代以后，人们发现了许多具有特殊降解能力的细菌，它们分别含有具有不同降解特点的降解质粒或代谢质粒，这些细菌能够化解环境的污染源，净化环境而不造成二次污染。

五　深入探究指引

科技伦理问题：近代以来，尤其是从 19 世纪后期开始，人类在科学技术上取得快速、重大的发展；与此同时，道德伦理与科学技术之间的联系更为密切。但这并不意味着，二者能够并行不悖，和谐共处。从人类历史的实际进程来看，科学技术始终是一把双刃剑，在给人类带来不少好处的同时，又制造了各种各样的麻烦，化学毒气（毒气战）即为一例。本文就尝试对一战毒气战的基本情况作一介绍，以启发读者对科技伦理问题进行思考。

就宽泛的意义而言，人类的毒气战有着悠久的历史，不过具备大规模杀伤力的毒气战，实则起自第一次世界大战，这时西方的化学技术趋于成熟（尤其是德国）。正是在这一背景下，一战呈现出两大特点：一是各种新式毒气的使用，二是高性能炸药的使用。正由于此，有学者视一战为“化学家们的战争”。可以说，这一认识能很好地反映出一战的本质属性：当近现代的科学一路高唱凯歌之时，其冰冷无情的一面亦得到深刻的体现。

在论述一战期间的毒气战时，首先应该明确何为“毒气”。关于其概念的界定问题，学术界一直存在较大的争议。不过毒气所含的对象倒是明确无疑的，既包括普通的禁用化学物质（如催泪瓦斯和重症芥子气等），也包括那些致命的化学药剂(如光气和氯气等)。

据考证,在一战初期,首先使用毒气的并非是德国军队,而是法国军队(即协约国军队)。1914 年 8 月,法军在口径为 26 毫米的榴弹炮口上装上催泪瓦斯,然后炮击敌方阵地。不过,由于每一炮口填充的催泪瓦斯数量较小(仅 19cm3 左右),所以并未引起德军的明显注意。到同年 11 月份,法军库存的催泪瓦斯已经告罄,于是转向使用氯丙酮这一活性物质。而在这期间,德军也开始向炮弹里填充化学刺激物用来炮击英军的新沙佩勒(Neuve Chapelle)阵地,同样由于实际浓度太低,德军的这一行为也未引起对方的足够注意。在此我们作出如下判断:交战双方均认为,使用催泪瓦斯是不违背相关的国际条约以及人道主义问题的。然而,到 1915 年初,德军开始较大规模地使用催泪瓦斯(据称是液化的二甲苯基溴),用以炮击位于波兰中部的俄军阵地。不过由于天气寒冷,这些化学物质难以得到有效挥发,因而实际效果也就不太理想。一般而言,首次具有真正意义上的毒气战,还应当为 1915 年 4 月 22 日由德军在比利时西北部的伊普尔(Ypre,亦译“伊珀尔”、“伊普雷”等)所发起的氯气战 。从此之后,毒气战就成为同盟国和协约国所共同使用的杀伤性武器。对于这一过程,笔者分阶段来加以考察。

第一阶段(1915 年 4—9 月):德军在毒气战上的主导期。从 1914 年 9 月开始,即马恩河战役结束以后,协约国与同盟国的战役由此进入持久难熬的堑壕战。为了打破这一僵局,交战双方均想方设法,磨刀霍霍,而科学工业的发展,客观上为其选择的多样化提供了可能。在一战前夕,德国的化学工业最为发达,像巴斯夫(BASF),赫司特(Hoechst)和拜耳(Bayer)等化学联合企业,它们在生产染料的过程中,都有大量的副产品氯气(chlorine)得以释放。正是这一剧毒的黄绿色的气体,得到当时著名化学家弗里茨·哈伯(Fritz Haber,被誉为“化学武器之父”)的注意。他联合起一批化学家来共同研究有关氯气施放技术的问题。到一战初期,这一技术趋于成熟。

第二阶段(1915 年 9 月—1917 年 7 月):毒气战的扩大化。作为报复,1915 年 9 月底,英军在鲁斯战役(the Battle of Loos)中已启用毒气,不过这一尝试是灾难性的。据称,这一代号为“红星”(Red Star)的毒气战,所用的氯气重达 140 吨,多达 5 100 瓶。在施放毒气的过程中,由于风向突然发生变化,这股毒雾要么萦绕在无人的中间空地上,要么就吹回英国自己的堑壕之中;更要命的是,一些阀门出了问题而得不到及时施放的氯气缸遭到德军的炮击，于是大量毒气在英军堑壕中四处蔓延，而当时的一些英国士兵根本就没配有防毒面具，其后果也就可想而知。对于这一灾难事件，英国官方下了封口令，不许国内任何报纸予以报道。尽管如此，其后的毒气战还是对德军造成了重创。

第三阶段（1917 年 7 月—1918 年 11 月）：毒气战的升级和尾声。随着战争的进一步发展，一种新型毒气应运而生，那就是广为注意的芥子气（mustard gas，实际上是一种雾化液体）。对于这一毒气，德军称之为“黄十字”（Yellow Cross），而英军称之为“野蛮之物”（Hun Stuff），法军称之为“伊佩里特”（Yperite），它是由德军于 1917 年 7 月（第三次伊普尔战役前夕）率先投入使用的。由于毒气门类繁杂，德军开始有意识地在不同种类的毒气瓶上涂上不同颜色以示区别：黄色指代芥子气，绿色指代氯气和光气。需要指出的是，芥子气实际上称不上是一种特别有效的杀人武器，（尽管在高剂量的情况下，它的确是致命的），不过用它来骚扰和麻痹敌人并腐蚀对方战场，则是大见其效。据称，当这种芥子气以炮弹的方式掷入敌方堑壕时，它就会以油状的形式四处流淌，从而腐蚀对方的作战阵地。而这一腐蚀作用，将依天气情况而持续数天、数周乃至数月不等。此外，深受芥子气毒害的人要经过四五周的苦苦挣扎才最终步入黄泉路。

总体而言，自从德军首次发起毒气战以来，此后的毒气战就再也未能重现当时的那一幕。不过，毒气战给军人所造成的痛苦却是难以忘怀的。也许正是这次痛苦的经历，二战中的纳粹德军除了使用毒气将犹太人消灭在集中营之外，基本上并未发起毒气战。然而，在同一时期的东方，毒气则四处蔓延，悲剧仍在继续。

结 语

自20世纪70年代起，西方学术界出现了一股被称之为“新文化史”(New Cultural History)的史学风潮。十年后，这一被不少欧美学者看成是“文化转向”的研究风气已在史学界发展成为一幕蔚为大观的景象。1989年，美国学者林·亨特(Lynn Hunt)主编了一本《新文化史》的论文集①，齐集了该时期新文化史研究之大成。一时之间，后现代主义、后殖民主义、后结构主义等众多“后学”新论轮番冲击着实证史学、新史学以追求科学性为旨归的领地，诸如日常生活史、微观史学、心态史学、身体史、表象史、行为社会史、社会语言史、社会记忆史、图像社会史等论说陆续涌入人们的眼帘。以往为学者们所忽略的大量人类社会的细微事物，比如文字、气味、眼泪、食物、镜子、戒指，乃至内衣、垃圾、厕所、发型等，这些人们在日常生活中司空见惯的东西，开始成为文化史研究的对象；还有一些涉及了人们精神领域的日常现象，比方梦境、疼痛、姿态、恐惧、幽默、声音、视觉等，也纷纷纳入研究者的视野。

新文化史所带来的研究取向，在我国掀起一轮文化史理论探讨的波澜。自上世纪末至今，不少学者纷纷对新文化史作出评介，更有部分学者从方法论的角度深刻阐述了自己的独特见解。在上世纪的90年代末，就有学者认为：“历史学家之所以采取文化史的研究策略，正是要把人类的全部历史当做文化加以整体的考察，正是这个整体性才能克服旧式叙述史的个别性和独特性，从而发现文化发展的一般原理。政治、经济、宗教、哲学、风俗习惯、

① 该书中文版请参阅，(美)林·亨特编，姜进译：《新文化史》，华东师范大学出版社2011年版。

伦理道德、文学艺术、学术思想都是文化的表现形式，如果把他们割裂来来分别研究，犹如将一个人肢解以后再去研究他的各种生理活动一样。”[①]这一论点，紧扣了历史学科的综合性特征，倡导从多元的研究策略入手对人类历史进行整体性的考察。但直到本世纪初，仍有一些学者坚持文化史应以历史边缘研究为基本导向。有台湾学者力主：“新文化史师承后现代主义精神，认同边缘、拒斥中心，新文化史家要搜寻的是历史边缘处境的弱者心声。”[②]

毋庸置疑，文化是全人类创造的共同财富，因而优秀的文化史著述理应是面向世界所有人的研究成果，以往被忽略的“草根”文化，本应是文化史研究的一个重要部分。新文化史一改以往史学专注于社会上层和主流意识的贵族脾气，进一步拓展了史学研究的视域，使历史学不断向全体大众靠拢，实在是功不可没。然而，由此而走向极端，认为历史研究只有关注大众和下层才是重要的取向，甚至断言“所有的历史都是文化史”，这些看法则是值得深思的。

人们在文化现象事无巨细的研究热之后，陆续引发了一系列的深度思考。国内有学者对新文化史作了一个“社会文化史”的归结，认为这是史学界针对所谓社会下层或大众文化研究不足而采取的一个“策略”；与之相辅相成的还有关注上层精英意识和精英文化的“文化的社会史”研究。“无论是‘社会的文化史’还是‘文化的社会史’研究取向，其实都应该是全社会各阶层的整体性研究。”“如果说‘社会的文化史’取向，更注重解释文化现象形成的社会因素；那么，‘文化的社会史’取向，则更关注揭示思想观念、文化价值的社会化过程、对社会的渗透和影响。”[③]显然，这一将上下层文化结合起来的研究视角，关注文化现象交互作用的研究向度，更具有方法论的意义，因而陆续得到众多学者的认同。

新文化史的发轫，令人不得不去思考这样一个问题——文化到底有没有自身的界限？人类文化从严格意义上讲，比经济起源要早，与出现于阶级

---

① 常金仓：《穷变通久：文化史学的理论与实践》，辽宁人民出版社 1998 年版，第 39 页。

② 卢建荣主编：《性别、政治与集体心态：中国新文化史》，台北麦田出版社 2001 年版，第 viii 页。

③ 黄兴涛：《文化史研究的省思》，《史学史研究》2007 年第 3 期。

社会的政治相比更称得上是一个“老前辈”。然而，文化史在学术界取得独立地位，却大大晚于政治史和经济史，由此难免导致其长期充当了政治史、经济史的陪衬角色。纵观人类社会发展的历程，不论是经济现象还是政治现象，有时在一定范围内或许与文化现象的连接点难以明显区分。比如法律，主要处于政治制度范畴，不过也有人另辟法文化研究的蹊径，以更为深入地探讨制度文明的变迁；再如企业文化，本具有经济管理的属性，但也被人们植入了文化的基因，以从观念意识的层面去推进经营的创新。从历史上看，似乎文化并非一概从属于经济或政治，有时一些文化现象也会引发重大的政治、经济事件。新文化史学者们就认为，文化的影响甚至决定政治和经济的行为。当然，这一看法有待商讨。不过，文化事件引发政治风波的事并非罕见。远者暂且不提，今年美国导演马克·巴塞利·优素福的一部电影，就触发了一场伊斯兰世界反西方的政治浪潮。当今网络文化的流行，更牵动着社会经济、政治各条敏感的神经。假使这部《穆斯林的无知》电影片段没有在网络出现，事件发展或许不会如此迅猛。显然，不论是过去还是当代，文化与政治、经济都有着千丝万缕的联系。文化界限的判定，是文化史研究中值得关注的一个具有根本性的难题。

我们认为，那种把所有人类历史现象都置于文化框架中的观点，是不能令人完全信服的。要判定文化的界限，可以从以下三点进行考虑：第一，文化史事件可以从对人类社会精神、价值观念的直接作用和间接影响来把握，凡对人类社会有直接牵动或间接影响作用的历史现象，都可纳入文化史研究的范围。第二，可以从推动社会上下层沟通、流转的视角去考察历史人物及其意识和观念，这将有助于我们认识文化发展的特性。第三，我们还可陆续发掘某些在历史进程中当时看来影响并不显著，但其文化意义随着人类社会的发展而逐步显现的历史现象，这将有助于我们把握文化发展的特殊进程。上述第一点属于史实界限，在拥有可靠史料的情况下，它是较为清晰可见的；第二点可视为连接界限，通过运用一定的理论方法开展专门研究，也可梳理出较为清晰的边缘；而第三点则是一个扩展的界限，它并不清晰，将随着人们观念的发展不断向外延伸，但也并非漫无边际可循。

值得一提的是，新文化史在史学界掀起的波澜，其影响力甚至延展至中学的历史教育。仅我们所见，大致有以下几种表现：一是中学历史课程不再是上层社会一统天下，历史课本已经纳入了部分与人们日常生活息息相关的内容；二是历史叙述独占课堂的现象开始减少，历史学习活动在逐步增加，一些历史琐事和草根人物已经成为学生进行历史理解的事例；三是在历史教学中对历史人物意识观念的“神入”、对历史情境的体验等方法的应用日益兴起，开始在当代与过去的文化相对性中引导学生对历史进行建构性的认识；四是高考卷也陆续出现借助历史细微事物入题的尝试，通过某些食物名称、熟知名词的演进，或是普通时人的记载，以见微知著、纵横关联的设问，综合考查学生的历史思维水平。这些现象提示了我们，优秀的历史教师有必要对人类社会所发生的众多事物保持高度的敏感性，同时应有自己的独立思考和广阔的视野，并能包容和鼓励学生的个性化理解。

除非你决定放弃思考，否则学术的进步将使你无法停止下来。新文化史的出现，给我们带来一个重要的启示：即历史学正面临着时代发展的新挑战，历史教育也将随着史学的进步而不断发展，历史教师的学养也必须不断提升。虽然，新文化史没有否定史料的价值，它无法改变史学注重史料的研究根基。但是，它发掘了更多原来不入学者法眼的“新史料”，并对史料的“具体细微”应用提出了更高的要求。以往的文化史研究，专注于文化的结果，新文化史的研究则更为关注文化演变的过程。在新文化史研究者眼中，史料不再单纯作用于史实的再现，而是将其作为承载着文化价值的文本来进行解读，继而对历史变迁作出“深度描述”。显然，无论是实证史学、新史学还是新文化史学，都表现了史料应用这一史学研究的共性特征，但对史料发掘的视角和应用的方法则在不断地发展。

史学思接千载，视通万里。历史教育有助于学生智慧地看待世界、观察社会和感悟人生。毋庸讳言，本书对国外新说的学习难免存在着某些模仿的成分，但我们并没有通过简单克隆国外的史学论说来新化自身的研究。我们寄望本书能为广大师生提供一些文化史研究的新视角，使身处深厚文化底蕴国度的读者开放视野，真正领悟世界人类文化的真谛。

参考文献

一　中国史类

1. 孙本文著:《社会的文化基础》,世界书局 1929 年版。

2. 北京师范大学历史系中国近代史组编:《中国近代史资料选编》,中华书局 1977 年版。

3. 周贻白著:《中国戏曲发展史纲要》,上海古籍出版社 1979 年版。

4. 白寿彝主编:《中国通史纲要》,上海人民出版社 1980 年版。

5. 张庚,郭汉城著:《中国戏曲通史》,中国戏剧出版社 1980 年版。

6.(宋)朱熹著:《四书章句集注》,中华书局 1983 年版。

7. 陈独秀著,三联书店编辑:《陈独秀文章选编》(上、下),三联书店 1984 年版。

8. 梁启超著,李华兴、吴嘉勋编:《梁启超选集》,上海人民出版社 1984 年版。

9. 金观涛、刘青峰合著:《兴盛与危机——论中国社会超稳定结构》,湖南人民出版社 1984 年版。

10. 金观涛著:《整体的哲学》,四川人民出版社 1985 年版。

11. 唐文标著:《中国古代戏剧史》,中国戏剧出版社 1985 年版。

12. 胡朴安著:《中华全国风俗志》,上海书局 1986 年版。

13. 钱穆著:《中国近三百年学术史》,中华书局 1986 年版。

14. 司马云杰著:《文化社会学》,山东人民出版社 1987 年版。

15. 刘再复、林岗著:《传统与中国人》,三联书店 1988 年版。

16. 钱穆著:《中国文化史导论》,三联书店 1988 年版。

17. 谭家健主编:《中国文化史概要》,高等教育出版社 1988 年版。

18. 黄心川著:《印度哲学史》,商务印书馆 1989 年版。

19. 冯天瑜等著:《中华文化史》,上海人民出版社 1990 年版。

20. 蒋国保等著:《清代哲学》,安徽人民出版社 1991 年版。

21. 陈旭麓著:《近代中国社会的新陈代谢》,上海人民出版社 1992 年版。

22. 林毅夫著:《制度、技术与中国农业发展》,三联书店 1992 年版。

23. 朱仁夫著:《中国古代书法史》,北京大学出版社 1992 年版。

24. 邓小平:《邓小平文选》,人民出版社 1993 年版。

25. 毛泽东著,中共中央文献研究室编:《毛泽东文集》,人民出版社 1993 年版。

26. 罗荣渠著:《现代化新论》,北京大学出版社 1993 年版。

27. 丁伟志、陈崧著:《中西体用之间》,中国社会科学出版社 1993 年版。

28. 张岱年、方克立主编:《中国文化概论》,北京师范大学出版社 1994 年版。

29. 熊月之著:《西学东渐与晚清社会》,上海人民出版社 1994 年版。

30. 李侃等著:《中国近代史》,中华书局 1994 年版。

31. 罗志田著:《权势转移:近代中国的思想、社会与学术》,湖北人民出版社 1996 年版。

32. 冯友兰著:《中国哲学简史》,北京大学出版社 1996 年版。

33. 刘蔚华,赵宗正主编:《中国儒家学术思想史》,山东教育出版社 1996 年版。

34. 梁启超著:《中国近三百年学术史》,东方出版社 1996 年版。

35. 庞朴主编:《中国儒学》(一),东方出版中心 1997 年版。

36. 和文军著:《人文地理与中华伟人》,天津人民出版社 1997 年版。

37. 龚书铎著:《中国近代文化概论》,中华书局 1997 年版。

38. 梁启超著:《清代学术概论》,上海古籍出版社 1998 年版。

39. 胡适著,欧阳哲生编:《胡适文集》,北京大学出版社 1998 年版。

40. 王晓秋、张注洪著:《国外中国近代史研究述评》,中国文史出版社 1999 年版。

41. 梁漱溟著:《东西文化及其哲学》,商务印书馆 1999 年版。

42.《中国近代史资料丛刊》编委会编:《辛亥革命》,上海书店出版社2000年版。

43.《中国近代史资料丛刊》编委会编:《太平天国》,上海书店出版社2000年版。

44.《中国近代史资料丛刊》编委会编:《中法战争》,上海书店出版社2000年版。

45.(美)约瑟夫·R.列文森著,郑大华、任菁译:《儒教中国及其现代命运》,中国社会科学出版社2000年版。

46.《中国近代史资料丛刊》编委会编:《捻军》,上海书店出版社2000年版。

47.《中国近代史资料丛刊》编委会编:《清末教案》,上海书店出版社2000年版。

48. 北京市政协文史资料文员会选编:《北京文史资料精华·商海沉浮》,北京出版社2000年版。

49. 王宁编著:《中国文化概论》,湖南师范大学出版社2000年版。

50. 钱穆著:《现代中国学术论衡》,三联书店2001年版。

51. 朱义禄著:《黄宗羲与中国文化》,贵州人民出版社2001年版。

52. 侯传文著:《东方文化通论》,山东教育出版社2001年版。

53. 葛兆光著:《中国思想史》,复旦大学出版社2001年版。

54. 殷海光著:《中国文化的展望》,上海三联书店2002年版。

55. 刘钝等主编:《中国科学与科学革命》,辽宁教育出版社2002年版。

56. 钱穆著:《中国思想通俗讲话》,三联书店2002年版。

57. 中共中央文献研究室编:《毛泽东传(1949—1976)》,中央文献出版社2003年版。

58. 李泽厚著:《中国古代思想史论》,天津社会科学院出版社2003年版。

59. 葛兆光著:《思想史研究课堂讲录》,三联书店2003年版。

60. 徐改著:《中国绘画:造化与心源的互生》,安徽美术出版社2003年版。

61. 刘治贵著:《中国绘画源流》,湖南美术出版社2003年版。

62. 徐书城著:《中国绘画艺术史》,人民美术出版社2003年版。

63. 周先慎著:《中国文学十五讲》,北京大学出版社 2003 年版。

64. 徐行言主编:《中西文化比较》,北京大学出版社 2004 年版。

65. 章清著:《胡适派学人群与现代中国自由主义》,上海古籍出版社 2004 年版。

66. 陈来著:《宋明理学》,华东师范大学出版社 2004 年版。

67. 洪丕谟著:《点击中国绘画》,上海人民美术出版社 2004 年版。

68. 邓洪波著:《中国书院史》,东方出版中心 2004 年版。

69. 杨振国著:《中国绘画》,上海人民美术出版社 2005 年版。

70. 梁漱溟著:《中国文化要义》,上海世纪出版集团 2005 年版。

71. 全增嘏编:《西方哲学史》,上海人民出版社 2006 年版。

72. 傅抱石著:《中国绘画史纲》,江苏文艺出版社 2006 年版。

73. 张昭军著:《晚清民初的理学与经学》,商务印书馆 2006 年版。

74. 刘梦溪编著:《中国现代文明秩序的苍凉与自信》,中华书局 2007 年版。

75. 王均江著:《冲突与和谐——李贽思想研究》,华中科技大学出版社 2007 年版。

76. 李玲珑主编:《中国戏剧》,同济大学出版社 2007 年版。

77. 徐觉哉著:《社会主义流派史》,上海人民出版社 2007 年版。

78. 柏杨著:《丑陋的中国人》,人民文学出版社 2008 年版。

79. 金观涛、刘青峰合著:《观念史研究:中国现代重要政治术语的形成》,香港中文大学出版社 2008 年版。

80. 秋子著:《中国书法史略》,兰州大学出版社 2008 年版。

81. 李天民著:《书法鉴赏》,对外经济贸易大学出版社 2008 年版。

82. 李泽厚著:《美的历程》,三联书店 2009 年版。

83. 李甦平著:《韩国儒学史》,人民出版社 2009 年版。

84. 俞思念著:《文化与宽容》,社会科学文献出版社 2009 年版。

85. 张岱年、程宜山著:《中国文化论争》,中国人民大学出版社 2009 年版。

86. 袁行霈主编:《中国文学史》,高等教育出版社 2010 年版。

二　世界史类

1.(德)康德著,韩水法译:《实践理性批判》,商务印书馆 1960 年版。

2.(法)孟德斯鸠著,张雁深译:《论法的精神》(上、下),商务印书馆1961、1963年版。

3.(法)伏尔泰著,高达观等译:《哲学通信》,上海人民出版社1961年版。

4. 北京大学哲学系外哲史教研室编译:《十八世纪法国哲学》,商务印书馆1963年版。

5.(德)黑格尔著,贺麟、王大庆译:《哲学史讲演录》,商务印书馆1978年版。

6.(英)拜伦著,查良铮译:《拜伦诗选》,上海译文出版社1982年版。

7.(英)伯特兰·罗素著,何兆武、李约瑟译:《西方哲学史》,商务印书馆1982年版。

8. 北京大学哲学系编:《西方哲学原著选读》,商务印书馆1984年版。

9. 姜景奎等编:《印度文学研究集刊》,上海译文出版社1984年版。

10. 季羡林、刘安武编:《印度两大史诗评论汇编》,中国社会科学出版社1984年版。

11. 金观涛、唐若昕合著:《西方社会结构的演变》,四川人民出版社1985年版。

12. 刘宗绪主编:《世界近代史》,高等教育出版社1986年版。

13. 金克木译:《摩诃婆罗多插话选》,人民文学出版社1987年版。

14. 苗力田著:《古希腊哲学》,中国人民大学出版社1989年版。

15.(美)柯文著,林同奇译:《在中国发现历史》,中华书局1989年版。

16. 葛力著:《十八世纪法国哲学》,社会科学文献出版社1991年版。

17.(英)爱德华·泰勒著,连树声译:《原始文化》,上海文艺出版社1992年版。

18.(古希腊)塞克斯都·恩披里可著,杨适等译:《悬疑与宁静》,三联书店上海分店1993年版。

19.(美)伯恩斯等著,罗经国、陈筠等译:《世界文明史》,商务印书馆,1995年版。

20.(德)马克思、(德)恩格斯著,中共中央马克思恩格斯列宁斯大林著作编译局编译:《马克思恩格斯选集》,人民出版社1995年版。

21. 王桂编:《当代外国教育改革的浪潮与趋势》,人民教育出版社1995

年版。

22. 何兆武著:《当代西方史学理论》,中国社会科学出版社1996年版。

23.(德)诺贝特·埃利亚斯著,王佩莉、袁志英译:《文明的进程——文明的社会起源和心理起源的研究》(1、2),三联书店1998—1999年版。

24.(德)黑格尔著,王造时译:《历史哲学》,上海书店出版社1999年版。

25.(美)戴维·波普诺著,李强等译:《社会学》,中国人民大学出版社1999年版。

26.(美)克利福德·格尔茨著,韩莉译:《文化的解释》,译林出版社1999年版。

27.(德)费尔巴哈著,王太庆译:《宗教的本质》,人民出版社1999年版。

28.(美)斯塔夫阿里诺斯著,吴象婴、梁赤民译:《全球通史——1500年以后的世界》,上海社会科学出版社1999年版。

29.(美)I. B. 科恩著,鲁旭东等译:《科学中的革命》,商务印书馆1999年版。

30. 裔昭印主编:《世界文化史》,华东师范大学出版社2000年版。

31.(英)多米尼克·斯特里纳蒂著,阎嘉译:《通俗文化理论导论》,商务印书馆2001年版。

32.(英)约翰·斯道雷著,杨竹山等译:《文化理论和通俗文化导论》,南京大学出版社2001年版。

33.(英)E. P. 汤普森著,钱乘旦等译:《英国工人阶级的形成》,译林出版社2001年版。

34. 郁龙余著:《中国印度文学比较》,中国社会科学出版社2001年版。

35. 刘安武著:《印度两大史诗研究》,北京大学出版社2001年版。

36.(美)约翰·R. 霍尼、(美)玛丽·乔·尼兹著,周晓虹、徐彬译:《文化:社会学的视野》,商务印书馆2002年版。

37.(德)卡尔·曼海姆著,艾彦等译:《文化社会学纲要》,中国城市出版社2002年版。

38.(法)雅克·勒戈夫著,张弘译:《中世纪的知识分子》,商务印书馆2002年版。

39.(英)厄内斯特·盖尔纳著,韩红译:《民族与民族主义》,中央编译出版社2002年版。

40.(英)埃里·凯杜里著,张明明译:《民族主义》,中央编译出版社 2002 年版。

41.(英)以赛亚·伯林著,冯克利译:《反启蒙运动》,译林出版社 2002 年版。

42.(德)马克斯·韦伯著,彭强、黄晓京译:《新教伦理与资本主义精神》,陕西师范大学出版社 2002 年版。

43.(美)伊格尔斯著,何兆武译:《二十世纪的历史学》,辽宁教育出版社 2003 年版。

44.(法)埃马钮埃尔·勒华拉杜里著,许明龙、马胜利译:《蒙塔尤——1294—1324年奥克西坦尼的一个小山村》,商务印书馆 2003 年版。

45.(美)本尼迪克特·安德森著,吴叡人译:《想象的共同体——民族主义的起源与散布》,上海人民出版社 2003 年版。

46.(美)托马斯·库恩著,金吾伦、胡新和译:《科学革命的结构》,北京大学出版社 2003 年版。

47.(美)塞缪尔·亨廷顿著,周琪等译:《文明的冲突与世界秩序的重建》,新华出版社 2003 年版。

48.(英)阿雷恩·鲍尔德温等著,陶东风等译:《文化研究导论》,高等教育出版社 2004 年版。

49.(英)戴维·钱尼著,戴从容译:《文化转向——当代文化史概览》,江苏人民出版社 2004 年版。

50.(美)罗伯特·达恩顿著,叶桐、顾杭译:《启蒙运动的生意——〈百科全书〉出版史(1775—1800)》,三联书店 2005 年版。

51. 陈启能著:《二战后欧美史学的新发展》,山东大学出版社 2005 年版。

52.(英)彼得·伯克著,杨豫等译:《欧洲近代早期的大众文化》,上海人民出版社 2005 年版。

53.(法)若兹·库贝洛等著,曹丹红译:《流浪的历史》,广西师大出版社 2005 年版。

54.(美)戴安娜·克兰著,王小章、郑震译:《文化社会学——浮现中的理论视野》,南京大学出版社 2006 年版。

55.(美)戴维·斯沃茨等著,陶东风译:《文化与权力——布尔迪厄的社会学》,上海译文出版社 2006 年版。

56.(德)阿尔弗雷德·韦伯著,姚燕译:《文化社会学视域中的文化史》,上海人民出版社 2006 年版。

57.(美)罗伯特·达恩顿著,吕健忠译:《屠猫记——法国文化史钩沉》,新星出版社 2006 年版。

58.(美)约翰·斯梅尔著,陈勇译:《中产阶级文化的起源》,上海人民出版社 2006 年版。

59.(英)安东尼·史密斯著,叶江译:《民族主义:理论、意识形态、历史》,上海人民出版社 2006 年版。

60.(英)埃里克·霍布斯鲍姆著,李金梅译:《民族与民族主义》,上海人民出版社 2006 年版。

61. 全增嘏主编:《西方哲学史》,上海人民出版社 2006 年版。

62. 徐大同主编:《现代西方政治思潮》,高等教育出版社 2006 年版。

63. 陈恒著:《希腊化研究》,商务印书馆 2006 年版。

64. 徐觉哉著:《社会主义流派史》,上海人民出版社 2007 年版。

65.(英)W. H. 沃尔什著,何兆武、张文杰译:《历史哲学导论》,北京大学出版社 2008 年版。

66.(瑞士)雅各布·布克哈特著,王大庆译:《希腊人和希腊文明》,上海人民出版社 2008 年版。

67.(印度)沙尔玛著,张志强译:《印度教》,上海古籍出版社 2008 年版。

68.(英)彼得·伯克著,蔡玉辉译:《什么是文化史》,北京大学出版社 2009 年版。

专有名词汉英对照表

A

阿拔斯王朝　Abbasid Dynasty
阿尔塔米拉洞穴　Altamira Cave
阿基米德　Archimedes
阿里斯塔克　Aristarchus
埃及　Egypt
埃拉托色尼　Eratosthenes
埃斯库罗斯　Aeschylus
爱奥尼亚式　Ionic Order
爱迪生　Edison
爱利亚学派　The Eleatic School
爱琴文明　Aegean Civilization
爱森斯坦　Eisenstein
奥伯特　Oberth

B

巴比伦　Babylon
贝尔德　Bolrd
巴尔扎克　Balzac
拜伦　George Gordon Byron
拜占庭　Byzantium
保守主义　Conservatism
贝多芬　Ludwig van Beethoven
彼得拉克　Francesco Petrarch
毕达戈拉斯学派
The Pythagoras School
毕加索　Picasso
边沁，耶利米　Jeremiah Bentham
表现主义　Expressionism
玻尔，尼尔斯·亨利克·大卫
Niels Henrik David Bohr
波斯　Persia
波斯帝国　Persian Empire
波义耳，罗伯特　Robert Boyle
柏克，爱德蒙　Edmund Burke
柏拉图　Plato
柏拉图主义　Platonism
柏辽兹　Berlioz
伯罗奔尼撒战争
Peloponnesian War
勃朗，路易　Louis Blanc

薄伽丘　Giovanni Boccaccio

布丰　Buffon

布拉克　Braque

D

达尔文　Darwin

但丁,阿里盖里　Alighièri Dante

笛卡尔　Descartes

德·弗里斯　de Vries

德拉克洛瓦,欧仁
Eugène Delacroix

德·西卡　De Sica

狄更斯　Dickens

地心说　Geocentic Theory

多立克式　Doric Order

E

恩格斯　Engels

F

法拉第　Faraday

法西斯　Fasces

凡·高　Vincent van Gogh

梵蒂冈　Vatican

范·雷汶胡克,安东尼
Antonie van Leewenhoek

菲尔玛　Fermat

腓尼基人　Phoenicians

吠陀本集　*Vedas*

吠陀时代　Vedic Times

费边社会主义
The Socialism of Fabian

伏尔泰　Voltaire

傅立叶　Fourier

G

盖伦　Galen

高尔基,马克西姆　Maksim Gorky

高更　Gauguin

戈达德　Goddard

哥白尼　Nicolas Copernicus

格里菲斯　Griffith

古典时期　the Classical period

《古兰经》　*Koran*

古罗马水道桥　Roman Aqueduct

贵霜帝国　Kushan Empire

公学　Public school

《共产党宣言》
The Communist Manifesto

贡斯当,邦雅曼　Banjarman Constant

光量子论　Quantum theory of light

H

哈伯,弗里茨　Fritz Haber

哈维,威廉　William Harvey

海顿　Haydn

海明威,厄内斯特
Ernest Hemingway

赫胥黎　Thomas Henry Huxley

荷兰 Holland
荷马 Homer
《荷马史诗》
Homer(Epics of Homer)
黑泽明 Akira Kurosawa
怀疑主义 Skepticism
胡克,罗伯特 Robert Hooke

J

吉卜赛人 Gypsies
籍里柯,泰奥多尔
Théodore Géricault
笈多王朝 Gupta Dynasty
几何风格时期 Geometric Period
加加林,尤里 Yury Gagarin
加勒 Galle
伽利略·伽利莱 Galileo Galilei
甲骨文 Oracle
教皇尼古拉五世 Pope Nicola V
《解放了的普罗米修斯》
Prometheus Unbound
旧石器时代 Palaeolithic Age
《巨人传》 *The Giant*
君士坦丁堡 Constantinople
君士坦丁凯旋门
Arch of Constantine

K

卡夫卡 Kafka
开普勒,约翰 Johanns Kepler
科林斯式 Corinthian
科伦斯 Correns
科学社会主义 Scientific Socialism
克劳地亚斯(克劳迪) Claudius
克里特—迈锡尼文化
Crete—Mycenaean Civilization
空想社会主义 Utopian Socialism
孔德,奥古斯特 Augueste Comte
孔雀王朝 Maurya Dynasty
库尔贝 Courbet
快乐学派(又名昔勒尼学派)
Cyrenaic School

L

拉伯雷 François Rabelais
拉马克 Jean Baptiste Lemarck
拉萨尔 Lassalle
拉斯科洞穴 Lascaux grotte
浪漫主义 Romanticism
《老人与海》
The old man and the sea
雷乃,阿伦 Alain Renais
雷诺阿 Renoir
《梨俱吠陀》 *Rigveda*
李嘉图,大卫 David Ricardo
李斯特 Liszt
李约瑟 Joseph Needham
立体主义 Cubism
量子论 the Quantum Theory
列宾 Repin
林耐 Linnaeus
卢梭 Jean Jacques Rousseau

路德，马丁 Martin Luther
罗曼·罗兰 Romain Rolland
《罗摩衍那》 *Ramayana*
罗马帝国 Roman Empire
罗马共和国 Roman Republic
罗西里尼，罗伯托 Roberto Rossellini

M

马尔克斯，加西亚 Garcia Marquez
马克思，卡尔 Karl Marx
马克思主义 Marxism
马其顿国家 Macedonia
麦加拉学派 Megaric school
迈锡尼文明 Mycenaean Civilization
《梅杜萨之筏》 *Le Radeau de la Méduse*
梅里爱，乔治 Georges Méliès
美索不达米亚 Mesopotamia
蒙克，爱德华 Edvard Munch.
蒙田 Montaigne
孟德尔 G. Mendel
孟德斯鸠 Montesquieu
密尔，约翰 John Mil
莫伯都依 Maupertuis
莫扎特 Mozart
莫奈 Monet
莫尔，托马斯 Thomas More
摩尔根 T. H. Morgan
《摩诃婆罗多》 *Mahabharata*
母系氏族公社 Matrilineal commune

N

尼禄 Nero
尼普科夫，保尔 Paul Nipkow
聂鲁达，巴勃罗 Pablo Neruda
牛顿 Isaac Newton
纽可门，托马斯 Thomas Newcomen

O

欧几里得德 Euclids
欧里庇得斯 Euripides
欧文 Owen

P

帕勒摩石碑 Palermo stone
批判现实主义 The Critical Realism
婆罗门 Brahmans
蒲鲁东 Proudhon
普朗克 Max Planck
普鲁斯特 Proust
普雷斯利 Presley
普林尼 Pliny
普希金 Pushkin

Q

齐奥尔科夫斯基 Tsiolkovski

耆那教 Jainism
启蒙运动 the Enlightenment
《恰尔德·哈罗尔德游记》 *Childe Harold's Pilgrimage*
乔伊斯 Joyce
切尔马克 Tschermak
青铜时代 Bronze Age
犬儒学派（又名昔尼克学派） Cynic School

R

《人间喜剧》 *The Human Comedy*

S

塞尚 Cezanne
《神曲》 *The Divine Comedy*
圣西门 Saint－Simon
施莱登 Matthias Schleiden
施旺 Theodor Schwann
《十日谈》 *The Decameron*
舒伯特 Franz Peter Schubert
舒曼 Robert Schumann
苏格拉底 Socrates
苏联 the Soviet Union
索福克勒斯 Sophocles

T

太平洋 the Pacific Ocean
泰戈尔 Tagore
泰利斯 Thales
《唐璜》 *Don Juan*
忒奥克里托斯 Theocritus
铁器时代 Iron Age
托尔斯泰，列夫 Lev Tolstoy
托勒密王 King Ptolemy
托勒密王朝 Ptolemaic Dynasty

W

瓦特 Watt
万神殿 Pantheon
威尼斯 Venice
唯美主义 Aestheticism
唯心主义 idealism
文法学校 Grammar school
伍麦叶王朝 Umayyads Dynasty
《物种起源》 *Origin of the Species*

X

希腊 Greece
希腊化时期 the Hellenistic period
希特勒 Hitler
席勒 Schiller
现实主义 Realism
象形文字 Hieroglyphics
象征主义 Symbolism
肖洛霍夫 Sholokhov
萧伯纳 Bernard Shaw
小亚细亚 Asian Minor
楔形文字 Cuneiform
新石器时代 Neolithic Age
学园 lyceum
雪莱 Percy Bysshe Shelley

Y

亚里士多德　Aristotle

《一千零一夜》

The Arabian Nights

伊奥尼亚学派　The Ionian School

伊壁鸠鲁　Epicurus

伊拉斯谟　Desiderius Erasmus

印第安人　Indian

印度　India

印度洋　Indian Ocean

印象派　Impressionism

《愚人颂》　*Praise of folly*

雨果，维克多　Victor Hugo

圆形竞技场　Colosseum

原子论　Atomism

《约翰·克利斯朵夫》

Jean—Christophe

约翰逊　W. L. Johannsen

Z

《战争与和平》 *War and Peace*

智者学派　the Sophist School

种姓（瓦尔那）制度

the Caste system (Wahl's)

主日学校　Sunday school

兹沃里金　Zworykin

自然主义　Naturalism

《自由引导人民》

Liberté Guidant le Peuple

自由主义　Liberalism

后 记

作为“高等师范院校历史学基础教育教学与研究丛书”之中的一种，本书是编写组同仁通力合作的成果。编写大纲是在张向阳副教授拟定的初稿基础上，经编写组成员反复讨论修订而成。张向阳副教授对历史学本科教学及中学课程都有长期深入的研究，为本教材编写思路和基本内容的确定作出了重要贡献。副主编周小兰博士作为本课程的主讲教师，不仅承担了主要编写任务，而且为编写工作的顺利进行做了大量的组织和协调工作。谢放教授审阅了全书的大纲、初稿和定稿，提出了编写建议，并对部分内容作了修改。另外，本书的撰写工作还得到丛书总主编陈文海教授的悉心指导。

本书撰写工作的具体分工如下（按所撰章节顺序排序）。张向阳：导言、结语。周小兰：第一章，第二章第一节，第三章第二节、第三节，第五章，第六章，附录。许展飞：第二章第二节、第三节，第三章第一节。蔡小婷：第四章。全书由陈文海、谢放、周小兰负责统稿和定稿。

本书力求能够反映学术界的一些新的研究进展。在写作过程中，编写组参考和汲取了中外学界的众多研究成果，获益良多。同时，我们也借鉴了本套丛书其他编写组的编写经验。在此，谨向相关学者师友表示衷心感谢。本书的编写工作是历史学师范类本科教材改革的初步尝试，限于编者的学识，书中难免存在不足和疏漏，尚祈读者不吝指教，以便我们在今后的教学实践中对该书进一步修订完善。

编 者

2012 年 10 月 22 日